Chambres d'hôtes de charme 2015-2016

Dans ce guide, les Gîtes de France® sont heureux de vous proposer une sélection de 536 maisons d'hôtes de charme et demeures d'exception en manoir, château, gentilhommière...

A travers ces étapes de qualité, découvrez une nouvelle façon de voyager en goûtant la tradition de l'hospitalité française.

gites-de-france.com
gites-de-france-charme.com

Une autre idée du tourisme...

Depuis plus de 60 ans, la marque Gîtes de France fait partager à ses hôtes clients l'expérience d'un tourisme authentique et convivial, «un tourisme qui a du sens», incarné et porté par les 47 000 habitants propriétaires qui leur ouvrent les portes de leur hébergement, et avec elles, l'identité des territoires de France et d'Outre-mer qui leur sont chers !

Des valeurs fortes à découvrir absolument !

Sommaire

La chambre d'hôtes

Le petit déjeuner

Toujours inclus dans le prix de la nuitée, un petit déjeuner de qualité sera pour vous l'occasion d'apprécier les différentes spécialités locales. Selon les cas et l'inspiration des propriétaires, vous dégusterez les confitures maison, le pain de campagne frais, mais aussi les viennoiseries ou les pâtisseries maison, les fromages et les laitages ou la charcuterie régionale.

La table d'hôtes

Certaines maisons d'hôtes vous offriront la possibilité de prendre votre repas à leur table d'hôtes. Cette formule très souple (simple repas, 1/2 pension ou pension) vous permettra de partager, selon les cas, un repas familial ou gastronomique. En l'absence de table d'hôtes, les propriétaires sauront aussi vous conseiller les meilleures adresses à proximité pour découvrir la cuisine traditionnelle et régionale.

La chambre d'hôtes

Des particuliers ont aménagé leur demeure (château, manoir, prieuré...) afin de vous y accueillir en amis et de vous faire découvrir leur région. Chacune est à l'image de ses propriétaires, avec un mobilier rustique, d'époque ou contemporain, la décoration est personnalisée, les loisirs et les services proposés variés.

Votre séjour sera l'occasion d'aller à la rencontre d'histoires ancestrales, d'aventures humaines et de styles de vie différents. Dans un environnement calme, une atmosphère feutrée, raffinée ou conviviale selon le cas, vous pourrez y être reçus pour une ou plusieurs nuits.

Les demeures d'exception

Ces maisons d'hôtes signalées par un pictogramme spécifique, ont la particularité d'être des demeures d'exception : châteaux, manoirs, gentilhommière, ancien relais de chasse... Elles offrent, le prestige d'une histoire riche, une architecture remarquable, un mobilier d'époque, un parc aux arbres centenaires.... et leurs hôtes possèdent un goût prononcé pour l'histoire, le patrimoine et l'art de vivre à la française.

Le confort

Le label de qualité Gîtes de France® vous garantit des normes de confort précises et le respect d'une charte nationale.

Toutes les chambres d'hôtes de ce guide sont contrôlées régulièrement par les relais départementaux Gîtes de France®.

Toutes les maisons d'hôtes que nous avons sélectionnées pour vous sont classées 🌾🌾🌾, 🌾🌾🌾🌾 ou 🌾🌾🌾🌾🌾. Situées dans un environnement privilégié, disposant de jardins fleuris, paysagers ou de parcs, vous y trouverez toujours un parking privé et une atmosphère propice à la détente. Chaque chambre dispose de sanitaires privés (salle d'eau ou salle de bains et wc), vous en apprécierez le confort, l'ambiance chaleureuse et personnalisée.

Le classement 4 épis correspond à un environnement exceptionnel, et l'ensemble de la décoration comme du mobilier (pièces de séjour plus nombreuses, chambres et sanitaires plus spacieux, ...) sera particulièrement raffiné et recherché, accès internet.

Le classement 5 épis, en plus ou à la place du 4 épis : chambres de confort exceptionnel, parking dans la propriété, parc ou jardin paysager, mise à disposition d'au moins un équipement de loisirs (piscine, sauna, jacuzzi, hammam, etc.), coin-salon avec TV écran plat dans chaque chambre, douche multi-jets ou baignoire balnéo, paiement carte bancaire.

Certains propriétaires proposent en outre des activités sur place (tennis, billard, sauna, équitation...) : renseignez-vous auprès d'eux.. Lorsqu'une piscine est accessible, son accès est gratuit, mais peut être réglementé et son usage est sous la responsabilité des vacanciers.

Le chèque-cadeau Gîtes de France®

Les chèques-cadeaux vous permettent d'offrir un séjour en Gîtes de France® ; un week-end, une semaine ou plus, dans un gîte ou une chambre d'hôtes n'importe quand, en centrale de réservation ou en location directe (pensez à vérifier au préalable que l'hébergement choisi accepte ce type de paiement) dans les départements participant au programme. Le bénéficiaire pourra ainsi régler tout ou partie de son séjour.

Comment ça marche ?

Il existe 2 montants de chèques-cadeaux disponibles à l'achat sur le site gites-de-france.com : 20 € et 50 €.

Le chèque-cadeau Gîtes de France® est valable 2 ans à partir de la date d'émission, uniquement pour l'achat de séjour ou de week-end Gîtes de France®. Sur les guides et sur internet, le pictogramme suivant Chèque Cadeau vous permettra d'identifier les hébergements dont le règlement est possible avec nos chèques-cadeaux.

Nous avons signalé sur la carte ci-après l'ensemble **des départements** qui acceptent les chèques-cadeaux.

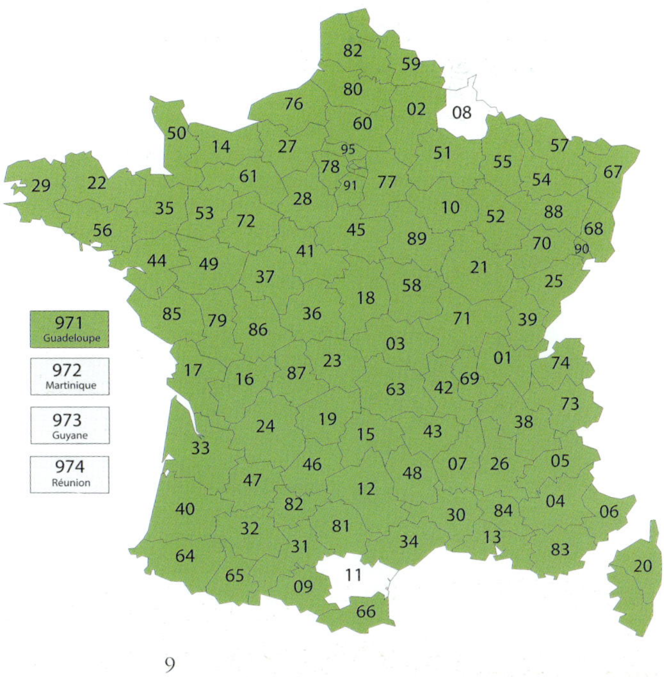

Les pictogrammes

Le pictogramme Piscine privée

Une piscine commune ou privative selon les cas, est à votre disposition dans la propriété. L'accès est gratuit, il peut être réglementé et son usage est sous la responsabilité des vacanciers (envisager séjourner dans une location équipée d'une piscine suppose pour le locataire d'assurer une vigilance et une surveillance active et constante de la piscine et de toutes les personnes susceptibles d'y accéder, en particulier les jeunes enfants).

Le pictogramme Chèques-Vacances

La plupart des services de réservation et de nombreux propriétaires acceptent les Chèques-Vacances. Dans ce guide, nous avons signalé les gîtes par un pictogramme, pour lesquels le règlement est possible avec les Chèques-Vacances.

City Break

Ces hébergements sont signalés dans le guide par un bandeau violet.

Les hébergements classés Confort bâti ancien ou contemporain de qualité, connexion Internet, décoration soignée, équipements fonctionnels et confortables...

Les hébergements classés Premium prestations très haut de gamme et tout confort, bâti de caractère ou historique, connexion Internet et TV LCD, vastes espaces et beaux volumes...

Les hébergements classés Luxury prestations luxueuses, bâti de caractère ou historique ou classé, environnement privilégié, équipement de bien-être / spa, vastes espaces et beaux volumes.

Vacances Scolaires

Zone A : Académies de Caen, Clermont- Ferrand, Grenoble, Lyon, Montpellier, Nancy/Metz, Nantes, Rennes, Toulouse

Zone B : Académies d'Aix/Marseille, Amiens, Besançon, Dijon, Lille, Limoges, Nice, Orléans/Tours, Poitiers, Reims, Rouen, Strasbourg

Zone C : Académies de Bordeaux, Créteil, Paris, Versailles

Toussaint : 18 octobre au 3 novembre 2014

Noël : 20 décembre 2014 au 5 janvier 2015

Hiver :
Zone A :
7 février au 23 février 2015
Zone B :
21 février au 9 mars 2015
Zone C :
14 février au 2 mars 2015

Printemps :
Zone A : 11 avril au 27 avril 2015
Zone B : 25 avril au 11 mai 2015
Zone C : 18 avril au 4 mai 2015

Vacances d'été : 4 juillet 2015

LES GÎTES INSOLITES

Envie d'un séjour dans un hébergement très original en pleine nature ?

Les Gîtes de France® vous proposent un dépaysement total et atypique.

Que ce soit dans une roulotte, un tipi, une yourte ou bien encore une cabane perchée dans les arbres, l'aménagement intérieur est confortable, et l'accueil chaleureux et personnalisé.
Un séjour inoubliable dans une structure étonnante, avec tout le confort et le standing d'aujourd'hui. Hébergements inhabituels bénéficiant toujours d'un environnement extérieur privilégié.
Choisissez une location de vacances originale et détendez-vous au maximum en pleine nature.
Loin du stress quotidien, en solo, en amoureux, entre amis ou en famille, c'est un mode de vie idéal qui ravira petits et grands !

GÎTES DE FRANCE

Gîtes de France

Et vos vacances prennent un autre sens

La réservation

La réservation

Dans chaque descriptif de ce guide, vous trouverez les coordonnées des propriétaires ou du service réservation. Vous pouvez les contacter par téléphone, par courrier ou par e-mail. Une chambre d'hôtes peut être louée pour une ou plusieurs nuits.
Il est toujours préférable de réserver à l'avance car certains propriétaires proposent un nombre restreint de chambres. Pour les longs séjours, demandez à ce qu'un contrat soit établi avec mention de l'acompte à verser et des conditions d'annulation.

Les prix

En chambre d'hôtes, les tarifs sont généralement indiqués pour 2 personnes (nuit et petit déjeuner), renseignez-vous pour les personnes supplémentaires ou les prix enfants. Nos tarifs sont systématiquement présentés à l'unité nuitée mais certaines structures n'acceptent que des séjours de 2 nuitées groupées minimum.

Quelques conseils...

N'oubliez jamais que vous allez séjourner chez des particuliers qui vous ouvrent leur maison.
Si vous prévoyez un retard par rapport à l'heure d'arrivée annoncée, prévenez les maîtres de maison.
Pensez toujours à leur signaler la présence d'animaux familiers.
Demandez au propriétaire de vous indiquer le meilleur itinéraire selon l'endroit d'où vous venez.
La table d'hôtes n'est pas un restaurant. De nombreuses maisons proposent ce service sur réservation préalable. Indiquez donc si vous souhaitez prendre des repas à cette occasion.

Signalisation

Pour signaler leur appartenance à notre réseau, tous nos propriétaires ont apposé le panonceau GITES DE FRANCE®.

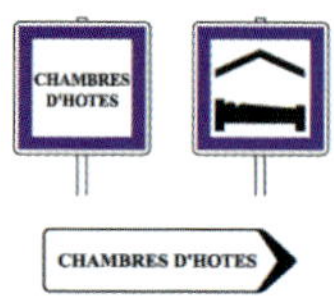

Sur votre itinéraire, vous pourrez rencontrer deux types de panneaux indiquant la proximité des Chambres d'Hôtes (ci-dessus). Ces panneaux peuvent être complétés par des indications de direction, de distance ou de lieu-dit.

éco■Geste

Hébergements de Qualité Environnementale

Envie d'un séjour placé sous le signe de la préservation de l'environnement ?

Nos éco-gestes s'inscrivent dans une démarche de tourisme éco-responsable, en valorisant les petits gestes simples du quotidien que les propriétaires Gîtes de France, qui vous accueillent ont mis en place, et que chacun peut reproduire chez soi pour le bien de tous :

- 50% des ampoules de classe énergétique A ou A+ ou utilisation des technologies LED,
- Tout nouvel équipement doit comprendre l'étiquette énergie classe A à minima,
- Réducteurs d'eau et/ou des mousseurs sur tous les robinets (sauf arrosage extérieur),
- WC avec un mécanisme de chasse double poussoir ou d'une chasse d'eau inférieure 6 L,
- Ensemble des produits d'entretien biodégradable et éco-labellisé,
- Poubelles spécifiques au tri sélectif,
- Mise à disposition d'une plaquette propre à la structure reprenant les engagements du propriétaire en faveur du tourisme durable,
- Mise à disposition d'une documentation complète sur les sites et prestataires ayant une thématique développement durable.

GÎTES DE FRANCE

Gîtes de France

Et vos vacances prennent un autre sens

CARTE GÉNÉRALE

LÉGENDE

- Chambres d'Hôtes de Charme
- Chambres au Château
- AMIENS — Préfecture
- Abbeville — Sous-Préfecture
- Autoroute
- Échangeur complet
- Demi-échangeur
- Voie rapide à chaussée séparée
- Axe important à grande circulation
- Axe important
- Route
- Limite de département
- Frontière
- Étranger
- Fleuve ou rivière
- Lac
- Forêt ou bois
- Aéroport ou aérodrome

Conformément à la jurisprudence constante «Toulouse, 14.01.1887», les erreurs ou omissions involontaires qui auraient pu subsister dans les cartes et le guide malgré les soins et les contrôles des équipes de rédaction et d'éxécution ne sauraient engager la responsabilité des Gîtes de France.

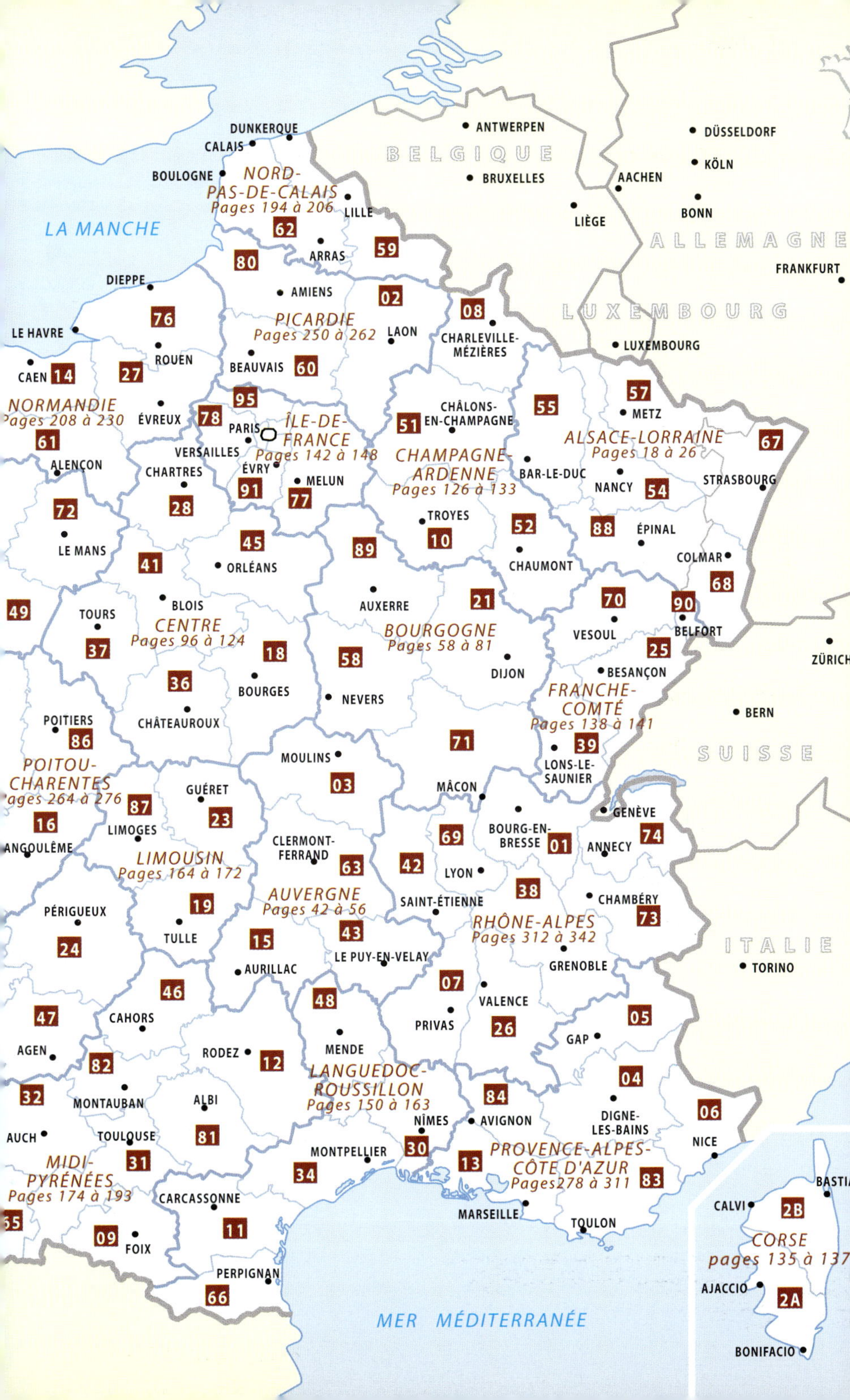
LA MANCHE
DUNKERQUE
CALAIS
BOULOGNE
NORD-PAS-DE-CALAIS
Pages 194 à 206
LILLE
62
59
ARRAS
80
BELGIQUE
ANTWERPEN
BRUXELLES
LIÈGE
AACHEN
DÜSSELDORF
KÖLN
BONN
ALLEMAGNE
FRANKFURT
LUXEMBOURG
LUXEMBOURG
DIEPPE
AMIENS
02
76
PICARDIE
Pages 250 à 262
LAON
08
CHARLEVILLE-MÉZIÈRES
LE HAVRE
ROUEN
CAEN
14
27
BEAUVAIS
60
NORMANDIE
Pages 208 à 230
ÉVREUX
95
78
PARIS
ÎLE-DE-FRANCE
Pages 142 à 148
VERSAILLES
ÉVRY
MELUN
91
77
61
ALENÇON
CHARTRES
28
72
LE MANS
CHÂLONS-EN-CHAMPAGNE
51
CHAMPAGNE-ARDENNE
Pages 126 à 133
55
57
METZ
ALSACE-LORRAINE
Pages 18 à 26
67
BAR-LE-DUC
NANCY
54
STRASBOURG
TROYES
10
52
88
ÉPINAL
CHAUMONT
COLMAR
68
45
ORLÉANS
41
89
AUXERRE
21
70
90
BELFORT
VESOUL
25
49
TOURS
BLOIS
CENTRE
Pages 96 à 124
37
18
58
BOURGOGNE
Pages 58 à 81
DIJON
BESANÇON
ZÜRICH
36
BOURGES
NEVERS
FRANCHE-COMTÉ
Pages 138 à 141
BERN
POITIERS
86
CHÂTEAUROUX
71
39
LONS-LE-SAUNIER
SUISSE
POITOU-CHARENTES
Pages 264 à 276
MOULINS
03
GUÉRET
87
23
MÂCON
16
LIMOGES
BOURG-EN-BRESSE
01
GENÈVE
74
ANNECY
69
ANGOULÊME
CLERMONT-FERRAND
63
42
LYON
LIMOUSIN
Pages 164 à 172
38
CHAMBÉRY
73
PÉRIGUEUX
19
AUVERGNE
Pages 42 à 56
SAINT-ÉTIENNE
RHÔNE-ALPES
Pages 312 à 342
24
TULLE
15
43
LE PUY-EN-VELAY
GRENOBLE
ITALIE
TORINO
AURILLAC
07
VALENCE
46
48
05
47
CAHORS
PRIVAS
26
GAP
AGEN
82
RODEZ
12
MENDE
04
LANGUEDOC-ROUSSILLON
Pages 150 à 163
32
MONTAUBAN
ALBI
84
DIGNE-LES-BAINS
06
AUCH
TOULOUSE
81
NÎMES
AVIGNON
NICE
MIDI-PYRÉNÉES
Pages 174 à 193
31
MONTPELLIER
30
34
13
PROVENCE-ALPES-CÔTE D'AZUR
Pages278 à 311
83
BASTIA
CARCASSONNE
MARSEILLE
TOULON
CALVI
2B
65
09
FOIX
11
CORSE
pages 135 à 137
PERPIGNAN
66
AJACCIO
2A
MER MÉDITERRANÉE
BONIFACIO

BELGIQUE
LUXEMBOURG
08
ARDENNES
Aisne
Vouziers
CHAMPAGNE-
ARDENNE
Sainte-
Menehould
51
MARNE
Vitry-
le-François
Saint-Dizier
10
AUBE
Aube
Bar-sur-Aube
52
HAUTE-MARNE
CHAMPAGNE-
ARDENNE
CHAUMONT
Marne
Langres
Seine
21
CÔTE-
D'OR
Verdun
Watronville
Ancemont
Meuse
55
MEUSE
Condé-
en-Barois
BAR-LE-DUC
Commercy
Canal de la Marne
Thionville
Flévy
Briey
METZ
LORRAINE
Moselle
NANCY
Toul
Neufchâteau
Gemmelaincourt
Saône
Canal
70
HAUTE-
SAÔNE
FRANCHE-COMTÉ
VESOUL
A4
A31
A5
N4
N3
N74
N19
0
25 km

ALLEMAGNE
Boulay-Moselle
Forbach
Sarregemines
Wissembourg
57
MOSELLE
67
BAS-RHIN
Haguenau
Château-Salins
Sarrebourg
Saverne
Gougenheim
Kleingoeft
STRASBOURG
Molsheim
Griesheim-prés-Molsheim
Lunéville
54
MEURTHE-ET-MOSELLE
ALSACE
Valff
Huttenheim
Diebolsheim
88
VOSGES
Saint-Dié
Sélestat
Rodern
Ribeauvillé
Beblenheim
ÉPINAL
COLMAR
68
HAUT-RHIN
Guebwiller
Kruth
Thann
Mulhouse
90
Lure
BELFORT
Altkirch
Montbéliard
Rhin
Sarre
Canal
Meurthe
Moselle
Ill
A 4
A 35
A 36
N 4
N 33
N 3
N 56
N 74
N 61
N 62
N 63
N 410
N 420
N 422
N 83
N 59
N 66
N 415
N 19
N 463
D 421
D 955
D 263
D 468
D 424
D 417
D 26
D 430
D 432
D 419

Ancemont - Meuse (55)

N°55G281

Château de Labessière
René et Marie-Josée Eichenauer
55320 Ancemont
Tél. 03 29 85 70 21
rene.eichenauer@orange.fr
www.chateau-labessiere.fr

TH

1 Pers. 70 € - 2 Pers. 100/110 €
P. sup. 10 € - Repas 30 €

2 chambres avec s. d'eau et wc privés et 1 suite de 2 ch. avec s.d.b. et wc. Ouvert toute l'année. T.hôtes (sur rés.) : magret à la crème de brie, mousse à la pomme et son coulis au miel. Produits du terroir. Téléphone, fax. Parking intérieur couvert (cour). Parc ombragé. Piscine couverte privée avec banc balnéo.

Les deux imposantes tours carrées, de ce château du début du XVIIe siècle sont fièrement exposées. Il appartient à la famille de Perrin de Labessière jusqu'en 1957. Les origines de cette famille remontent au XVIe siècle, et plus particulièrement au Seigneur de Latour de la Trappe de la Labre de la Roque de Perin de Labessière. Découvrez cette splendide demeure avec son mobilier XVIIIe, et les beaux volumes des chambres. Vous pourrez vous détendre dans un joli salon Louis XV, et prendre vos petits déjeuners dans la remarquable salle à manger Louis XVI.

Attraits touristiques : ville de Verdun, champs de bataille 10 km. Circuit Argonne 25 km.

Accès : de l'A4 : Lemmes, Senoncourt, Ancemont. De Verdun : Billemont, Dugny, Ancemont.

Watronville - Meuse (55)

N°55G515

La Métairie du Manoir
Christian et Marie-José Wurtz
3, rue Principale
55160 Watronville
Tél. 03 29 87 32 21
Port. 06 85 51 15 25
wurtz@lametairiedesvergers.com
www.lametairiedesvergers.com

1 Pers. 50 € - 2 Pers. 60 € - 3 Pers. 80 €
P. sup. 20 € -

3 chambres avec sanitaires privés. Ouv. Du 1er avril à la Toussaint. Petit déjeuner : viennoiseries, yaourts, confitures maison, fruits de saison... Bibliothèque, salon (cheminée). Cour, jardin, parc. Jeux enfants.

Belle ferme de 1851 dont la façade en pierre a résisté à la Grande Guerre, située près des Côtes de Meuse, à l'entrée du Parc Naturel régional de Lorraine. 3 chambres spacieuses vous accueillent dans une ambiance personnalisée : la chambre Musique, la chambre Jardin et la chambre Couture. Salle à manger avec superbe vue sur le parc.

Attraits touristiques : Mai, écomusée "Les Vieux Métiers" à Azannes. Juin/juil., "Son et Lumière" à Verdun. Juil., festival Renaissance à Bar-le-Duc. Champs de bataille et musées 14/18. Plan d'eau, équitation 8 km. Pêche 10 km.

Accès : de Paris : A4, sortie 30 dir. Verdun puis D903 dir. Nancy et D24. De Metz : A4, sortie 32 dir. Verdun puis D903 et D24. Du sud : A31, sortie Toul dir. Verdun sur D904 puis D903.

Flevy - Moselle (57)

N°70

Du Coq à l'Ane
Philomène et Pascal Bellot-Regina
40 Grand'Rue
57365 Flevy
Tél. 03 87 58 16 86 - 09 77 98 20 37
giteducoqalane@wanadoo.fr
www.gite-ducoqalane.com

Wi Fi

1 Pers. 60/80 € - 2 Pers. 90/95 € - 3 Pers. 120 €

Demeure magique du XVIIIe siècle, où les chambres vous offriront une atmosphère complètement préservée. Les meubles anciens restaurés et la décoration imaginative réalisée par le propriétaire-artiste vous surprendront. Calme et temps suspendu, rêve et inattendu, voilà en quelques mots ce que vous réservent Philomène et Pascal.

Attraits touristiques : Amnéville : piscine, remise en forme, parc d'attractions, ski indoor, centre thermal. Metz (musée), Salles de l'Arsenal. Pistes cyclables sur place. Sites historiques 10 km. Thionville, "Pays des 3 Frontières". Châteaux : Manderen, Sierk.

Accès : A31 en suivant le panneau Paris-Luxembourg. Metz nord, prendre la sortie n°35. Continuer sur la D52 puis prendre à droite la D1. Entrer dans Ennery et continuer sur la D52c.

4 chambres dont 1 suite avec sanitaires privés, TV et internet. (135-145 euros/4 pers.). Ouv. Toute l'année. Petit déjeuner : jus de fruits frais, viennoiseries, confitures maison, miel artisanal, charcuterie, fromages du terroir. Kitchenette à dispo. Cour, grand jardin. Restaurants sur place et alentours. 4 gîtes et initiation taille pierre sur place.

Diebolsheim - Bas-Rhin (67)

N°H5222

Pierrette Kieny
12, rue Abbé Wendling
67230 Diebolsheim
Tél. 03 88 74 84 85
pkieny@gmail.com
www.ambiance-jardin.com

1 Pers. 78/88 € - 2 Pers. 88/98 €
P. sup. 20 € -

C'est dans l'ancienne grange de ce grand corps de ferme qu'ont été aménagées 4 ravissantes chambres à l'atmosphère champêtre, et ce n'est pas un hasard si elles sont dédiées aux fleurs car la maîtresse de maison est une passionnée des jardins. Vous serez accueillis dans un charmant petit village alsacien, primé pour son fleurissement.

Attraits touristiques : Diebolsheim est le point de départ idéal pour vos promenades et visites : à égale distance de Strasbourg, Colmar, des Vosges et de la Forêt Noire. A 1 h de la Suisse, quelques kilomètres de l'Allemagne.

Accès : de Strasbourg, A35 vers Colmar, sortie Fegersheim-Erstein par N83. Sortir à Benfeld dir. Rhinau, Herbsheim puis à Diebolsheim. Dans le village, 1ère à gauche.

4 chambres avec sanitaires privés. Ouvert toute l'année. Petit déjeuner : jus de fruits; viennoiseries, confitures maison... Cour, jardin. Restaurant au village.

Gougenheim - Bas-Rhin (67)

N°5229

Chèque Cadeau

Aux Quatre Saisons
Marie-Claude Lebas
1, rue de la Montée
67270 Gougenheim
Tél. 03 88 70 59 72
Port. 06 81 39 57 99
mclebas@hotmail.com
www.aux-quatre-saisons.com

Wi Fi

1 Pers. 55 € - 2 Pers. 75 € - 3 Pers. 95 €
P. sup. 15 € -

4 chambres de 2, 3 ou 4 pers., avec sanitaires privés, accès internet en wifi. Ouvert toute l'année. Petit déjeuner : charcuterie, fromages, confitures maison, salade de fruits, gâteaux ou viennoiseries, yaourts... Cour, jardin.

Venez goûter au calme de la campagne dans nos quatre jolies chambres, aménagées dans la grange d'une ancienne ferme à colombages fin XVIIe siècle, dans un joli petit village alsacien à 21 km au nord-ouest de Strasbourg. Le petit déjeuner gourmand est servi dans la salle de séjour ou sur la terrasse si le temps le permet. Une bibliothèque avec documentation et de nombreux ouvrages sur l'Alsace est à la disposition de nos hôtes, et nous nous ferons un plaisir de les aiguiller dans leur choix de visites.

Attraits touristiques : marche, vélos 1 km. Baignade en plan d'eau, accrobranches 12 km. Circuit des houblonnières 5 km. Visite de brasserie 8 km.

Accès : de Paris : A4, sortie Schwindratzheim. D421 vers Hochfelden. Dans Hochfelden, D25 via Schaffhouse-sur-Zorn. Au rd-point après 9 km, D31 vers Strasbourg. Après 600 m, à gauche dans Gougenheim, traverser le village.
GPS : l 48°42'10"N - L 07°34'07"E.

Griesheim-près-Molsheim - Bas-Rhin (67)

N°5235

Chèque Cadeau

Chez Christelle
Koessler Christelle et Franck
6, rue des Vosges
67870 Griesheim-près-Molsheim
Tél. 03 88 38 33 15
Port. 06 08 05 25 83
www.chezchristelle.com

Wi Fi

1 Pers. 42/48 € - 2 Pers. 52/65 € - 3 Pers. 80 €
Repas 15/23 €

1 chambre (lit 180), salon, 3 chambres (lit 180), espace détente, 1 chambre familiale sur 2 niveaux (2 lits 180), espace détente, salle d'eau, wc séparé et TV. 2 chambres donnent sur la terrasse et espace vert. Petit déjeuner servi dans pièce avec coin-salon. T. d'hôtes sur rés. Parking. Vélos. 90 euros/4 pers. 2 ch. Classées 4 épis.

Cinq belles chambres aménagées dans la maison à colombages du propriétaire, en périphérique du village. Imaginez une maison typiquement alsacienne aux couleurs chatoyantes. Imaginez une chambre chaleureuse, étudiée pour offrir le maximum de confort à ses hôtes. Ne rêvez plus, vous êtes chez Christelle !

Attraits touristiques : proche d'Obernai. Strasbourg 25 km.

Accès : un plan d'accès vous sera communiqué lors de la réservation.

Huttenheim - Bas-Rhin (67)

N°H5219

Le Jardin de l'Ill
Patrice L'Hôte
8, rue de l'Arbre
67230 Huttenheim
Tél. 03 88 74 59 98
Port. 06 85 57 56 05
lejardindelill@wanadoo.fr
www.lejardindelill.fr

TH Wi Fi

1 Pers. 65/75 € - 2 Pers. 68/78 € - 3 Pers. 100 €
Repas 32 €

Vous serez accueillis chaleureusement par Patrice dans une belle maison à colombages du XVIIe siècle, typiquement alsacienne. Si vous désirez vous offrir toute l'Alsace, région d'art et de traditions, c'est sans aucun doute en venant séjourner à Huttenheim. A Noël, venez découvrir toute la magie de cette fête lors du réveillon.

Attraits touristiques : Baignade au plan d'eau aménagé et surveillé à 800 m. Découverte de l'art populaire alsacien. Découverte du Ried à vélo (plat). Pêche et kayaks sur place. En été, balades dans les Vosges organisées par le prop.

Accès : de Strasbourg, A3(vers Colmar puis suivre N83 vers Erstein. Après 30 km, prendre sortie Huttenheim, passer devant Sud Hôtel et tout droit jusqu'au croisement. A gauche, passer la mairie et 4e à droite.

3 chambres avec sanitaires privés (110 euros/4 pers.). Ouv. Toute l'année. Petit déjeuner amélioré et copieux. T. d'hôtes : baeckeoffe, choucroute, coq au riesling avec spätzle maison... Salle à manger, salons au décor alsacien. Cour, jardin, terrasse d'été avec coin-détente. Kayaks, vélos, tennis mis gracieusement à disposition. Taxe de séjour incluse.

Kleingoeft - Bas-Rhin (67)

N°5234

Chèque Cadeau

La Ferme de Sophie
Sophie Huet
13, rue de l'Eglise
67440 Kleingoeft
Tél. 03 88 70 87 22
Port. 06 08 76 15 75
sophie@lafermedesophie.fr
www.lafermedesophie.fr

1 Pers. 65 € - 2 Pers. 70 € - 3 Pers. 100 €
P. sup. 30 € -

Vous serez accueillis chaleureusement dans cette belle ferme de 1840, située au cœur d'un village typiquement alsacien. Trois chambres confortables et décorées avec goût vous sont proposées en toute saison. En été, vous apprécierez le jardin ombragé, et en hiver le confort des deux terrasses couvertes.

Attraits touristiques : proche du départ de la route des vins, à proximité du Parc Régional des Vosges du Nord. Equitation 6 km. Piscine 8 km.

Accès : A4 ou N4, sortie Saverne. Quitter Saverne par la D421 dir. Hochfelden/Brumath sur 1 km puis prendre la D41 dir. Landersheim sur 6 km et bifurquer à droite vers Keingoeft. Repérer l'église, c'est juste à côte.

3 chambres avec sanitaires privés. Ouvert toute l'année. Petit déjeuner : jus de fruits et confitures maison, 2 sortes de pain (blanc et complet), assiette charcuterie + fromage, yaourt maison et kougelhopf... Cour, jardin. Restaurants et "Taverne Katz" à Saverne. (Chambres non-fumeurs).

Valff - Bas-Rhin (67)

N°5246

Les Séraphins
Thierry WIRTH
138 rue Principale
67210 Valff
Tél. 03 88 08 90 96
Port. 06 87 34 88 96
info@lesseraphins.fr
http://lesseraphins.fr

TH

1 Pers. 70/100 € - 2 Pers. 70/100 € - 3 Pers. 95/120 €
Repas 22 €

3 chambres et 2 suites, avec sanitaires privés. Fermé du 1.01 au 30.03 et novembre. Petit déjeuner : pains, confitures maison, boissons, fruits, yaourts... Table d'hôtes sur demande : tarte oignons, tourte au riesling, choucroute... Cour, jardin. Restaurants 50 m.

Au cœur de l'Alsace touristique, cette ancienne ferme tabacole entièrement rénovée dans un souci d'authenticité vous propose trois chambres et deux suites à la décoration chaleureuse et personnalisée. La cour intérieure, magnifiquement fleurie, est l'endroit idéal pour lire ou se reposer dans le spa d'extérieur.

Attraits touristiques : piscine, cheval, tennis, randonnée 4 km. Monastère Ste-Odile, pain d'épices...

Accès : de Strasbourg autoroute dir. Colmar Obernai sortie 12. de la voie rapide à l'arrivée Valff maison au centre à gauche avant la mairie.
CM 315 - Pli J6.

Beblenheim - Haut-Rhin (68)

NOUVEAUTÉ

Ancienne ferme viticole de 1722, répertoriée au Patrimoine de France parmi les plus belles du village. Le Clos des Raisins propose 4 chambres de charme et de caractère dans un environnement calme et convivial. Vous aurez à votre disposition un joli jardin fleuri, un salon bibliothèque avec machine à café et théière, ainsi qu'un parking privé dans la cour.

Attraits touristiques : A moins de 10 km, principaux lieux touristiques de la région : villages typiques, cave à vins, châteaux, parcs de loisirs et musées. Château Haut Koenigsbourg, Volerie des Aigles 20 km.

Accès : Sur la route des Vins entre Kaysersberg et Riquewihr. Par l'A35 sortie Ostheim n°21-22 suivre Beblenheim.
GPS : l 48.158 - L 7.326.

N°G6564

Le Clos des Raisins
Thierry Kruger
5 rue des Raisins
68980 Beblenheim
Tél. 03 89 79 45 11
closdesraisins@orange.fr
www.clos-des-raisins.com

2 Pers. 120/180 € - 3 Pers. 160/180 €
P. sup. 25 € -

Ouvert du 27/03 au 05/01. 3 chambres et 1 suite. Toutes avec TV. Tarif 4 pers. : ch. familiale 185 euros/nuit, suite 205 euros/nuit. Petit déjeuner : baguette et pain céréales cuits sur place, brioche ou Kouglopf, jus de fruits, confitures maison, céréales, yaourts, fromage, jambon forêt noire.... Mobilier alsacien, contemporain. Salle de fitness sur dem.

Kruth - Haut-Rhin (68)

N°6597

Les Arts Verts
Corinne Clad
67, Grande Rue
68820 Kruth
Tél. 03 89 82 21 18
Port. 06 64 80 73 62
contact@chambre-les-arts-verts.com
www.chambre-les-arts-verts.com

TH

1 Pers. 70 € - 2 Pers. 80 € - 3 Pers. 95 €
P. sup. 15 € - Repas 30 €

2 chambres avec sanitaires privés, TV écran plat et accès internet. Ouvert toute l'année. Petit déjeuner : kouglof, confitures, yaourts, jus de pomme et pain maison, miels locaux. T. d'hôtes : produits de la cueillette du jardin ou des fermes avoisinantes sont au programme. Sauna. Visite de l'atelier de Didier. Cour, parc. Animal payant 10 euros/nuit.

Ancienne ferme vosgienne du début du XXe siècle, entièrement réhabilitée avec goût et passion. Les chambres et le reste de la maison sont imprégnés d'une atmosphère artistique. Jusque dans le détail, Corinne et Didier ont su mêler l'ancien et le moderne. Les maîtres-mots ici sont : partage, échange, nature et art, et pour l'une de ces raisons Didier taille doucier d'origine, propose des stages de gravure. Vous apprécierez le sauna après une belle journée bien remplie !

Attraits touristiques : randonnée au départ de la maison. Vol libre 2 km. Vélo et moto (route des crêtes). Pêche à la mouche ou autres, pédalo et canoë sur le lac de Kruth. Parc de Wesserling 5 km (jardin, musée du textile). Hiver : ski alpin, de fond, raquettes.

Accès : plan d'accès communiqué lors de la réservation.
GPS : l 47.93330000 - L 6.96670000.

Ribeauvillé - Haut-Rhin (68)

N°6594

Les Seigneurs de Ribeaupierre
Marie-Madeleine et Marie-Cécile Barth
11, rue du Château
68150 Ribeauvillé
Tél. 03 89 73 70 31
hostel.seigneursderibeaupierre@wanadoo.fr
www.ribeaupierre.com

2 Pers. 165/175 €
P. sup. 35 € -

3 chambres et 2 suites avce sanitaires privés, salon, téléphone. TV et internet sur demande dans un salon particulier. Ouvert du 1.03 au 2.01. Petit déjeuner : confitures et pain complet faits maison, kougelhopf ou croissants frais, fromage, yaourts... Dans le petit salon, près d'un vieux puits, vous attend une cheminée avec feu de bois.

Notre maison du XVIIIe siècle, façonnée pour le bonheur de ceux qui s'arrêtent, vous invite à vivre un beau moment de plénitude dans une atmosphère unique. La décoration est ponctuée de détails précieux : meubles anciens, boisieries, plafonds, murs en tissus tendus, literie très confortable. Emprunte de tranquillité, la suite mansardée possède un charme fou. Le soir venu, profitez du feu qui crépite pour vous détendre sous le signe de l'excellence.

Attraits touristiques : Musée Unterlinden 15 km. Musée Würth 20 km. Fondation Beyeler 50 km (Suisse). Festival Spivakov à Colmar (début juillet). Festival de Musique Ancienne de Ribeauvillé (sept/oct).

Accès : un plan d'accès vous sera communiqué lors de la réservation.
GPS : l 48.19612400 - L 7.31628300.

Rodern - Haut-Rhin (68)

NOUVEAUTÉ

Belle propriété pleine de charme, située en centre Alsace, dans un environnement calme et champêtre. Rénovée dans un souci d'authenticité, cette ancienne maison de famille à l'atmosphère chaleureuse vous offre de belles chambres au décor raffiné, une grande pièce de vie habillée de boiseries, avec une cheminée du 15ème siècle, un agréable parc ombragé, endroit idéal pour se reposer.

Attraits touristiques : Château Haut Koenigsbourg 2 km. Route des vins 4 km. Ste Marie aux Mines, sites miniers, Riquewihr, Colmar 15 km. Montagne des Singes, Volerie des Aigles 4 km. Sélestat 10 km.

Accès : de l'A35 ou RN83 (de Strasbourg ou de Mulhouse), prendre la sortie 18 direction Saint-Hippolyte. Suivre direction Château du Haut Koenigsbourg puis Thannenkirch.
GPS : l 48.23655490 - L 7.31950900.

N°G6537

Le Schaentzel
Danielle Hestin
9 cave de Rodern
68590 Rodern
Tél. 03 89 73 04 79
Port. 06 11 48 26 09
d.hestin@le-schaentzel.com
www.le-schaentzel.com

1 Pers. 61 € - 2 Pers. 68/78 €
P. sup. 25 € -

Ouvert du 01/04 au 22/12. 3 chambres et 1 suite. Toutes avec TV et wifi. Petit déjeuner : fruits frais et jus, confitures, yaourts, gâteaux alsaciens et pains fait maison, charcuteries, fromages... Jardin, parc de 2300 m². Restaurant à 3 km.

AQUITAINE

17
CHARENTE-MARITIME
POINTE DE GRAVE
GIRONDE
D 730
Jonzac
St-Yszans-de-Médoc
Lesparre-Médoc
A 10
N 215
N 137
Blaye
Étang d'Hourtin
Soussans
N 137
D 1
D 6
Étang de Carcans
33
GIRONDE
BORDEAUX
D 106
Garonne
Bassin d'Arcachon
N 250
A 63
N 113
A 66
N 250
N 10
Étang de Cazaux
A 63
Étang de Biscarosse
N 134
N 10
Sainte-Eulalie-en-Born
OCÉAN ATLANTIQUE
GOLFE DE GASCOGNE
40
LANDES
N 10
N 134
Midouze
MONT-DE-MARSAN
D 924
N 124
Souprosse
A 63
Dax
N 10
Adour
D 947
D 933
N 117
Adour
Gave de Pau
Bayonne
A 63
N 10
A 64
Arbonne
Gave d'Oloron
D 936
N 117
St-Pée-sur-Nivelle
Bidasoa
Nive
St-Palais
Monein
PAU
Lay-Lamidou
Lucq-de-Béarn
Saucède
Lasseube
64
PYRÉNÉES-ATLANTIQUES
N 134
Oloron-Sainte-Marie
Bosdarros-Gan
ESPAGNE
N 134
D 934
Gave d
0
30 km

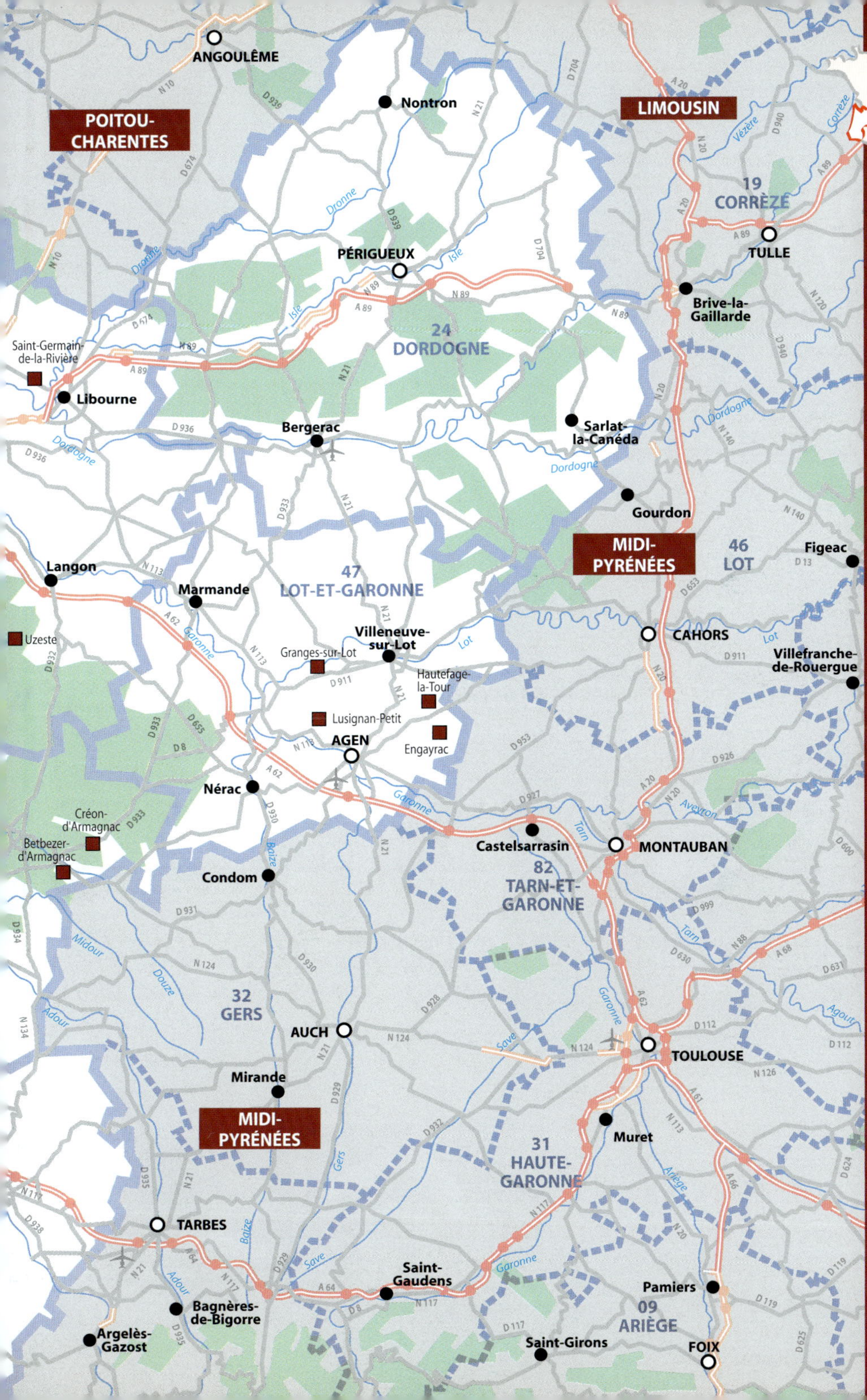
ANGOULÊME
POITOU-CHARENTES
Nontron
LIMOUSIN
19 CORRÈZE
TULLE
Brive-la-Gaillarde
PÉRIGUEUX
24 DORDOGNE
Saint-Germain-de-la-Rivière
Libourne
Bergerac
Sarlat-la-Canéda
Gourdon
MIDI-PYRÉNÉES
46 LOT
Figeac
Langon
Marmande
47 LOT-ET-GARONNE
Uzeste
Villeneuve-sur-Lot
Granges-sur-Lot
Hautefage-la-Tour
CAHORS
Villefranche-de-Rouergue
Lusignan-Petit
AGEN
Engayrac
Nérac
Créon-d'Armagnac
Betbezer-d'Armagnac
Castelsarrasin
MONTAUBAN
82 TARN-ET-GARONNE
Condom
32 GERS
AUCH
TOULOUSE
Mirande
Muret
MIDI-PYRÉNÉES
31 HAUTE-GARONNE
TARBES
Saint-Gaudens
Pamiers
Bagnères-de-Bigorre
09 ARIÈGE
Argelès-Gazost
Saint-Girons
FOIX
Dronne
Isle
Dordogne
Garonne
Lot
Tarn
Aveyron
Baïse
Midour
Douze
Adour
Save
Gers
Ariège
Agout
Vézère
Corrèze
A 20
A 89
A 62
A 64
A 68
A 61
A 66
N 10
N 21
N 89
N 113
N 124
N 117
N 20
N 140
N 88
N 126
D 939
D 674
D 704
D 936
D 933
D 932
D 655
D 8
D 911
D 930
D 931
D 934
D 928
D 929
D 935
D 938
D 953
D 927
D 926
D 999
D 630
D 631
D 112
D 624
D 119
D 625
D 117
D 940
D 653
D 13
D 600

St-Germain-de-la-Rivière - Gironde (33)

N°3315

Chèque Cadeau

Château de l'Escarderie
Bénédicte Claverie
2, rue Goffre
33240 St-Germain-de-la-Rivière
Tél. 05 57 84 46 28
Port. 06 80 55 34 06
lescarderie@free.fr
http://lescarderie.free.fr

Wi Fi

1 Pers. 70/75 € - 2 Pers. 85 €
P. sup. 20 € -

3 chambres avec sanitaires privés. Ouvert du 1er mars au 31 octobre. Petit déjeuner traditionnel avec viennoiseries. Table de tennis de table. Piscine à dispoition, terrasse, parc de 2 hectares. Restaurant à 500 .

Au cœur du vignoble Fronsadais, perché sur un côteau avec son vaste parc boisé et vallonné, le château de l'Escarderie, avec sa belle façade de 1850 vous ouvre ses portes. Une grande terrasse donnant sur le séjour vous permettra d'apprécier nature et repos. A l'arrière de la maison, venez découvrir l'agréable piscine pour un moment de détente. Cette propriété est une étape idéale sur la route des grands vignobles.

Attraits touristiques : château La Rivière, Saint-Emilion, citadelles de Vauban à Bourg et à Blaye, Bordeaux, Libourne, Le Médoc et sa route des vins. Tennis 3 km. Equitation 5 km. Site 14 km. Baignade 15 km. Golf 45 km. Mer 85 km.

Accès : RD670 entre St-André-de-Cubzac et Libourne. A la sortie de St-Germain-la-Rivière, après le stop, prendre la 1ère route à gauche et suivre le fléchage.
GPS : l 44.94577700 - L -0.32021300.

St-Yzans-de-Médoc - Gironde (33)

N°33118

Le Moulin
Michèle Pognot
5, route de Queyzans
33340 St-Yzans-de-Médoc
Tél. 05 56 09 02 80
contact@medoc-hote.com
www.medoc-hote.com

TH

1 Pers. 67 € - 2 Pers. 77 € - 3 Pers. 97 €
P. sup. 20 € - Repas 28 €

4 chambres avec sanitaires privés. Ouv. d'avril à fin octobre. Petit déjeuner : jus de fruits, boissons chaudes, viennoiseries, confitures maison, fruits, yaourts. T. d'hôtes : cuisine gastronomique variée (légumes du potager, poissons, magret...). Salon, bibliothèque. Boulodrome, magnifique jardin arboré et fleuri. Piscine chauffée. 117 euros/4 pers.

Vous serez conquis par le charme de cette ancienne maison de meunier et sa tour du XVIIIe siècle, sur une micro-propriété viticole, avec un parc arboré et de magnifiques jardins fleuris. Les chambres calmes et spacieuses sont au rez-de-chaussée et donnent sur une grande terrasse ensoleillée. Mobilier rustique et campagnard agrémenté de nombreux objets et outils anciens. La TV et la cheminée sont dans la salle à manger où la table d'hôtes est gourmande et l'atmosphère chaleureuse. Le cloître d'inspiration romane ouvre sur le piscine.

Attraits touristiques : Soulac 1900. Fêtes : du Vin à Lesparre, de l'Agneau à Pauillac. WE portes ouvertes dans les châteaux du Médoc. Architecture romane. Baignade 25 km.

Accès : de Bordeaux, dir. Verdon/Pointe de Grave. A droite quelques km avant Lesparre-Médoc. Suivre St-Yzans. Du Verdon, dir. Bordeaux jusqu'à Lesparre puis St-Yzans.
GPS : l 004922 - L 45.1936.

Soussans - Gironde (33)

Belle demeure en pierres des XVIIIe et XIXe siècles, située au cœur du village de Soussans sur la route des prestigieux vins du Médoc. Carine et Bertrand vous accueillent dans l'une de leurs deux ravissantes chambres d'hôtes aménagées en rez-de-chaussée. Selon la saison, le petit déjeuner vous sera servi dans le jardin ou au coin du feu. Possibilité accueil cyclotouristes (location vélos sur place) et motards.

Attraits touristiques : situé au cœur du village, sur la route des châteaux (D2), en pleine appellation Margaux, idéale pour visiter le vignoble. A 1/2 h de Bordeaux et de l'océan, 45 mn du bassin d'Arcachon et 1h de St-Emilion. Circuits VTT balisés sur place.

Accès : sortie n°7 de la rocade. A Eysines, au feu rouge, prendre dir. Pauillac puis suivre la D2 jusqu'à Soussans. Sur la place de la mairie, suivre les flèches "La Maison de Soussans".

GPS : l 45.05688 - L -0.70098.

N°33270

Chèque Cadeau

La Maison de Soussans
Carine Deslandes
4, rue des Tastes
33460 Soussans
Tél. 05 57 88 00 91
Port. 06 13 53 84 94
contact@lamaisondesoussans.com
www.lamaisondesoussans.com

TH

1 Pers. 80/90 € - 2 Pers. 80/90 €
P. sup. 15 € - Repas 26 €

2 chambres avec sanitaires privés et wifi gratuit. Ouvert toute l'année. Petit déjeuner : croissants, céréales, laitage, jus de fruits, fruits... T. d'hôtes sur résa. : de l'apéritif au dessert, le tout fait maison. Cheminée. Cour, jardin 1500 m². Restaurant à 2 km. Repas enfant : + de 2 ans 8 euros/ - de 2 ans, gratuit. 0,90 euro/taxe de séjour.

Uzeste - Gironde (33)

Entre vignobles du Sauternais, des Graves et Landes de Gascogne, le Clos Norma, authentique girondine de la fin du XVIIIe siècle vous révèlera tout son charme. Ici, tout se décline sur un air d'opéra ; du rouge théâtre aux lits à baldaquin en passant par l'imposante cheminée de la salle où vous prendrez vos petits déjeuners. Le cadre saura vous enchanter.

Attraits touristiques : collégiale d'Uzeste (XIIe et XIIIe), cité de Bazas, château de Roquetaillade, vignobles prestigieux des Graves et Sauternais, festival d'Uzeste, fêtes baroques... Canoë, équitation et tennis 4 km. Golf 14 km. Mer 60 km.

Accès : au centre du village d'Uzeste, derrière la collégiale.

N°33267

Clos Norma
Lucie et Emmanuel Fouquet
17, rue Faza
33730 Uzeste
Tél. 05 56 25 29 48
Port. 06 81 15 02 15
contact@closnorma.om
www.closnorma.com

TH

1 Pers. 90 € - 2 Pers. 95 € - 3 Pers. 120 €
P. sup. 25 € - Repas 30 €

3 chambres avec sanitaires privés et wifi. Ouvert toute l'année. Petit déjeuner : pain et viennoiseries bio, confitures, yaourts et jus de fruits maison, gâteaux ou madeleines... T. d'hôtes uniquement sur réservation : confits et terrines maison, grillades, légumes du jardin... Salle petit déjeuner. Piscine 12x4 m. Cour, jardin, parc 6000 m². Parking.

Betbezer d'Armagnac - Landes (40)

N°30101

Domaine de Paguy
Albert et Paulette Darzacq
40240 Betbezer d'Armagnac
Tél. 05 58 44 81 57 - SR : 05 58 85 44 44
Port. 07 86 48 00 03
domaine-de-paguy@wanadoo.fr
www.domainedepaguy.com

TH

1 Pers. 68/75 € - 2 Pers. 72/80 € - 3 Pers. 89/95 €
Repas 34 €

Vous serez accueillis chaleureusement par Albert, Paulette et Myriam dans leur joli manoir du XVIe siècle, surplombant des vignes. Vous profiterez d'un site avec une vue exceptionnelle, et de la piscine au milieu d'un immense espace vert. Calme et tranquillité sont les maitre-mots des quatre chambres décorées avec goût qui vous sont proposées.

Attraits touristiques : Visite du village, bastide à Labastide d'Armagnac et St-Justin, fêtes des vendanges en octobre. Production de produits fermiers : foie gras, canards... Golf 25 km. Equitation 15 km. Tennis 5 km.

Accès : de la D933, prendre la D35, puis la D11. Suivre ensuite le fléchage "Domaine de Paguy".
GPS : l 43°59'19,13 - L 0°10'5,544.

4 chambres avec sanitaires privés. Ouvert toute l'année. Petit déjeuner : pain frais, gateaux et confitures maison, chocolat, thé, café... Piscine ouverte de juin à octobre suivant météo. Table d'hôtes. Parc de 66 ha avec domaine viticole : Armagnac, Floc de Gascogne. Visite du chai du domaine. Organisation réceptions, mariages, séminaires, stages.

Ste-Eulalie-en-Born - Landes (40)

NOUVEAUTÉ

N°30721

Chèque Cadeau

La Guirosse
Didier et Laurence Ardin
1305 Route de la Guirosse
40200 Ste-Eulalie-en-Born
Tél. 06 45 99 82 00 - 06 81 76 27 26
lolo33@acodia.eu

1 Pers. 60/73 € - 2 Pers. 65/78 €

Découvrez une adresse pleine de charme et de sérénité sur la côte landaise, dans la région des grands lacs avec ses pistes cyclables, ses golfs et stations balnéaires réputées. Laurence et Didier vous concoctent le séjour idéal dans un cadre naturel privilégié. Dans cette maison d'architecture traditionnelle, le bois et la briquette sont les matériaux rois. Offrez-vous toute l'année une escapade tout confort à deux ou en famille. Ambiance cosy et chaleureuse garantie.

Attraits touristiques : sur le chemin de St Jacques de Compostelle (voie littorale). Lac de Parentis et Biscarrosse 3 km. Plage de Mimizan 12 km. Golf à 9 trous à Mimizan, 18 trous à Biscarrosse. Musée de L'hydraviation à Biscarrosse. Ecomusée de Marquèze à Sabres

Accès :
GPS : l 44.244013 - L 1.18631000.

2 chambres avec sanitaires privatifs, internet, TV écran plat. Ouvert toute l'année. Petit déjeuner traditionnel avec pâtisseries maison. Pistes cyclables à proximité.

Souprosse - Landes (40)

N°30425

Sengresse
Michèle et Robert Mc Lusky
544, route de Gouts
40250 Souprosse
Tél. 05 58 97 78 34 - SR : 05 58 85 44 44
Port. 06 24 58 01 70
sengresse@hotmail.fr
www.sengresse.com

TH

1 Pers. 95/130 € - 2 Pers. 115/130 € - 3 Pers. 150/155 €
Repas 35 €

5 chambres avec sanitaires privés et accès internet. TV et DVD. Ouvert toute l'année. Petit déjeuner : pâtisseries, confitures maison, compote, céréales, yaourts, jus de fruits... T. d'hôtes : coq au vin, poissons, légumes du jardin, produits de la ferme. Bibliothèque. Piscine ouverte d'avril à octobre suivant météo. Cour, jardin, parc de 3 ha.

Sengresse, ancienne maison de maître s'invente aujourd'hui une nouvelle vie. Charme des pierres et poutres apparentes, style très personnel où se déclinent avec naturel, rusticité, charme et confort. Vous serez séduits par l'ameublement classique ou contemporain, par la collection de tableaux et par la literie soyeuse en coton égyptien.

Attraits touristiques : musée de la Chalosse, chemin de St-Jacques-de-Compostelle, nombreuses fêtes estivales. Lac et pêche 2 km. Tennis 5 km. Canoë et équitation 10 km. Océan 50 km.

Accès : D924 dir. Souprosse : 4 km à droite vers Mugron D332, au croisement avec D3 dir. Mugron. 2ème à droite D18 Gout, entrée à droite apès la ferme Cap Blanc Kiwi. GPS : l 43°45'56,98 - L 0°44'56,98.

Engayrac - Lot-et-Garonne (47)

N°2115

Le Rhodier
Hélène et Olivier Aillet
47470 Engayrac
Tél. 05 53 95 40 48
Port. 06 83 41 09 63
contact@lerhodier.com
www.lerhodier.com

1 Pers. 60 € - 2 Pers. 70 €
P. sup. 20 € -

3 chambres avec sanitaires privés. Ouv. toute l'année. Petit déj. : pain et croissants frais, confitures maison, jus de fruits, fromages (à la demande)... Salle de détente, billard, jeux. Cour et parc. Barbecue, m-ondes, plaque chauffante, réfrigérateur. Restaurants de 3 à 10 km.

Au cœur de la Guyenne, belle maison de maître du XVIIIe. A l'étage, 3 vastes chambres d'un grand confort aménagées pour 2 à 4 pers. Décor aux couleurs chatoyantes et mobilier ancien. Dans le parc ombragé et fleuri, la piscine (clôturée) bien orientée avec pool house, barbecue et réfrigérateur-congélateur permettra d'agréables moments de détente, massages bien-être.

Attraits touristiques : Château de Bonaguil 40 km. Musée du Foie Gras, marchés fermiers, bastides, fermes (vente produits régionaux). Sentiers de randonnée sur place. Lac, pêche 3 km. Tennis, équitation 4 km. Base de ski nautique 15 km. Golf 27 km.

Accès : à Beauville, prendre la D122 vers Bourg-de-Visa sur 4 km. A la borne départementale prendre la direction de Saint-Maurin sur 400 m.
CM 336 GPS : l 44°15'43.41"E - L 0°55'38.98"E.

Granges-sur-Lot - Lot-et-Garonne (47)

N°2170

Le Clos des Fontaines

Eliane et Thierry Jardonnet
8, place Papon Lagrave
47260 Granges-sur-Lot
Tél. 05 53 88 28 99 - SR : 05 53 47 80 87
Port. 06 10 25 00 71
thierry.jardonnet@wanadoo.fr
http://chambre-charme-clos-des-fontaines.fr

TH

1 Pers. 65 € - 2 Pers. 75 € - 3 Pers. 85 €
Repas 28 €

2 chambres (lit 160) avec sanitaires privés, dont 1 familiale (lit 75x190). Ouv. Du 1.03 au 31.10. Petit déjeuner maison : gâteaux, confitures, yaourt bio, compote. Table d'hôtes : volailles rôties à la cheminée, légumes du potager... Patio, parc. Garage privé. CB et chèques vacances acceptées au service réservation.

Ancien relais de poste des XIIIe et XVIIIe siècles avec patio intérieur et pigeonnier, situé dans une bastide au bord du Lot, près d'Agen et de Villeneuve-sur-Lot. Un véritable cadre de verdure vous attend; cour fleurie, parc planté d'arbres d'ornement, de fruitiers anciens et d'une collection de roses. Vous serez séduits par la décoration des chambres et le mobilier ancien.

Attraits touristiques : paysages, architecture, nombreuses manifestations en période estivale, bastides XII et XIIIe (10 à 60 km), musées. Rivière "Lot" 100 m (promenade, pêche). Golf 19 km. Vignobles. Restaurants à proximité.

Accès : au n°8 sur la place du village, enseigne au dessus de la porte.
CM 145 - Pli E2. GPS : l 44°22'33"N - L 0°27'54"E.

Hautefage-la-Tour - Lot-et-Garonne (47)

N°2220

Domaine de Lamassas

Amélie Salmon-Legagneur
47340 Hautefage-la-Tour
Tél. 09 51 65 35 65
Port. 06 46 63 04 45
lamassas@free.fr
www.lamassas.fr

TH

1 Pers. 80/115 € - 2 Pers. 95/130 €
Repas 29/55 €

2 chambres avec sanitaires privés et wifi. Ouv. toute l'année. Petit déjeuner : pâtisseries et confitures maison, viennoiseries, charcuterie, fromages locaux... T. d'hôtes sur réservation : magret façon sud-ouest, desserts maison... Salon (bibliothèque, TV, DVD, cheminée). Piscine en mosaïque (10x15 m), bains de soleil. Jardin, parc 46 ha.

Entre Gascogne et Guyenne, le Domaine de Lamassas est niché dans un écrin de verdure où règnent calme et authenticité. Un salon d'hôtes de style Henri II vous attend pour profiter de tout le confort d'une maison qui allie chaleur et modernité. Si vous êtes un adepte du farniente, la piscine en mosaïque est faite pour vous et nous saurons vous régaler avec notre table d'hôtes familiale (sur réservation) composée essentiellement des produits du terroir. Tarifs dégressifs à partir de 4 nuits. Les tarifs varient selon la saison.

Attraits touristiques : bastides médiévales Pujols, Penne d'Agenais, Villeneuve/Lot, Monflanquin. Festival château de Bonaguil début août. Activités sportives, balades à vélo et à pied. Restaurant 10 km.

Accès : A20, sortie Cahors nord puis N20 jusqu'à l'entrée de Cahors. 1er rd-point, 1ère à droite dir. Bergerac/Puy l'Evêque. D911 jusqu'à St-Sylvestre/Lot puis dir. Penne d'Agenais puis Tournon Agenais, et dir. Hautefage-la-Tour sur 7 km.

Lusignan-Petit - Lot-et-Garonne (47)

N°2142

Dantounet
M. Palhories
47360 Lusignan-Petit
Tél. 05 53 66 63 98
Port. 06 07 15 97 78
palhomarc@orange.fr
http://domainededantounet.monsite.orange.fr

1 Pers. 70 € - 2 Pers. 80 €

4 chambres (lits 180 x 200) avec sanitaires privés. Ouvert toute l'année. Petit déjeuner : jus de fruits, céréales, croissants, confitures et pâtisseries maison, yaourts... Bibliothèque, jeux de cartes. Jardin, parc de 12 ha. Piscine, étang. Restaurants à 4 km.

Vous serez accueillis chaleureusement dans cette maison de maître du XVIIIe siècle, avec parc de 12 ha de bois, prairies et vergers. 4 chambres spacieuses vous sont réservées, toutes avec mobilier ancien, coin-jardin privatif ou terrasse privée. La piscine permettra à tous ceux qui le souhaitent un moment de détente sous le soleil.

Attraits touristiques : Pays de Serres : bastides, châteaux, musées, gastronomie, nature etc... Golf 20 km. Tennis 3 km. Equitation 16 km. ULM 10 km.

Accès : soryie Agen par la N113. A Colayrac prendre la route de Prayssas sur 6 km environ puis à gauche "Vallée du St-Martin", Dantounet est à 500 m à droite.
GPS : l 44°15'44.64"N - L 0°31'47.41"E.

Arbonne - Pyrénées-Atlantiques (64)

N°451019

Chèque Cadeau

Antzika
Daniel Housset
64210 Arbonne
Tél. 06 80 23 73 65
danielhousset@orange.fr
http://www.antzika.com

2 Pers. 145/230 €

3 chambres et 2 suites avec sanitaires privés, dont 3 avec TV. Ouvert toute l'année. Petit déjeuner : boissons chaudes, viennoiseries, jus de fruits frais, fruits frais, confiture artisan... Piscine. Lac. Jardin, parc de 5000 m². Restaurant 500 m. Possibilité location de vélos.

Nichée au creux d'une colline, Antzika, "La Source" en langue basque, est construite dans le style bergerie et est ouverte sur la campagne biarrote. L'identité basque est conservée grâce aux pierres de Sare aux angles des murs, au "lorio" en façade, à la grande terrasse exposée plein sud en prolongement du séjour. Les touches de modernité sont présentes dans les matériaux utilisés, comme le béton naturel ou ciré de tous les sols de la maison. La couleur est présente à travers les larges baies vitrées qui offrent des vues privilégiées sur le jardin, le lac et la forêt.

Attraits touristiques : Biarritz 5 km. Golf 1 km. Plage 3 km. Mer, équitation et tennis 5 km.

Accès : A63, sortie Biarritz La Negresse, dir. Biarritz/Arcangues. Suivre vers Arbonne. A l'entrée, prendre le chemin à gauche avant l'église. Passer devant l'école et aller en face. La maison est au bout du chemin.

Bosdarros-Gan - Pyrénées-Atlantiques (64)

N°421004

Maison Trille
Christiane Bordes
Chemin de Labau, Route de Rebenacq
64290 Bosdarros-Gan
Tél. 05 59 21 79 51
Port. 06 83 78 40 67
christiane.bordes@libertysurf.fr
http://www.gites64.com/maison-trille

TH Wi Fi

1 Pers. 67 € - 2 Pers. 77 €
Repas 26 €

La "Maison Trille" est une ancienne demeure béarnaise du XVIIIe siècle, située aux portes de Pau et de la vallée d'Ossau. Madame Bordes vous y recevra chaleureusement et vous préparera d'excellents petits déjeuners. Vous y retrouverez l'architecture caractéristique du Béarn, avec sa cour intérieure et son porche particulier.

Attraits touristiques : Golf de Billère (18 trous) à 10 km. A proximité : piscine, tennis, équitation et promenades en montagne.

Accès : à 10 km au sud de Pau, par N134 jusqu'à Gan, puis D934.

5 chambres avec bains ou douche et wc privés, entrée indépendante. TV. Accès wifi gratuit. Ouvert toute l'année. Petit déjeuner à base de laitages, salade de fruits, œufs, fromage, jambon... Table d'hôtes sur réservation, 3 fois/semaine (lundi, mercredi, vendredi). Près de l'auberge "Le Tucq". Gite rural 6 pers. Sur la propriété.

Lay-Lamidou - Pyrénées-Atlantiques (64)

N°422002

l'Aubèle
Bernard et Marie-France Desbonnet
4, rue de la Hauti
64190 Lay-Lamidou
Tél. 05 59 66 00 44
Port. 06 86 22 02 76
desbonnet.bmf@infonie.fr
www.laubele.fr/

1 Pers. 70 € - 2 Pers. 75 €
P. sup. 20 € -

Au cœur du Béarn, Marie-France passionnée de reliure et Bernard, féru d'histoire locale, vous reçoivent dans leur belle maison restaurée, décorée avec goût et raffinement. Les chambres sont spacieuses et confortables, avec de beaux meubles anciens. Accueil chaleureux et sincère, une visite chez des amis !

Attraits touristiques : Navarrenx à 5 km et Oloron à 20 km. Randonnées pédestres et équestres au village. Piscine, tennis, parapente et rafting à 5 km.

Accès : un plan d'accès vous sera communiqué lors de la réservation.

2 chambres avec bains et wc privés. Ouvert toute l'année. Pour votre détente, grand parc ombragé face aux Pyrénées où sont servis de délicieux petits déjeuners aux confitures originales. Restaurants à 5 km.

Lucq-de-Béarn - Pyrénées-Atlantiques (64)

N°422023

Maison Estratte
Chantale Albert
route du Paradis, ch. Bas Afittes-Qu. St-Michel
64360 Lucq-de-Béarn
Tél. 05 59 34 32 45
Port. 06 22 64 16 55
bastide.estratte@gmail.com
http://www.labastide-estratte.com

Aquitaine

TH

1 Pers. 79 € - 2 Pers. 85 € - 3 Pers. 115 €
P. sup. 30 € - Repas 30 €

3 chambres avec sanitaires privés. Ouvert toute l'année. Wifi gratuit. Petit déjeuner : yaourts, miel, gâteau maison, œufs, jambon. Séjour en prolongement de la cour intérieure. Terrasses aménagées. Ruisseau. Cour, jardin d'hiver, patio. Spa 8 places - 10 euros/pers. Salle de séminaire. Animal 5/10 euros/jour. T. d'hôtes sur demande. 4 pers. 145 euros.

Ancienne ferme béarnaise avec dépendances, restaurée avec charme et soin, située au cœur d'une clairière bordée par un ruisseau. A l'étage, les chambres à la décoration raffinée et recherchée, ouvrent sur la galerie typique en bois et sur la belle cour intérieure aménagée en jardin d'hiver. Les petits déjeuners sont servis dans la cuisine familiale ou dans le patio à l'ombre des érables. Possibilité séminaire-évènementiel.

Attraits touristiques : à 20 mn de Pau, entre Monein et Oloron. Piscine, équitation et tennis 8 km. Lac 15 km. Océan et ski de piste 60 km.

Accès : Lucq-de-Béarn centre-bourg. Laisser l'église à droite et prendre la rue à gauche. Faire environ 2 km dans la campagne. La propriété est à droite après le pont.
GPS : l 43.34767000 - L 1.18852000.

Lucq-de-Béarn - Pyrénées-Atlantiques (64)

N°422028

Chèque Cadeau

Maison Castaings
Evelyne Develay
chemin Coustette, Quartier Marquemale
64360 Lucq-de-Béarn
Tél. 05 59 34 36 97
Port. 06 07 09 88 71
evelynedvl@gmail.com

TH

1 Pers. 55 € - 2 Pers. 65 € - 3 Pers. 95 €
P. sup. 30 € - Repas 30 €

2 chambres avec sanitaires privés communiquants, internet. Ouvert d'avril à octobre. Petit déj. : gâteaux maison, confitures, fruits du verger, crêpes, riz au lait, fromage sur demande. T. d'hôtes : garbure, boudin aux pommes et oignons confits, spécialités du Nord sur demande... Cour, jardin. TV, cheminée. 4 pers. 125 euros.

Charme et caractère se dégagent de la maison Castaings, restaurée avec goût par Evelyne et Jen-Paul. L'ancienne ferme du XVIIe a conservé son cachet et ses volumes impressionnants. Deux chambres spacieuses à l'étage avec accès indépendant possible par la galerie en bois, typique de la région. La cour intérieure fleurie avec sa fontaine a été aménagée et vous invite à la detente ou aux petits-dejeuners durant l'été.

Attraits touristiques : Monein 6 km (fête de la pêche, église St-Girons). Navarrenx (remparts, championnat de pêche au saumon). Oloron Ste-Marie (cathédrale).

Accès : à Monein, prendre direction Navarrenx. Avant le restaurant "Chez Jeannot", prendre le chemin des Crêtes à gauche. Au château d'eau, prendre à gaude le chemin Coustette.
GPS : l 43.29547000 - L 0.63563000.

Aquitaine

Monein - Pyrénées-Atlantiques (64)

N°421011

Maison Canterou
Marie-Josée Nousty
quartier Laquidée
64360 Monein
Tél. 05 59 21 41 38
Port. 06 70 98 07 07
nousty.mariejosee@wanadoo.fr
www.gites64.com/maison-canterou

TH

1 Pers. 54/64 € - 2 Pers. 64/74 € - 3 Pers. 84/94 €
P. sup. 20 € - Repas 22 €

Sur une exploitation viticole de 5 ha qualifiée "Agriculture Raisonnée" (AOC Jurançon), au milieu des coteaux ensoleillés du Béarn, Marie-Jo et sa fille Corinne vous reçoivent en amis dans leur belle ferme à cour fermée, typique de la région. 5 chambres au décor choisi offrent calme et confort. Belle terrasse dans un écrin de fleurs, vue magnifique.

Attraits touristiques : Cave des producteurs de Jurançon à Gan, fête du Jurançon début août, charpente de l'église St-Girons à Monein. Tennis 3 km. Golf et lac 15 km.

Accès : de Monein, prendre la D34 entre Cuqueron et Lacommande, c'est à mi-chemin des 2 villages.

5 chambres avec sanitaires privés. Wifi gratuit. Ouvert toute l'année. Petit déj. : viennoiseries, patisseries maison… Cheminée. Table d'hôtes 3 fois par semaine. Cour carrée. Jardin. Boulodrome. Piscine. Ping-pong. Exploitation viticole en activité Bienvenue à la ferme. Chiens 3 euros/jour. Gare 25 km. Commerces 6 km. 4 pers. 88 euros.

St-Palais - Pyrénées-Atlantiques (64)

N°443005

Maison d'Arthezenea
François Barthaburu
42, rue du Palais de Justice
64120 St-Palais
Tél. 05 59 65 85 96
Port. 06 15 85 68 64
francois.barthaburu@wanadoo.fr
www.gites64.com/maison-darthezenea

TH

1 Pers. 70/75 € - 2 Pers. 75/80 €
P. sup. 25/30 € - Repas 30 €

Marie-Christine et François vous reçoivent dans leur demeure familiale, grande maison bourgeoise aux pièces vastes et lumineuses, aux meubles anciens et authentiques et au jardin toujours agréablement fleuri. François vous racontera l'histoire et les histoires du pays basque autour d'une cuisine faite de produits locaux.

Attraits touristiques : Festival de Force basque. St-Jean-Pied-de-Port et la frontière espagnole à 25 km. Biarritz à 60 km. Mer 60 km. Lac, golf 30 km. Piscine, tennis, équitation 500 m.

Accès : à St-Palais dir. St-Jean-Pied-de-Port. Face à la route qui mène à la stèle de Gibraltar et au chemin de St-Jacques-de-Compostelle, à gauche "rue du Palais de Justice". Maison à gauche (volets blancs).

4 chambres avec sanitaires privés. Ouv. toute l'année. Petit déjeuner : confitures et pâtisseries maison, jus de fruits, yaourts… T. d'hôtes sur rés. : foie gras, ris d'agneau, palombe flambée, produits frais de saison essentiellement cuisinés à la plancha… Cour, jardin fleuri. Restaurant à 500 m.

St-Pée-sur-Nivelle - Pyrénées-Atlantiques (64)

N°452045

Ferme Elhorga
Julie Despons
Chemin d'Elhorga, quatier Helbarron
64310 St-Pée-sur-Nivelle
Tél. 05 59 85 18 35
Port. 06 10 17 06 12
contact@elhorga.com

1 Pers. 95/190 € - 2 Pers. 95/190 € - 3 Pers. 140/220 €

5 chambres (lits électriques) avec sanitaires privés, écran LCD et wifi. Ouvert toute l'année. Petit déjeuner : gâteaux maison, fromage de brebis, serrano, miel, cakes salés, salade de fruits frais, crumble aux pommes... Salon (TV, bibliothèque, musique). Piscine chauffée, jacuzzi. Jardin, salon d'été sous pergola. Restaurant 4 km. 4 pers. 200/250 euros.

Authentique ferme du XVIIe siècle avec une ambiance cosy et contemporaine, où se mélangent les poutres et les pierres d'antan au mobilier design. Au calme, la ferme se situe à flanc de colline, au milieu d'un écrin de verdure où paissent moutons et pottoks. Une décoration de charme esprit campagne et brocante et une belle vue dégagée sur la vallée et les montagnes basques.

Attraits touristiques : Saint-Jean-de-Luz à 9 km.

Accès : un plan d'accès vous sera communiqué lors de la réservation.
GPS : l 43.36137000 - L -1.59282000.

Aquitaine

St-Pée-sur-Nivelle - Pyrénées-Atlantiques (64)

N°452004

Bidachuna
Isabelle Ormazabal
RD 3, Lieu dit Otsanz
64310 Saint-Pée-sur-Nivelle
Tél. 05 59 54 56 22
isabelleormazabal@gmail.com
www.bidachuna.fr

1 Pers. 115 € - 2 Pers. 125 €

3 chambres avec bains, wc privés et entrée indépendante. Ouvert de Pâques à la Toussaint. Petit déjeuner copieux : céréales, fruits secs et de saison, pâtisseries maison, fromages... Séjour, coin-salon pour les hôtes. Téléphone dans chaque chambre. Parc, salon de jardin, croquet. Restaurants St-Pée 6 km.

Face à la chaîne des Pyrénées et au coeur d'une forêt classée, cette belle bastide du XIXe vous accueille dans un site privilégié. Les chambres sont spacieuses avec poutres apparentes et décorées avec raffinement. Véritable havre de paix, vous apprécierez cette halte pour découvrir le pays basque.

Attraits touristiques : Au village : église du XIIe, maisons labourdines des XVIIe et XVIIIe. Espagne, Biarritz 15 km. St-Jean-de-Luz, Bayonne 20 km. Golfs dans un rayon de 5 à 20 km. Pelote basque.

Accès : de St-Pée-sur-Nivelle, faire 6 km dir. Ustaritz-Arcangues par la D3.

Sauguis - Pyrénées-Atlantiques (64)

N°432005

Biscayburu
Pantxo Etchebehere
64470 Sauguis
Tél. 05 59 28 73 19
Port. 06 10 55 14 04
informations@chambres-hotes-pays-basque.com
www.chambres-hotes-pays-basque.com

1 Pers. 55/65 € - 2 Pers. 60/70 €
P. sup. 20 € -

4 chambres avec sanitaires privés. Ouvert toute l'année. Petit déjeuner : jus d'orange, compote, yoaurts, viennoiseries, pain maison... Jeux à disposition. Chaises longues, jardin de 3000m². Restaurants à Tardets 6 km. Wifi gratuit.

"Biscayburu" est une ferme souletine typique rénovée. Les poutres, les pierres apparentes, le cadre verdoyant et l'ambiance chaleureuse sont les composants de cette halte dans la vallée de la Soule. Vous pourrez admirer les montagnes avant de vous régaler des petits déjeuners confectionnés par Pantxo et M-Hélène.

Attraits touristiques : Sur place : départ de randonnées. Gorges de Kakuetta et d'Holzarte à proximité. Mer 90 km. Lac et ski de fond 30 km. Piscine et tennis 8 km. Equitation 2 km.

Accès : prendre dir. Tardets. A Tardets, dir. Sauguis, puis arriver au village suivre le fléchage "Chambres d'Hôtes".

AUVERGNE

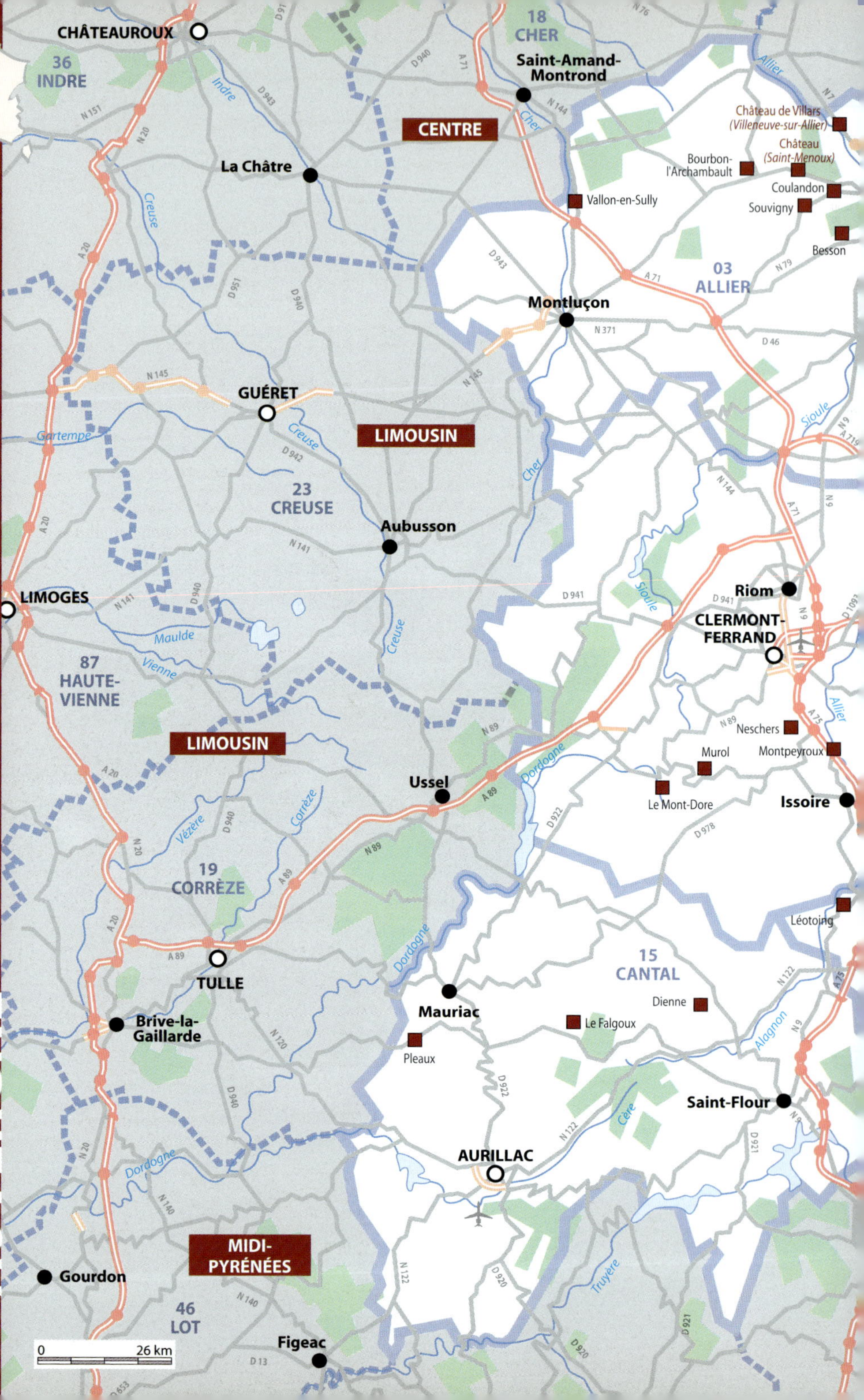
CHÂTEAUROUX
36
INDRE
18
CHER
Saint-Amand-
Montrond
CENTRE
La Châtre
Château de Villars
(Villeneuve-sur-Allier)
Château
(Saint-Menoux)
Bourbon-
l'Archambault
Coulandon
Souvigny
Vallon-en-Sully
Besson
03
ALLIER
Montluçon
GUÉRET
LIMOUSIN
23
CREUSE
Aubusson
LIMOGES
87
HAUTE-
VIENNE
LIMOUSIN
Riom
CLERMONT-
FERRAND
Neschers
Montpeyroux
Murol
Le Mont-Dore
Issoire
Ussel
19
CORRÈZE
Léotoing
TULLE
15
CANTAL
Mauriac
Dienne
Le Falgoux
Pleaux
Brive-la-
Gaillarde
Saint-Flour
AURILLAC
MIDI-
PYRÉNÉES
Gourdon
46
LOT
Figeac
0
26 km
Indre
Creuse
Cher
Allier
Gartempe
Maulde
Vienne
Sioule
Dordogne
Vézère
Corrèze
Alagnon
Cère
Truyère

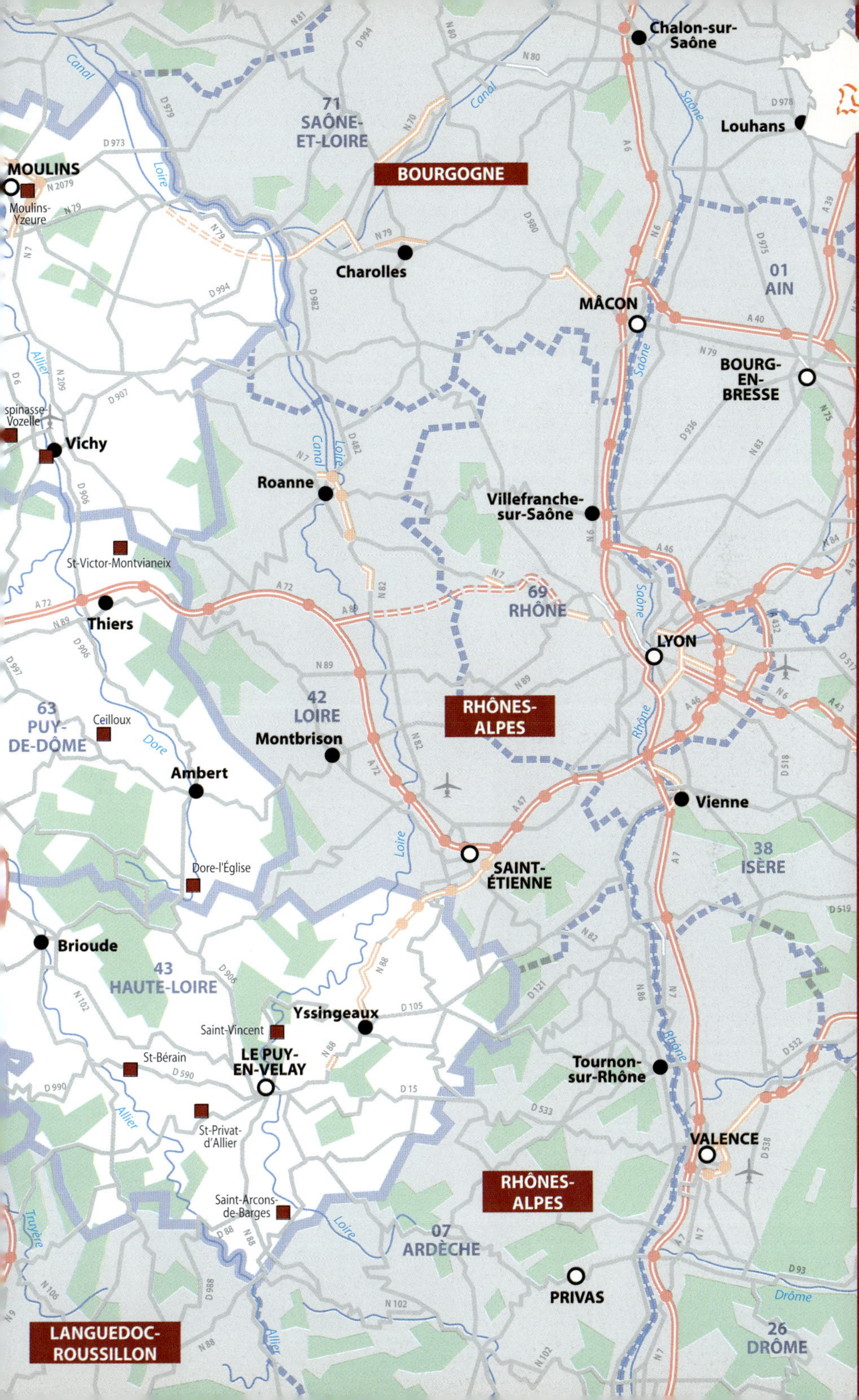
Chalon-sur-Saône
Louhans
71
SAÔNE-ET-LOIRE
BOURGOGNE
MOULINS
Moulins-Yzeure
Charolles
MÂCON
01
AIN
BOURG-EN-BRESSE
Vichy
Roanne
Villefranche-sur-Saône
St-Victor-Montvianeix
Thiers
69
RHÔNE
LYON
42
LOIRE
RHÔNES-ALPES
63
PUY-DE-DÔME
Ceilloux
Montbrison
Ambert
Vienne
SAINT-ÉTIENNE
38
ISÈRE
Dore-l'Église
Brioude
43
HAUTE-LOIRE
Yssingeaux
Saint-Vincent
LE PUY-EN-VELAY
St-Bérain
Tournon-sur-Rhône
St-Privat-d'Allier
VALENCE
RHÔNES-ALPES
Saint-Arcons-de-Barges
07
ARDÈCHE
PRIVAS
LANGUEDOC-ROUSSILLON
26
DRÔME
Loire
Allier
Saône
Rhône
Dore
Truyère
Drôme
Canal

AUVERGNE

Besson - Allier (03)

N°45663

Demeure de Givreuil

Marie-Françoise Beaufils-Maymat
route de Châtel de Neuvre
03210 Besson
Tél. 04 70 46 13 93
Port. 06 30 42 48 45
marie-francoise.maymat@wanadoo.fr
www.demeuredegivreuil.fr

TH

1 Pers. 75/95 € - 2 Pers. 80/100 €
P. sup. 20 € - Repas 26 €

2 chambres avec sanitaires privés. Ouvert du 1.04 au 31.10, autres période sur résa. Petit déjeuner : confitures maison, viennoiseries, jus de fruits frais. T. d'hôtes sur réservation : produits du terroir, volailles et lapins fermiers, légumes bio du potager. Terrasse dallée, jardin arboré et fleuri. Restaurant à Bresnay 2,5km.

En pleine campagne, au cœur du Bourbonnais, Marie-Françoise vous accueille chaleureusement dans sa demeure seigneuriale du Xve siècle où le temps semble s'être arrêté. Au 1er étage, deux chambres à la décoration raffinée et personnalisée, dont l'une avec cheminée monumentale. Etape idéale pour découvrir la richesse historique du Bourbonnais.

Attraits touristiques : à Moulins : musée du costume de scène. Centre de l'illustration. Village historique de Souvigny. Vignoble de St-Pourçain. Nombreuses églises romanes et châteaux. Golf 10 km. Piscine 16 km. Equitation 12 km. Le Pal (parc d'attraction) 30 km.

Accès : de Moulins (16 km), prendre N9 dir. Clermont-Ferrand jusqu'à Chemilly (9 km) puis D65 jusqu'à Besson (4,5 km). A Besson, prendre D232 dir. Châtel-de-Neuvre sur 2,5 km.

Bourbon-l'Archambault - Allier (03)

N°15758

Logis du Trésorier

Anne Leclercq
La Sainte-Chapelle
03160 Bourbon-l'Archambault
Tél. 06 82 91 25 08 - 09 81 90 72 85
logisdutresorier@live.fr

TH

1 Pers. 70 € - 2 Pers. 85 €
Repas 20 €

1 chambre 2 pers. avec salle de bains et wc. Ouvert toute l'année sur rés. Petit déjeuner : jus de fruits, laitages, brioche et pain bio, confitures. Table d'hôtes : le tranchoir du saloir, la marmitée de bœuf. Bibilothèque, CD. Jardin 1 000 m², salon de jardin, terrasse. Possibilité de week-end, stage alchimie médiévale. Restaurant sur place.

NOUVEAUTÉ

Dans l'enceinte du château des Ducs de Bourbon, Anne vous accueille dans le cadre historique d'une demeure de caractère, où l'ambiance invite à la sérénité. Avec une jolie vue panoramique sur le bourg, la chambre d'hôtes spacieuse au décor raffiné, vous laissera le souvenir d'un séjour paisible où les échanges seront riches d'histoires, de découvertes «nature» ou encore de bien-être. Location de vélos sur réservation. Week-end découverte du patrimoine ou de bien-être (établissement thermal).

Attraits touristiques : Festival «Souvigny Médiéval» fin juillet à 12 km. Site Clunisien. CNCS à Moulins. Montluçon 45 km. Forêt de Tronçais. Forêt Gros Bois 6 km.

Accès : Nord : A71 sortie 8-A 77 Nevers. Est : N7 sortie 48. Sud : A71 sortie 11.
GPS : l 46.58838333 - L 3.05816389.

Coulandon - Allier (03)

N°15089

Chambres de la Grande Poterie
Jean-Claude Pompon
9, rue de la Grande Poterie
03000 Coulandon
Tél. 04 70 44 30 39
Port. 06 68 22 20 73
jcpompon@lagrandepoterie.com
www.lagrandepoterie.com

TH

1 Pers. 70/75 € - 2 Pers. 80/90 € - 3 Pers. 100 €
P. sup. 25 € - Repas 29 €

4 chambres dont 1 avec mezzanine (4 pers.), toutes avec douche et wc privés. Ouvert du 1.03 au 31.10. Table d'hôtes sur réservation (pas de table certains soirs) : terrine de saumon, pâté aux pommes de terre, viande en croûte... Grand jardin fleuri avec piscine. Auberge dans le village. Taxe de séjour.

Au cœur du berceau historique des Bourbons, Coulandon a su préserver le charme d'un petit village rural. Dans un cadre verdoyant, vous serez reçus dans des chambres très confortables et joliment décorées, aménagées dans une ancienne grange, indépendante de la demeure des propriétaires. Une halte reposante proche de la forêt de Moladier.

Attraits touristiques : Souvigny (berceau historique des Bourbons), Moulins, Bourbon-l'Archambault (ville thermale). Nombreux châteaux en bocage bourbonnais. Randonnées pédestres, équitation, pêche. Chemins de randonnée pédestre.

Accès : à 8 km de Moulins et 3 km de Souvigny.

Espinasse Vozelle - Allier (03)

N°45717

KURNIA Guesthouse
Sani Liên Salzmann
130, rue de Champodon
03110 Espinasse Vozelle
Tél. 04 70 56 59 49 - 09 60 17 41 02
Port. 06 32 12 68 41
info@kurnia.fr
www.kurnia.fr

TH

1 Pers. 125/150 € - 2 Pers. 135/160 €
P. sup. 30 € - Repas 30 €

3 chambres avec sanitaires privés. Grand salon zen avec bibliothèque. Ouvert toute l'année. Petit déjeuner : viennoiseries, fromages d'auvergnat, charcuterie, fruits de saison, jus d'orange, miel, nutella, confitures maison, céréales, œufs bio sur demande. Table d'hôtes : créations maison, cuisine asiatique. Piscine. Forêt privée.

Dans une spacieuse demeure, lovée au cœur de la nature, Sani vous accueille, et vous propose de découvrir, entre autre, sa cuisine : un véritable florilège de mets exquis d'origine asiatique et européenne. Pour satisfaire le goût de chacun, elle s'emploie à créer une nourriture s'appuyant sur les grands principes culinaires de ces deux continents. Grâce à son attachement particulier pour la tradition et la culture asiatique, plus particulièrement, celle de l'indonésie, tous ses plats sont mitonnés avec amour et créativité.

Attraits touristiques : Vichy (5 km) : centre thermal, opéra, hippodrome. Festival de musique du monde (juillet) à Gannat (15 km), festival (juillet/août) de Cusset (8 km). Canoë Kayak, base nautique, golf 5 km. Centre équestre 10 km.

Accès : de Paris (A71) sortie Gannat-Vichy (N209). Rond-point Bellerive - Moulins - Montluçon (D6) et tout droit. Garage Peugeot (Charmeil) à gauche.
GPS : l 3°21'47"E - L 46°08'48"N.

Moulins-Yzeure - Allier (03)

N°25732

Premium

Le Peron
Martine Sirot
29 bis, rue Joseph Baudron
03400 Yzeure
Tél. 04 70 44 57 75
Port. 06 26 03 55 44
martinesirot@yahoo.fr

1 Pers. 70 € - 2 Pers. 75 €

1 suite avec sanitaires orivés, TV et accès internet. Ouvert toute l'année. Petit déjeuner : viennoiseries, yaourts, céréales, salade de fruits frais maison, crêpes, confitures, jus d'orange, gâteaux, miel... Piscine. Cour, jardin de 2500 m².

Dans sa charmante maison du XIXe siècle, située dans un quartier calme, à proximité du centre de Moulins, Martine a décoré avec raffinement une suite au 1er étage. Dans un décor de meubles anciens patinés et d'objets contemporains, l'ambiance y est paisible. Martine apporte un soin particulier à la mise en scène de la table des petits déjeuners, servis sous la verrière ou dans la salle à manger.

Attraits touristiques : centre national du costume de scènes. Tous sports et loisirs (musée, théâtre, cinéma) à Moulins 2 km. Le Pal 30 km.

Accès : un plan d'accès vous sera communiqué lors de la réservation.
GPS : l 45.56277222 - L 3.34465.

St-Menoux - Allier (03)

N°H15735

Château de Clusors
Christine Thieulin
03210 St-Menoux
Tél. 04 70 43 94 69
Port. 06 70 79 27 75
henri.thieulin@orange.fr
www.chateaudeclusors.com

1 Pers. 100 € - 2 Pers. 105 €
P. sup. 20 € -

2 chambres avec sanitaires privés et wifi. Ouvert toute l'année. Petit déjeuner : viennoiseries, yaourts, confitures maison, fromages. Billard français, piano, cheminée. Piscine. Cour, jardin, parc de 1 ha. Taxe de séjour. Restaurant 1 km.

Christine et Henri seront ravis de vous recevoir dans leurs chambres d'hôtes situées à l'étage du château de Clusors qui est dans leur famille depuis 1844. Ils ont conservé le mobilier de leurs ancêtres en ajoutant une touche de modernité, de confort, pour créer une ambiance chaleureuse et accueillante. Le grand salon avec cheminée, billard français, piano, pourra vous faire passer une agréable soirée, à moins que l'été vous préféreriez vous reposer dans le parc ou au bord de la piscine.

Attraits touristiques : chemins de randonnée sur place (GR, St-Jacques, chemin d'Autry), forêt de Bagnolet, abbatiale de Souvigny 5 km. VTT sur place. Equitation 4 km. Circuit auto/moto 19 km. Parc de loisirs le Pal 45 km.

Accès : RN7 à 8 km. A71 Montmarault à 35 km. Dans le village, route du stade à 800 m à droite.
GPS : l N 46.59339444 - L E 3.15565.

Souvigny - Allier (03)

Les Vieux Murs sont une propriété de style néo-classique, située au cœur du bourg. La maison, inspirée du Petit Trianon de Versailles est installée au milieu d'un parc de 2 ha composé de multiples essences d'arbres centenaires. Vous bénéficierez du calme absolu tout en étant dans le village et à proximité de toutes les commodités.

Attraits touristiques : prieurale clunisienne de Souvigny. Moulins, ville d'Art et d'Histoire, le Centre National du Costume de Scène 12 km. Bourbon l'Archambault, centre thermal 12 km. Fête médiévale (début août), journées musicales en septembre à Souvigny.

Accès : à 12 km de Moulins sur la D945 entre Nevers (60 km au nord) et Clermont-Ferrand (90 km au sud).
GPS : l N 46.53386944 - L E 3.19061667.

N°H15715

Chèque Cadeau

Les Vieux Murs
Laurence Louyot
11, rue Maris Delaume
03210 Souvigny
Tél. 04 70 42 91 10
Port. 06 11 77 35 19
laurence@lesvieuxmurs.fr
http://www.lesvieuxmurs.fr

Wi Fi

1 Pers. 150 € - 2 Pers. 150 €

4 chambres avec sanitaires privés et internet par wifi. Ouvert sur réservation uniquement. Petit déjeuner : viennoiseries, pains variés, salade de fruits frais, pâtisseries et confitures maison. Jeux de carte, scrabble, bibliothèque. Piscine chauffée (27°). 3 vélos disponibles. Ping-pong, badminton. Cour, jardin parc de 2 ha. Restaurant 200 m.

Vallon-en-Sully - Allier (03)

NOUVEAUTÉ

Dans l'ombre du Grand Meaulne, ce château jamais accessible au public, vient d'ouvrir ses portes. Construit depuis le fin du XV par sur un éperon rocheux dominant la vallée du Cher à l'ouest et la vallée de l'Aumance à l'est, il offre un point de vue remarquable jusqu'aux Monts d'Auvergne. Au rez de chaussée, une splendide enfilade de grandes pièces de réception avec des cheminées monumentales du XV et XVIe transporte les visiteurs dans un mélange harmonieux du Moyen-Age à la Belle Epoque. Sa chapelle avec ses vitraux du XVIe possède des orgues.

Attraits touristiques : Concerts église de Chateloy 10 km, vallée touristique de l'Aumance 2 km, Forêt de Tronçais 4 km, Abbaye de Noirlac 21 km, château de Meillet 22 km, canal du Berry et son musée 4 km, Montluçon 25 km.

Accès : A71 à 3 km. D1044 sur place.
GPS : l 46.55553056 - L 2.62176944.

N°15776

Château de Peufeilhoux
Claude Thevenin
Château de Peufeilhoux
03190 Vallon-en-Sully
Tél. 04 70 05 20 24
Port. 06 61 64 16 68
floridian@orange.fr

Wi Fi

1 Pers. 110/160 € - 2 Pers. 110/160 €

2 chambres et 1 suite, toutes avec sanitaires privés et wifi. Ouvert du 01/02 au 31/11. Petit déj. : viennoiseries, brioches maison, brioches aux pralines, confitures maison, miel propriété, céréales, yaourts, jus de fruit, panière de fruits. Piscine, terrasse ombragée dans la cours d'honneur, parc, petit étang. Visite du château (12 pièces).

Vichy - Allier (03)

N°45735
Luxury

La Demeure d'Hortense
Catherine Gauthier
62, ave du Président Doumer
03200 Vichy
Tél. 04 70 96 73 66
Port. 06 85 92 18 01
catherine@demeure-hortense.fr
http://chambre-hote-vichy.fr

Wi Fi

1 Pers. 105 € - 2 Pers. 115/145 €

3 chambres et 2 suites avec sanitaires privés, TV, wifi/internet, climatisation. Ouvert toute l'année. Petit déjeuner : fruits frais et pressés, viennoiseries, yaourts artisanaux. Salon lecture, cheminée, documentation sur Vichy et son histoire. Patio, jardin.

Bel hôtel particulier fin XIXe de caractère, très calme, avec deux jardins et une fontaine, au cœur de la ville de Vichy, à 100 m de la gare. Deux chambres et trois suites originales, décorées et aménagées avec soin selon cinq thématiques : inspiration Napoléon III, navigation maritime, chinoise, marocaine et féminité. Patio ensoleillé pour les petits déjeuners. Catherine et Philippe seront heureux de vous accueillir dans leur demeure et de vous faire découvrir ainsi la belle ville de Vichy.

Attraits touristiques : Vichy : architecture, histoire, culture (opéra, cinéma, théâtre), sports (2 golfs 18 trous, stade nautique olympique, hippodrome, city treak, footing autour du lac), parc Napoléon III. Baignade 500 m.

Accès : à la gare SNCF, prendre l'avenue Paul Doumer. La maison d'hôtes se trouve à 100 m sur la gauche.
GPS : l 46.10848333 - L 3.46105.

Villeneuve-sur-Allier - Allier (03)

N°25723

Château de Villars
Philippe et Yseult de Vaulx
Château de Villars
03460 Villeneuve-sur-Allier
Tél. 04 70 43 31 03
Port. 06 11 02 25 60
de-vaulx.philippe@wanadoo.fr
www.chateaudevillars-allier.fr

Wi Fi

1 Pers. 87/92 € - 2 Pers. 87/92 € - 3 Pers. 115 €
P. sup. 15 € -

3 chambres dont 1 suite avec sanitaires privés, TV, wifi (1 des ch. est ouverte toute l'année). Ouvert du 15.03 au 15.11 (autres sur réservation). Petit salon privatif avec TV. Petit déjeuner : jus de fruit, croissants, pain frais, fruits, yaourts, brioches, pains aux raisins. Piscine. P-pong, bicyclettes sur demande. Restaurant 200 m.

Ce magnifique château, (fin XVIe et XIXe) en briques polychrome losangées, appartient à la même famille depuis 1804. Tout proche de l'Allier, Villars fut certainement à son origine, un château de défense. La cour intérieure a conservé les douves asséchées et les anciens fossés n'ont été comblés que sur l'aile Est pour ajouter un pavillon d'entrée en façade à la fin du XIXe. Elle imite celle des hôtels particuliers de la place des Vosges à Paris, qui forme avec lui un gracieux ensemble intégré dans un grand parc aux essences plusieurs fois centenaires, rares et gigantesques.

Attraits touristiques : Circuit de Magny-Cours 30 km. Centre national du Costume de Scène à Moulins 13 km. Arboretum de Balaine 5 km. Pêche 1 km. Le Riau 3 km. Kayak 13 km.

Accès : de Paris, sur la N7 à Villeneuve/Allier, aux feux tournez à droite et à 500 m 1er chemin à gauche.

Dienne - Cantal (15)

NOUVEAUTÉ

Dans cette maison de maître des années 1920 nichée sur les hauteurs de Dienne et rénovée en 2013, Cécile et Jacques vous accueillent dans leurs sapcieuses chambres d'hôtes. La décoration est composée d'un doux mélange de mobilier contemporain ou ancien. Le vaste spa extérieur vous permettra d'agréables moments de détente et de relaxation.

Attraits touristiques : Parc Naturel Régional des Volcans d'Auvergne. Puy Mary Grand Site National. Murat 10 km. Super Lioran. Vallée de Dienne. Pêche 400m. Piscine 10 km. Equitation 16 km. Ski de piste 25 km.

Accès : dans Dienne, après la maison de site, prendre 1ère route à droite, puis encore à droite. Grande maison sur la droite avec grille et portail en fer.

N°9009

Monts et Délices
Cécile BENOIT
SARL Monts et Délices, Le Bourg
15300 Dienne
Tél. 04 63 29 21 29
Port. 06 13 70 73 51
montsetdelices@laposte.net
www.montsetdelices.com

TH

1 Pers. 81/94 € - 2 Pers. 88/100 € - 3 Pers. 125 €
P. sup. 25 € - Repas 25 €

3 chambres, toutes avec salle d'eau, wc, wifi et peignoirs. Ouvert toute l'année. Petit déjeuner : pain frais, beurre, confitures maison, miel, viennoiseries, pâtisseries maison, fruits de saison, jus de fruits, laitages. T. d'hôtes : spécialités régionales. Jardin. Spa extérieur 12 pers. 6 euros/pers pour tout le séjour. Restaurants 10 km.

Le Falgoux - Cantal (15)

Au cœur du Parc des Volcans d'Auvergne, vaste maison bourgeoise proche des sites exceptionnels de Salers et du Puy Mary, au pied du GR400. Les chambres, agréablement décorées, sont vastes et disposent toutes d'un coin-salon. Atmosphère chaleureuse. Un grand parc arboré propice à la détente permet d'admirer les montagnes.

Attraits touristiques : Puy Mary. Salers (13 km). Parc des Volcans d'Auvergne. Vallée du Mars. Cirque du Falgoux. GR400. Randonnée et pêche sur place. Ski de fond 4 km. Piscine, lac 28 km.

Accès : à Mauriac, prendre la D678 direction Trizac/Riom. A Pons, prendre la D12 direction St.Vincent-de-Salers/Le Vaulmier puis Le Falgoux. Avant d'arriver au Falgoux, prendre à gauche "La Michie".

N°9066

Guy et Colette Supersac
La Michie
15380 Le Falgoux
Tél. 04 71 69 54 36
Port. 06 86 06 75 69
guyll.supersac@orange.fr
http://perso.orange.fr/guy.supersac

1 Pers. 58/66 € - 2 Pers. 58/66 € - 3 Pers. 82 €

3 chambres et 2 suites avec coin-salon et sanitaires privés. Ouvert de Pâques à la Toussaint. Petit déjeuner : jus de fruits, viennoiseries, céréales, pain maison... Parc. Taxe de séjour.

Pleaux - Cantal (15)

N°9084

Les Ombrages
Krister et Christine Rosendahl
rue d'Empeyssine
15700 Pleaux
Tél. 04 71 40 47 66
Port. 06 04 16 75 60
info@les-ombrages-cantal.com

1 Pers. 59/69 € - 2 Pers. 64/84 €
P. sup. 15 € - Repas 25 €

2 chambres et 1 suite avec sanitaires privés. Ouvert toute l'année. Petit déjeuner : yaourts, fruits, viennoiseries, confitures, miel... Salon pour les hôtes. Accès internet Wifi. Petits chiens acceptés sur accord préalable. Parc de 0,4 ha. Parking privé. Restaurant à Pleaux. Taxe de séjour.

Au cœur de la Xaintrie, entre Vallée de la Dordogne et Parc des Volcans d'Auvergne, Krister et Christine vous accueillent dans leur maison de maître entièrement restaurée. Un grand parc arboré et fleuri invite à la détente. Vous pourrez profiter des diverses activités dans la ville et sa région.

Attraits touristiques : Salers, lac d'Enchanet, gorges de la Maronne et de la Dordogne. Tennis et piscine 500 m. Lac 10 km. Voile 20 km. Pêche 2 km. Equitation 9 km.

Accès : en entrant dans Pleaux, en venant de Mauriac, prendre la 1ère rue à gauche. Une fois sur la grande place, la maison est située sur la droite à l'angle de la rue d'Empeyssine.

Léotoing - Haute-Loire (43)

N°22036

Le Moulin du Bateau
Catherine et Claude Quantin
Le bateau
43410 Léotoing
Tél. 04 71 76 57 07
Port. 06 73 42 58 77
lemoulindubateau@wanadoo.fr
www.lemoulindubateau.com

TH

1 Pers. 60 € - 2 Pers. 75/80 €
P. sup. 20 € - Repas 25 €

4 chambres avec sanitaires privés. Ouv. du 1.02 au 30.10. Petit déjeuner : jus de fruits, pâtisseries maison ou croissants, confitures maison, miel du pays, céréales... T. d'hôtes à base de produits frais régionaux : pounti, tourte saumon et lentilles du Puy, chou farci. 2 salons dont 1 avec cheminée. Terrasses, jardin, pétanque, terrain 2 ha.

Catherine et Claude ont restauré ce moulin abandonné avec beaucoup de passion et de goût. Ils ont su aménager un endroit où l'on se sent bien. Le calme de la rivière qui passe sous les fenêtres et la décoration soignée font de ces chambres d'hôtes un lieu d'accueil privilégié et confortable. Vous apprécierez de vous reposer sur les terrasses fleuries au bord de la rivière. Table d''hôtes sur réservation.

Attraits touristiques : Vallée de l'Allagnon, Léotoing (ruines du château, église romane), Blesle, un des plus beaux villages de France. Sites naturels, châteaux, églis Brioude (basilique romane). Lavaudieu, un des plus beaux villages de France.

Accès : A75, sortie 19 en venant du nord (Paris-Clermont-Ferrand) et sortie 20 du sud. Traverser Lempdes sur Allagnon puis D909 dir. Blesle/Massiac sur 7 km.
GPS : l 45.360262 - L 3.217648.

St-Arcons-de-Barges - Haute-Loire (43)

NOUVEAUTÉ

N°G26031

La Table des Douceurs
Brigitte et Eddy Mesic
Pigeyres-Haut
43420 St-Arcons-de-Barges
Tél. 04 71 09 68 16
Port. 06 11 34 54 61
latabledesdouceurs@orange.fr
www.latabledesdouceurs.fr

TH

2 Pers. 75/90 €
Repas 28 €

Dans un cadre calme et agréable, Brigitte et Eddy ont aménagé cinq chambres raffinées dans une ancienne bergerie située dans un village près des gorges de la Loire et des monts d'Ardèche. Brigitte vous régalera de produits locaux et du jardin médiéval à la table d'hôtes et vous propose également de suivre des cours de cuisine aux fleurs. Chambres d'hôtes élues «Gîtes de France de l'année 2013» (double prix départemental et régional).

Attraits touristiques : Lac 5 km. Vélorail et musée 12 km.

Accès : plan d'accès fourni sur demande.

GPS : l 44.84051100 - L 3.94883300.

5 chambres avec sanitaires privatifs (douche balnéo et radio incorporée) et TV. Ouvert toute l'année. Petit déjeuner : crêpes, gaufres, confitures maison, gâteaux, pain perdu. Table d'hôtes : menu gastronomique, plats locaux et cuisine créative. Jardin de 1200 m², ping-pong, vélos. Restaurants à 5 km.

St-Berain - Haute-Loire (43)

N°G22054

Art et Création
Jaap Van der Wal
Le Bourg
43300 St-Berain
Tél. 04 71 74 29 44
Port. 06 78 06 89 96
info@artetcreation.nl
www.artetcreation.nl/fr

TH

1 Pers. 70 € - 2 Pers. 80 €
P. sup. 20 € - Repas 25 €

Artiste sculpteur et peintre, Jaap a élu domicile dans cette ancienne ferme de 1875 construite à flanc de rocher et surplombant les Gorges de l'Allier. Quatre chambres sont aménagées avec soin aux 1er et 2e étages tandis que la terrasse invite à la détente contemplative et au rafraîchissement. Pour l'hiver, un bain nordique saura combler vos besoins de relaxation alors que la nature sauvage s'étendra sous vous jeux.

Attraits touristiques : les Gorges de l'Allier avec de nombreux villages pittoresques (St-Arcons-d'Allier, Chanteuges, Prades), le Puy-en-Velay (patrimoine mondial de l'Unesco).

Accès : un plan d'accès vous sera communiqué lors de la réservation.

GPS : l 45.03290556 - L 3.63326667.

4 chambres 2 pers. avec sanitaires privés et wifi. Ouvert toute l'année. Petit déjeuner : jus d'orange, fruits, yaourts, viennoiseries... T. d'hôtes : cuisine à partir de produits régionaux et influences mediterranéennes. Piscine, bain nordique. Jardin. Organisation stages peinture et sculpture en pension complète : 750 euros/semaine.

St-Privat-d'Allier - Haute-Loire (43)

N°G22051

Chèque Cadeau

Le Clos des Pierres Rouges
Thierry Grumelart
Lieu-dit Rougeac
43580 St-Privat-d'Allier
Tél. 04 71 00 64 78
Port. 06 08 81 68 71
closdespierresrouges@free.fr
http://lespierresrouges.free.fr

TH

Wi Fi Spa

1 Pers. 80 € - 2 Pers. 80 €
P. sup. 30 € - Repas 28 €

2 chambres dont 1 accessible aux pers. à mobilité réduite et 1 suite avec sanitaires privés et wifi. (1 avec terrasse, 1 avec salon). Ouvert du 27.12 au 15.11. Petit déjeuner : brioche, confitures et pain maison... (poss. petit déjeunetr salé sur demande). T. d'hôtes : truffade, magret à la gentiane, pounti... Sauna. Cour, jardin.

A la croisée du chemin de St-Jacques-de-Compostelle, des Gorges de l'Allier et de la route de la bête du Gévaudan, Sylvie et Thierry vous accueillent dans leur ferme rénovée où les matériaux contemporains côtoient la mémoire vellave. Confort et raffinement vous sont proposés dans un écrin de verdure. Le Clos des Pierres Rouges, c'est l'histoire d'un coup de cœur pour un pays sauvage, quasi mystique, traversé par des chemins séculaires, et terres d'histoires légendaires !

Attraits touristiques : patrimoine architectural et religieux très varié, festival de la Chaise-Dieu, fête du roi de l'Oiseau (Le Puy).

Accès : un plan d'accès vous sera communiqué lors de la réservation.

GPS : l 45°00.26'.88"N - L 3°41.44'.49"E.

St-Vincent - Haute-Loire (43)

N°21036

Chèque Cadeau

La Buissonnière
Pascal Monchiet
Chalignac
43800 St-Vincent
Tél. 04 71 08 54 41
Port. 06 82 21 36 22
buiss@free.fr
www.buissonniere-auvergne.com

TH

Wi Fi Spa

1 Pers. 50/60 € - 2 Pers. 65/70 € - 3 Pers. 88 €
Repas 25 €

5 chambres 2 pers., 1 chambre familiale 4 pers., chacune avec sanitaires privés et wifi. Ouvert toute l'année. Petit déj. : brioche, pâtisseries et confitures maison, fuits, laitages... T. d'hôtes : lentilles vertes du Puy, charcuteries fermières, truite de Vourzac... Jacuzzi, sauna et soin bien-être sur rés. Vente produits du terroir.

Près du Puy-en-Velay, patrimoine mondial de l'UNESCO, dans les gorges de la jeune Loire, cette demeure de caractère des XVIIIe et XIXe siècles ayant conservé son authenticité, vous propose de confortables chambres (non fumeur). Profitez pleinement du parc de 8 000 m² avec jardin aménagé, fontaine et terrasse. Piscine chauffée en saison estivale. Calme et détente garantis.

Attraits touristiques : Le Puy-en-Velay 17 km : cathédrale, Hôtel Dieu, Rocher St-Michel. Château de Lavoûte-Polignac 4 km. Forteresse de Polignac 10 km. Gorges de la Loire sur place. Ravin de Corboeuf 5 km (site géologique). GR3, GR40 et nombreux PR à proximité.

Accès : plan d'accès fourni sur demande.

GPS : l 45.15113611 - L 3.90950556.

Ceilloux - Puy-de-Dôme (63)

N°300395

Domaine de Gaudon
Monique et Alain Bozzo
Le Château
63520 Ceilloux
Tél. 04 73 70 76 25
domainedegaudon@wanadoo.fr
www.domainedegaudon.fr

1 Pers. 95 € - 2 Pers. 120 € - 3 Pers. 140 €

4 chambres et 1 suite avec sanitaires privés et tél, Ouv. toute l'année. Petit déj. : viennoiseries, confitures et jus de pomme maison, charcuterie, fromages... Salle à manger, salons (cheminées, TV). Billard américain/français. Etang (pêche), terrasse. Jardin, parc 4 ha. Espace bien-être (jacuzzi, hammam, sauna, massage...) en sus.

Au cœur du Parc Naturel Régional du Livradois Forez, blottie au sein d'un parc de 4 ha d'arbres centenaires agrémenté d'un arborétum et d'un chemin botanique, cette belle demeure du XIXe siècle abrite 5 chambres joliment décorées d'objets, de tableaux et meubles d'époque. Selon la saison, le petit déjeuner est servi dans la salle à manger, sur la terrasse ou sous la gloriette. Une forêt domaniale de 7 ha borde la propriété.

Attraits touristiques : Nombreux châteaux, coutellerie de Thiers, festival de musique de la Chaise-Dieu... Moulin Richard de Bas à Ambert. Equitation et VTT 2 km. Randonnée sur place. Moto, quad 7 km. Baignade 6 km. Accrobranche 15 km. Restaurants 2 et 5 km.

Accès : de Clermont-Ferrand, aller à St-Dier d'Auvergne, puis dir. Domaize ensuite dir. Ceilloux et Gaudon.

Dore l'Eglise - Puy-de-Dôme (63)

N°300511

Domaine de Sault
Philippe Roussel
63220 Dore l'Eglise
Tél. 04 73 95 08 21
Port. 06 83 33 59 14
lesault@wanadoo.fr
www.domainedesault.com

TH

1 Pers. 65 € - 2 Pers. 70 €
Repas 19 €

3 chambres avec sanitaires privés et wifi. Ouvert toute l'année. Petit déjeuner : pain céréales, brioche et confitures maison, miel, jus d'orange... T. d'hôtes : tourte au bleu d'Auvergne, lentilles vertes du puy et saucisse d'Auvergne, jambon de pays... Spa. Malle aux Trésors, bibliothèque et massages sur demande. Cour, jardin 800 m².

Nous vous accueillons dans un cadre de verdure propice au repos et à la détente avec comme bruits de fond les oiseaux et l'eau qui coule, sur une colline ensoleillée avec une vue enivrante sur la nature, dans un ensemble de bâtiments en pierres, restauré dans le respect d'autrefois. Vous pourrez vous balader dans les bois, près des cours d'eau, faire de la randonnée sur place, vous baigner, vous faire masser ou partir à la découverte du patrimoine environnant.

Attraits touristiques : musée du Papier Ambert. Jardin pour la Terre à Arlanc. Abbaye de la Chaise Dieu et son festival de musique fin août. Randonnée et pêche sur place. Piscine 4 km. Plan d'eau 5 km.

Accès : en venant du nord, passer Arlanc, suivre La Chaise Dieu et au niveau de Dore l'Eglise, tourner à droite (à gauche en venant du sud, La Chaise Dieu).
GPS : l 45°22'24" - L 3°44'23".

Le Mont-Dore - Puy-de-Dôme (63)

N°300117

La Closerie de Manou
Larcher Françoise
Le Genestoux
63240 Le Mont-Dore
Tél. 04 73 65 26 81 - 04 73 81 03 59
Port. 06 08 54 50 16
lacloseriedemanou@orange.fr
www.lacloseriedemanou.com

1 Pers. 60/65 € - 2 Pers. 85/90 € - 3 Pers. 120/130 €
P. sup. 40 € -

A la Closerie de Manou, le charme d'antan et le confort raffiné se mêlent à la chaleur des meubles anciens. Vous apprécierez l'accueil chaleureux et la disponibilité de la maîtresse de maison. La situation exceptionnelle de cette demeure du XVIIIe siècle; à 2 pas de la Dordogne et des chemins de randonnées, en fait un lieu de séjour idéal pour découvrir l'Auvergne.

Attraits touristiques : dans le Parc des Volcans d'Auvergne, au pied du Puy de Sancy, entre lacs et églises romanes. Proche de Vulcania et du Puy de Dôme. Nombreuses randonnées balisées. Golf, VTT, pêche. Villes thermales : Le Mont-Dore et la Bourboule.

Accès : A71/A89 dir. Bordeaux, sortie 25 St-Julien/Puy l'Avèze dir. Le Mont Dore par Murat-le-Quaire (D82 - D98 - D922 - D219) ou A75, sortie 14 St-Nectaire D996 puis au Mont-Dore dir. Murat-le-Quaire .
GPS : l N45°35'21" - L E2°46'33".

5 chambres dont 2 climatisées, avec sanitaires privés, TV, connexion wifi et radio. Ouvert du 1.04 au 15.10. Petit déjeuner : jus de fruits frais, viennoiseries, fromages d'Auvergne, charcuterie, œufs, confitures et pâtisseries maison... Cour, jardin, garage motos/VTT. Tarifs dégressifs à partir de 3 nuits. Bonne auberge de campagne à proximité.

Montpeyroux - Puy-de-Dôme (63)

N°300165

Les Pradets
Edith Grenot
63114 Montpeyroux
Tél. 04 73 96 63 40
edith.grenot@orange.fr
www.auvergne.maison-hotes.com

1 Pers. 75 € - 2 Pers. 85 €

A Montpeyroux, ravissant village médiéval restauré, Edith vous accueille dans une jolie maison au charme discret. Le petit déjeuner est servi dans la salle à manger voûtée ou dans le jardin fleuri qui offre une superbe vue. Les chambres sont chaleureuses avec un beau mobilier d'époque, et raffinées (draps brodés, tableaux...).

Attraits touristiques : Eglises romanes et châteaux à proximité. Tennis sur place. VTT, équitation à 7 km. Vol libre à 14 km. Plan d'eau avec baignade, planche à voile, voile et canoë-kayak à 24 km.

Accès : autoroute A75, sortie n°7 : Coudes-Montpeyroux.

2 chambres : 1 chambre avec salle de bains et wc privés et 1 chambre avec douche et wc privés. Ouvert toute l'année. Petit déjeuner : pains variés, brioches, pâtisseries et confitures maison... Salon avec cheminée. Jardin. Restaurants sur place. Taxe de séjour comprise.

Murol - Puy-de-Dôme (63)

N°300526

La Forge de Gabriel
Monique Petit-Goyon
chemin de la Pardaniche
63790 Murol
Tél. 04 73 88 60 73
Port. 06 08 99 14 52
info@laforgedegabriel.com
www.laforgedegabriel.com

Wi Fi Spa

2 Pers. 85/115 €

3 chambres avec sanitaires privés. Ouvert d'avril à septembre. Petit déjeuner : yaourts bio, jus de fruits frais, salade de fruits de saison, viennoiseries, confitures et gâteaux maison… Spa avec supplément (20 euros/heure/couple).

Monique vous accueille dans sa maison de famille du XIXe siècle, entièrement restaurée, située dans le petit village médiéval de Murol, près du Mont-Dore et de la Bourboule. La situation est idéale pour la randonnée : au pied du Massif du Sancy et au cœur du Parc des Volcans.

Attraits touristiques : plage lac de Chambon 1 km. Château fort de Murol (XIe s.), spectacles, visites guidées, musée des peintres auvergnats. St-Nectaire 4 km (balnéo.).. Eglises romanes. Vulcania 40 km. Puy-de-Sancy 15 km. Nombreux lacs. Ski à Super-Besse 15 km.

Accès : A75, sortie 2. A89 dir. Bordeaux puis D2089, D799 puis prendre à gauche la D213 puis la D5 et la D996, Haut de Murol, dir. Groire, rue de Groire, 5e maison à gauche.

Neschers - Puy-de-Dôme (63)

N°300588

Le Cadran Solaire
Patrick Meallet et Christian Achard
17, rue des Murettes
63320 Neschers
Tél. 04 73 96 28 83
achard.c13@orange.fr

Wi Fi

1 Pers. 60 € - 2 Pers. 70 €

3 chambres avec sanitaires privés. Ouvert de Pâques à la Toussaint. Petit déjeuner : jus d'orange, confitures maison, viennoiseries, yaourts… Salon avec coin-cuisine à disposition et accès internet. Coin-bibliothèque. Cour. Terrasse, salon de jardin. Garage privé. Restaurant 3 km.

Belle maison de maître des XVe et XVIIe siècles avec meubles anciens, parquets, tommettes et cheminées. Le petit déjeuner vous sera servi dans la salle à manger des propriétaires où vous pourrez admirer des tapisseries d'Aubusson. Calme et repos assurés en plein cœur de l'Auvergne.

Attraits touristiques : à découvrir à proximité : Château de Murol, St-Nectaire : la station thermale et balnéo, église romane. Activités sportives : centre de loisirs Crapa-hutte, baignade au Lac Chambon, randonnées dans le Massif du Sancy.

Accès : A75, sortie N°6. A Plouzat, tournez à gauche. Dans le village, juste après le pont, c'est à droite en face de l'église.

St-Victor-Montvianeix - Puy-de-Dôme (63)

N°300487

Domaine de Montvianeix
Jean-Philippe Force
63550 St-Victor-Montvianeix
Tél. 04 73 94 02 95
Port. 06 31 94 34 40
Jp.force@nordnet.fr
www.montvianeix.com

TH

1 Pers. 81 € - 2 Pers. 91 €
P. sup. 30 € - Repas 31 €

5 chambres avec sanitaires privés, internet/wifi libre et gratuit. Ouvert toute l'année. Petit déjeuner : gâteaux et yaourt maison, pain à l'ancienne grillé, fruits frais ou secs... T. d'hôtes, produits du jardin et producteurs locaux. Bibliothèque régionale. 3 salons thématiques. Parc arboré 14 ha. Jardin, terrasse, salon de jardin. Prêt VTT.

Au bout du chemin, après avoir traversé de magnifiques forêts, vous atteignez ce havre de paix, ce petit village propriété de vos hôtes. La pureté du Domaine de Montvianeix sera une parenthèse de calme, de sérénité et de silence. Lors de nos échanges chaleureux et conviviaux, nous vous ferons humblement partager : notre demeure décorée et restaurée par nos soins, nos produits du terroir et de notre jardin proposés à la table d'hôtes, l'amour de notre Auvergne natale...

Attraits touristiques : Thiers 15 km : capitale mondiale de la Coutellerie et son musée. Vivhy 35 km : reine des villes d'eau, son architecture, ses berges. Randonnée sur place. Piscine et plan d'eau 5 km. Loisirs culturels entre 15 et 60 km.

Accès : A89 dir Thiers, sortie 2 centre, dir. Vichy D906 à 6 km dir. St-Victor-Mtx D85 puis D64 sur 6 km. Puis à gauche Domaine de Montvianeix.
GPS : l N 45°55'45" - L E 03 34'09".

BOURGOGNE

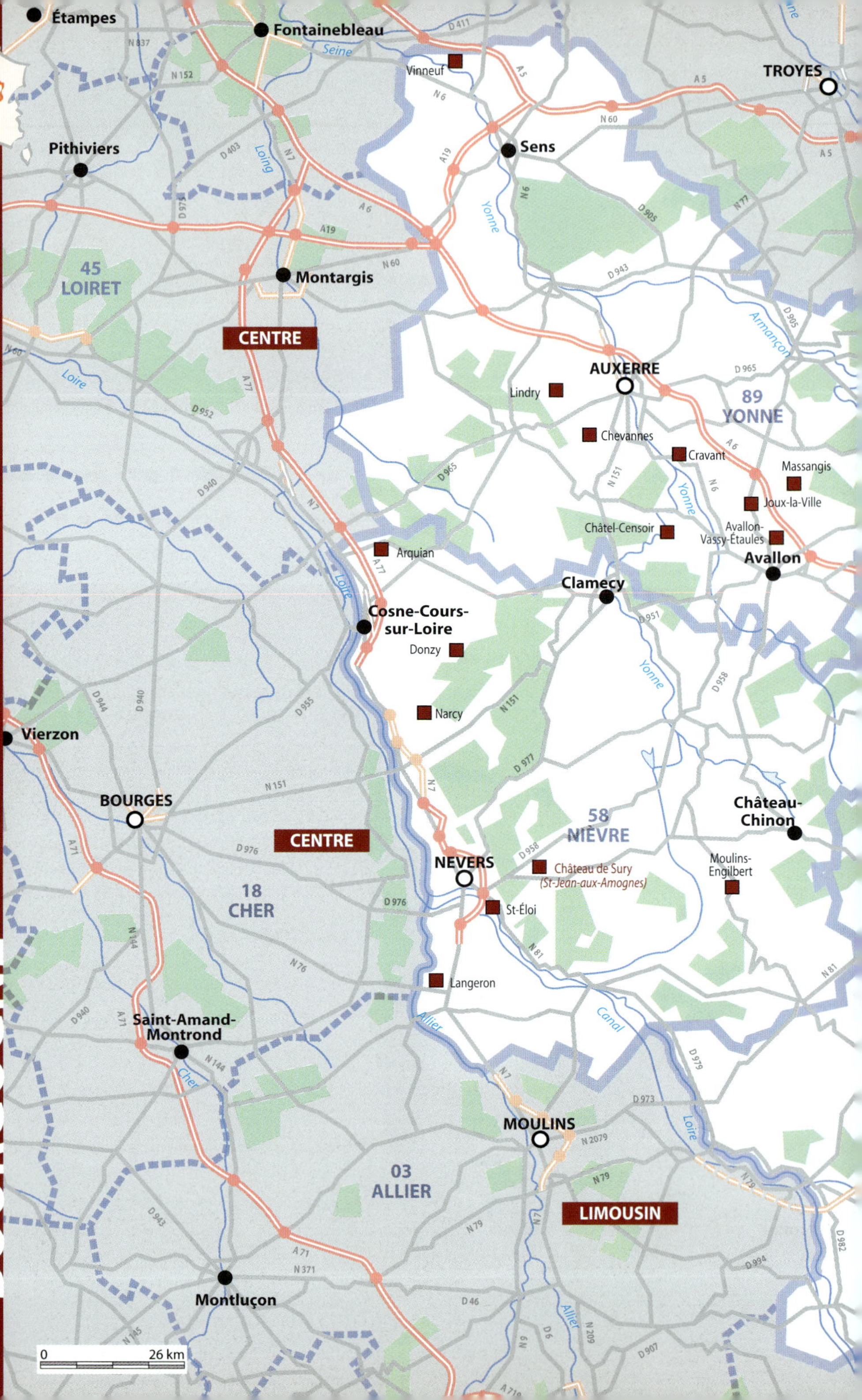

Étampes
Fontainebleau
Seine
Vinneuf
TROYES
Pithiviers
Sens
Yonne
Loing
45
LOIRET
Montargis
CENTRE
AUXERRE
Lindry
89
YONNE
Chevannes
Cravant
Massangis
Joux-la-Ville
Châtel-Censoir
Avallon-
Vassy-Étaules
Avallon
Arquian
Clamecy
Loire
Cosne-Cours-
sur-Loire
Donzy
Narcy
Vierzon
BOURGES
CENTRE
58
NIÈVRE
Château-
Chinon
NEVERS
Château de Sury
(St-Jean-aux-Amognes)
Moulins-
Engilbert
18
CHER
St-Éloi
Langeron
Allier
Canal
Saint-Amand-
Montrond
Cher
MOULINS
03
ALLIER
LIMOUSIN
Montluçon
0
26 km

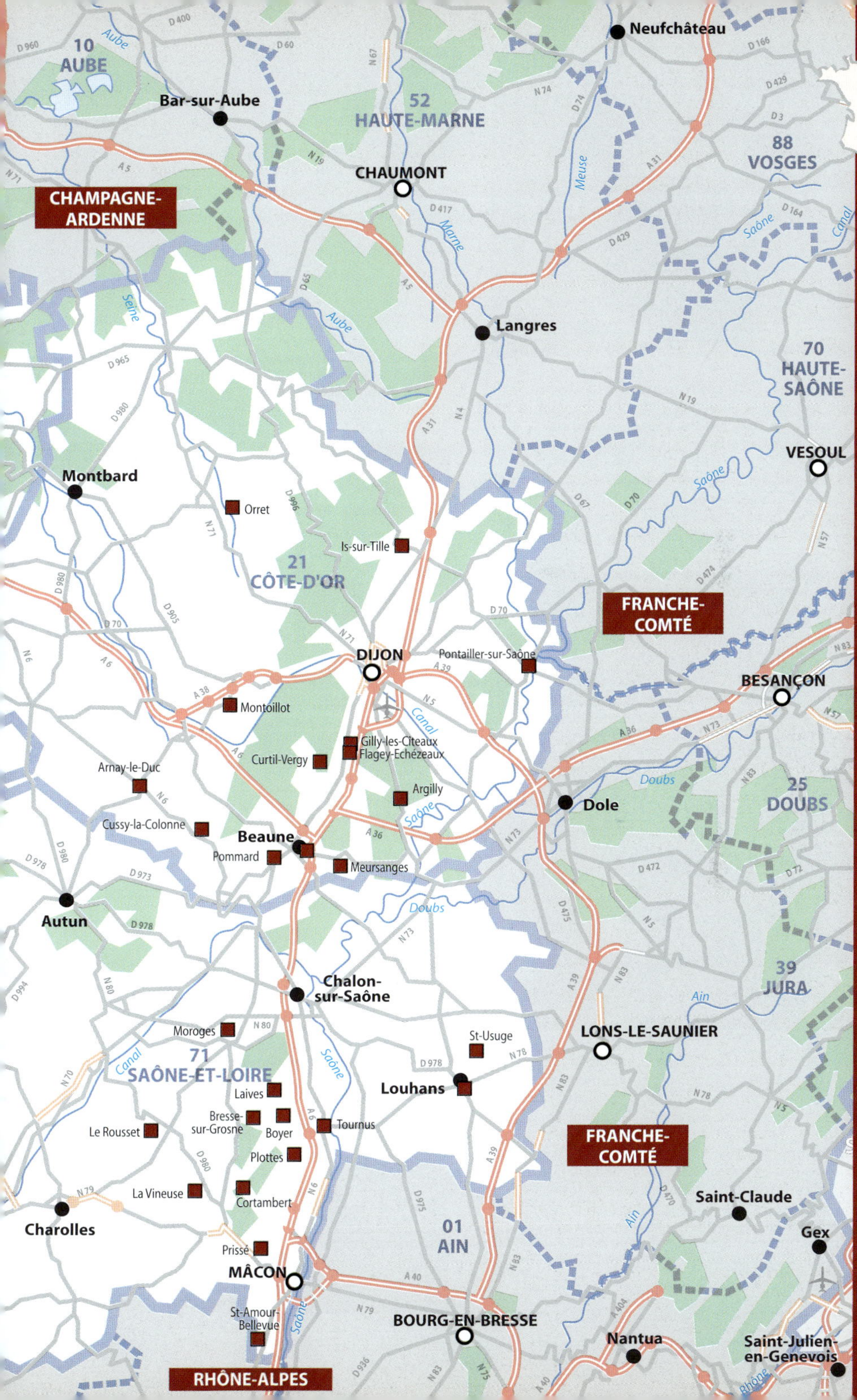

10 AUBE
Bar-sur-Aube
CHAMPAGNE-ARDENNE
52 HAUTE-MARNE
CHAUMONT
Neufchâteau
88 VOSGES
Langres
70 HAUTE-SAÔNE
VESOUL
Montbard
Orret
Is-sur-Tille
21 CÔTE-D'OR
FRANCHE-COMTÉ
DIJON
Pontailler-sur-Saône
BESANÇON
Montoillot
Gilly-lès-Cîteaux
Flagey-Echézeaux
Curtil-Vergy
Arnay-le-Duc
Argilly
Dole
25 DOUBS
Cussy-la-Colonne
Beaune
Pommard
Meursanges
Autun
Chalon-sur-Saône
39 JURA
LONS-LE-SAUNIER
Moroges
St-Usuge
71 SAÔNE-ET-LOIRE
Louhans
Laives
Bresse-sur-Grosne
Boyer
Tournus
Le Rousset
Plottes
FRANCHE-COMTÉ
La Vineuse
Cortambert
Charolles
Saint-Claude
Gex
01 AIN
Prissé
MÂCON
St-Amour-Bellevue
BOURG-EN-BRESSE
Nantua
Saint-Julien-en-Genevois
RHÔNE-ALPES

BOURGOGNE

Argilly - Côte-d'Or (21)

Belle bâtisse de 1830 entièrement restaurée, à la décoration raffinée mariant l'ancien et le moderne. Le village d'Argilly est le point de départ idéal pour découvrir le cœur de la Bourgogne : le château du Clos de Vougeot situé à quelques minutes de Nuits-St-Georges, les Hospices de Beaune... Empruntez aussi la route touristique des grands crus et découvrez les plus grands vignobles de la Bourgogne. Les richesses de notre région feront de votre séjour un souvenir inoubliable.

Attraits touristiques : Hospices de Beaune, vignoble de la Côte de Beaune et Côte de Nuits, vente de vins (8 km).

Accès : autoroute A31, sortie Nuits-St-Georges ou A36, sortie Seurre.

GPS : l 47.069 - L 5.01.104.

N°1360

Chèque Cadeau

Le Moulin du Coq
Bernard Gable
21, rue du Moulin
21700 Argilly
Tél. 06 77 92 82 94
Port. 06 80 37 08 57
gable.nicole@orange.fr
www.lemoulinducoq.fr

1 Pers. 120/165 € - 2 Pers. 140/190 €

4 chambres et 1 suite avec sanitaires privés (la suite dispose d'un spa), TV, DVD et wifi. Ouvert toute l'année. Petit déjeuner : viennoiseries, confitures, miel, céréales, fromages locaux, jambon... Salon avec cheminée. Piscine, ping-pong, pétanque, pêche, balançoire. Cour, jardin, parc de 10000 m^2.

Arnay-le-Duc - Côte-d'Or (21)

Au cœur d'Arnay-le-Duc, cité médiévale à 35 km de Beaune, Francine de Lavigne, céramiste raku et Jean-Pierre, son mari, vous proposent calme, confort et décoration recherchée dans une demeure du XVIIe siècle rénovée, disposant de deux suites, l'une pouvant accueillir cinq personnes. Un grand séjour aux poutres impressionnantes est à votre disposition. Joli jardin de curé très calme, près de l'Atelier de la Closerie.

Attraits touristiques : Maison Régionale des Arts de la Table, Galerie des Bains Douches 3mn. Village médiéval de Châteauneuf-en-Auxois à 15mn. Jardins de Barbirey à et PNR du Morvan 30mn. Route des Grands Crus à 35mn. Alésia à 1h. Saulieu et Autun à 25mn.

Accès : autoroute A6, sortie Pouilly-en-Auxois puis 15 km en direction d'Autun.

GPS : l 47°7'56.48"N - L 4°29'10.55"E.

N°1334

Chèque Cadeau

Closerie de Lavigne
Francine de Lavigne
14, rue César Lavirotte
21230 Arnay-le-Duc
Tél. 03 80 64 52 88
Port. 06 26 85 66 30
closeriedelavigne@orange.fr
www.closeriedelavigne.com

1 Pers. 65/75 € - 2 Pers. 80/90 € - 3 Pers. 95/105 €

2 suites avec sanitaires privés, TV, accès internet et wifi gratuit. 110/120 euros/4 pers. Ouvert du 01/04 au 30/11. Petit déjeuner : jus de fruits, croissants, pain d'épices et confitures variées maison, fromage blanc local... Livres, revues et disques de musique classique. Piano droit. Cour, jardin. Restaurant 200 m.

Beaune - Côte-d'Or (21)

N°1280

Premium

Sous le Baldaquin

Yves Cantenot
39, rue Maufoux
21200 Beaune
Tél. 03 80 24 79 30
Port. 06 80 17 72 51
yves.cantenot@laposte.net
www.souslebaldaquin.fr

Wi Fi

1 Pers. 100 € - 2 Pers. 110 € - 3 Pers. 135 €

1 chambre avec sanitaires privés. Ouvert toute l'année. Petit déjeuner : confitures maison, yaourts, fruits frais, croissants... Salle à manger. Mise à dispostion de 2 vélos VTC avec casques. Cour fermée pour véhicule, jardin intérieur fleuri avec bassin en pierre. Restaurants aux alentours.

Au cœur historique de Beaune, hôtel particulier construit par le frère du maire de l'an 1780. La décoration chaleureuse et recherchée réunit meubles de famille, tableaux originaux, tentures, rideaux de soie et volets intérieurs d'origine. Depuis cette adresse, vous pourrez découvrir tous les charmes de la ville de Beaune.

Attraits touristiques : Hospices de Beaune, festival de musique baroque, Basilique Notre Dame, la Tour des Remparts, le musée du Vin... Vélo Route, vignobles 500 m. Randonnée, piscine 1 km. 4 bassins de baignade (eau filtrée naturellement) 2,5 km. Golf, tennis 5 km.

Accès : depuis les péages Beaune-St-Nicolas et Beaune-Hospices suivre Centre Ville jusqu'au boulevard circulaire entourant les remparts. Près de l'Hôtel de Poste, au feu, à gauche.
GPS : l 4.5009 - L 47.121.

Curtil Vergy - Côte-d'Or (21)

N°1136

Le Val de Vergy

Brigitte et Dominique Puvis de Chavannes
Pellerey
21220 Curtil Vergy
Tél. 03 80 61 41 62
puvis-de-chavannes@wanadoo.fr
www.valdevergy.com

TH Wi Fi

1 Pers. 65/75 € - 2 Pers. 70/80 € - 3 Pers. 90/110 €
Repas 30 €

2 chambres et 2 suites avec sanitaires privés. Fermé en décembre, janvier, février. Petit déjeuner : croissants, pain d'épices, fromage faisselle, confitures maison... Table d'hôtes : poulet de Bresse à la crème, filets mignons au feu de bois, œufs en meurette, escargots... Parc 1 ha, cour, jardin. Restaurants entre 600 m et 2 km.

A flanc de la colline de Vergy, cette maison de vignerons du XVIIe siècle est située dans un écrin de verdure et de calme. Brigitte et Dominique ont su garder l'authenticité de cette demeure pleine de souvenirs de famille. Région viticole réputée pour ses crus prestigieux et son patrimoine culturel. Idéalement située entre Dijon et Beaune.

Attraits touristiques : St-Vincent Tournante, vente des Hospices de Beaune, Marathon des Grands Crus, site clunisien de l'Abbaye de St-Vivant, Abbaye de Citeaux... GR7 sur place. Tennis 1 km. Centre équestre 2 km. Accro-branches 5 km.

Accès : sortie Nuits-St-Georges. Dans Nuits-St-Georges, prendre D25 dir. Villars-Fontaine puis D35 jusqu'à Messanges-la-Nourotte. Prendre au carrefour la RD109A dir. Curtil-Vergy. Arretez-vous au lieu-dit "Pellerey".
GPS : l 47.959 - L 4.5243.

Curtil Vergy - Côte-d'Or (21)

N°1249

Domaine de Pellerey
Christine et Philippe Roquelet
Pellerey
21220 Curtil Vergy
Tél.
Port. 07 78 68 19 04
domainedepellerey@orange.fr
www.domainedepellerey.com

TH

2 Pers. 85/100 € - 3 Pers. 130 €
Repas 38 €

3 chambres et 1 suite avec sanitaires privés. Ouvert toute l'année. Petits déjeuners copieux et variés (produits laitiers, salade de fruits, gâteaux et confitures maison) servis dans la salle à manger ou le parc de 1 ha. Table d'hôtes (1 fois/semaine sur résa.) : spécialités bourguignonnes et menus de saison. Cour, jardin. Restaurant à 1 km.

Au cœur de la Bourgogne viticole, dans les Hautes Côtes de Nuits, entre Beaune et Dijon, Christine et Philippe vous réservent un accueil chaleureux dans les quatre chambres de leur demeure de charme. Vous pourrez profiter à loisir du salon-bibliothèque (accès internet, wifi), du magnifique parc aux arbres centenaires et bordé par un ruisseau, ou préférer partir à la découverte des alentours, vos hôtes vous donneront d'ailleurs de nombreuses idées.

Attraits touristiques : patrimoine culturel et historique : Beaune et Dijon à moins d'1/2 h. Patrimoine gastronomique et viticole : route des Grands Crus. Randonnée sur place. Tennis 1 km. Equitation 2 km. Golf 20 km.

Accès : depuis Nuits-St-Georges, dir. Pont de Pery/Etang Vergy par la D25 puis D35. Hameau de Pellerey (commune de Curtil Vergy, mais à proximité de Messanges).
GPS : l (N)47°09'59.29" - L 04°52'41.55".

Cussy-la-Colonne - Côte-d'Or (21)

N°1277

Une Clé dans le Pré
Nathalie Terrand
rue de Montceau
21360 Cussy-la-Colonne
Tél. 03 80 20 26 75
cledanslepre@orange.fr

1 Pers. 50/67 € - 2 Pers. 67/75 € - 3 Pers. 95 €
P. sup. 20 € -

3 chambres et 1 suite avec sanitaires privés. (97 euros/4 pers.). Ouvert toute l'année. Petit déjeuner : viennoiseries, yaourts, fruits, confitures, compote, jus de fruits. Salon avec TV et bibliothèque. Cuisine à disposition. Terrasse. Cour. Jardin de 300 m². Parking extérieur. Restaurant 8 km.

Dans un village très calme, près de la vallée de l'Ouche et du vignoble, au cœur d'un corps de ferme, quatre chambres confortables et raffinées vous sont proposées. Elles sont aménagées dans une maison indépendante, et sont meublées d'ancien et de contemporain. Une adresse fort sympathique pour découvrir la Côte d'Or.

Attraits touristiques : route des vins à 8 km. Les Hospices de Beaune à 19 km. Château de la Rochepot à 12 km. Randonnée sur place. Forêt 1 km. Baignade 15 km. Cinéma 19 km. Golfs 20 km.

Accès : sortie autoroute Beaune 22 km ou Pouilly-en-Auxois 18 km.
GPS : l 42°02'18.87N - L 4°38,51.77E.

Flagey-Echezeaux - Côte-d'Or (21)

N°1173

Le Petit Paris
Nathalie Buffey
6, rue du Petit Paris, Pont Chevallier Gilly
21640 Flagey-Echezeaux
Tél. 03 80 62 84 09
Port. 06 70 17 53 28
petitparis.bourgogne@free.fr
http://petitparis.bourgogne.free.fr/

1 Pers. 85/90 € - 2 Pers. 85/90 €
P. sup. 20 € -

4 chambres avec bains ou douche et wc privés. Ouv. toute l'année. Petit déj. : viennoiseries, brioche, confitures maison, œufs... Atelier gravure et peinture (stages d'initiation différentes techniques). Découverte vins de Bourgogne... Salon biblio. sur le vin. Parc 1,3 ha, aire de jeux, vélos.

Au bord de la Vouge, dans un parc aux arbres centenaires, les chambres d'hôtes sont aménagées dans les dépendances d'une maison de maître du XVIIe. Très confortables et personnalisées (table mosaïque, tapis turcs, peintures), les chambres vous rappellent que vous êtes chez une artiste qui partagera sa passion avec vous si vous le souhaitez.

Attraits touristiques : Le Clos de Vougeot, abbaye de Cîteaux... Vignobles et caves dégustation. Musées à Nuits-Saint-Georges, Beaune, Dijon... Piscine, tennis 1 km. Golf 15 km. Restaurants 500 m et 1 km.

Accès : N74. Rd-point Vougeot, dir. Gilly puis Gilly-centre. Stop à gauche, rue des Abreuvoirs à droite puis Pont-Chevalier. A31, suivre Gilly, à la sortie de Flagey prendre à gauche rue du Petit Paris.
GPS : l 47.17136270 - L 4°97,85.4390.

Gilly-les-Cîteaux - Côte-d'Or (21)

N°1184

La Closerie de Gilly
André et Sandrine Lanaud
16, avenue Bouchard
21640 Gilly-les-Cîteaux
Tél. 03 80 62 87 74
Port. 06 60 73 10 11
info@closerie-gilly.com
www.closerie-gilly.com

2 Pers. 85/90 € - 3 Pers. 110/115 €
P. sup. 25 € -

3 chambres + 1 appartement avec sanitaires privés. Ouvert toute l'année. Petit déjeuner : viennoiseries, yaourts, fromage blanc, confitures maison, fruits... Coin avec m-ondes et réfrig. Parc clos (0,6 ha) avec parking. Loc. de vélos, aire de jeux pour enfants. Piscine. Restaurants 200 m et 1 km.

Dans un joli village viticole, à 1 km de Romanée-Conti, cette belle demeure du XVIIIe vous charmera par le calme de son parc aux arbres centenaires, sa piscine et la décoration raffinée "style champêtre réactualisé", de ses chambres. Sandrine et André vous accueilleront et vous aideront à découvrir leur belle région. Séjour œnologie et charme. Ateliers de découverte des vins.

Attraits touristiques : Clos Vougeot 1 km, abbaye de Cîteaux, Fontenay, Beaune, Dijon (festivals). Rand. Pédestres et VTT. Pêche 200 m. Tennis 700 m. Equit. 2 km. Golf 20 km.

Accès : A31 sortie Nuits-Saint-Georges puis D974 dir. Dijon. Au rd-pt de Vougeot, à droite Gilly-centre. Puis 1ère à droite, après le pont (voie ferrée) suivre le fléchage.

Is-sur-Tille - Côte-d'Or (21)

N°1328

La Maison d'Is

Christian Lacombe
7 rue Victor Hugo
21120 Is sur Tille
Tél. 03 80 95 45 39
Port. 06 14 70 51 24
lamaisondis@sfr.fr

1 Pers. 68 € - 2 Pers. 72 € - 3 Pers. 88 €

2 chambres, 2 sanitaires. Petit déjeuner : jus d'orange, viennoiserie, spécialités dijonnaises (pain d'épices, nonettes), confitures maison, yaourts. Salle de séjour, salon, terrasse, jardin, jeux d'enfants extérieurs. Parking fermé. Gratuit pour les enfants de moins de 2 ans. Plusieurs restaurants sur place.

A 15 mn de Dijon, au Pays des Trois Rivières, le long du bief, maison de charme et grange du XVIIIè s. entièrement rénovée. De vieux meubles de famille se mélangent harmonieusement avec du mobilier contemporain. Pour nos hôtes, 2 vastes ch. avec douche à l'italienne donnant sur un jardin clos de vieux murs bourguignons.

Attraits touristiques : Dijon 23 km. Golf de Norges-la-Ville 14 km. Piscine et tennis à 200 m. Equitation 3 km. Golf 15 km.

Accès : Sortie autoroute n°5 Til-Chatel/Is sur Tille 9 km.

Meursanges - Côte-d'Or (21)

N°1303

Charm'attitude

Karine Develet
rue du Gué
21200 Meursanges
Tél. 03 80 26 53 27
Port. 06 82 20 32 61
karine.develet@charmattitude.com
www.charmattitude.com

1 Pers. 127/167 € - 2 Pers. 150/190 €
P. sup. 30 € -

5 chambres avec sanitaires privés, TV et wifi. Ouv. toute l'année. Petit déjeuner : viennoiseries, patisseries maison, fromages, jambon... Billard. Piscine extérieure chauffée de mai à septembre. Parking télécommandé. Equip. Bébé. Restaurant 5 km. Taxe séjour : 1,50 euro/jour/pers.

Charm'attitude a été créé dans un demeure du XIXe entourée d'un parc arboré. Karine aura le plaisir de vous recevoir dans l'une des ses 5 vastes chambres dotées d'une décoration personnalisée et raffinée associant la pierre et le fer. Convivialité et rencontres seront au rendez-vous lors du petit déjeuner, près de la piscine ou durant une partie de billard en soirée.

Attraits touristiques : musées des Beaux Arts, du vin, des Hospices de Beaune. Château de Pommard. Dijon, capitale des Ducs de Bourgogne. Route des vins. Caves prestigieuses. Tennis 3 km. Golf 5 km. Randonnées pédestres 6 km. Vignoble 10 km.

Accès : A6, sortie 24.1. Prendre à droite dir. Seurre. Au rond point, à droite (D973) dir. Seurre, au carrefour La Reullée, à droite dir. Meursanges.
GPS : l 4°56°46E - L 46°59°34°N.

Montoillot - Côte-d'Or (21)

N°1217

Clos de Fougères
Catherine et Claude Beaufremez
21540 Montoillot
Tél. 03 80 49 24 64
Port. 06 64 15 66 31
closdefougeres@wanadoo.fr
www.closdefougeres.com

2 Pers. 94/106 € - 3 Pers. 114/126 €
P. sup. 20 € -

2 chambres et 1 suite avec sanitaires privés. Ouvert toute l'année. Petit déjeuner : viennoiseries, confitures maison, produits laitiers, fruits de saison... Salon avec bibliothèque, kitchenette. Terrasse. Jardin ombragé, parc de 1 ha. Piscine chauffée à 28°C de mai à octobre. Restaurants dans un rayon de 5 km.

Le Clos de Fougères vous offre le calme de ses 3 chambres au décor raffiné et chaleureux, aménagées dans une ancienne ferme du XVIe entièrement restaurée. Cette propriété nichée dans la verdure, avec sa piscine surplombant la vallée, est un endroit privilégié pour se ressourcer. Sa situation en fait une adresse idéale pour découvrir la Bourgogne.

Attraits touristiques : château de Commarin, village médiéval de Châteauneuf-en-Auxois, , Canal de Bourgogne 11 km (promenade bateau), sites historiques. Dijon, Beaune, route des vins. Golf 15 km. Equitation 10 km. Randonnée 500 m. Karting 11 km.

Accès : A6, sortie Pouilly-en-Auxois puis A38 sortie n°27. A Montoillot suivre le fléchage "Clos de Fougères".

Orret - Côte-d'Or (21)

N°1308

Chèque Cadeau

Les Clos d'Orret
Anne-Lise Cavin
Le Bourg
21450 Orret
Tél. 03 80 96 59 21
Port. 06 19 30 27 40
chambres@clos-orret.com
www.clos-orret.com

TH Wi Fi

1 Pers. 60/78 € - 2 Pers. 70/78 €
P. sup. 20 € - Repas 28 €

4 chambres avec sanitaires privés et wifi. Ouvert toute l'année sauf décembre et janvier. Petit déjeuner : pains et confitures maison, pain d'épice ou tresse, brioche maison, yaourt fermier... T. d'hôtes : fromages bourguignons (époisses) et les vins de Bourgogne. Salle de musique, orgue, épinette, harmonium, piano. Cour, jardin, parc 3900 m².

Besoin de sérénité, d'espace... ou de musique ? Vous les trouverez aux Clos d'Orret, dans notre ferme rénovée qui domine le panorama du Val de Seine depuis le XVIe siècle. A l'abri d'une massive poutraison de chêne, nous y avons aménagé avec soin quatre vastes chambres et d'agréables espaces à votre disposition (salon couvert, séjour, cuisinette et salle de musique). La table d'hôtes vous sera servie sur réservation, près de la grande cheminée de la salle à manger. Musicien ou non, nous sommes sûrs que vous passerez un séjour enchanteur.

Attraits touristiques : abbaye de Fontenay 25 km. Alésia 20 km. Flavigny-sur-Ozerain 20 km. Musée du Pays Châtillonnais (vase de Vix) 30 km. Forge de Buffon 30 km.

Accès : D971 (ancienne N71). Dijon 48 km. Troyes 103 km. Ensuite D114 jusqu'à Orret (4,5 km), traverser le village. GPS : l 47°35'60" - L 4°41'35".

Pommard - Côte-d'Or (21)

N°1202

Les Nuits de Saint-Jean

Estelle et Thierry Violot-Guillemard
9, rue Sainte-Marguerite
21630 Pommard
Tél. 03 80 22 49 98
contacts@violot-guillemard.fr
www.violot-guillemard.fr

2 Pers. 90 € - 3 Pers. 120 €
P. sup. 15/30 € -

4 chambres dont 2 communicantes avec sanitaires privés. Ouv. toute l'année. Petit déjeuner : confitures, brioches, pain d'épices et yaourts maison, oranges pressées, œufs, fromage, fruits. Salon avec cheminée, jeux de société, biblio. Piscine privée. Cuisine équipée à disposition en journée. Restaurant 100 m.

Au cœur du vignoble, aux portes de la belle ville de Beaune, une charmante et vieille demeure vous accueille, dans un village calme et authentique. Les salles de bains raffinées, les tommettes anciennes et les meubles d'antan donnent aux chambres une âme toute bourguignonne. Nous vous accueillons en cave pour une dégustation (sur demande).

Attraits touristiques : Beaune, Dijon, Autun, festival de musique baroque, Hôtel-Dieu, musée du vin. Piscine 4 km. Lac 15 km. Vignoble sur place (dégustation et vente de vins au domaine).

Accès : A6, sortie Beaune centre n°24-1. Après péage, prendre nouvelle rocade "André Boisseaux", dir. Autun, Pommard. A Pommard, aller jusqu'à l'église, face à l'horloge. La rue est à gauche.

Pontailler-sur-Saône - Côte-d'Or (21)

N°1199

Les Clématites

Christiane Pitey
65 rue du 8 mai
21270 Pontailler-sur-Saône
Tél. 03 80 36 11 01
Port. 06 81 65 23 50
DANKIKI@wanadoo.fr
www.maison-des-clematites.net

TH

1 Pers. 80 € - 2 Pers. 80 € - 3 Pers. 80/110 €
P. sup. 15 € - Repas 27 €

1 chambre et 1 suite de 2 chambres avec salon de lecture. Toutes avec sanitaires privés Ouv. Toute l'année. Petit déj. : thé, café, chocolat à volonté, confitures, compotes, brioches maison, yaourts, fromages, salade de fruits. Salle à manger. Spécialités bourguignonnes principalement. Salons d'été et d'hiver, cheminées. Jardin d'agrément.

Forts de leur passion et savoir-recevoir, Christiane et Daniel vous accueillent dans leur maison de maître (XVIIè siècle). Le jardin arboré et la véranda fleurie confèrent à cette demeure traditionnelle un cadre de détente et sérénité inoubliable. Puits fontaine, statue, four à pain restauré. Le raffinement est au service de votre bien-être.

Attraits touristiques : Visites châteaux 4 km. Visite grottes en barque 15 km. Pontailler : port de plaisance, jeux nautiques, balades en bâteaux, en barques. Villages fortifiés 10 km. Petit bourg (tous commerces). Marché. Circuit vélo le long des canaux.

Accès : Par A31 sortie Arc sur Tille ou A39 sortie Soirans.

Arquian - Nièvre (58)

N°G1061

Maison Bleue
Christine Marie
18 route de St-Amand
58310 Arquian
Tél. 03 86 20 67 14
Port. 06 13 54 63 66
christine.marie36@orange.fr

Bourgogne

1 Pers. 60/80 € - 2 Pers. 60/80 €
P. sup. 10 € -

3 chambres et 1 suite avec sanitaires privés, wifi et TV. Ouvert du 01/02 au 30/11. Petit déjeuner : confitures maison, yaourts, fromage de chèvre, jus d'orange... Cour, jardin de 3200 m². Restaurant 5 km.

Maison bourgeoise de 1870, totalement restaurée, et disposant un grand jardin où le calme est le maître des lieux. Chaque chambre a son propre thème : Cardinal - Retro - Atelier - Suite Campagnarde. Christine vous accueille chaleureusement dans ce coin de la Nièvre propice au repos.

Attraits touristiques : Guédelon 12 km. St-Fargeau 12 km. St-Sauveur 15 km. St-Amand-en-Puisaye 5 km. Randonnée sur place. Equitation 5 km. Vélos 12 km. Canoë, voile 15 km.

Accès : autoroute A77, sortie 21 "Thou-Favrelle-Arquian".
GPS : l 47.54085691 - L 2.990099028.

Donzy - Nièvre (58)

NOUVEAUTÉ

N°G480

Jardins de Belle Rive
Billy et Laura Juste
Bagnaux
58220 Donzy
Tél. 03 86 39 42 18
jardinsdebellerive@free.fr
http://jardinsdebellerive.free.fr

TH

1 Pers. 50/60 € - 2 Pers. 56/66 €

3 chambres avec salle de bains, 1 chambre avec salle d'eau. Ouvert toute l'année sauf fin septembre. Séjour avec TV et piano à queue, biblitothèque, cuisine à dispo. Petit déjeuner : viennoiseries, fromage, yaourts, charcuterie, œufs. T. d'hôtes : croustade au chèvre, canard au bourgogne, tarte aux amandes. Jardin, étang privé avec barque.

Au bout d'un chemin bordé de saules, les Jardins de Belle Rive vous attendent. Les propriétaires ont aménagé 4 chambres dans une maison de caractère annexe. La décoration est chaleureuse et douce, l'ambiance feutrée. Le charme intemporel des chambres vous incitera à profiter de la quiétude comme de l'harmonie des lieux, ainsi que de la table d'hôtes, toujours pleine de vie et de discussions décontractées.

Attraits touristiques : Ville du livre à la Charité-sur-Loire, festival de piano, Sancerre et Pouilly-sur-Loire (fromages et vins) Nevers. Les Jardins remarquables d'Apremont-sur-Allier. Les châteaux de St-Fargeau et Guédelon. Le Parc de Boutisssaint.

Accès : Dans le village, entre la route de Clamecy et celle de Colméry, prenez la rue de la Folie et continuez jusqu'au bout (1,2 km).
GPS : l 47°22'36"N - L 03°08'30" E.

Langeron - Nièvre (58)

N°G856

Petit Château de Vary
Sabine Doyen
Petit Château de Vary
58240 Langeron
Tél. 03 86 90 88 06
Port. 06 03 47 05 95
doyen.sabine@wanadoo.fr
www.chateau-de-vary.com

TH

1 Pers. 60/95 € - 2 Pers. 65/100 €
P. sup. 25 € - Repas 23 €

3 chambres et 1 suite. Ouvert toute l'année. Petit déjeuner : viennsoiseries, yaourts et gâteaux maison, confitures, fruits + jus. Table d'hôtes : cuisine traditionnelle et inventive basée sur les produits du marché et de saison. Parc de 2 ha. Restaurants 4 km.

Maison de maître du XVIIe siècle avec chambres indépendantes attenantes. Salle à manger, salon avec cheminée. Au 1er : 2 chambres avec lit 2 personnes et 1 chambre avec 2 lits 1 personne. Au 2e étage : 1 suite avec lit 2 personnes (lit supplémentaire). Salle d'eau et wc dans chacune. Taxe de séjour incluse. Jeux d'enfants extérieurs, terrain clos.

Attraits touristiques : Nevers 28 km, proche d'Apremont, village médiéval exceptionnel pour son parc floral. A deux pas du circuit automobile de Nevers/Magny-Cours et de son golf. Arborétum de Balaine 15 km. Pêche 2 km. Tennis 4 km. Equitation 6 km.

Accès : de Nevers dir. N7, sortie avant St-Pierre-le-Moutier, puis dir. Bourges par N76. 2e route à gauche.
GPS : l 46.8018428 - L 3.0596175.

Moulins-Engilbert - Nièvre (58)

N°601

La Grande Sauve
Marc et Dominique Dérangère
route de Limanton
58290 Moulins-Engilbert
Tél. 03 86 84 36 40
grandesauve@orange.fr
http://gites-de-france-nievre.com/grandesauve

1 Pers. 60 € - 2 Pers. 70 €

3 chambres avec bains et wc privés. Ouvert du 1.03 au 30.11. Petit déjeuner : pâtisseries et confitures maison, œufs coque, yaourts... Badminton, boules de pétanque. Parc d'1,5 ha. Possibilité accueil de chevaux (box et pré) sur 3 ha de terrain clos. Restaurants à proximité.

Aux portes du Parc Naturel Régional du Morvan, maison de maître du XIXe siècle au cadre authentique. La Grande Sauve propose 3 chambres d'hôtes très spacieuses, au décor personnalisé. Une adresse pour les amoureux de nature et d'espace.

Attraits touristiques : Château-Chinon, capitale du Morvan (musées). St-Honoré-les-Bains (thermes) 16 km. Parc Naturel Régional du Morvan. Nombreuses randonnées. Pêche sur place. Piscine, tennis 2 km. Equitation 6 km. Voile 30 km.

Accès : à Château-Chinon prendre la D37 direction Moulins-Engilbert puis la route de Limanton (D132).
GPS : l 46.9884123 - L 3.8065706.

Narcy - Nièvre (58)

N°791

La Cuvellerie
Françoise Perdrizet et Marc Madegard
16, rue de l'Enfer
58400 Narcy
Tél. 03 86 69 16 34
Port. 06 22 30 63 45
francoise.perdrizet@free.fr
www.lacuvellerie.fr

Wi Fi

1 Pers. 62/68 € - 2 Pers. 62/68 € - 3 Pers. 88 €
P. sup. 20 € -

1 chambre et 2 suites avec sanitaires privés. Ouvert toute l'année. Petit déjeuner : jus d'orange, viennoiseries... Cour, jardin, parc de 2 ha. Salon de jardin. Table de ping-pong. Vélos. Prairie pour chevaux. Restaurants 6 km.

Maison de maître de la fin du XVIIe siècle, sur 2 ha, proche de la Charité-sur-Loire et de Pouilly-sur-Loire. Cette maison vous séduira par son architecture, sa décoration raffinée et son calme absolu. Sa situation est idéale pour marier repos, détente et culture. Activités diverses aux alentours et dégustation des vins de la région.

Attraits touristiques : La Charité-sur-Loire (8,5 km), ville du livre ancien, festival du Mot, festival du Blues, Les Musicales... Pouilly 9 km. Tennis 6 km. Piscine 9 km. Equitation 15 km. Golf 20 km.

Accès : de Paris : A6 puis A77, sortie 26. Du sud : A77, sortie 29 vers Garchy, à gauche à Sainte-Hélène.
GPS : l 47.2361635 - L 3.0725564.

St-Eloi - Nièvre (58)

N°487

Domaine de Trangy
Guy et Chantal de Valmont
8, route de Trangy
58000 Saint-Eloi
Tél. 03 86 37 11 27
reservation@chambrestrangy.com
www.chambrestrangy.com

TH Wi Fi

1 Pers. 53 € - 2 Pers. 59 € - 3 Pers. 78 €
Repas 28 €

4 chambres avec sanitaires privés. Ouvert toute l'année. Table d'hôtes sur réservation : paté de foie de volaille maison, lentilles aux St-Jacques, pain d'asperges, coulis aux tomates, blanquette aux citrons confits, gâteau glacé maison...Cheminée, bibliothèque. Piscine. Ping-pong, poney-club.

Cette demeure bourgeoise de la fin du XVIIIe donne une impression de sérénité. Sa situation dans un parc aux arbres centenaires accentue ces sensations. Le feu dans la cheminée l'hiver, l'apéritif au bord de la piscine l'été, autant d'instants privilégiés avec nos hôtes pour faire connaissance et partager notre passion pour notre région.

Attraits touristiques : Nevers 4 km, ville d'art et d'histoire. Circuit F1 de Magny-Cours 17 km. La Charité-sur-Loire 25 km. Equitation, pêche, sentiers sur place. Forêt 1 km. Tennis 4 km.

Accès : autoroute A77, sortie n°36 (provenance sud et ouest), sortie n°34 (provenance Paris).
GPS : l 47.0059498 - L 3.2117321.

St-Jean-aux-Amognes - Nièvre (58)

N°477

Château de Sury
Hubert de Faverges
58270 St-Jean-aux-Amognes
Tél. 03 86 58 60 51
Port. 06 28 29 30 44
sury58@wanadoo.fr
www.chateau-de-sury.com

TH

1 Pers. 65 € - 2 Pers. 75 €
Repas 35 €

3 chambres à l'étage (1 avec lit 140, 1 avec lits jumeaux, 1 avec lit 160) avec sanitaires privés. Petit déjeuner : jus de fruits frais, confitures maison, fromage blanc, viennoiseries...T.hôtes : apéritif, viande, poissons, desserts au chocolat, vin à discrétion. Salon de jardin. Piscine chauffée (juin à sept.), hammam. Loc. vélos. Cours de cuisine.

Sury fût construit vers 1640 par Claude Maulnoury, confesseur de Louis XIV. Il reste dans la famille jusqu'en 1784, date à laquelle il est vendu à l'ancêtre des propriétaires actuels. Le château a été construit sur 3 côtés, la 4e partie n'a jamais été construite suite à un arrêt de Richelieu, interdisant les châteaux fortifiés. L'arrière grand-père du propriétaire, marquis de Faverges, est venu de Savoie pour épouser Isabelle Flamen d'Assigny. Le château est ainsi transmis par les femmes aux descendants, restant toujours un domaine agricole.

Attraits touristiques : Nevers, La Charité-sur-Loire, vignobles de Pouilly et Sancerre. Circuit de Magny Cours. Tennis, équitation.

Accès : de Paris, A7 puis A77 sortie 36 dir. Autun/Château - Chinon. 5 km après Forges, à gauche D958 dir. Bona St-Saulge, 2e à droite après carrefour de St Jean aux Amognes.

Boyer - Saône-et-Loire (71)

N°2273

La Maison des Cœurs
Monique Joly
Pingeon
71700 Boyer
Tél. 03 85 51 78 14
Port. 06 77 66 35 32
maisondescoeurs@orange.fr

1 Pers. 80/85 € - 2 Pers. 85/90 € - 3 Pers. 115/120 €
P. sup. 30 € -

2 chambres et 1 suite avec sanitaires privés. Ouvert toute l'année. Petit déjeuner : jus de fruits, œufs de la coque, yaourts, fromage de chèvre, gâteaux et confitures maison, gaufres, miel de lavande et de tilleuls... Bibliothèque, TV. Parc avec arbres centenaires. Restaurants 2 km.

Une citrouille devenue carrosse ! Un pré, un immense jardin où il fait bon se reposer sous quelques arbres centenaires. Cette ancienne ferme de pierres dorées, autrefois locaterie du grand-père des propriéraires, est un véritable havre de paix. Monique, hôtesse attentive à décoré avec un grand soin cette belle maison de famille.

Attraits touristiques : abbaye de Tournus, Cluny. Brancion, château de Cormatin, festival de musiques de Cluny (les Grandes Heures), Route des Vins. Equitation 8 km. Voie Verte et golf 10 km.

Accès : A6, sortie Tournus. Dir. Tournus-Mâcon par N6A. A hauteur de l'hôtel-restaurant "Le Rempart", prendre dir. Mancey, à droite. C'est la 3e rue à droite et suivre au niveau du gros cèdre le fléchage "Chambres d'Hôtes".

Bresse-sur-Grosne - Saône-et-Loire (71)

N°2429

Le Foineau
Nicolas Ballon-Dervault
Colombier-sous-Uxelles
71460 Bresse-sur-Grosne
Tél. 03 85 92 67 22
Port. 06 63 97 49 44
lefoineau@orange.fr
www.lefoineau.fr

TH

1 Pers. 64/73 € - 2 Pers. 64/73 € - 3 Pers. 88 €
P. sup. 15 € - Repas 25 €

Ferme fin XVIIIème siècle, née de la rénovation de l'ancienne grange, attenante à notre habitation. Elle vous est entièrement réservée. Notre demeure est située au détour d'une impasse très calme au hameau de colombier. Vous pourrez profiter de la piscine ou de l'ombre du verger. Parking privé clos.

Attraits touristiques : Eglises romanes, châteaux, voie verte, gastronomie, domaines viticoles... Tennis 2 km. Equitation 6 km. Lac baignade et pêche 10 km.

Accès : Sortie 27 autouroute A6 puis accès par D14 et D215.
GPS : l 46.584741 - L 4.716583.

3 chambres. Ouv. toute l'année. Petit-déjeuner : boisson, confitures maison, miel, céréales, yaourts, compotes, pain perdu... T. hôtes : magret canard au miel, volaille de Bresse, filet mignon à l'époisse, escargots, tarte fine aux pommes, crème chocolat maison... Repas enfant : 7 euros. Panier pique-nique : 8 euros. Vélos, cour, jardin,verger.

Cortambert - Saône-et-Loire (71)

N°2455

Le Pré de Clunes
Denis Lacoste
Varanges
71250 Cortambert
Tél. 03 85 50 05 52
Port. 06 86 66 39 76
contact@lepredeclunes.fr
www.lepredeclunes.fr/

TH

1 Pers. 70/79 € - 2 Pers. 75/89 € - 3 Pers. 109 €
P. sup. 20 € - Repas 28 €

En pleine campagne, proche de Cluny, dans un bel ensemble de bâtiments du XVIIe siècle, le 1er étage de la maison a été aménagé pour l'accueil des hôtes. Ambiance calme et raffinée, décoration de charme, équipements et matériaux de grande qualité. Vous serez séduits par la qualité du petit déjeuner que vous pourrez prendre dans l'ancienne écurie restaurée ou en terrasse, au bord de la piscine chauffée.

Attraits touristiques : Cluny et son abbaye 6 km. Haras National, musée d'Archéologie, festival de Jazz et musique classique.

Accès : de Cluny, direction Azé puis tout de suite à gauche Cortambert. A 6 km, Varanges. A la croix, tourner à gauche et descendre le chemin jusqu'en bas.
GPS : l 46,466 - L 4,705.

2 chambres et 1 suite avec sanitaires privés et accès internet. Ouvert toute l'année. Petit déjeuner : confitures, yaourts, salade de fruits frais, pâtisseries maison, viennoiseries, céréales, jus de fruits, fromage, œufs... Piscine chauffée. Cour, jardin, parc de 1,5 ha. Restaurants 6 km. Taxe de séjour : 0,70 euros/nuit/adulte.

Laives - Saône-et-Loire (71)

N°2465

l'atelier du Relais
Isabelle et Frédéric Hug-Faucher
La Ruée
71240 Laives
Tél. 03 85 44 91 60
Port. 06 80 33 76 29
hug.isabelle@orange.fr
www.atelierdurelais.fr

TH

1 Pers. 70 € - 2 Pers. 88 €

1 chambre avec grande salle de bains (baignoire et douche), TV et internet. Ouvert toute l'année. Petit déjeuner : fruits, compotes, confitures maison, viennoiseries ou gâteaux, céréales, jus de fruits... Table hôtes sur réservation. Lit et matériel bébé. Ping-pong, badminton, vélos. Cour, jardin, parc 1 ha. Hydrospa extérieur chauffé.

Au cœur de la Bourgogne du sud, dans un petit village à 10 mn des sorties d'autoroute de Chalon-sur-Saône ou de Tournus, une étape sereine et raffinée dans un ancien relais de poste du XVIIIe. Restauré par un architecte et une potière, vous serez conquis par l'harmonie de ce lieu où se mêlent tradition et modernité. Le petit déjeuner est servi dans l'originale bibliothèque ronde ou sur les différentes terrasses autour de la fontaine et du bassin.

Attraits touristiques : festival "Chalon dans la rue", Les Franco-Gourmandes. Eglises romanes. Route des vins. Châteaux. Site médiéval de Brancion, Cuisery, village du livre. Musée de la photographie. Restaurant 100 m.

Accès : dans Sennecey-le-Grand, prendre dir. Laives (2 km). Passer devant l'église. Au rond-point, prendre la rue entre le restaurant et le garage : "La Ruée". Grand portail blanc à 100 m, à droite l'atelier du Relais - Poterie.
GPS : l 46°38'34" - L 40°50'34".

Louhans - Saône-et-Loire (71)

N°2494

Villa Hédonia
Martine Capt
23, place Georges Morey
71500 Louhans
Tél.
Port. 06 74 03 61 61
martine.capt@gmail.com

1 Pers. 90/110 € - 2 Pers. 100/120 € - 3 Pers. 120 €
P. sup. 20 € -

2 chambres dont 1 avec jacuzzi et 1 suite avec sanitaires privés, TV et accès internet. Ouvert toute l'année. Petit déjeuner : jus de fruits, viennoiseries, fruits frais, gâteaux maison... Salon, bibliothèque, cuisine équipée, terrasse ombragée, jeux de société à disposition. Cour, parc 30 ha. Restaurant à 100 m.

Au cœur de la petite ville de Louhans, dans son écrin de verdure, La Villa Hédonia vous accueillera dans une ambiance calme et raffinée. Aux premiers rayons de soleil, le petit déjeuner vous sera servi sur la terrasse qui surplombe le renommé marché du lundi. Vous serez séduits par cette maison de maître du XVIIIe siècle à la décoration chaleureuse et raffinée.

Attraits touristiques : Chalon-sur-Saône (festival Chalon dans la rue), Mâcon (vignobles), Beaune (Hospices), Cluny (abbaye, harras...). Vélo sur place. Balades pédestres, rivière, musée 500 m. Piscine 1 km.

Accès : à 45 km au sud-est de Chalon et à 60 km au nord-est de Mâcon. La Villa Hédonia, au n°23, est située à droite de l'église.
GPS : l 46.37429132 - L 5.13203226.

Moroges - Saône-et-Loire (71)

N°2203

Le Moulin Brulé

Françoise Paupe
71390 Moroges
Tél. 09 51 09 20 18 - 03 85 47 90 40
Port. 06 03 78 33 83
moulin.brule@wanadoo.fr
http://www.moulinbrule.com

TH

2 Pers. 80/87 € - 3 Pers. 98 €
Repas 30 €

4 chambres 2 à 3 pers., avec sanitaires privés (prise TV). Ouvert du 01/03 au 30/10. Petit déjeuner : confitures maison, viennoiseries, fromages... Table d'hôtes sur réservation (2 fois par semaine). Salle pour petit déjeuner et salon communs. Remise de 10% à partir de la 3ème nuitée réservée.

Au cœur du vignoble chalonnais, Françoise vous accueille dans une vaste propriété entourée d'un parc aux arbres centenaires et traversé par un ruisseau. Les chambres à la décoration raffinée ont été aménagées dans l'ancien moulin. Atmosphère chaleureuse dans un lieu plein de charme.

Attraits touristiques : Visites caves. Découverte art roman : Autun, Beaune, Cluny, Tournus. Sites de Brancion, Cormatin ou Germolles. Tennis 2 km. Pêche, vélos 5 km. Lac, piscine, équitation 10 km. Golf de Montchanin 18 km.

Accès : à Chalon-sud, direction Montceau-Le Creusot par RN80 puis sortie St-Désert. Dans St-Désert, dir. stade (1ère route à droite en face de l'auberge) et longer la N80 sur environ 2 km.

Plottes - Saône-et-Loire (71)

N°2349

Chèque Cadeau

La Maison Sarron

Josette Derrmann-Piguet
21, rue du Bœuf
71700 Plottes
Tél. 03 85 40 52 20
contact@maisonsarron.fr
www.maisonsarron.fr

1 Pers. 65/70 € - 2 Pers. 73/80 €
P. sup. 20 € -

3 chambres dont 1 avec lit 160 et 1 suite avec salon, sanitaires privés. Ouvert du 1.04 au 17.10. Petit déjeuner : préparation fruits frais crus ou cuits, laitage, pâtisseries et confitures maison, miel... Cour pavée, jardin naturel. Restaurants entre 3 et 6 km.

Datant de 1583, cette maison d'allure seigneuriale, vous invite à partager l'alchimie du lieu et quelques instants de repos en dehors du temps. La Bourgogne sud vous offre des balades gourmandes dans un jardin d'Art Roman. Vous serez séduits par cette restauration dans le respect du bâti.

Attraits touristiques : abbaye St-Philibert, Hôtel-Dieu, musée Greuze. Expositions, concerts, salons. Circuit des églises romanes. Site médiéval de Brancion. Gastronomie, route des vins. Piscine, croisière sur la Saône et équitation 6 km. Golf de La Salle 15 km.

Accès : sortie d'autoroute à Tournus nord puis N6. A Tournus, prendre soit la Romantique D14 dir. Brancion puis C1 Plottes. Soit la D56 dir. Lugny. La Maison se situe dans le haut du village.
GPS : l 46529 - L 4872.

Prissé - Saône-et-Loire (71)

N°2377

Gentilhommière de Collonges

Jacques Saunier
route Lamartine Collonges
71960 Prissé
Tél. 03 85 37 82 31
Port. 06 70 17 59 18
saunier.jacques@wanadoo.fr
www.gentilhommieredecollonges.fr

Wi Fi

2 Pers. 115/140 €

4 chambres climatisées avec sanitaires privés (douche à jets, baignoire balnéo) et coin-salon (cheminée). Ouvert toute l'année. Petit déjeuner : jus de fruits frais, fruits de saison, yaourts ou faisselle, viennoiseries, confitures maison, céréales... Salle à manger, salon-bibliothèque. Cour, jardin, parc 1 ha. Taxe séjour 0,40 euros/nuit/adulte.

Au pays de Lamartine, cette vaste gentilhommière du XVIIe entourée d'un grand parc ombragé est une invitation au repos et à la méditation chère au grand poète. Les chambres évoquent les femmes qui ont marqué le poète-écrivain, et Jacques a apporté un soin tout particulier à la décoration et à l'ameublement. Tout ici est calme, luxe et volupté ! Le musée du parfum, situé sur la propriété, est ouvert aux hôtes.

Attraits touristiques : Route des Vins, Lamartine, châteaux de Berzé-la-Chatel, de Pierreclos, chapelle des moines à Berzé-la-Ville. Concours des vins de Mâcon, Cluny... Vélo, tennis, équitation 5 km. Piscine 7 km. Lac, golf 15 km.

Accès : à Prissé prendre dir. Mâcon. Au rond-point des 2 Roches, dir. Mâcon puis route à gauche "Route Lamartine". C'est la 2e maison à droite (toit vernissé noir).

Le Rousset - Saône-et-Loire (71)

N°2230

Chèque Cadeau

La Fontaine du Grand Fussy

Dominique Brun
Le Grand Fussy
71220 Le Rousset
Tél. 03 85 24 60 26
lafontainedugrandfussydominiquebrun@orange.fr
http://fontaine-grand-fussy.wix.com/bourgognedusud

TH Wi Fi

2 Pers. 75/85 € - 3 Pers. 92/102 €
P. sup. 20 € - Repas 21 €

5 chambres avec sanitaires privés. Ouvert du 01.02 au 31.12. Petit déjeuner : pains, brioches diverses et confitures maison... T. d'hôtes (sauf dimanche et lundi) : curry d'agneau, blanquette de veau, bœuf bourguignon... Cuisine à disposition des hôtes. Salle de réunion. Piscine.

Entre Clunysois et Charolais, Dominique a jeté son dévolu sur cette belle demeure du XVIIIe. La maison a retrouvé son charme grâce au talent de la maîtresse de maison, spécialiste en restauration de peintures : enduits à la chaux, glacis colorés, faux marbre, trompe l'œil se mêlant aux ferronneries et aux meubles anciens.

Attraits touristiques : Cluny 20 mn : abbaye, grottes, festival Jazz, "Grandes Heures de Cluny". Château de Cormatin. Festival Blues au Creusot. Eglises romanes... Sentiers de randonnée sur place. Forêt 1 km. Lac 2 km.

Accès : A6 sortie Mâcon centre - rte express sortie Cluny. A Cluny, D980 dir. Montceau/Mines. Traverser Salornay, à la Croisée-de-Cray continuer tout droit 6 km, puis à gauche D33 et à droite D60. 1er chemin à gauche.

St-Amour-Bellevue - Saône-et-Loire (71)

N°2279

Le Paradis de Marie
Marie-Pierre et Laurent Pruvost
Les Ravinets
71570 St-Amour-Bellevue
Tél. 03 85 36 51 90
contact@laroulottedemarie.com
www.leparadisdemarie.com

1 Pers. 90 € - 2 Pers. 90 € - 3 Pers. 110 €
P. sup. 20 € -

4 chambres et 1 roulotte avec sanitaires privés. Ouvert toute l'année. Vous apprécierez les petits déjeuners "confitures et gâteaux maison" dans une mignonne cuisine. Billard. Cuisine à disposition. Piscine chauffée. Cour, jardin. Auberge du Paradis et "Chez Jean-Pierre" à 200 m.

A l'évocation même du "Paradis de Marie", on rêve dèja, à fortiori lorsqu'il se trouve à St-Amour. Marie et Laurent ont consacré une belle énergie à la rénovation de cette maison vigneronne, beaucoup d'imagination et d'astuces pour personnaliser chaque chambre dédiée aux amoureux.

Attraits touristiques : Vignobles du Beaujolais et du Maconnais. Hameau du vin à 10 km. Macon 14 km. Lyon 60 km. Solutré et voie verte 10 km. Tennis, pêche, randonnée 500 m. Lac 6 km. Equitation 4 km.

Accès : A6, sortie Macon-sud puis dir. Crèches-sur-Saône. Au 2e feu, à droite en dir. de Julienas puis St-Amour.

St-Usuge - Saône-et-Loire (71)

N°2224

Les Chyses
Christian et Fabienne Thébert
La Ferme des Fourneaux
71500 Saint-Usuge
Tél. 03 85 72 18 12
Port. 06 45 55 43 10
fc.thebert@fermedesfourneaux.com
www.fermedesfourneaux.com

2 Pers. 70/80 € - 3 Pers. 91/100 €
P. sup. 22 € -

5 chambres climatisées avec bains et wc privés. Ouv. toute l'année. Petit déjeuner : croissants, confitures maison, pain d'épices, fromages de chèvre... Salle de petit déjeuner rustique et salon indépendant (TV). Cour, parc clos et ombragé. Piscine. Parking privé fermé.

Dans un petit village bressan, Fabienne et Christian ont restauré avec passion cette ferme du XIIIe, tout en conservant son authenticité. Mélange briques, bois, tommettes et d'objets chinés au hasard des brocantes. Les chambres aux couleurs chaudes vous séduiront autant que l'accueil chaleureux de vos hôtes. Beau jardin clos fleuri.

Attraits touristiques : Louhans : grande rue aux 157 arcades des XVe et XVIe siècles, Hôtel Dieu (fin XVIIe), apothicairerie, musée de l'Imprimerie... Pêche 500 m. Sentiers de randonnée, tennis 1 km. Equitation 2 km.

Accès : autoroute A6 sortie Chalon-sur-Saône ou Tournus. Prendre la direction Louhans puis Saint-Usuge.

Tournus - Saône-et-Loire (71)

N°2481

La Tour du Trésorier
Sophie et Thierry Lindbergh
9, place de l'Abbaye
71700 Tournus
Tél. 03 85 27 00 47
info@tour-du-tresorier.com
www.tour-du-tresorier.com

TH

1 Pers. 150/190 € - 2 Pers. 150/190 € - 3 Pers. 250 €
P. sup. 30 € - Repas 35 €

4 chambres et 1 suite avec sanitaires privés, TV et internet. Ouvert toute l'année. Petit déjeuner : viennoiseries, fruits, fromages, yaourts, jus de fruits... Table d'hôtes : selon les produits du marché, vaste carte des vins de Bourgogne (200 réf.). Jardin, parc de 5000 m² avec vue sur la Saône. Restaurant à 100 m.

La Tour du Trésorier vous propose des chambres d'hôtes entièrement rénovées et aménagées avec goût, au cœur de la charmante petite ville de Tournus en Bourgogne du sud. La demeure bâtie sur les remparts défensifs date des Xè et XIè siècles, comporte une jolie tour octogonale qui fût construite par le chanoine Sauveur. Sophie et Thierry réinventent l'accueil en fonction des goûts et attentes de leurs hôtes par maintes petites attentions.

Attraits touristiques : région touristique riche en histoire et en patrimoine, non loin des sites de Cluny, Brancion, Solutré, Beaune et Cormatin. Vélo, balades pédestres, dégustation de vins, gastronomie, musée, artisans, artistes, village du livre etc...

Accès : chambres situées autour de l'abbaye de St-Philbert : contourner l'abbaye par la droite et en faire quasiment tout le tour, la maison est à la fin de la boucle, sur votre droite.

La Vineuse - Saône-et-Loire (71)

N°2157

Chèque Cadeau

"à la maîtresse"
Ghislaine de Chalendar
Le Bourg
71250 La Vineuse
Tél. 03 85 59 60 98
info@alamaitresse.fr
www.alamaitresse.fr

TH

2 Pers. 98/115 € - 3 Pers. 140 €
P. sup. 25 € - Repas 30 €

3 chambres (dont 1 accessible aux personnes handicapées), 2 suites, 1 studio, avec TV, bains ou douche et wc privés. Ouvert toute l'année. Table d'hôtes et plateaux repas sur réservation. Terrain clos aménagé avec piscine privée. Jeux d'enfants. Ping-pong. Possibilité séminaire et week-ends à thèmes : 50 euros/jour/pers. pour 20 pers.

Vous aimerez l'atmosphère chaleureuse et la quiétude de cette vieille demeure disposant d'une superbe vue. Chambres raffinées, mêlant harmonieusement tissus et couleurs. Vous apprécierez les copieux petits déjeuners et les savoureuses recettes de la maîtresse de maison. Détente au bord de la piscine. Etape idéale pour découvrir la région.

Attraits touristiques : Eglises romanes et route des Vins. Cluny (abbaye, haras...). Château de Cormatin. Préhistoire (Solutré, Azé...). Equitation à 2 et 7 km. Pêche 5 km. Tennis 7 km. Lac 19 km.

Accès : à Cluny, dir. Montceau (D980) puis à 4 km, à gauche dir. La Vineuse (D7). Puis sur la droite "La Vineuse", propriété en dessous de l'église, avec un grand portail bleu.

Avallon (Vassy-Etaules) - Yonne (89)

N°2165

La Cimentelle
Nathalie Oudot
4, rue de la Cimentelle, Vassy (Etaules)
89200 Avallon
Tél. 03 86 31 04 85
Port. 06 87 24 42 93
lacimentelle@orange.fr
www.lacimentelle.com

TH

1 Pers. 83/108 € - 2 Pers. 88/113 € - 3 Pers. 170/220 €
Repas 42 €

5 chambres dont 2 familiales avec sanitaires privés et internet. Ouvert toute l'année. Petit déjeuner : confitures maison, jus d'orange, fruits frais, crêpes... T. d'hôtes : œufs en meurette, foie gras maison, cailles aux raisins, coulant au chocolat... Cour, jardin, parc 2 ha. Billard, ping-pong, baby-foot. Piscine. Restaurants 6 km. Enfant 30 euros.

Elégante maison de maître de 1820 abritée derrière des grilles en fer forgé, avec un parc arboré et de larges espaces. L'atmosphère cosy et l'accueil délicieux et attentif font de ce lieu une villégiature pour les épicuriens. La décoration est soignée alliant du mobilier ancien à un décor contemporain. Véritable havre de paix en pleine Bourgogne.

Attraits touristiques : Vézelay, Abbaye de Fontenay, Montreal, châteaus de Bazoches et d'Ancy-le-Franc, Epoisses. Randonnée sur place. Acrobranches, équitation 6 km. Base nautique 12 km. Montgolfière 16 km. Lacs 25 km.

Accès : sortie Nitry (10 km) en venant du nord ou sortie Avallon (6 km) en venant du sud.
GPS : l 47°32'12"N - L 03°55'07"E.

Châtel-Censoir - Yonne (89)

N°2146

Maison Saint-François
Michel Samson
4, rue du Moulin
89600 Châtel-Censoir
Tél. 03 86 81 05 37
Port. 06 21 22 66 09
maison.st.francois@voila.fr
www.demeuresaintfrancois.com

TH

1 Pers. 90 € - 2 Pers. 95 €
Repas 30 €

3 chambres très calmes avec sanitaires privés (grande literie). Ouv. toute l'année. Petit déjeuner : viennoiseries, confitures et yaourts maison, jus de fruit. T. d'hôtes sur résa. : gougères, salade vézelienne, poulet Gaston Gérard, crapiaux, rapée morvandelle, poire à la dijonnaise... Jardin fleuri. Parking clos privé. Soirée étape 150 euros/2 pers.

Dans un charmant village, au bord de l'Yonne et du canal du Nivernais, au 1er étage d'une belle demeure du XVIIe (non fumeur), trois grandes chambres de caractère (tenture murale, pierres apparentes, poutres, dalles de Bourgogne) au mobilier ancien et à la décoration raffinée vous attendent.

Attraits touristiques : Vézelay. Grottes d'Arcy-sur-Cure. Les Fontaines salées. Château de Bazoches (demeure de Vauban). St-Sauveur-en-Puisaye (musée Colette). Tennis sur pl. Escalade au Saussois 5 km. Equitation 10 km. Montgolfière, rafting/canoë, quad 17 km.

Accès : A6, sortie 20 dir. Avallon sur N6 puis après Vincelles prendre D100 jusqu'à Châtel-Censoir. Gare 800 m.
GPS : l 47°31,8703N - L 3°38,0344E.

Chevannes - Yonne (89)

N°2046

Château de Riboursdin

Claude et Marie-Claude Brodard
89240 Chevannes
Tél. 03 86 41 23 16
château.de.ribourdin@wanadoo.fr
www.chateauderibourdin.com

1 Pers. 65 € - 2 Pers. 80/90 € - 3 Pers. 110 €
P. sup. 30 € -

5 chambres avec salles d'eau privées dont 1 accessible aux personnes handicapées. Ouvert toute l'année. Copieux petit déjeuner : viennoiseries, pâtisseries et confitures maison... Billard, ping-pong. Parc de 1/2 ha, cour, jardin. Terrain de pétanque.

En pleine campagne, dans les dépendances d'un château du XVIe siècle avec pigeonnier, 5 chambres confortables ont été aménagées, toutes personnalisées et meublées en ancien. Vous apprécierez calme, repos et quiétude dans le parc fleuri ou au bord de la piscine (non surveillée) et l'hiver dans le salon près de la cheminée.

Attraits touristiques : Auxerre. Vignobles. Châteaux : St-Fargeau, Guédelon, Ancy-le-Franc, Tanlay. Basilique de Vézelay. Village de Noyers/Serein.Tennis 800 m. Piscine non surveillée sur place. Equitation 3 et 7 km. Pêche 7 km. Bowling 10 km. Parc aventure 20 km.

Accès : A6 sortie n°19 suivre dir. Auxerre puis à 500 m tourner à droite dir. Perrigny puis St-Georges-Chevannes sur D158. A Chevannes, 1ère rte à gauche. D'Auxerre prendre N151 dir. Chevannes.
GPS : l 47,750520000 - L 3,49760000.

Cravant - Yonne (89)

N°2177

Les Remparts

Laurence BROT
19 rue des Fossés
89460 Cravant
Tél. 03 86 42 51 92
Port. 06 35 45 15 41
brot.lesremparts@orange.fr
www.lesrempartscravant.fr

1 Pers. 80 € - 2 Pers. 80 € - 3 Pers. 110 €
P. sup. 20 € -

1 chambre et 1 suite 4 personnes, TV. Ouvert toute l'année. Petit déjeuner : boisson chaude, jus d'orange, pain, croissant, confiture maison, charcuterie, œuf coque, yaourts, fruits. Coin tisane, jeux de société. Cour, jardin. Restaurants à proximité.

Demeure du XIXème siècle, construite sur les anciens remparts du village. Sélection Figaro Magazine 2014/2015. Charmante demeure entièrement rénovée dans le respect de son authenticité. 2 chambres d'hôtes dont une suite familiale. Le petit déjeuner copieux est servi dans la salle à manger d'époque ou près de la piscine chauffée de mai à septembre. Décoration raffinée alliant ancien et moderne.

Attraits touristiques : nombreux sites touristiques aux alentours, châteaux, musées, canal du Nivernais. Grottes d'Arcy 15 km, Auxerre 19 km, Chablis 20 km, Noyer sur Serein 25 km, Vezelay 30 km, Guedelon 40 km.

Accès : de Paris, A6 sortie Auxerre Nord, dir. Dijon/Avallon, RN6 sur 19 km arrivée à Cravant. de Lyon, A6 sortie Nitry, dir. Vermenton, traverser Vermenton dir. Auxerre sur 4 km.
GPS : l 47,683510 - L 3,693084.

Joux-la-Ville - Yonne (89)

N°2188

Val de la Nef
Sylvestre d'Allens
Grand Val de la Nef
89440 Joux-la-Ville
Tél. 03 86 32 35 56
Port. 06 09 87 28 35
sylvestre@valdelanef.com
www.valdelanef.com

TH

1 Pers. 57/65 € - 2 Pers. 62/70 € - 3 Pers. 86 €
P. sup. 20 € - Repas 28 €

4 chambres dont 2 familiales et 1 accessible aux personnes handicapées, chacune avec sanitaires privés. Ouvert toute l'année sauf vac. Noël. Petit déj. : brioche, confitures et yaourts maison, miel du Morvan. T. d'hôtes : gougères, tarte à l'époisses, poulet fermier à l'estragon... Hammam de 16/20 h sur RDV. Cour, jardin 5000 m². Enfant -10 ans 15 euros.

Sylvestre et Corinne vous accueillent dans cet ancien relais de chasse de l'O.N.F de 1875, situé au cœur de la forêt domaniale, à mi-chemin de Vezelay et Chablis, dans une nature calme et préservée. Des meubles de style bourguignon dialoguent avec les couleurs pétillantes. Le silence du lieu n'est troublé que par le chant des oiseaux, le souffle du vent et quelques cris de chevreuils.

Attraits touristiques : Vezelay, Noyers-sur-Serein, Chablis, Montreal, Avallon à environ 20 mn. Chemin PR et forêt sur place. Promenade à cheval et Via Ferrata 10 km. Canoë 15 km.

Accès : A6, sortie Nitry n°21 puis D944 dir. Avallon. Traverser Joux-la-Ville et Puits d'Edme. 1,6 km après Puits, petite route au panneau "Val de la Nef" sur 2,6 km jusqu'au panneau "Grand Val de la Nef". Parking en face du panneau.
GPS : l 47.58423000 - L 3.89096000.

Lindry - Yonne (89)

N°2148

La Bichonnière
Julia et Stéphane de Wellenstein
37/39, rue de Charbuy, Les Houches
89240 Lindry
Tél. 03 86 47 19 85 - 03 86 47 11 47
labichonniere@free.fr
www.la-bichonniere.com

1 Pers. 74 € - 2 Pers. 88 € - 3 Pers. 102 €

4 chambres et 1 suite avec sanitaires privés. Ouvert toute l'année sur rés. Petit déjeuner : jus de fruit, viennoiseries, pain, céréales, confitures maison, yaourts, fruits, fromage, œufs. Piano, salon de musique, jeux de société. Parc de 2 ha. Grec parlé également. (Maison non fumeur).

Ancienne ferme du début du XIXe, restaurée avec goût et dans le respect des vieilles pierres, qui grâce à son histoire en fait un lieu chaleureux et authentique. Julia et Stéphane vous reçevront avec sincérité, simplicité, discrétion et attention. Un parc de 2 ha où se mélangent les essences d'arbres, parfois centenaires, vous permettra de découvrir une certaine quiétude.

Attraits touristiques : Vézelay, St-Fargeau, Pontigny, Guédelon, Arcy-sur-Cure, Fontenoy, Chablis et caves diverses. Lac de Bourdon. Equitation 3 km. Piscine 12 km. Base nautique 13 km. Vélorail Puisaye 15 km. Golf 20 km. Acrobranche 27 km.

Accès : à mi-chemin entre Lindry et Charbuy, à 12 km à l'ouest d'Auxerre, direction Aillant-sur-Tholon.
GPS : l 03263320 - L 47481380.

Lindry - Yonne (89)

N°2098

Chèque Cadeau

à la Métairie
Brigitte et Gilles Martinigol
16 rue de la Métairie
89240 Lindry
Tél. 03 86 98 20 56
alametairie@wanadoo.fr
www.alametairie.com

Wi Fi

1 Pers. 80 € - 2 Pers. 100 €
P. sup. 25/40 € -

A 2 h de Paris, un lieu privilégie pour les amateurs de détente et de calme. Vous serez reçus chaleureusement, avec sincérité et discrétion, dans une magnifique longère traditionnelle du XVIIIe. Vous apprécierez les trois chambres spacieuses et non fumeur, avec leur coin-salon-tisanerie privé. Elles sont toutes décorées avec passion dans un mélange subtil de matériaux tendances, de pierres, poutres, tommettes et meubles anciens.

Attraits touristiques : Auxerre, Guédelon, Chablis, Vézelay... Châteaux et musées, abbayes... Restaurants, vignobles et caves. Randonnée et VTT sur place. Equitation 2 km. Pêche 5 km. Golf 8 km.

Accès : A6, sortie n°19 Auxerre nord. N6 dir. Auxerre sur 1,5 km puis à droite (D158) dir. St-Georges. A St-Georges, au rond-point prendre D89. A 5,8 km à gauche D48 dir. Lindry. Suivre La Métairie, le hameau est à 1 km.
GPS : l 3°405496N - L 47°811017N.

A l'ét. : biblio. et 2 ch. climatisées. Dans maisonnette 1 suite/duplex 2 pers., sanitaires privés. Ouv. toute l'année sur réservation uniquemet. Petit déjeuner : jus frais, pains variés, fruits, pâtisseries/laitages/confitures maison, charcuterie et œufs... Cuisine d'été. Barbecue. Piscine hors-sol sur 2500 m² arboré. Parking. Animal 12 euros.

Massangis - Yonne (89)

N°2110

Carpe Diem
Anselme Cabon
53 Grande Rue
89440 Massangis
Tél. 03 86 33 89 32
carpediem.ser@gmail.com
www.acarpediem.com

TH

Wi Fi

1 Pers. 64/87 € - 2 Pers. 72/95 € - 3 Pers. 97 €
Repas 37 €

Dans un corps de ferme du XIXe siècle, cinq chambres d'hôtes décorées avec goût vous sont proposées. Eglises, lavoirs, vieilles demeures, châteaux et attractions diverses sont à découvrir dans chaque village. Pour les gourmets, la région offre une cuisine raffinée accompagnée des meilleurs vins. Etape idéale dans l'Yonne, à 2 h de Paris.

Attraits touristiques : Musée du costume à Avallon. Vézelay, Noyers-sur-Serein, Châblis, Irancy... Tennis, pêche et randonnées sur place. Equitation 15 km. Golf 30 km.

Accès : A6, sortie n°21 Nitry puis D312 dir. Villiers-la-Grange et enfin D86 dir. L'Isle-sur-Serein.
GPS : l 47.3735 - L 0.35831.

5 chambres avec sanitaires privés. Ouvert toute l'année. Petit déjeuner : jus d'orange, viennoiseries, gâteau maison, confitures... T. d'hôtes : magret de canard, suprême de poulet à la bourguignonne, charolais aux morilles... Salon avec cheminée. Salon de jardin, transats. Cour, jardin, potager. Restaurants à proximité.

N°2175

La Pastorale
Bruno VALLI
17 rue Paul Bert
89140 Vinneuf
Tél. 03 86 66 93 67
Port. 06 85 67 61 54
bruno.valli883@orange.fr
www.lapastorale-chambresdhotes.fr

TH

1 Pers. 80 € - 2 Pers. 75/95 € - 3 Pers. 110 €
P. sup. 20 € - Repas 25 €

2 chambres et 1 suite. Ouvert toute l'année. Petit déjeuner : traditionnel français + œufs + yaourts (le tout biologique). Table d'hôtes : cuisine de type méditéranéen préparée avec légumes de notre production (bio). Accès à son lac dans une propriété à 2 km. Beau jardin arboré et fleuri. Tennis 200 m, abonnement par La Pastorale.

Ferme XVIII, architecture traditionnelle bourguignonne que nous avons récemment restauré avec des matériaux telle la pierre et la chaux. Nos exigences quant à l'agencement des expaces, la présence dans le parc de vieux arbres, du bruit de l'eau, nous ont permis de cultiver, en ce lieu, quelques ingrédients du bien être : le silence, la luminosité, la sobriété dans les chambres, et les espaces de convivialité.

Attraits touristiques : l'Auberge des Cygnes (Botin Gourmand) 2 km, l'escale 87 4 km. Provins, Sens 25 km. Fontainebleau 30 km. Troyes 80 km.

Accès : A5, sortie 18, prendre ensuite D411 puis D77.
GPS : l 48.3470106 - L 3.1382303.

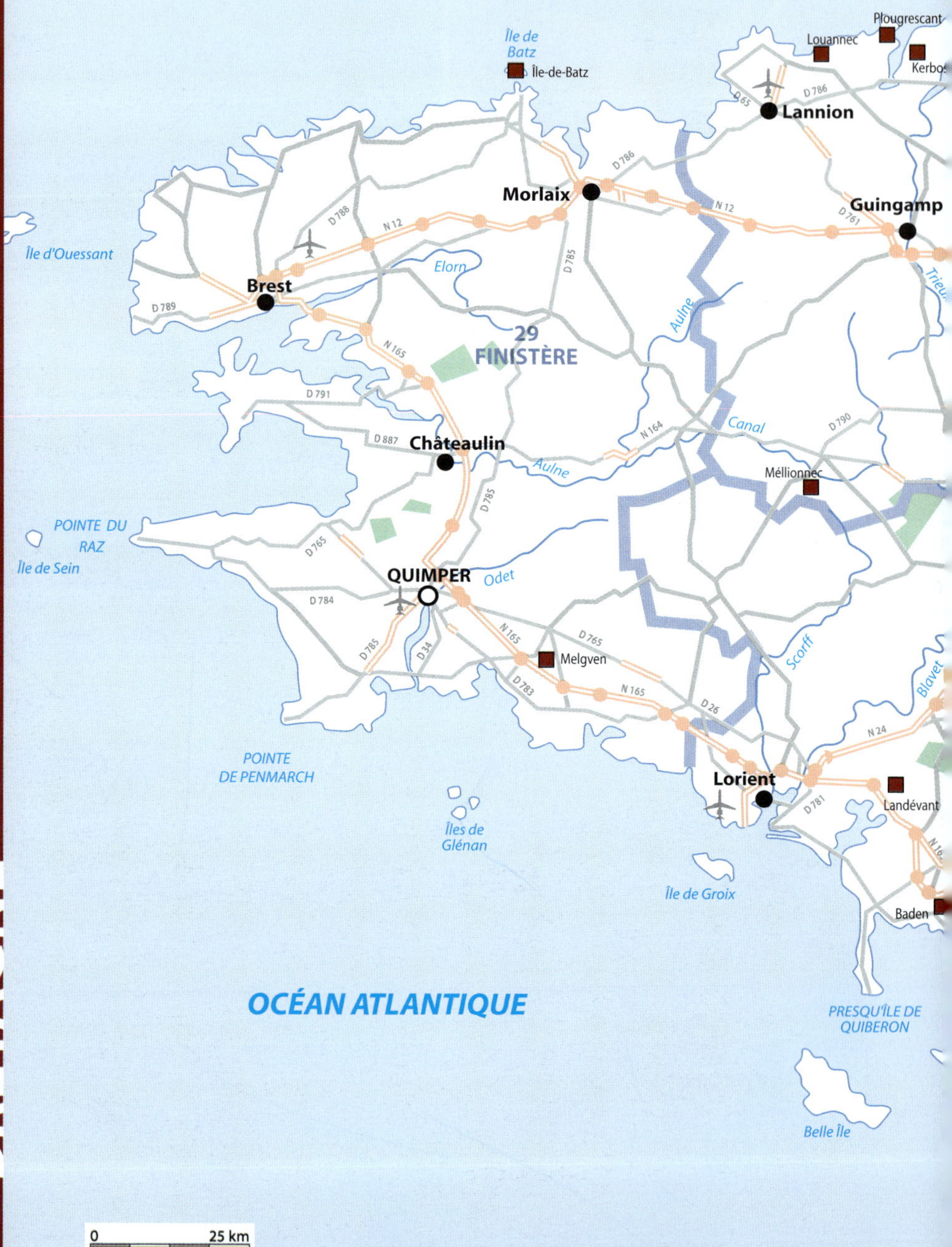
Île de Batz
Île-de-Batz
Plougrescant
Louannec
Kerbo
D 65
D 786
Lannion
D 786
Morlaix
Guingamp
N 12
D 761
Trieux
Île d'Ouessant
D 788
N 12
Elorn
D 785
Brest
D 789
Aulne
29
FINISTÈRE
N 165
D 791
Canal
D 790
N 164
D 887
Châteaulin
Aulne
Méllionnec
D 785
POINTE DU RAZ
Île de Sein
D 765
QUIMPER
Odet
D 784
D 785
D 34
N 165
D 765
Melgven
Scorff
Blavet
D 783
N 165
D 26
N 24
POINTE DE PENMARCH
Lorient
Landévant
D 781
Îles de Glénan
Île de Groix
Baden
OCÉAN ATLANTIQUE
PRESQU'ÎLE DE QUIBERON
Belle Île
0
25 km

MANCHE
Île de Jersey
Îles de Chausey
Île de Bréhat
50
MANCHE
Coutances
NORMANDIE
Avranches
Mont St-Michel
Saint-Malo
St-Briac-sur-Mer
Mont-Dol
St-Alban
Paimpol
SAINT-BRIEUC
Pleudihen-sur-Rance
Quévert
Dinan
22
CÔTES-D'ARMOR
Fougères
Rance
Canal
Ille
Iffendic
Château de la Freslonnière (Le-Rheu)
RENNES
Vilaine
Bréal-sous-Montfort
35
ILLE-ET-VILAINE
Pontivy
56
MORBIHAN
Plumergat
Manoir de Trégaray (Sixt-sur-Aff)
VANNES
Sulniac
Redon
Châteaubriant
Péaule
Nivillac
44
LOIRE-ATLANTIQUE
PAYS DE LA LOIRE
Ancenis
Saint-Nazaire
Loire
NANTES
D 903
D 971
D 900
D 972
D 999
A 84
N 175
N 176
D 786
N 12
D 768
N 176
D 155
D 175
D 798
D 177
D 766
D 27
N 137
D 700
N 12
D 768
D 766
N 157
N 24
D 767
D 163
D 463
D 177
D 178
D 25
N 166
D 775
N 775
D 780
N 165
D 163
D 178
N 171
D 773
D 774
N 171
N 165
N 137
N 23
D 723
D 77
D 763
N 249

Kerbors - Côtes-d'Armor (22)

N°130399

Manoir de Troëzel Vras
Françoise et Jean-Marie Maynier
22610 Kerbors
Tél. 02 96 22 89 68
manoir@troezel-vras.com
http://troezel-vras.com

TH

1 Pers. 75 € - 2 Pers. 88 € - 3 Pers. 120 €
P. sup. 25 € - Repas 25 €

3 chambres et 1 suite (non fumeur) avec sanitaires privés. Ouvert de début avril à fin sept. Petit déjeuner : confitures, pain d'épices et yaourts maison, jus de pommes, fromage... T. d'hôtes (menu différent chaque jour à dominante poissons). Bibliothèque, salon, cheminée. Cour, terrasse, jardins de 2 ha. Repas enfant 12 euros.

Entre l'Ile de Bréhat et la Côte de Granit Rose, découvrez Troëzel Vras et son manoir du XVIIe siècle, entièrement rénové, alliant le confort au charme des vieilles demeures. Parc de 2 ha divisé en cinq jardins paysagers, aux atmosphères différentes, avec sculptures d'artistes bretons. Situation idéale pour visiter les trois jardins classés "Remarquables".

Attraits touristiques : de nombreuses visites s'imposent : Ile de Bréhat, Sillon du Talbert, Paimpol, Tréguier, le Château de la Roche-Jagu, la Côte de Granit Rose, Perros Guirec...

Accès : entre Paimpol et Tréguier, prendre direction Pleumeur Gautier puis Kerbors.

GPS : l 48°48'56.52" - L 3°10'32.95".

Louannec - Côtes-d'Armor (22)

N°120793

Goas-Ar-Lan
Nicole Michel
22700 Louannec
Tél. 02 96 49 08 54
Port. 06 13 60 75 94
goas-ar-lan@wanadoo.fr
www.goasarlan.com

1 Pers. 60 € - 2 Pers. 60/70 € - 3 Pers. 80/90 €

3 chambres avec entrée indépendante (2 ch. 2 pers., 1- ch. 3 pers.) avec sanitaires privatifs séparés. Ouvert toute l'année. Petit déjeuner gourmand : crêpes, pâtisseries et confitures maison, jus d'orange, fruits frais, yaourts. Parc 1 ha arboré. Salon de jardin. Parking privé. Piscine privée couverte. Accès wifi. Taxe de séjour comprise.

En plein cœur de la Côte de Granit Rose, maison ancienne restaurée sur une propriétée de 5 ha. 3 ch. au décor chaleureux réservées aux hôtes. Vous apprécierez en toute tranquillité le calme du superbe jardin paysager et arboré (collection de rosiers, d'érables, conifères..), le confort de cette demeure sans oublier les plaisirs de la mer.

Attraits touristiques : Site de Ploumanac'h. Réserve d'oiseaux des Sept Iles. Planétarium. Station balnéaire (thalassothérapie et casino) à 5 km. Mer, tennis 2 km. Piscine, équitation, golf 5 km. GR34 à 500 m.

Accès : Lannion/Perros-Guirec par la D788. Au grand rd-point à l'entrée de Perros, suivre dir. Louannec (D6) et faire 20 m puis à droite. Au monument, à droite et suivre fléchage sur 1 km.

GPS : l 48°47'085 - L 3°25'37.49.

Mellionnec - Côtes-d'Armor (22)

N°411299

Le Manoir du Poul
Valérie et Michael Smith
22110 Mellionnec
Tél. 02 96 24 25 99
Port. 06 43 89 56 41
mikeandval@wanadoo.fr
www.gitesdarmor.com/le-poul

Bretagne

TH

1 Pers. 60/80 € - 2 Pers. 70/90 € - 3 Pers. 90/100 €
P. sup. 30 € - Repas 22 €

2 chambres à l'étage dont 1 unité familiale de 3 ch., sanitaires privés. Accueil wifi. (120/140 euros 4 pers.). Ouvert toute l'année. Petit déjeuner copieux et raffiné, possibilité de brunch. T. d'hôtes : cuisine française et internationale avec apéritif. Salle à manger. Parc 15 ha. Tarif séjour enfant 3 à 12 ans 10 euros. Repas 3 à 12 ans 5 euros.

Au cœur du centre ouest Bretagne, le Manoir du Poul (1613) vous accueille dans un cadre de bois, de verdure, de fleurs et de chemins de randonnée sur 15 ha. Entre légendes et réalité, ce site remarquable fût habité par le seigneur du Poul et bien plus tard par le célèbre chanteur et conteur breton Glenmor.

Attraits touristiques : Canal de Nantes à Brest, lac de Guerlédan. Mer 65 km. Piscine et golf 25 km. Tennis 2 km. Randonnée sur place. Restaurants à Mur-de-Bretagne et Rostrenen

Accès : à Rostrenen, dir. Plouray/Guémené-sur-Scorff (D790), puis prendre la D23 vers Mellionnec. Au bourg, prendre dir. Plélauff-Gouarec. Faire 1 km et tourner à gauche vers le Poul. GPS : l 48°6'21.56 - L 3°9'56.96.

Paimpol - Côtes-d'Armor (22)

N°140899

Katerine et Jean-Philippe Chaboud
Pondervann, chemin de Pont Ervann
22500 Paimpol
Tél. 02 96 22 09 89
Port. 06 14 59 56 96
jpkchaboud@wanadoo.fr
www.pondervann.com

1 Pers. 80/85 € - 2 Pers. 90/95 € - 3 Pers. 105/110 €

2 chambres (literie 180x190) avec sanitaires privés (1 avec vue sur l'estuaire). Ouvert du 01/02 au 15/12. Petit déjeuner : jus d'orange frais, céréales, crêpes, gateaux maison, yaourts. Jeux de société, TV, bibliothèque. Cour 150 m², jardin, parc 3 ha (étang, bois). 2 vélos à disposition. Accès wifi. Nombreux restaurants 3 km.

Belle cour carrée du XVIIe siècle, en bordure de l'estuaire du Trieux. Parc arboré avec étang, bois et chevaux. La décoration intérieure où se mêlent le lin des murs, les lambris aux patines douces ainsi que les meubles familiaux venant d'Arménie, vous raviront dans cette ambiance chaleureuse et accueillante. Découverte de l'Archipel de Bréhat avec Jean-Philippe (bâteau et pique-nique).

Attraits touristiques : Abbaye de Beauport, Falaises de Plouha, Archipel de Bréhat, Château de la Roche Jagu, Jardin de Kerdalo, Circuit de Ajoncs, Côte de Granit Rose. GR34 sur place. Mer, plage 300 m. Piscine, tennis, équitation 3 km. Golf 15 km.

Accès : axe Rennes/Brest, après St-Brieuc sortir à Trémuson dir. Lanvollon/Paimpol. Avant Paimpol, au rd-point de la Lande Blanche dir. Lézardrieux. 2e rd-point faire 1 km et prendre Lancerf/Landouézec. Suivre ensuite le fléchage. GPS : l 48°46'3.46 - L 3°5'51.11.

Pleudihen-sur-Rance - Côtes-d'Armor (22)

N°570697

Maison de la Vallée
Françoise Chenu
Le Val Hervelin
22690 Pleudihen-sur-Rance
Tél. 02 96 83 35 61
lamaisondelavallee@hotmail.fr
www.maisondelavallee.com

2 Pers. 89/99 € - 3 Pers. 130/140 €

3 chambres 2 pers. et 2 suites 3 pers. avec sanitaires privés, TV. Ouv. toute l'année sauf déc./janv. Véranda (petit déjeuner) : œufs à la coque, jus d'orange, confitures variées, gâteaux, craquelins. Espace bien-être privé : spa, sauna avec suppl. Cour, jardin, parc 500 m², parking.

Vous serez reçus chaleureusement dans cette charmante demeure de caractère de 1894 aux frontons de granit bleu, située dans l'écrin d'une petite vallée. Vous pourrez vous détendre dans deux salons au mobilier régional, avec poutres apparentes et cérusées ou profiter du cadre panoramique de la spacieuse véranda surplombant le plan d'eau.

Attraits touristiques : A proximité du site de la Vallée de la Rance. Dinan (fête des Remparts), Dinard, St-Malo, Mont-St-Michel. Golf, équitation 5 km. Randonnée sur pl. Mer, plage, sports nautiques 15 km. Parc de loisirs 8 km.

Accès : à Dinan centre, sortir de la ville via Rennes/Caen, passer le viaduc, tout droit vers Caen-Avranches-Dol. Passer St-Piat, toujours dir. Avranches. Dol, Le Val Hervelin est à 3 km.

GPS : l 48°29'19.00 - L 1°55'55.00.

Plougrescant - Côtes-d'Armor (22)

N°131395

La Ferme de Kéravel
Famille Dittmar
22820 Plougrescant
Tél. 02 96 92 09 38
Port. 06 76 47 33 22
lafermedekeravel@orange.fr
www.lafermedekeravel.com

1 Pers. 75/80 € - 2 Pers. 78/85 €

1 ch. 2 pers. en rez-de-chaussée avec entrée indépendante et terrasse privée, TV, réfrigérateur, 1 lit 160, salle de bains avec douche, lavabo double, wc privés séparés, salon à l'étage avec vue sur la mer et le jardin. Ouv. toute l'année. Petit déjeuner : croissants, pâtisseries maison, yaourts, fromage... Internet câblé. Parking privé. Parc 0,6 ha.

La mer à la campagne sur une presqu'île. Authenticité et charme sont les maîtres-mots de cette ancienne ferme du XIXe siècle, située entre Perros-Guirec et Bréhat. Proche du GR34, vous goûterez au plaisir de la Côte Sauvage, site naturel protégé (gouffre et la maison entre les rochers). Très joli jardin pour vos moments de détente, labéllisé "Jardin d'Hôtes". Vous découvrirez les sols en ardoise, les murs travaillés à la chaux et l'ameublement éclectique.

Attraits touristiques : sites naturels : Bréhat, la Côte de Granit Rose. Mer et plage à 400 m. Vieilles pierres : Tréguier, La Roche Jagu, Lannion, Paimpol. Jardins : Kerdalo, Kestellic, Pellinec. Plougrescant, site remarquable classé.

Accès : à Plougrescant, prendre dir. du Gouffre, suivre ensuite à gauche dir. Kéravel, faire 2 km et vous êtes au hameau de Kéravel.

GPS : l 48°51'36.14" - L 3°13'51'.17".

Quévert - Côtes-d'Armor (22)

N°570896

Chèque Cadeau

La Guyonnais
Hélène Drauzin
22100 Quévert
Tél. 02 96 39 73 10
Port. 06 60 85 55 77
laguyonnais@orange.fr
www.chambresdhotesdinan.com

TH Wi Fi Spa

2 Pers. 85/99 € - 3 Pers. 100/119 €
P. sup. 20 € - Repas 25 €

4 ch. avec sanitaires privés. Ouv. toute l'année. Petit déjeuner : spéc. bretonnes, confitures maison... T. d'hôtes sur résa. (sauf mardi, jeudi, dimanche) : produits du potager et régionaux. Piscine chauffée (mai à sept.). Spa haute technologie. Prêt vélos. Initiation golf. Badminton. Cour, jardin, parc 1,5 ha. Parking couvert. Maison non fumeur.

Vous serez accueillis chaleureusement dans une métairie du XVIIe siècle, sur une propriété de 1,5 ha avec verger classé au patrimoine. Laissez vous séduire par ses vieilles pierres, calme et détente assurés. Vous pourrez profiter pleinement de la piscine chauffée (eau salée) et de l'espace bien-être avec son spa (25 euros/séance/ch.).

Attraits touristiques : Dinan, bords de Rance, St-Malo, Mont-Saint-Michel. Equitation 500 m. Tennis 3 km. Golf 6 km. Mer et plage 12 km.

Accès : venant de Caen, Rennes, St-Brieuc prendre la N176, sortie Ploubalay (D2). A 500 m, tourner à gauche vers Languenan (D26). A 600 m, tourner à gauche vers la Fosse, La Borgnais et suivre fléchage.
GPS : l 48.28'27.80 - L 2.3'9.31.

St-Alban - Côtes-d'Armor (22)

N°351197

Chèque Cadeau

Les Notifanes
Magalie et Bertrand Houze
La Ville Quesmin
22400 St-Alban
Tél. 02 96 32 92 04
Port. 06 14 86 61 18
lesnotifanes@gmail.com
www.les-notifanes.com

Wi Fi

1 Pers. 60 € - 2 Pers. 65 € - 3 Pers. 80 €

4 chambres avec sanitaires privés dont 2 au r.d.c. Ouvert toute l'année. Petit déjeuner : gâteaux maison, confitures maison, crêpes, yaourts, compotes, fruits, jus d'orange. Cour, jardin, grande pelouse arborée de 2000 m² avec salons de jardin, parking. Restaurants 4 km. Pas de taxe de séjour. Soins spa sur dem par esthéticienne diplomée.

Ancien corps de ferme, à proximité de la mer, au calme de la campagne. Vous serez accueillis chaleureusement par Magalie et Bertrand dans les chambres qu'ils ont décorées avec goût et raffinement, à proximité de leur exploitation agricole. Vous apprécierez le confort, le cadre reposant sans oublier les excellents petits déjeuners servis dans la salle à manger réservée aux hôtes.

Attraits touristiques : station balnéaire de Pléneuf Val André avec thalasso et casino, port et cap d'Erquy, cap Fréhel, Fort-la-Latte, golf de Pleneuf 5 km. Equitation 4 km. Mer, plage, piscine et tennis 5 km.

Accès : axe Rennes, St-Brieuc sortie Lamballe (la Ville Es Lan). Au rond point du Poirier à St-Alban prendre Erquy, faire 1 km puis à droite Chapelle St-Jacques, tout droit sur 2,5 km et tourner à droite.
GPS : l 48°33.51 - L 2°29.41.

Ile de Batz - Finistère (29)

N°51140

Ty Va Zadou
Marie-Pierre et Jean Prigent
29253 Ile de Batz
Tél. 02 98 61 76 91

1 Pers. 55 € - 2 Pers. 65 €

3 chambres, toutes avec sanitaires privés. Ouvert du 15.02 au 15.11. Petit déjeuner très copieux : jus de fruits, café, thé, viennoiseries... Jardin. Restaurants et crêperies à proximité.

Sur l'Ile de Batz, Marie-Pierre vous accueille dans la maison de ses ancêtres.Toutes les chambres chaleureusement décorées ont une vue superbe sur la mer et le petit port. Pour vous détendre, un salon avec de beaux meubles anciens et une cheminée.

Attraits touristiques : Plages autour de l'île, jardin exotique, école de voile. Ferme-équestre. Location de vélos.

Accès : à Roscoff prendre le bâteau pour l'Ile de Batz (15 mn de traversée, bâteau toutes les heures). La maison est située à côté de l'église, à 5 mn du débarcadère.

Melgven - Finistère (29)

N°54330

La Fontaine Blanche
Françoise Le Boedec
Feunteun Ven
29140 Melgven
Tél. 02 98 59 27 49
Port. 06 77 73 80 70
contact@lafontaineblanche.fr
www.lafontaineblanche.fr

TH

1 Pers. 72/77 € - 2 Pers. 78/84 €
P. sup. 18 € - Repas 22 €

4 chambres avec sanitaires privés et accès internet. Ouvert toute l'année. Petit déjeuner : jus de fruits frais et biologiques maison, pains spéciaux, viennoiseries, pâtisseries maison. Table d'hôtes : de bonnes crêpes une fois par semaine. Cour, jardin, parc de 3800 m².

Soyez les bienvenus à la Fontaine Blanche, située entre Concarneau et Pont Aven, en plein cœur de la Cornouaille sud. Comment ne pas succomber au charme des lieux ! Tout ici vous inspire au repos, à la détente dans une nature préservée. Nous avons choisi de faire revivre cette ancienne ferme en la rénovant avec des matériaux nobles et naturels, et de partager ce bonheur simplement avec vous. Vous apprécierez le calme, la vue sur la campagne à l'infini et pourtant la mer n'est pas loin.

Attraits touristiques : Concarneau 10 km. Pont Aven 14 km. Quimper et son festival de Cornouaille 22 km. Petits ports de Doelan, rives du Belon, l'Aven, les ports du Pays Bigouden, la baie de Douarnenez, presqu'île de Crozon, la pointe du Raz...

Accès :
GPS : l 47°55'54"N - L 3°49'38"O.

Bréal-sous-Montfort - Ille-et-Vilaine (35)

NOUVEAUTÉ

Aux portes du Royaume de Brocéliande, très belle demeure de caractère donnant sur le parc du château, dotée d'une piscine chauffée de mai à septembre située dans un très beau jardin arboré (bains de soleil à dispo). Décoration design, accueil chaleureux avec des délicieux petits déjeuners.

Attraits touristiques : à 20 mn de Paimpont, 15 mn de la base de loisirs de Trémelin.

Accès : à 10 mn de Rennes et du Parc Expo, par voie rapide.

N°CH4088

Chèque Cadeau

François et Céline Vauleon
La Haute Forêt
35310 Bréal-sous-Montfort
Tél. 02 99 45 99 01
Port. 06 75 50 78 07
francois.vauleon@orange.fr
www.lahauteforet.fr

Wi Fi

1 Pers. 90/120 € - 2 Pers. 90/120 €
P. sup. 20 € -

2 chambres triples raffinées : au RDC «Old Blues» avec terrasse privative (1 lit 160, 1 lit 0.90 sur demande), salle de bains (baignoire, douche) wc séparés. Et : « Scots Grey » chambre sous charpente spacieuse (lit 160, lit 1 place sur demande), grande douche à jets, wc séparés. Parking privé. A proximité, restaurant de caractère.

Iffendic - Ille-et-Vilaine (35)

Au cœur du domaine de Brocéliande, Raphaëlle vous accueille dans une longère du XVIIe siècle. Au milieu d'un parc boisé, vous apprécierez la quiétude du site. La proximité immédiate de 2 GR (pédestre et équestre) vous permettront de découvrir les curiosités locales.

Attraits touristiques : Les Tombées de la Nuit à Rennes, fête des remparts à Dinan, marché à Bécherel... Randonnée sur place. Voile, pédalo et pêche 1 km. Tennis et piscine 5 km. Golf 20 km.

Accès : à Iffendic, prendre dir. St-Peran - Domaine de Trémelin (D61). A 2 km, prendre sur votre droite à l'indication "Le Val Ory".

N°CH5003

Chèque Cadeau

Le Val Ory
Raphaëlle Talpe
35750 Iffendic
Tél. 02 99 09 98 27
Port. 06 80 60 23 23
contact@levalory.com
www.levalory.com

TH

Wi Fi

1 Pers. 55 € - 2 Pers. 65 € - 3 Pers. 85 €
P. sup. 20 € - Repas 24 €

2 chambres et 1 suite avec sanitaires privés. Ouvert toute l'année. Petit déjeuner : jus d'orange, gateau maison, yaourt, crêpes, confitures maison... T. d'hôtes : magret de canard au miel, ragout d'agneau au cidre, saumon en papillote... Cour, jardin et parc de 3 ha. Restaurants 6 km.

Mont-Dol - Ille-et-Vilaine (35)

N°CH2008

Au Château du Mt-Dol
Yannick Goulvestre
35120 Mont-Dol
Tél. 02 99 80 74 24
Port. 06 24 31 87 49
yannick.goulvestre@wanadoo.fr
www.chateaumontdol.com

TH

1 Pers. 95/105 € - 2 Pers. 95/105 € - 3 Pers. 115/140 €
P. sup. 20/25 € - Repas 39 €

4 chambres et 1 suite, avec sanitaires privés. Ouv. toute l'année. Petit déjeuner : crêpes, far breton, cake et confitures maison… T d'hôtes : poisson de la baie, légumes du jardin, produits de saison… Salon (cheminée, bibliothèque). Jardin, chaises longues, salon de jardin, cour. Parc 4000 m². (4 pers. 136/145 euros).

Au pied du Mt-Dol, au cœur de la baie du Mt-St-Michel, Jacqueline et Yannick vous accueillent dans leur demeure de charme du début du XIXe siècle, entièrement rénovée. Yannick, ancien cuisinier particulier de personnalités à Paris et à Londres, vous ravira d'une cuisine à base de produits régionaux dans le cadre de la table d'hôtes. Profitez de l'espace bien-être fait de bois et de pierres : salon de massages et soins.

Attraits touristiques : Mt-St-Michel 25 km. Mt-Dol (escalade). St-Malo 20 km. Cancale 18 km. Dinan 23 km. Combourg 15 km. Mer 5 km. Piscine et tennis 2 km. Equitation 15 km. Golf 11 km. Randonnée sur place.

Accès : de la N176, sortie Dol-de-Bretagne centre, suivre Mont-Dol. La propriété est située au centre du bourg.

Le Rheu - Ille-et-Vilaine (35)

N°CH4011

Château de la Freslonnière
Claude d'Alincourt
35650 Le Rheu
Tél. 02 99 14 84 09
lafreslo@wanadoo.fr
www.golfdelafreslonniere.com

1 Pers. 109/129 € - 2 Pers. 109/129 € - 3 Pers. 164 €
P. sup. 35 € -

Au 2e étage. Chambres avec parquet, tapis, boiseries, mobilier d'époque et cheminée d'ambiance : 1 double avec sanitaires privés et 1 familiale (2 ch. communicantes pour 4 pers.) avec sanitaires privatifs non directs. 199 euros/4 pers. Jardin clos, parc, étang. Piscine chauffée non surveillée (juin à sept.). Ping-pong. Golf 18 trous.

Ce château est le berceau de la maison de Freslon depuis le XIIIe siècle. Il fut édifié en ses formes originales par Guillaume de Freslon, chevalier sénéchal de Penthièvre et de Dinan, vers l'an 1250. Il est l'une des plus anciennes demeures de Bretagne et le témoin d'un passé architectural devenu rare. A l'époque de Louis XIV il est enrichi d'un parc à la française dessiné par Le Nôtre. Il est aujourd'hui la propriété de Mme d'Alincourt, petite fille de sire de Freslon, qui a aménagé en 1989 un parcours de golf avec pièces d'eau et agrémenté de chênes centenaires précieusement conservés.

Attraits touristiques : forêt de Brocéliande 25 km. Musée de l'Automobile à Lohéac 20 km. Grand aquarium de St-Malo 45 mn.

Accès : de Rennes dir. Lorient sur 2 km, après la rocade, tourner à droite au feu après la concession automobile Skoda.

St-Briac-sur-Mer - Ille-et-Vilaine (35)

NOUVEAUTÉ

N°CH1146

Salamandre Cottage
Lucile Bourlet
Hameau du Bois Pertuit
35800 St-Briac-sur-Mer
Tél. 02 99 56 01 20
Port. 06 14 08 80 00
contact@salamandre-cottage.com
www.salamandre-cottage.com

2 Pers. 120/190 €
Repas 20/35 €

Découvrez «Salamandre Cottage», demeure de caractère récemment rénovée de façon contemporaine. Très belles prestations, authenticité et charme. Dans ce havre de paix, reposez-vous et relaxez- vous soit dans le superbe salon (home cinéma, billard, piano, bibliothèque variée, plateau de courtoisies) soit dans le jardin ensoleillé et verdoyant.

Attraits touristiques : Multiples activités sportives : golf, voile, plage 3km ; surf, kitesurf, équitation 6km ; tennis 2km ; randonnée pédestres ou vélos. Visites : Saint-Malo 12km, Dinan 7km, Dinan et la vallée de la Rance, le cap Fréhel et le Fort La latte.

Accès : de St-Briac, prendre la D3, direction Pleurtruit, au village de la Ville aux Samsons, prendre à droite jusqu'au Hameau du Bois Pertuit.

5 chambres : 2 chambres doubles, 3 unités familiales (2/5 pers.) dont 1 en duplex. Sanitaires privés en harmonie avec chaque chambre. Le petit déjeuner, moment convivial est à base de produits locaux et de saison. Table d'hôtes (sur rés.) : poissons, crustacés, légumes de saison servis en salle ou en terrasse. Forfait longs séjours sur demande.

St-Briac-sur-Mer - Ille-et-Vilaine (35)

N°CH1066

Le Clos du Pont Martin
Daniel Couplière
35800 Saint-Briac-sur-Mer
Tél. 02 99 88 38 07
Port. 06 68 37 62 65
daniel.coupliere@orange.fr
www.briac.com

2 Pers. 69/82 € - 3 Pers. 89/102 €
P. sup. 20 € -

A 5 mn des grandes plages de St. Briac-sur-Mer, Daniel vous reçoit dans une agréable demeure de grand confort, dans un parc entièrement clos, arboré et fleuri où vous trouverez calme et repos. Cette demeure contemporaine a un charme certain. Dans le parc, salons de jardin, chaises longues et hamac.

Attraits touristiques : Dinard, cité balnéaire 8 km (grandes plages de sable fin). St-Malo 12 km. Plages, tennis, piscine et activités nautiques 2 km. Golf 3 km. Equitation 6 km..

Accès : de St-Briac, prendre la route du camping "Le Pont Laurin" sur une distance d'1 km, puis à droite.

3 chambres avec TV, sanitaires privés, connexion RJ45 et Wifi. Ouv. Toute l'année. Petit déj. : jus de fruits, viennoiseries, confitures. Séjour-salon avec cheminée. Garages et parkings privés. Cour, jardin, parc, salon de jardin, chaises longues. Restaurants à St-Briac 2 km et Dinard 8 km.

St-Malo - Ille-et-Vilaine (35)

N°CH1068

La Petite Ville Mallet
Joëlle Coquil
Le Gué
35400 Saint-Malo
Tél. 02 99 81 75 62
lapetitevillemallet@orange.fr
www.lapetitevillemallet.com

1 Pers. 75/80 € - 2 Pers. 80/85 €

2 chambres et 1 suite (4 pers.) avec sanitaires privés. Ouvert toute l'année. Petit déjeuner : jus de fruits, confitures et pâtisseries maison... Bibliothèque (ouvrages sur Saint-Malo et ses hommes célèbres). Parc arboré avec meubles de jardin. Parking privé et clos. Restaurants à proximité. Animaux admis sur demande.

A 5 mn de Saint-Malo intra muros, et 5 mn des plages, vous serez reçus dans une jolie maison bretonne entourée d'hortensias. L'atmosphère est très chaleureuse. Les chambres, toutes personnalisées avec des tissus coordonnés et de jolis meubles anciens, sont aussi ravissantes les unes que les autres. Une étape incontournable sur la côte d'Emeraude.

Attraits touristiques : St-Malo et la Côte d'Emeraude (Cancale, Dinard, Cap Fréhel, Erquy). Dinan, Dol, Mt-St-Michel, îles anglo-normandes. GR34 à 3 km. Plages à 3 km. Golf à 20 km. Thermes marins à 5 km.

Accès : en venant de Rennes suivre voie rapide Paramé/Cancale. Au rond-point des Français Libres, prendre route de Cancale par St.Coulomb puis 3e route à droite et 1ère à gauche.

Sixt-sur-Aff - Ille-et-Vilaine (35)

N°CH7010

Manoir de Tregaray
Annie Barreteau
35550 Sixt-sur-Aff
Tél. 02 99 70 08 32
Port. 06 80 16 09 08
manoirdetregaray@orange.fr
www.manoirdetregaray.com

1 Pers. 95/530 € - 2 Pers. 95/530 €

3 suites et 2 chambres doubles avec sanitaires privés, TV, téléphone et accès indép. Petit déjeuner à volonté : céréales, viennoiseries, fruits. Salle de billard. Ecuries avec chevaux "Haute Ecole", forfait art équestre. Piscine chauffée toute l'année à 27°. Si réservation 30 j avant séjour, remise 30% accordée (30% d'arrhes à la résa).

Les origines de ce beau manoir remonte au XVIe, avec la construction de l'aile nord-ouest et sa tour octogonale. Au XVIe, le manoir s'étend vers l'est, et conservera jusqu'à l'époque actuelle son architecture. Vous admirerez deux magnifiques cheminées dont l'une présente des armoiries témoins de son riche passé. Vous apprécierez ce cadre grandiose, et son parc de 20 ha, arboré et fleuri, avec des chênes centenaires et de superbes rhododendrons.

Attraits touristiques : village de caractère: la Gacilly, à 1 km. 40 km des plages de la côte sud Bretagne. Restaurant à La Gacilly à proximité

Accès : de Sixt-sur-Aff, dir. La Gacilly sur 3 km environ, puis tourner à droite après un grand virage, portail en fer forgé vert.

Baden - Morbihan (56)

N°56348

Le Val de Bangon
Nathalie et Patrick HUBIER
Brangon
56870 Baden
Tél. 02 97 57 06 05
Port. 06 09 79 90 94
vb@levaldebrangon.com
www.levaldebrangon.com

TH

1 Pers. 160 € - 2 Pers. 210 €
Repas 45 €

2 chambres et 3 suites, TV. Ouvert toute l'année. Petit déjeuner sucré/salé. Table d'hôtes : poissons, coquillages. Hammam, piscine chauffée couverte, découvrable. Cour, jardin, salon extérieur. Restaurants 0,5 km.

Le Val de Brangon est situé sur le chemin de l'embarcadère pour l'île aux Moines. Nathalie et Patrick vous accueillent dans leur longère de 1824 entièrement rénovée offrant 5 chambres d'hôtes. Découvrez mille objets de brocante dans le salon avec son immense cheminée. Profitez du jardin entouré de noisetiers, bottes ou chapeau de soleil autour de la-petite-mer, piscine chauffée couverte, découvrable.

Attraits touristiques : musées des passions et des ailes, festival du conte à Baden. Golf, mer, plage 3,2 km, tennis, équitation 4 km.

Accès : de Vannes, avant le supermarché à gauche puis à gauche et ensuite 2ème à droite.
GPS : l 47.61633330 - L -2.90297830.

Landévant - Morbihan (56)

N°56237

Talvern
Christine et Patrick Gillot
56690 Landévant
Tél. 02 97 56 99 80
Port. 06 16 18 08 75
talvern@chambre-morbihan.com
www.chambre-morbihan.com

TH

1 Pers. 69/78 € - 2 Pers. 69/78 €
Repas 24 €

3 chambres et 2 suites avec sanitaires privés et internet-wifi. (123 euros/4 pers.). Ouvert toute l'année. Petit déjeuner : confitures, gâteaux et crêpes maison, céréales, yaourt, miel, gâteaux... T. d'hôtes sur réservation : soupe de coquillage, rillette de maquereau, choucroute de la mer... Cheminée. Portique. Cour, jardin, parc 0,6 ha, parking, potager.

A quelques encablures de Carnac et du Golfe du Morbihan, Christine et Patrick vous accueillent dans leur demeure de caractère, longère du XIXe siècle située dans un environnement calme et verdoyant. Patrick, chef cuisinier, se fera un plaisir de vous servir ses recettes gourmandes concoctées avec les produits bio de son potager.

Attraits touristiques : Ria d'Etel, musée des Thoniers, port Louis et son musée de la Compagnie des Indes, sa citadelle. Carnac, la Trinité-sur-Mer, le Golfe du Morbihan, le tout à 20 mn. Randonnée sur place. Tennis 2 km. Mer, golf, plage 10 km. Piscine 15 km.

Accès : en venant de Vannes par la N165, prendre la sortie Landévant, passer devant le garage Renault, à droite dir. Baud. Faire 200 m et prendre rue du Château, faire 1,3 km, la longère est sur votre gauche.

Nivillac - Morbihan (56)

N°56229

La Genêtière
Fabienne Lapteff et J-luc Collet
34 Port de Folleux
56130 Nivillac
Tél. 02 99 90 88 04
Port. 06 10 72 08 59
lagenetiere56@wanadoo.fr
www.lagenetiere.com

1 Pers. 55/60 € - 2 Pers. 68/73 €
P. sup. 18 € -

La Genêtière domine Folleux, ravissant port de plaisance, inspirant balades, pêche, canotage et offre une vue panoramique à ses hôtes. 5 chambres de charme spacieuses, tout confort dont 4 avec vue sur le fleuve et 1 sur le jardin. L'adresse vous promet un séjour revitalisant.

Attraits touristiques : La Roche-Bernard/Nivillac 6 km, cité de caractère. Aux environs : Rochefort-en-Terre, Guérande. Parc Régional de la Brière et marais salans de Guérande (25 km environ). Piscine, tennis 5 km. Equitation 6 km.

Accès : entre Nantes et Vannes, N165 sortie 16 dir. Nivillac puis dir. Folleux (5 km). Sur le port, dernier chemin à droite (flèchage la Genêtière).

3 ch. 4 épis et 2 ch. 3 épis, avec sanitaires privés. Ouv. toute l'année. Petit déjeuner : croissants, fruits, fromage, œufs, yaourts, bacon, céréales... Salon "Paroles et Musique", séjour/coin-petit déjeuner. Sur demande, internet. Contacter le propriétaire pour d'éventuelles réserves sur la nature de l'animal ou les modalités de son acceptation.

Péaule - Morbihan (56)

N°56335

Les Hotensias de Kergrisais
Véronique et Willy Jordi
56130 Péaule
Tél. 02 97 42 80 76
Port. 06 31 56 83 04
leshortensias-kergrisais@orange.fr
http://www.chambre-hotes-morbihan.com

TH

2 Pers. 60/65 € - 3 Pers. 90 €
P. sup. 18 € - Repas 22 €

Dans un ancien corps de ferme, au bout d'une route de campagne mais à proximité de la RN165, calme et bien-être vous attendent aux Hortensias de Kergrisais. Les cinq chambres sont dans l'ancienne grange, vou serez séduits par le mobilier contemporain et par la décoration sur les thèmes floral et maritime, ainsi que par la qualité de la literie. Un chemin de randonnée à 300 m au bord d'une rivière. Un jardin très fleuri et un parc avec un poney et des moutons.

Attraits touristiques : Golfe du Morbihan, Presqu'île de Rhuys, Rochefort-en-Terre, La Gacilly, La Roche-Bernard (citées de caractère). Parc Animalier de Branféré 8 km. Pêche 300 m. Tennis 5 km. Equitation 6 km. Golf et sports nautiques 10 km. Plages 21 km.

Accès : Péaule puis direction La Roche-Bernard, Villeneuve et St-Cornely.
GPS : l 47'33'52N - L 2'17'43'O.

5 ch. dont 1 familiale, sanitaires privés, internet wifi gratuits. Ouv. Toute l'année. Petit déjeuner : brioche, confitures maison, miel de Bretagne. T. d'hôtes sur rés. : poulet cidre, choucroute de la mer. Salon TV. Spa 6 euros 1/2 h. Piscine couv. Chauffée (mai à sept.). P-pong. Terrasse couverte, grill et frigo à dispo. Cour, jardin. Cuisine d'été.

Plumergat - Morbihan (56)

N°56353

Au Pré Carré
Gérard Lapotre
rue Xavier Grall, Mériadec
56400 Plumergat
Tél. 02 97 57 84 52
Port. 06 11 75 83 17
gerardlapotre@sfr.fr
www.chambres-hotes-vannes.com

TH

2 Pers. 90/150 €
Repas 27 €

4 chambres avec sanitaires privés, TV et wifi. 1 chambre accessible aux handicaps moteur et mental. Ouv. Toute l'année. Petit déjeuner : viennoiseries, confitures, yaourts, gaufres ou crêpes ou brioche maison. T. d'hôtes : apéritif (amuses-bouche), dos de cabillaud (ou côte de bœuf), dos de saumon, desserts maison, vins blanc et rouge.Cour, jardin.

Françoise et Gérard vous reçoivent avec le plus grand plaisir et mettent tout en œuvre pour rendre votre séjour agréable. Piscine intérieure chauffée à 28°, hammam, sauna, modelage vous sont proposés dans cette grande maison contemporaine. Calme et sérénité, vous apprécierez !

Attraits touristiques : port de St-Goustan 12 km. Vannes et ses remparts 19 km. Le Golfe du Morbihan (l'une des 7 plus belles merveilles du monde) 18 km. Presqu'île de Quiberon 40 km. Festival interceltique de Lorient 40 km.

Accès : RN165, sortie D779E, suivre Plescop/Grandchamp, zone commerciale Pac Lann, tout droit puis prendre D19, au rond-point 3e sortie, à Mériadec, à droite rue Victor Graux et à 200 m rue Xavier Grall.
GPS : l 47.69673750 - L -2.89157570.

Sulniac - Morbihan (56)

N°56215

Quiban
Véronique et Gilles Le Jallé-Foucher
56250 Sulniac
Tél. 02 97 53 29 05
gilles.lejalle@wanadoo.fr
www.gites-de-france-morbihan.com/quiban

TH

1 Pers. 52 € - 2 Pers. 62 €
Repas 22 €

3 chambres 2 pers. De plain pied. Fermé du 15.12 au 15.02. Copieux petits déjeuners. Table d'hôtes sur réservation, servie selon la saison dans la véranda ou dans la salle à manger. Jardin, salon de jardin, transats.

Cette ravissante demeure en pierre typiquement bretonne, au cœur d'un parc arboré et fleuri de 5000 m², est située dans l'un des petits villages de campagne du pays de Vannes. Les chambres sont personnalisées et meublées avec goût. Un endroit plein de charme qui invite à la détente et au repos.

Attraits touristiques : Vannes 14 km avec ses fêtes historiques en juillet et son festival de jazz en août. Golfe du Morbihan, route des ducs de Bretagne, Rochefort-en-Terre. Plage 20 km.

Accès : de la N166, sortir à Tréffléan/Questembert. Traverser le bourg de Tréffléan dir. Sulniac et au château d'eau, à droite. De Sulniac dir. Tréffléan et au château d'eau à gauche.

CENTRE

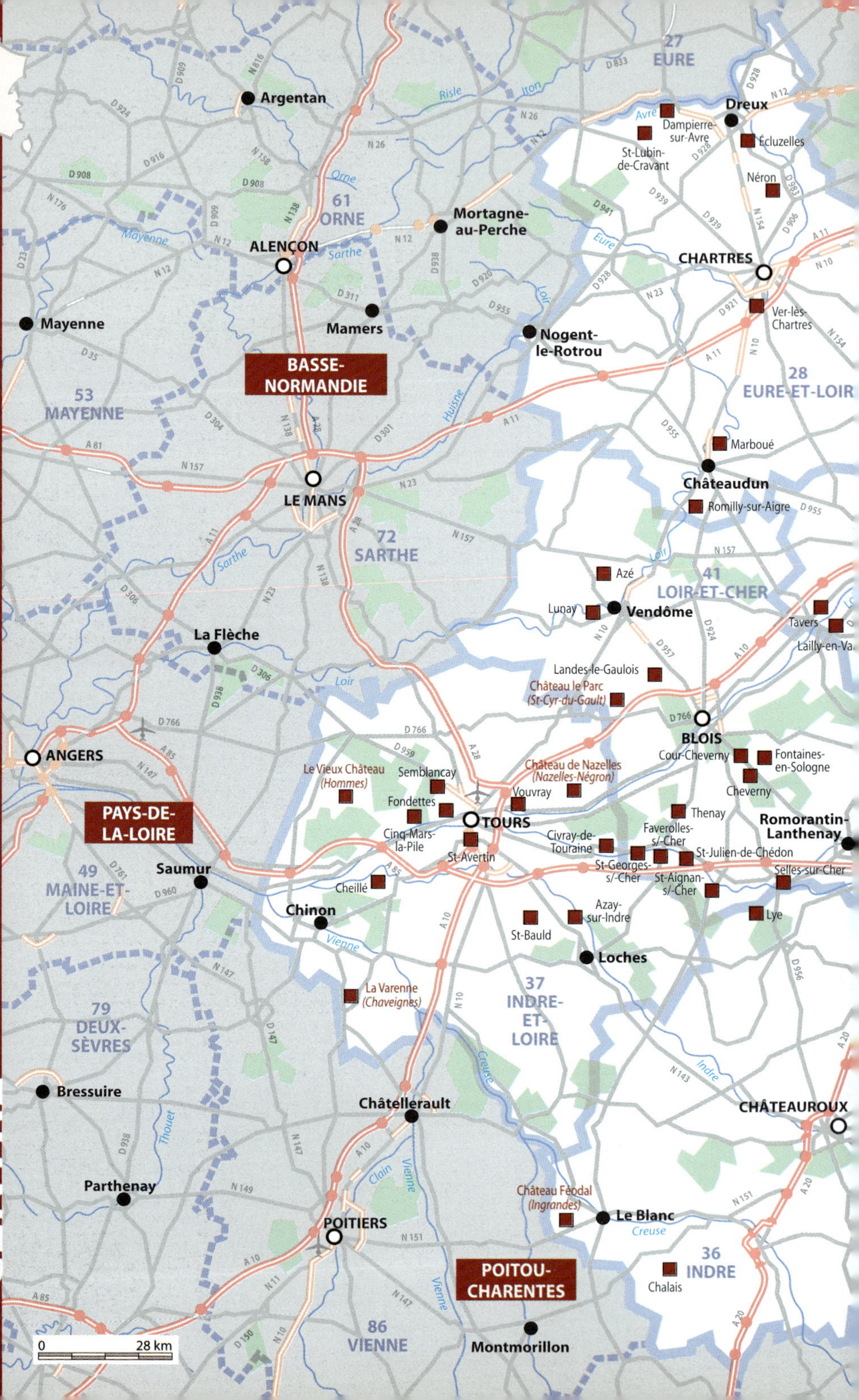

27 EURE
Argentan
Dreux
Dampierre-sur-Avre
Écluzelles
St-Lubin-de-Cravant
Néron
61 ORNE
Mortagne-au-Perche
ALENÇON
CHARTRES
Ver-lès-Chartres
Mayenne
Mamers
Nogent-le-Rotrou
BASSE-NORMANDIE
28 EURE-ET-LOIR
53 MAYENNE
Marboué
LE MANS
Châteaudun
Romilly-sur-Aigre
72 SARTHE
Azé
41 LOIR-ET-CHER
Lunay
Vendôme
Tavers
Lailly-en-Va
La Flèche
Landes-le-Gaulois
Château le Parc (St-Cyr-du-Gault)
BLOIS
ANGERS
Cour-Cheverny
Fontaines-en-Sologne
Le Vieux Château (Hommes)
Semblancay
Château de Nazelles (Nazelles-Négron)
Cheverny
Fondettes
Vouvray
PAYS-DE-LA-LOIRE
TOURS
Thenay
Romorantin-Lanthenay
Cinq-Mars-la-Pile
Civray-de-Touraine
Faverolles-s/-Cher
St-Avertin
St-Georges-s/-Cher
St-Julien-de-Chédon
Saumur
Selles-sur-Cher
49 MAINE-ET-LOIRE
Cheillé
St-Aignan-s/-Cher
Chinon
Azay-sur-Indre
Lye
St-Bauld
Loches
La Varenne (Chaveignes)
37 INDRE-ET-LOIRE
79 DEUX-SÈVRES
Bressuire
Châtellerault
CHÂTEAUROUX
Parthenay
Château Féodal (Ingrandes)
Le Blanc
POITIERS
36 INDRE
Chalais
POITOU-CHARENTES
86 VIENNE
Montmorillon
0 28 km

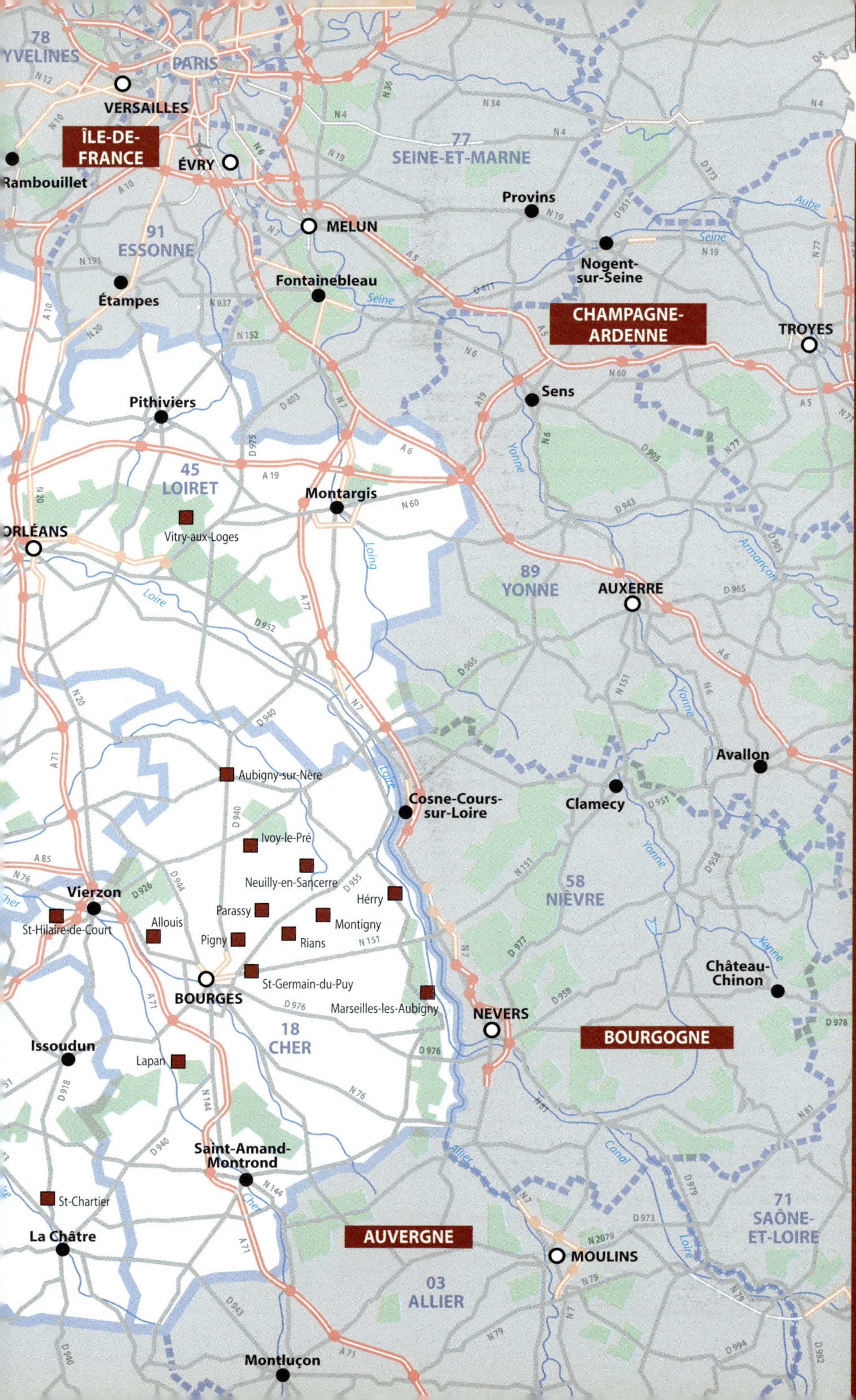

78 YVELINES
PARIS
VERSAILLES
ÎLE-DE-FRANCE
ÉVRY
Rambouillet
77 SEINE-ET-MARNE
Provins
MELUN
91 ESSONNE
Nogent-sur-Seine
Étampes
Fontainebleau
Seine
Aube
CHAMPAGNE-ARDENNE
TROYES
Sens
Pithiviers
45 LOIRET
Montargis
Vitry-aux-Loges
ORLÉANS
Loire
Loing
Yonne
89 YONNE
AUXERRE
Armançon
Avallon
Aubigny-sur-Nère
Cosne-Cours-sur-Loire
Clamecy
Ivoy-le-Pré
Neuilly-en-Sancerre
Hérry
Vierzon
Parassy
Montigny
St-Hilaire-de-Court
Allouis
Pigny
Rians
58 NIÈVRE
Château-Chinon
St-Germain-du-Puy
BOURGES
Marseilles-les-Aubigny
NEVERS
BOURGOGNE
Issoudun
18 CHER
Lapan
Saint-Amand-Montrond
Allier
Canal
St-Chartier
71 SAÔNE-ET-LOIRE
La Châtre
AUVERGNE
MOULINS
03 ALLIER
Montluçon
Cher

CENTRE

Allouis - Cher (18)

N°CB00505

Au Gros Chêne

Madalena et Michel de Lannoy
Asnière
18500 Allouis
Tél. 02 48 57 14 14
Port. 06 99 25 99 22
madalannoy@wanadoo.fr
www.augroschene.fr

1 Pers. 60/70 € - 2 Pers. 65/75 €
P. sup. 15 € -

Sur le site d'une ferme du XVIIIe siècle, Madalena et Michel vous accueillent chaleureusement dans leurs trois chambres d'hôtes d'accès indépendant avec chacune une terrasse privative, idéale pour le calme et la détente. Les richesses de notre région charmeront petits et grands et feront de vos vacances un souvenir inoubliable : histoire, gastronomie (terroirs), sports, détente. A bientôt !

Attraits touristiques : à 1 km de nos chambres, vous pouvez visiter la ville de Mehun (Tour Charles VII, porcelaine). Randonnées sur place. Tennis, pêche, piscine 1 km.

Accès : à Mehun-sur-Yèvre, prendre à droite direction Allouis puis environ 800 m après prendre à droite direction Asnière. Les chambres sont au bout du chemin.
GPS : l 47.153914 - L 2.230297.

3 chambres avec sanitaires privés. Ouvert toute l'année. Petit déjeuner amélioré : viennoiseries, gâteaux maison, confitures... Une grande salle à manger est également à votre disposition pour le petit déjeuner avec un coin cuisine (réfrigérateur, cuisinière, micro-ondes) pour vous permettre de réchauffer des petits plats. Cour. Restaurant 2 km.

Aubigny-sur-Nère - Cher (18)

N°CB01517

Maison Saint-Jean

Martine et Emmanuel Mallet
18 rue du Bourg Coûtant
18700 Aubigny-sur-Nère
Tél. 02 48 58 48 89
Port. 06 20 85 66 43
maisonsaintjean-aubigny@orange.fr
www.maisonsaintjean-aubigny.com

1 Pers. 80 € - 2 Pers. 95 €
P. sup. 25 € -

"La Maison Saint-Jean" est située au cœur de la cité des Stuarts, au 1er étage d'une ancienne auberge du XVIe siècle inscrit aux Monuments Historiques. Emmanuel et Martine vous accueillent dans leurs chambres d'hôtes spacieuses : "La chambre à la Tourelle" et "La chambre à la Lanterne".

Attraits touristiques : ville d'Aubigny-sur-Nère (cité des Stuarts) avec fêtes Franco-écossaises. Randonnée sur place. Tennis, plan d'eau et piscine 500 m. Pêche 1 km.

Accès : à Aubigny, prendre direction Argent-sur-Sauldre, puis à droite. Après le parking, la maison se trouve sur la gauche au n°18.
GPS : l 47.488994 - L 2.437709.

2 chambres "Tourelle et Lanterne" pour 2 pers. avec sanitaires privés. Ouvert toute l'année. Petit déjeuner traditionnel. Lit bébé à disposition. Parking privé. Cour. Restaurant 50 ou 100 m.

Herry - Cher (18)

N°11005

Les Butteaux

Graillot Jean-Christophe
18140 Herry
Tél. 06 87 04 73 68
domainedesbutteaux@wandoo.fr
www.domainedesbutteaux.com

1 Pers. 70 € - 2 Pers. 80 € - 3 Pers. 100 €

1 chambre double et 2 chambres triples, toutes avec salle d'eau/wc privés et accès indépendant. Ouvert toute l'année. Copieux petit déjeuner. Séjour/salon réservé aux hôtes. Piscine au sel chauffée. Accès privatif à la Loire. Restaurants gastronomiques à Pouilly et Sancerre.

Vous serez chaleureusement accueillis dans une belle maison de maître du XIXe siècle. Vous rêvez d'une déco design aux tons naturels de gris ou taupe réhaussés de rouge ou vert, alors vous serez séduits par ces chambres au cœur de ce calme domaine. Vous apprécierez le farniente au bord de la piscine ou une promenade sur les chemins privés le long de la Loire.

Attraits touristiques : 2 vignobles réputés : Sancerre et Pouilly-sur-Loire. Randonnées sur place. Pêche 1 km. Tennis 2 km. Golf, canoë et équitation 10 km.

Accès : A77, sortie n°25. Traverser La Loire puis D187 direction Herry. Le Domaine est sur la gauche.
- L 47,15/2,57.

Ivoy-le-Pré - Cher (18)

N°11511

La Verrerie

Marie et Etienne de Saporta
18380 Ivoy-le-Pré
Tél. 02 48 58 90 86
m.desaporta@orange.fr
www.laverreriedivoy.com

TH

1 Pers. 70/105 € - 2 Pers. 75/110 € - 3 Pers. 122 €
P. sup. 23 € - Repas 25/30 €

1 chambre (lit 160) et 1 suite de 2 chambres (2/3 pers.) avec sanitaires privés dans la dépendance et 1 chambre (lit 160) avec s. de bains+douche et wc au 1°étage de la maison principale. Ouvert toute l'année. T. d'hôtes gourmande sur rés. Salle à manger réservée aux hôtes. Pièce d'eau. Accueil chevaux (pré, boxes). Parc. Restaurants (8 à 20 km).

En lisière de forêt d'Ivoy, dépendance XVIIIe et ancienne maison de maître de forge avec jardin de buis et pièce d'eau. Dans cette nature préservée, vous serez accueillis dans un intérieur douillet avec meubles d'époque et dans une suite qui allie confort et intimité. Une étape de charme dans un décor harmonieux et très chaleureux.

Attraits touristiques : Châteaux de la route Jacques Cœur. Bourges (cathédrale, musées). Vignobles de Sancerre, Menetou et Quincy. Piscine et équitation 20 km. Tennis 6 km. Golf 25 km. Randonnées sur place.

Accès : dans le bourg d'Ivoy-le-Pré, prendre D39 dir. Oizon. "La Verrerie" est à droite à 2,5 km.

Lapan - Cher (18)

N°12203

La Fontenille

Stéphanie Borello-Malin
52 route de la Vallée du Cher
18340 Lapan
Tél. 09 50 25 94 50
Port. 06 15 05 09 48
stephanie@lafontenille.fr
www.lafontenille.fr

TH

1 Pers. 60 € - 2 Pers. 65 €
P. sup. 10 € - Repas 15 €

3 chambres doubles avec sanitaires privés et chauffage réversible. Ouvert toute l'année. Petit déjeuner fait maison. T. d'hôtes sur réservation : repas à base de truffes noires en hiver. Possibilité lit bébé. Ordinateur (internet) et téléphone gratuit. Cavage de truffes l'hiver. Cour, jardin. Terrasse privative. Restaurant sur place.

Dans un village au bord du Cher, vous partagerez la passion de Stéphanie pour la truffe. Vous serez chaleureusement accueillis dans une maison paysanne (XIXe siècle) entièrement dédiée aux hôtes. Venez prendre un grand bol d'air chez nous en sillonnant notre belle région qui ne manque pas d'attraits touristiques mais aussi vous détendre et vous régaler de nos nombreuses spécialités régionales. A Bientôt dans notre charmant petit village !

Attraits touristiques : Bourges 22 km : cathédrale, vieille ville, musées, Printemps de Bourges. Pêche, randonnée et canoë sur place. Tennis, piscine et équitation 10 km.

Accès : au centre du village, à gauche de l'église.
GPS : l 46.923548 - L 2.298546.

Marseilles-les-Aubigny - Cher (18)

N°CB13903

Châteauvert

Marie-Christine et Guy de Champs
18320 Marseilles-les-Aubigny
Tél. 02 48 76 04 91
Port. 06 24 38 81 69
marie-christine.dechamps@voila.fr
www.chambredhote-chateauvert.com

1 Pers. 50/55 € - 2 Pers. 55/60 €
P. sup. 25/30 € -

Au 1er étage : 1 chambre double et 1 suite (cheminée, meubles anciens…), chacune avec salle d'eau et wc et dans les communs du château (de plain-pied) : 1 suite de 2 chambres pour 3 pers. avec bains, wc. Salon. Petit déjeuner : croissants, gâteau et confitures maison, jus de fruits… Terrasses, salons de jardin, transats. Accueil chevaux (18 boxes).

Château du XIXe siècle construit par les ancêtres de la famille actuelle, dominant le Val de Loire. Vaste propriété avec un immense parc, bois, élevage de chevaux (possibilité accueil chevaux) et forêt privée ouverte aux cavaliers. Vous serez séduits par cette magnifique demeure aux chambres spacieuses et confortables, et saurez apprécier les peintures sur porcelaine créées par la maîtresse de maison. L'histoire de Marseilles-les-Aubigny qui est une très ancienne cité batelière est intimement liée à la navigation sur la Loire.

Attraits touristiques : à 800m du parcours "La Loire à Vélo". Apremont-sur-Allier, un des plus Beaux Villages de France (château, parc floral). Abbaye de Fontmorigny (concerts). Nevers et Sancerre à proximité.

Accès : A6 sortie La Charité, traversez La Loire suivre la D45 le long du canal latéral et D81 sur 1 km après le bourg.

Montigny - Cher (18)

N°15101

Domaine de la Reculée
Elisabeth Gressin
18250 Montigny
Tél. 02 48 69 59 18
e.gressin@gmail.com
www.domainedelareculee.fr

1 Pers. 65 € - 2 Pers. 70 €
P. sup. 23 € -

Centre

Au pied des collines du Sancerrois, Elisabeth Gressin vous accueille dans sa belle ferme berrichonne. Vous goûterez au charme et à la paix de chambres colorées et confortables, au décor chaleureux.

Attraits touristiques : entre Bourges et Sancerre. Randonnées pédestres. Tennis, golf, pêche à 15 km.

Accès : D955 direction Sancerre, puis D44.

5 chambres : 3 avec bains et wc et 2 avec douche et wc. Ouvert du 1.05 au 15.11. Copieux petit déjeuner : fromage, gâteau maison. Cour, grand terrain arboré. Moins 10% pour séjour de plus de 3 nuits. Accès internet.

Neuilly-en-Sancerre - Cher (18)

N°16206

Le Jardin de Marie
Marie Marcat
chemin de l'Avoinerie
18250 Neuilly-en-Sancerre
Tél. 06 71 62 26 60
info@lejardindemarie.com
www.leschambresdujardindemarie.com

Wi Fi

1 Pers. 65 € - 2 Pers. 80/90 €
P. sup. 25 € -

Marie, paysagiste, vous accueille dans son magnifique jardin et dans des chambres d'accès indépendant à l'étage de sa maison berrichonne. Les petits déjeuners sont servis dans un cadre paradisiaque. Marie laisse à votre disposition son atelier de jardinage équipé d'une petite cuisine. Si vous le souhaitez, possibilité d'ateliers jardinage et visite du jardin.

Attraits touristiques : à proximité des vignobles du Sancerrois (Sancerre 15 km) et du village des potiers de la Borne. Pêche 2 km. Equitation 3 km. Piscine, tennis, golf et canoë 15 km.

Accès : à Neuilly-en-Sancerre, suivre dir. Henrichemont, puis à gauche à la pâte d'oie et suivre les panneaux "Le Jardin de Marie".
GPS : l 47,293745 - L 2,674847.

3 chambres (lit 160 chacune) avec sanitaires privés. Ouvert du 15/03 au 15/10. Petit déjeuner gourmand, très complet et amélioré. Magnifique jardin paysager de 2 ha, inscrit aux "Parcs et Jardins de la Région Centre" et au label "LPO".

Parassy - Cher (18)

Au cœur des vignobles de Menetou-Salon, cette ferme et ses dépendances rénovées dans un style contemporain, vous propose des chambres originales et confortables. De ce lieu empreint de calme et de sérénité, vous emporterez le souvenir d'une cuisine de produits naturels et la découverte d'œuvres exposées par des artistes.

Attraits touristiques : entre Bourges et Sancerre, sur le GR31. Pêche 1,2 km. Tennis 2 km. Equitation 12 km. Piscine 20 km. Canoë et golf 25 km.

Accès : du bourg, prendre dir. Morogues et à gauche au carrefour avec la D12 dir. Henrichemont, puis 1ère route à droite.

N°17602

La Montagne
Isabelle et Jean Auzolle-Dagallier
18220 Parassy
Tél. 02 48 64 23 25
Port. 06 51 64 19 53
isabelle@archicool.net
www.lamontagnedeparassy.com

TH Wi Fi

1 Pers. 66 € - 2 Pers. 72 €
P. sup. 30 € - Repas 32 €

2 chambres 2 pers. (lits 180) avec bain ou douche hydromassante, wc et espace de verdure privés. Ouv. Toute l'année sauf janvier. Petit déjeuner copieux. T. d'hôtes de produits naturels : galette de pommes de terre, salade de pissenlit, lait de chèvre, vin de Menetou-Salon... Grand jardin en lisière de forêt.

Pigny - Cher (18)

Le meilleur accueil vous sera réservé dans cette belle maison de maître et de charme, sur un site authentique. Vous profiterez de chambres spacieuses et confortables où mobilier d'époque et objets contemporains se mélangent harmonieusement.

Attraits touristiques : Bourges 8 km: cathédrale, vieille ville, Nuits Lumière, Printemps de Bourges. Vignoble de Menetou-Salon 3 km. Golf 12 km. Pêche 6 km. Equitation 5 km. Tennis 1 km.

Accès : Sur la route de Menetou-Salon, à gauche au n°16 en arrivant à Pigny.
GPS : l 47,159695 - L 2,443680.

N°17902

Boisbriou
Hélion de Saint-Sernin
16, route de Bourges
18110 Pigny
Tél.
contact@maison-boisbriou.fr
http://maison-boisbriou.fr

Wi Fi

2 Pers. 95 €

2 chambres doubles et 1 twin, toutes avec salle d'eau ou salle de bains et wc. Ouvert toute l'année. Petit déjeuner : gâteaux maison, viennoiseries, laitage, fruits frais, jus de fruits de producteurs locaux... Piscine. Animaux acceptés sous conditions.

Rians - Cher (18)

N°19404

Le Gué
Sandra et Etienne Loiseau
Le Gué
18220 Rians
Tél. 02 48 64 21 21
Port. 06 88 30 12 87
loiseau.etienne@wanadoo.fr

Wi Fi

1 Pers. 50 € - 2 Pers. 58 €
P. sup. 23 € -

1 chambre double et 2 twin, toutes avec salle d'eau et wc. Ouvert toute l'année. Copieux petit déjeuner. Rivière. Réduction de 10% pour plus de 5 nuits.

Au calme, sur une belle dépendance de ferme très fleurie bordée par une rivière, vous serez séduits par la douceur des lieux et l'atmosphère chaleureuse des chambres. 1 chambre de plain-pied avec terrasse privative et 2 chambres à l'étage. La propriété est parsemée d'endroits de repos (transats, salons de jardin, hamacs).

Attraits touristiques : Vignobles de Menetou-Salon 7 km. Sancerre 21 km. Bourges 21 km : cathédrale, vieille ville, Printemps de Bourges.

Accès : A Rians, prendre la D46 direction Ste Solange. A gauche à environ 1 km.
GPS : l 47,1831306 - L 2,5907123.

St-Germain-du-Puy - Cher (18)

N°21302

Jacquelin
Jean-Paul et Irène Jolly
18390 Saint-Germain-du-Puy
Tél. 02 48 30 84 97
domainedejacquelin@mac.com
www.domainedejacquelin.fr

Wi Fi

1 Pers. 70 € - 2 Pers. 80 €
P. sup. 25 € -

5 chambres 2 ou 3 pers. avec bains ou douche et wc privés. Ouvert toute l'année. Parc. Restaurants à proximité. Grand parc arboré avec piscine chauffée. Chèques vacances acceptés.

Aux portes de Bourges, dans un environnement champêtre, cette belle maison de ferme du XVe siècle, respire le calme et la tranquillité. Les chambres décorées avec goût et l'atmosphère chaleureuse confèrent à cette demeure, un charme certain.

Attraits touristiques : Bourges (5 km) : cathédrale, vieille ville, musées, "Nuits Lumière", marais... Tennis 1 km. Pêche, équitation, voile, golf 7 km.

Accès : entre Bourges et St.Germain-du-Puy, sur la N151 en direction de La Charité, prendre la route à gauche et faire 1 km.

St-Hilaire-de-Court - Cher (18)

N°21401

La Junchère
Claudine et Jacques Baert
18100 St-Hilaire-de-Court
Tél. 02 48 75 33 86
Port. 06 79 88 28 80
claudine.baert@orange.fr
http://chambredhotedelajunchere.blog4ever.com

Wi Fi

1 Pers. 70 € - 2 Pers. 80 €
P. sup. 20 € -

4 chambres (2 lits 80 ou 160) avec sanitaires privés et wifi. Ouvert toute l'année. Petit déjeuner copieux : gâteaux maison. Propriété sur plusieurs hectares avec étang, ânes et chevaux. Cour, jardin. Terrasse, salons de jardin, transats, portique. Restaurant 5 km.

Dans une ancienne étable magnifiquement restaurée, aux portes des châteaux de la Vallée du Cher et de la Loire, et à l'orée de la Sologne. Vous serez séduits par des chambres personnalisées, spacieuses, claires et très confortables de plain-pied. Vous apprécierez la grande pièce à vivre (espace salon, repas, bureau) ouverte sur la campagne, ainsi que la déco actuelle alliant mobilier contemporain et ancien.

Attraits touristiques : salle de spectacle à Vierzon (5 km). Pêche sur place. Piscine, canoë et tennis 5 km. Golf et équitation 9 km.

Accès : A20, sortie St-Hilaire-de-Court (n°7). Traverser le village en suivant dir. St-Georges-sur-la-Prée et 1er chemin à droite à la sortie du village.
GPS : l 47.206607 - L 2.015575.

Dampierre-sur-Avre - Eure-et-Loir (28)

NOUVEAUTÉ

N°158

Chèque Cadeau

La Sabotière
Anne Delaye
Le Bourg
28350 Dampierre-sur-Avre
Tél. 06 71 81 87 95
delaye.a@orange.fr

Wi Fi

1 Pers. 55 € - 2 Pers. 70/80 €

1 chambre (2 lits de 80 modulables à souhait pour faire une unité de 160) avec sanitaire privatif communicant, wifi. Ouvert toute l'année. Petit déjeuner continental valorisant les produits locaux. Jardin. Gîte de pêche, randonnées (point de départ du GR 22).

Aux portes de la Normandie, La Sabotière constitue une halte reposante dans un cadre champêtre de qualité avec une vue panoramique de la Vallée de l'Avre. La quiétude du lieu, situé au pied de l'église du village, la douceur des tons de la chambre, variation de couleur naturelle, le style d'inspiration romantique font de cette adresse un havre de paix. Aménagée avec beaucoup de soin par Anne, la maîtresse de maison, la spacieuse chambre est située dans une dépendance de la propriété. Un coin salon est prévu pour qui souhaite se détendre et pourquoi pas se plonger dans une lecture grâce à la bibliothèque mise à votre entière disposition.

Attraits touristiques : Verneuil-sur-Avre 10 km, Dreux 15 km, Anet 30 km, Chartres 40 km.

Accès : RN 12, à Saint-Rémy-sur-Avre, prendre direction Saint-Lubin des Joncherets puis Dampierre-sur-Avre le Bourg.

Ecluzelles - Eure-et-Loir (28)

N°153

L'Eure & L'Etang
Gabriel Couty
5, place Saint-Jean
28500 Ecluzelles
Tél. 02 37 46 42 66
Port. 06 62 86 50 39
leureetletang@hotmail.fr

TH

1 Pers. 58/80 € - 2 Pers. 68/80 € - 3 Pers. 86/100 €
P. sup. 20 € - Repas 28 €

3 ch. et 1 suite (120 euros/4 p. - 140 euros/5 p.) avec sanitaires privés et wifi. Ouvert toute l'année. Petit déjeuner : jus de fruits, viennoiseries, confitures, fruits... T. d'hôtes, cuisine traditionnelle et familiale avec les produits du terroir. Salon de jardin, ping-pong, vélos. Jardin, parc 400 m². Etang 110 ha, rivière (l'Eure), Ecuries du Moulin.

Gabriel et Thierry vous reçoivent dans une longère datant de 1850 entièrement restaurée. La maison dispose de quatre chambres spacieuses dont deux très joliment décorées par Johanne Starck, sculpteur, sur les thèmes : coquelicots, lavande et tournesols, romantique ; et d'une suite au décor "savane" qui permet d'accueillir jusqu'à cinq personnes. L'environnement est très agréable en bordure de l'Eure, à proximité d'un plan d'eau de 110 ha (nombreuses activités nautiques) et d'un centre équestre.

Attraits touristiques : Chapelle Royale de Dreux, cathédrale de Chartres, châteaux d'Anet et de Maintenon dans un rayon de 30 km.

Accès : RD929, 6 km de Dreux en direction de Nogent-le-Roi.

Marboué - Eure-et-Loir (28)

N°141

La Place St Martin
Laurence MARTIN
10 rue du chemin Perret
28200 Marboué
Tél. 02 37 45 46 54
Port. 06 87 52 98 11
laplacestmartin@orange.fr
http://laplacestmartin.fr

1 Pers. 70 € - 2 Pers. 80 € - 3 Pers. 115 €
P. sup. 25 € -

3 chambres, 1 suite, avec sanitaires privatifs, TV. Ouvert du 01/04 au 31/10. Petit déjeuner : café, thé, chocolat, yaourt, pain, viennoiseries, salades de fruits et confitures maison, brioches maison, crème renversée... Canotage sur le Loir à la belle saison. Jardin, parc de 3 ha. Golf miniature sur place. Restaurant sur place dans le village.

Maison de maître, idéalement située au calme sur les rives du Loir, bâtie sur le site d'un ancien moulin, offrant tout le confort nécessaire dans une architecture harmonieuse. Le parc présente un cadre champêtre et détendant.

Attraits touristiques : Châteaudun 4 km, musées, vielle ville... Piscine 300 m, équitation, randonnées nautique, tennis 4 km.

Accès : dans Marboué, dir. Piscine, prendre la rue Léon Provendier et à droite la voie sans issue. Vous êtes arrivés !
GPS : l 48°06,67'N - L 1°20,20'E.

Néron - Eure-et-Loir (28)

N°109

La Ferme au Colombier
Françoise et François Lhopiteau
2, rue d'Ormoy
28210 Néron
Tél. 02 37 82 74 85
Port. 06 15 34 46 61
francoiselhopiteau@wanadoo.fr
www.ferme-au-colombier.com

1 Pers. 58 € - 2 Pers. 68 € - 3 Pers. 78 €

1 chambre (2 lits jumeaux + 1 lit 1 pers. d'appoint.) avec sanitaires privés et accès par escalier extérieur. Ouvert toute l'année. Petit déjeuner : viennoiseries, toasts pain bio, confitures bio, œufs coques, céréales, orange pressée... Cour. Vélos à disposition. Restaurants à Maintenon et Nogent-le-Roi.

A proximité de Maintenon, dans un joli bourg de la Vallée de l'Eure, Françoise et François vous accueillent dans leur ferme seigneuriale. Ils ont aménagé dans l'ancienne bergerie du XVIIe siècle, une chambre d'hôtes baignant dans une atmosphère reposante. Décoration sobre mais raffinée où l'authenticité des lieux est superbement préservée.

Attraits touristiques : Château de Maintenon, jardin médiéval de Bois Richeux. Chemins de randonnée balisés. Centre équestre 400 m. Golf 5 km. Base ULM 2 km. Mongolfière et poney-club à proximité.

Accès : de Paris prendre A13 dir. Rouen, passer le tunnel de St-Cloud. Au triangle de Rocquencourt suivre l'A12. A la hauteur de Bois d'Arcy, prendre N12 dir. Dreux, sortie Gambais dir. Nogent-le-Roi.

Romilly-sur-Aigre - Eure-et-Loir (28)

N°120

Prieuré de Bouche d'Aigre
Aline de Pibrac
5 route du Prieuré, Bouche d'Aigre
28220 Romilly-sur-Aigre
Tél. 02 37 98 30 57
Port. 06 15 32 30 84
depibrac@hotmail.com
www.bouchedaigre.fr

Wi Fi

1 Pers. 75 € - 2 Pers. 80 €
P. sup. 30 € -

2 suites avec sanitaires privés. Ouvert d'avril à octobre. Petit déjeuner : pains variés, viennoiseries, jus d'orange frais, laitage, fruits. Salon de lecture et TV. Internet. Piscine selon disponiblités, rivière, pêche, barque. Jardin, parc de 30 ha. Restaurant 3 km.(150 euros pour la suite 4 pers.).

Charme et romantisme au bord de l'Aigre, véritable havre de paix dans un écrin de verdure. Max et Aline vous accueillent chaleureusement et vous garantissent calme, repos et détente. Dans la partie ancienne de la tour, un petit salon vous est réservé; vous pourrez selon votre choix regarder la télévision, lire ou prendre une boisson chaude tout en discutant avec vos amis.

Attraits touristiques : expositions culturelles à 1 km, route du blé. Château de Montigny 3 km. Commanderie d'Arville 15 km. Chartres 45 km. Châteaux de la Loire 60 km. Chateaudun 15 km.

Accès : de Châteaudun, continuer sur la N10 pendant 10 km, prendre la sortie "Romilly-sur-Aigre". Au stop, prendre la D8 vers Romilly-sur-Aigre, faire 1 km et prendre la D145 dir. Bouche.
GPS : l 47°58'50"N - L 1°15'31"E.

Romilly-sur-Aigre - Eure-et-Loir (28)

N°156

Les Granges d'art
Isabelle Mignot
34 Grande Rue
28220 Romilly-sur-Aigre
Tél. 02 37 98 31 63
Port. 06 74 96 13 92
i.mignot@wanadoo.fr
www.grangesdart.com

1 Pers. 65/75 € - 2 Pers. 75/90 € - 3 Pers. 115 €
P. sup. 15/30 € -

Entre Chartres et Blois, à 1h30 au sud-ouest de Paris, sur la route des Châteaux de la Loire, Isabelle vous accueille dans un lieu propice à la détente, dans une maison de caractère offrant une ambiance chaleureuse aux lignes contemporaines. Vous pourrez profiter de l'espace aménagé dans la grange où une bibliothèque vous invite à une pause littéraire et prendre le temps d'admirer les œuvres d'artistes exposés.

Attraits touristiques : pêche sur place, chemins de randonnée. Equitation 100 m. Voile, tennis et piscine 4 km. Château de Montigny-le-Gannelon 6 km. Chateaudun 12 km. Golf 15 km. Châteaux de la Loire 50 km.

Accès : de Paris, A11 sortie Thivars puis dir. Chateaudun (N10). Traverser Chateaudun, puis dir. Vendôme/Tours jusqu'à la sortie Cloyes-sur-le-Loir/Romilly-sur-Aigre. Train : gare Austerlitz, TER Centre jusqu'à gare de Chateaudun ou Cloyes-sur-le-Loir.

3 chambres dont 1 suite familiale avec sanitaires privés, TV et wifi. Ouvert toute l'année. Petit déjeuner gourmand avec spécialités maison : gâteaux, confitures. Cour, jardin, parc bordé d'une rivière. Restaurant 4 km. Labellisé "Accueil Vélo". Equipement bébé sur demande.

St-Lubin-de-Cravant - Eure-et-Loir (28)

N°113

Le Domaine des Peupliers
Claudine et Dany Chutaux
1, place de la Mairie
28270 St-Lubin-de-Cravant
Tél. 06 99 25 32 42
dany.chutaux@wanadoo.fr

2 Pers. 90/120 €
P. sup. 30 € -

Havre de paix, en plein cœur d'un petit village verdoyant situé aux portes du Perche et de la Normandie. Claudine et Dany vous recevront chaleureusement dans une ferme du XIXe siècle, qu'ils ont entièrement restaurée. Le mobilier blanc, les matières naturelles, le cadre sobre et raffiné vous séduiront dès le premier instant.

Attraits touristiques : Chartres 35 km. Chapelle Royale de Dreux 25 km. Verneuil-sur-Avre 15 km. Golf et piscine 15 km. Tennis sur place. Equitation 10 km. Kayak 20 km.

Accès : RN12 dir. Alençon. Prendre Tillières centre, puis dir. Brezolles, puis Revercourt/St-Lubin-de-Cravant. La maison est à côté de la mairie.

3 chambres avec sanitaires privés. Ouvert du 1er mai au 31 octobre. Petit déjeuner : jus de fruits frais, salade de fruits, patisseries et confitures maison, yaourts, viennoiseries, boissons au choix... Jeux de société, billard, bibliothèque. Jardin, parc de 1 ha. Véranda, tonnelle, transats. Tennis, ping-pong, étang privé.

Ver-lés-Chartres - Eure-et-Loir (28)

N°83

La Varenne
Marc Philouze
20, rue Tachainville
28630 Ver-lés-Chartres
Tél. 02 37 26 45 32
lavarenne28@yahoo.fr
www.lavarenne28.com

1 Pers. 65 € - 2 Pers. 75 € - 3 Pers. 95 €
P. sup. 20 € -

En vallée de l'Eure, dans un cadre calme et verdoyant, belle maison contemporaine indépendante du logement des propriétaires, avec quatre chambres chaleureuses et raffinées. La grande piscine couverte vous permettra des instants de détente bien mérités après une balade dans la nature environnante.

Attraits touristiques : Chartres, Maintenon... Tennis et équitation à 2 km. Pêche à 3 km. Vélos à 9 km. Golf à 5 km.

Accès : de l'A11, sortie n°3, puis prendre dir. Chartres en traversant Thivars. 2 km après Thivars, prendre dir. Morancez-la-Varenne à 2 km.

R.d.c. : 1 ch. 2 pers., 1 ch. 3 pers. et 1 ch. familiale de 2 pièces (4 pers.), chacune avec sanitaires privés et TV. A l'étage : 1 ch. climatisée 40 m² (2 pers.), avec sanitaires privés (balnéo). Piscine intérieure chauffée. Appareils de fitness. Sauna et soins à domicile en suppl. Cuisine équipée. Salon. Grand jardin avec salon, chaises longues.

Chalais - Indre (36)

N36G36002

Le Ris de feu
Luc Fontaine
Le Ris de Feu
36170 Chalais
Tél. 02 54 37 87 73
contact@lerisdefeu.fr
http://www.lerisdefeu.fr

Wi Fi

2 Pers. 125 €

Au cœur du Berry et du parc régional de la Brenne, en zone Natura 2000, le Domaine du Ris de Feu avec son manoir, sa tour et ses dépendances, est un endroit d'art de vivre à la française où le repos devient votre seule préoccupation. Véritable petit hameau, le domaine de 150 ha abrite une suite de charme "La Claise" récemment rénovée dans les règles de l'art avec des matériaux nobles et respectant la nature avec chauffage central bois.

Attraits touristiques : Au cœur du Parc Naturel de la Brenne et proche de la Vallée de la Creuse. Forêt privée de 150 hectares autour de la propriété. Baignade 6 km.

Accès : A20 - Sortie 18 - direction Prissac-Luzeret (D55) - à Prissac - direction Bélâbre (D10) - avant la route de Chalais - chemin sur la gauche dans la forêt.

Au rez-de-chaussée, un salon privatif avec poêle anglais et à l'étage une chambre (1 lit 160) avec bureau et une salle de bain/wc. Ouvert toute l'année. Petit déjeuner copieux avec des produits artisanaux. Canoë, barque et pêche à proximité.

Ingrandes - Indre (36)

N36G87001

Château Féodal
Jacqueline Drouart
36300 Ingrandes
Tél. 02 54 37 46 01
Port. 06 09 67 27 90
chateauingrandes@orange.fr
www.chateauingrandes.com

TH

1 Pers. 70/90 € - 2 Pers. 75/120 € - 3 Pers. 85/135 €
P. sup. 15 € - Repas 25/35 €

3 chambres et 1 suite avec sanitaires privés et wifi. Ouvert de Pâques à la Toussaint. Petit déjeuner copieux. T. d'hôtes berrichonnes : pâté berrichon, poule au pot... Piscine, bâteau, vélos, esapce pique-nique, rivière. Cour, jardin. Restaurant à 150 m.

Dans un environnement exceptionnel, en bordure de rivière, Madame Drouart propose de découvrir les vestiges d'un château féodal des XIe et XVe siècles, classé monument historique. Vous pourrez revivre au temps des chevaliers, tout en profitant pleinement des aménagements de loisirs : piscine, bâteau, vélos...

Attraits touristiques : au cœur du Parc Naturel régional de la Brenne. Angles-sur-Anglin à 15 km. La Roche-Posay à 20 km. Baignade 100 m. Tennis 8 km. Sports nautiques 9 km. Golf 10 km.

Accès : Châteauroux, prendre Poitiers-Le Blanc (sortie A20). A la Blanc, prendre direction Poitiers, suivre ensuite les panneaux "Château XIe siècle".
GPS : l 46.59691667 - L 0.96194444.

Lye - Indre (36)

N36G107004

L'Ermitière
Michèle SCHMITT
3 rue Benjamin Rabier
36600 Lye
Tél. 02 54 41 04 40
Port. 06 36 51 97 01
micheleschmitt2@wanadoo.fr
www.ermitiere.fr

TH

2 Pers. 110 € - 3 Pers. 135 €
P. sup. 25 € - Repas 38 €

1 suite (2 chambres séparées + 1 salle d'eau), TV, DVD. Ouvert toute l'année. Petits déjeuners gourmands : thés, cafés, chocolats, jus de fruits, viennoiseries, confitures, compotées et gâteaux maison. Table d'hôtes : spécialités berrichonnes au gré des saisons, dégustation de vins régionaux. Bibliothèque. Jardin.

Très belle demeure Berrichonne située dans un ravissant jardin clos face à une église du XIème. Lieux sereins et authentiques. Sur niveau avec accès indépendant, suite de grand confort équipée de sanitaires complets et privatifs. Table d'hôtes sur réservation. Superbes randonnées dans le cadre calme et reposant de la campagne berrichonne sur les traces de Benjamin Rabier.

Attraits touristiques : parc naturel de la Brenne, zoo de Beauval, la Sologne, les Châteaux de la Loire, spectacles sons et lumières, festivals, théâtres, fêtes historique. Tennis, terrain de boules 200 m, plan d'eau 6 km, cheval 10 km, golf 20 km.

Accès : depuis Paris, sortie sud autoroute A 10, sortie Blois dir. Châteauroux, Blois-Lye 50 km.
GPS : l 47°11'50" N - L 1°27'59" E.

St-Chartier - Indre (36)

N36G184002

La Croix Verte
Elisabeth Portier
Le Bourg
36400 St-Chartier
Tél. 02 54 31 02 71
contact@veportier.com
www.veportier.com

TH

1 Pers. 55 € - 2 Pers. 65 €
P. sup. 25 € - Repas 25 €

3 chambres avec sanitaires privés. Ouvert toute l'année. Petit déjeuner : brioche, gâteaux et confitures maison, fruits de saison, miel région, yaourts maison... T. d"hôtes : recettes mélant produits d'ici et d'ailleurs, légumes du potager. Cour, jardin. Atelier de céramique. Restaurants entre 500 m et 15 km.

Au pays de George Sand, tout près de Nohant, à l'ombre du château des Maîtres Sonneurs, un relais de poste dans son jardin clos vous attend. Au même étage, 3 chambres confortables, et niché sous la vieille charpente un salon où vous pourrez lire et paresser. Les autres salons et bibliothèques de la maison vous sont grand ouverts ainsi que tous les recoins du jardin.

Attraits touristiques : pays de George Sand : Nohant et ses sites sandiens, festival romantique et Chopin à Nohant. Rencontre des luthiers, jardins du prieuré d'Arsan. Piscine 10 km. Equitation 15 km. Golf 20 km.

Accès : D943 (La Châtre), passer par Corlay. D69 dir. Saint Chartier.
GPS : l 46°38,51,79N - L 1°58'35.20E.

Azay-sur-Indre - Indre-et-Loire (37)

N°11682

Le Moulin de la Follaine
Danie Lignelet
2 chemin du Moulin, Moulin de la Follaine
37310 Azay-sur-Indre
Tél. 02 47 92 57 91
moulindelafollaine@wanadoo.fr
www.moulindefollaine.com

1 Pers. 70 € - 2 Pers. 75/85 € - 3 Pers. 110 €
P. sup. 25 € -

4 chambres (dont 2 suites) toutes avec salles de bains, wc privés et wifi. Ouvert d'avril à octobre. Petit déjeuner continental. 1 ch. En rez-de-jardin (1 lit 2 pers.). Etage : 1 suite (3 lits 1 pers.), 1 suite (1 lit 2 pers., 1 lit 130, 1 lit 1 pers.). Salon (cheminée). Parc avec mobilier de jardin.

Entre Chenonceau et la cité médiévale de Loches, nous vous recevrons pour un séjour de charme, à la Follaine, ancienne seigneurie du Marquis de la Fayette, dans le cadre authentique du moulin à eau du XVe siècle en état de fonctionnement. La décoration est composée de mobilier régional (Louis XV, Louis Philippe) ainsi que de mobilier et outils de meunerie.

Attraits touristiques : Châteaux alentour entre 10 et 25 km. Vol en montgolfière. Festivals de musique. Pêche, randonnée et ping-pong sur pl. Commerces, tennis 3 km. Gare, piscine, balnéothérapie et spa 10 km. Golf 20 km.

Accès : de Tours D943 direction Loches. A gauche, prendre Reignac puis Azay-sur-Indre par D17. Dans le village, après le pont tourner à gauche.
CM 317

Chaveignes - Indre-et-Loire (37)

N°9721

La Varenne
Gérard et Joëlle Dru-Sauer
37120 Chaveignes
Tél. 02 47 58 26 31
www.la-varenne.com

Chèque Cadeau

Wi Fi

1 Pers. 87/112 € - 2 Pers. 95/120 € - 3 Pers. 125 €

3 chambres avec bains et wc privés, dont 1 de plain-pied donnant sur le jardin. Ouvert toute l'année. Piscine chauffée en saison, sur place. Vélos à disposition. Espace non fumeurs. Restaurants à 4 km. Hébergement classé "Nature et Patrimoine" par le Parc Naturel Loire-Anjou-Touraine. Animal accepté si accord préalable des propriétaires.

A 4 km de Richelieu (modèle d'urbanisme au XVIIe), La Varenne est une demeure de charme encadrée par de vastes chais, au coeur d'un domaine consacré à la production de noix. Les chambres spacieuses, le salon (piano, cheminée), la piscine-miroir, les petits déjeuners gourmands et les livres offerts à votre curiosité vous inviteront à la paresse.

Attraits touristiques : Richelieu 4 km. Chinon 24 km. Azay-le-Rideau 29 km. Futuroscope 40 km. Tennis 2 km. Equitation 8 km. 3 golfs dans un rayon de 40 km. Parc Naturel Loire-Anjou-Touraine.

Accès : entre Tours et Poitiers (55 km). A10 sortie Ste-Maure-de-Touraine. D760 jusqu'à la sortie de Noyant. D58 vers Richelieu et au rond point D20 vers Braslou.
CM 317 GPS : l 470039N - L 0002148E.

Cheille - Indre-et-Loire (37)

N°11451

La Grange Bleue
Elisabeth Minier
2 chemin du Grand Vaujoint
37190 Cheille
Tél. 02 47 45 94 75
Port. 06 14 10 52 39
lagrangeminier@aol.com
www.lagrangebleue.com

Wi Fi

1 Pers. 54/59 € - 2 Pers. 62/71 € - 3 Pers. 75/85 €

1 chambre 3 pers. et 1 suite 4/5 pers. avec kitchenette, chacune avec sanitaires privés. Ouvert toute l'année. Petit déjeuner : céréales, fruits secs, yaourts, gâteaux, brioche, fromage et/ou charcuterie... Jeux et jouets enfants et adultes, livres et revues. Jardin de roses. Badminton, salons de jardins, chaises longues. Stages peinture bois/objets.

Maison de maître du XVIIIe et XIXe siècles, la Grange Bleue offre à ses hôtes deux très belles chambres, de caractère avec entrées indépendantes, vieilles pierres et meubles anciens. Ce qui se dégage en ce lieu, c'est avant tout l'atmosphère tant dans le jardin "de curé" proche des jardins anglais, que dans la demeure où règne une ambiance douce et raffinée.

Attraits touristiques : châteaux : Azay-le-Rideau 3 km, Ussé, Langeais et Villandry 10 km, Chinon 20 km. Montsoreau 25 km. Chambord, Amboise, Chenonceau et Le Clos Lucé 50 km. Tennis, piscine, canoë 4 km. Equitation 6 km. Golf 16 km.

Accès : A85, sortie Azay-le-Rideau/Chinon. Puis vers La Chapelle-St-Blaise/Cheillé. Sur D17 faire environ 3 km puis à gauche au panneau "Chambres d'Hôtes la Grange Bleue" qui est à 300 m (au dessus de la D17) à droite sur la placette.
GPS : l 47,25983 - L 0,424944.

Cinq-Mars-la-Pile - Indre-et-Loire (37)

N°12901

Moulin de Racault
Rosaline Le Cardinal
41 chemin de Racault
37130 Cinq-Mars-la-Pile
Tél. 02 47 96 52 94
Port. 06 64 14 05 22
moulinderacault@hotmail.fr
www.moulinderacault.com

1 Pers. 70 € - 2 Pers. 72/75 € - 3 Pers. 87/90 €

2 chambres 2 pers. (lit 2 pers.) à l'étage d'un moulin du XVIIIe, avec belle et originale s.d.b. privée avec wc. Séjour à dispo. (cheminée, meubles anciens). Petits déjeuners gourmands. Piscine à débordement. Parc 7 ha bordant la rivière (petits animaux). Gîte haut de gamme sur place.

Difficile de ne pas deviner les origines bretonnes de Rosaline qui vous fera aimer la mer autant que la rivière. Hôtes discrets, Rosaline et son époux ont fait entreprendre une restauration à ce moulin (taille de pierres, décoration...) et pour finir la piscine à débordement pour les familles accompagnées d'enfants, qui seront toujours les bienvenues !

Attraits touristiques : Petite rivière "Le Breuil" sur place, affluent de la Loire distante de 3 km.

Accès : A10 sortie Ste-Radegonde puis traverser Tours sur la N152 dir. Saumur. A la sortie de Cinq-Mars-la-Pile, prendre la D34 vers Château-la-Vallière et tourner à droite en suivant la flèche "Chambres d'Hôtes".
CM 317

Civray-de-Touraine - Indre-et-Loire (37)

N°11972

La Marmittière
Marie Boblet
22 Vallée de Mesvres
37150 Civray-de-Touraine
Tél. 02 47 23 51 04
Port. 06 88 83 82 48
marmittiere@libertysurf.fr
http://perso.libertysurf.fr/marmittiere/

TH

1 Pers. 66 € - 2 Pers. 73/79 € - 3 Pers. 100 €
P. sup. 30 € - Repas 30 €

2 chambres et 1 suite 4 pers. dans une dépendance (début XXe). S.d.b. ou s. d'eau et wc privés dans chaque chambre avec lit 160. La suite a en plus 2 lits 1 pers., kitchenette. Table d'hôtes sur rés. (produits bio.). Parc 3 ha. en partie boisé et clos. Gîte rural sur place.

Grâce à ses talents pour une décoration originale de très bon goût, Marie, qui ne vous laissera pas indifférent, a transformé les dépendances de cette jolie propriété en une maison d'hôtes de charme. Elle vous fera découvrir "l'Art de vivre en Touraine", à travers de copieux petits déjeuners et une table d'hôtes "nature" (produits bio).

Attraits touristiques : Château de Chenonceau 4 km. Château d'Amboise 15 km.

Accès : A10 sortie n°18 Château-Renault, puis D31 vers Amboise puis Bléré. Quitter la D31 vers La Croix-en-Touraine. Dans le centre, au feu à gauche, D40 vers Chenonceaux. 2 km après, à gauche, Vallée de Mesvres.
CM 317

Fondettes - Indre-et-Loire (37)

N°14551

Le Grenadier
Martine Butterworth
5, rue des Patys
37230 Fondettes
Tél. 02 47 42 08 32
martine@legrenadier.net
www.legrenadier.net

1 Pers. 65 € - 2 Pers. 75 € - 3 Pers. 95 €
P. sup. 20 € -

Véritable îlot de verdure et de calme à 15 mn du centre de Tours, cette magnifique demeure tourangelle surplombe le village de Fondettes, jouissant ainsi d'une situation exceptionnelle pour visiter les châteaux de Touraine. Martine a su créer une décoration exquise, subtile mélange d'influences britanniques, parisiennes et tourangelles.

Attraits touristiques : Aux portes de Tours, sur la rive nord de la Loire.

Accès : A10, sortie N°20, puis effleurer Tours en longeant la Loire sur la D952 vers St-Cyr-sur-Loire. Dans Fondettes, s'engager dans la ruelle entre l'église et l'agence immobilière puis 10 m à droite. En haut de la côte, Le Grenadier est sur la gauche.
CM 317

1 chambre (1 lit 160 ou 2 lits simples), 1 chambre (1 lit 160 + 1 lit 1 pers.) et 1 suite (1 lit 160, 1 lit 1 pers.), chacune avec salle d'eau ou de bains et wc privés + TV. Un vaste préau constitue un lieu de détente original ouvert sur le jardin (beau mobilier et sol remarquable). Réduction 10% dès 3 nuits (hors juillet, août et ponts).

Hommes - Indre-et-Loire (37)

N°7073

Le Vieux Château
Albine Hardy
Le Vieux Château d'Hommes
37340 Hommes
Tél. 02 47 24 95 13
Port. 06 81 44 12 00
levieuxchateaudehommes@wanadoo.fr
http://le-vieux-chateau-de-hommes.com

2 Pers. 109/119 €

Au cœur de la Gâtine Tourangelle, les ruines du vieux château datant du Moyen Age, avec ses douves, fut rénové au XVe avec ses arcades et son jardin d'hiver construit sur les douves. Belle cave voûtée et ruines d'une chapelle avec chérubins. En face, dans l'imposante grange à dîme (XVe) les cinq chambres tout confort ont été aménagées. Albine Hardy, amoureuse de la nature, dans son domaine agricole et forestier de 175 ha, vous fera partager sa passion pour les animaux. De très belles allées vous conduiront à deux superbes petits rendez-vous de chasse.

Attraits touristiques : Tennis 3 km. Golf 7 km. Châteaux, musées, vignobles, manifestations.

Accès : à 35 km au N.O de Tours. Autoroute A10, ensuite A85 sortie Langeais et D57 (500 m après Hommes dir. Gizeux).

5 chambres (lits 160 ou 180) avec mini-bar, TV, wifi, bains et wc privés. Petit déjeuner mini-buffet : confitures maison, jus orange ou pamplemousse, viennoiseries... Plateau de courtoisie à diposition dans les chambres. Salon, s. à manger, bibliothèque. Maison non fumeurs. Grande piscine chauffée. Spa-jacuzzi. Pêche, p-pong, randonnée.

Nazelles-Négron - Indre-et-Loire (37)

N°12711

Château de Nazelles
Olivier et Véronique Fructus
16 rue Tue la Soif
37530 Nazelles-Négron
Tél. 02 47 30 53 79
info@chateau-nazelles.com
www.chateau-nazelles.com

2 Pers. 115/150 €

3 chambres 2 pers. (dont 1 dans dépendance) et 1 suite troglodytique (270 euros/4 pers.) avec sanitaires privés. Petit déjeuner : 2 sortes de pain, viennoiseries, miel, jus de pomme, fruits, confitures maison, produits laitiers fermiers. Grand salon, TV, PC (wifi). Billard. Parc, terrasses, mobilier en teck. Piscine (creusée en partie dans le roc).

Le château actuel, classé I.S.M.H., fut construit en 1518 par Thomas Bohier, bâtisseur et propriétaire du château de Chenonceau. Le style Renaissance inspire l'architecture élégante du château et de ses nombreuses dépendances, qui restent dans la famille Bohier jusqu'à la fin du XVIIe. En 1900, le peintre Debat-Ponsan, s'y exile avec sa famille et y installe son atelier. Plus tard le compositeur Francis Poulenc, ami de la famille Debré qui en est alors propriétaire, compose les Soirées de Nazelles. Aujourd'hui Olivier et Véronique Fructus vous ouvrent les portes de ce lieu magique qui inspira tant de beaux esprits.

Attraits touristiques : châteaux, Amboise, le Clos Lucé (L. de Vinci), équitation, golf, randonnées, pêche.

Accès : A10 sortie Amboise/Château-Renault, D31 vers Amboise. A dte sur la D1 vers Pocé-sur-Cisse puis Nazelles. Entre mairie et poste, vers le coteau (rue Tue la Soif).

St-Avertin - Indre-et-Loire (37)

N°G19421

Premium Chèque Cadeau

La Sorellerie
Véronique Bertolero
La Sorellerie, 57-61 rue St-Michel
37550 St-Avertin
Tél. 02 47 42 92 78
Port. 06 08 48 44 58
vero.bertolero@gmail.com
perso.gites-touraine.com/la-sorellerie/

TH

1 Pers. 83/96 € - 2 Pers. 93/106 €
Repas 26 €

3 chambres dont 1 accessible aux personnes handicapées, avec sanitaires privés et 2 lits 80x200 jumelables en lit 160x200 (litérie relax électrique). Deux d'entre elles peuvent se louer en chambre familiale (couple + 3 enfants). Table d'hôtes sur réservation uniquement (2 soirs/semaine). Vaste jardin, terrasse, arbres centenaires classés.

Cette ancienne closerie du XVIIIe siècle, en tuffeau, propose 3 chambres aménagées après une restauration de qualité. A 7 mn de Tours, de sa vieille ville au riche passé historique, cette halte de verdure et de calme est idéalement placée au coeur des plus célèbres châteaux du Val de Loire (Chenonceau, Villandry, etc). Proche du circuit «La Loire à Vélo», mais aussi du Palais des congrès «Le Vinci» et du parc des expositions, on aime retrouver ce village de St-Avertin avec ses promenades au bord de l'eau, ses commerces, ses restaurants traditionnels que l'on aime rejoindre à pied à partir de La Sorellerie.

Attraits touristiques : tennis 100 m. Piscine et pêche 1 km. Voile 3 km. Golf 7 km. Equitation et canoë 10 km. Vignobles AOC et gastronomie française.

Accès : de Paris par A10, sortie 22 puis dir. Larçay. A la sortie du village, dernier feu à droite. En haut de la côte à droite, rue St-Michel.

St-Bauld - Indre-et-Loire (37)

Le Moulin du Coudray est une longue bâtisse couverte de tuiles anciennes, nichée dans un vallon que seul un vaste parc pouvait abriter. Les chambres sont claires et accueillantes, décorées avec goût. Un véritable havre de paix pour vous ressourcer, avec une piscine pour votre plus grande joie. Cet ancien moulin du XVIe est situé sur 3 ha de parc paysager avec un étang de 1 ha offrant une possibilité de pêche.

Attraits touristiques : Découvrez la Touraine par son côté Sud : ses trésors cachés et sa douceur de vivre. Cité Royale de Loches et plus au sud, les producteurs fermiers qui font la richesse de la gastronomie tourangelle. Collégiale St-Ours, château de Montrésor.

Accès : A10 sortie Tours-sud/Châteauroux puis D943 vers Loches. A la sortie de Cormery, au rond-point dir. D82/Tauxigny puis St-Bauld. Le moulin est juste à l'entrée du village, en contrebas de la route sur la gauche.

N°G10171

Le Moulin du Coudray
Sylvie Péria
Le moulin du Coudray
37310 Saint-Bauld
Tél. 02 47 92 82 64
Port. 06 67 20 02 17
sylvie.peria@free.fr
http://lemoulinducoudray.free.fr/

TH

Wi Fi

1 Pers. 70 € - 2 Pers. 80 €
Repas 28 €

3 chambres non-fumeur à l'étage, toutes avec salle de bains et wc privés. Ouvert de Pâques à la Toussaint. Séjour et salon avec cheminée. Terrasse pavée et ombragée 100 m² donnant sur parc. Salon de jardin, Piscine privée. Wifi, Internet. Parking privé. Salle de gymnastique à disposition. Table d'hôtes un jour sur deux (sur réservation uniquement).

Semblançay - Indre-et-Loire (37)

Au coeur de la gâtine tourangelle, vous serez accueillis dans une dépendance de l'ancienne ferme du château du Grand Launay (XVIIe siècle). Vous séjournerez dans des chambres à la décoration raffinée. Profiter des petits déjeuners de Laurence, servis dans la salle à manger équipée d'une ancienne cheminée. Vous pourrez vous détendre, en jouant au tennis de table dans le jardin aux différents arômes.

Attraits touristiques : Semblançay offre différents loisirs tels que les randonnés pédestres et VTT, ou son célèbre spectacle « son & lumière ». Tennis 1,5 km. Equitation 2 km. Golf 6 km. Piscine 15 km. Pêche 18 km. Voile 20 km.

Accès : A28 sortie Neuillé-Pont-Pierre.

N°G16131

La Ferme du Grand Launay
Laurence Perreau
La Ferme du Grand Launay
37360 Semblançay
Tél. 02 47 40 97 42
contact@legrandlaunay.com
http://legrandlaunay.com

1 Pers. 70 € - 2 Pers. 80 € - 3 Pers. 100 €

3 chambres au rez-de-chaussée et à l'étage, chacune avec salle de bains ou salle d'eau et wc privés : 1 ch. de plain-pied (1 lit 160, 2 lits gigognes 1 pers.), 1 ch. (2 lits 1 pers.), 1 ch. (1 lit 160). Salle à manger (cheminée). Salon détente réservé aux hôtes. Jardin avec mobilier. Ping-pong en commun. Parking. Location vélos. (Non fumeur).

Vouvray - Indre-et-Loire (37)

N°14871

La Rochelière
Anneli Tulkki
6, rue Victor Hérault
37210 Vouvray
Tél. 02 47 52 61 47
Port. 06 61 54 84 37
www.la-rocheliere.com

1 Pers. 85/90 € - 2 Pers. 90/95 € - 3 Pers. 120 €
P. sup. 20 € -

5 chambres (non fumeur) avec salle d'eau et wc privés : 1 petite suite (1 lit 160, 2 lits 1 pers.) au r.d.c., 2 ch. (1 lit 160) et 1 ch. (1 lit 160, 1 lit 120), 1 ch. troglodytique (1 lit 160, 1 lit 1 pers.). Grand salon (TV, internet). Cuisine à disposition sur demande. Cour intérieure. Parking clos. Sauna sur réservation (payant). Finnois parlé.

Dans une ancienne dépendance jouxtant l'église, Anneli, d'origine finlandaise, déploie gentillesse et générosité pour accueillir ses hôtes. Par un splendide escalier, on peut se rendre au sommet du coteau pour se détendre au bord de la piscine. L'une des chambres, accolée à la demeure de style classique (XVIIIe), a la particularité d'être troglodytique.

Attraits touristiques : Caves et Vignobles de l'AOC Vouvray dans les environs immédiats. A proximité d'Amboise (château) et de Tours.

Accès : situé au centre de Vouvray après l'église. A10, sortie Ste-Radegonde puis N152 vers Vouvray. Se diriger vers l'église. CM 317

Azé - Loir-et-Cher (41)

N°G10005

Ferme de Gorgeat
Michel et Nadège Boulai
41100 Azé
Tél. 02 54 72 04 16 - SR : 02 54 58 81 64
Port. 06 46 20 03 55
chambredhotes@fermedegorgeat.com
www.fermedegorgeat.com

TH

1 Pers. 55 € - 2 Pers. 62 € - 3 Pers. 85/110 €
P. sup. 10 € - Repas 25 €

3 ch. (2 pers.) dont 2 avec baignoire balnéo, 1 ch. familiale (6 pers.) composée de 2 ch. avec 2 salles d'eau, 1 ch. 4 pers. Ouv. Toute l'année. Petit déj. : confitures, pain d'épice, miel... T. d'hôtes sur rés. : potée aux 2 choux, porc au paprika...Tennis, piscine chauffée, vélo, pêche, p-pong. Cour, jardin, parc 2 ha. Animaux sous réserve.

En pleine campagne, Michel et Nadège vous accueillent dans leur ferme biologique en activité, aménagée et restaurée aux couleurs des matières naturelles de pays datant du XVIIe. Les salles de bains raffinées, les tons vifs et les meubles peints donnent aux chambres âme et chaleur. Soirée détente à la table gourmande (produits bio).

Attraits touristiques : Châteaux de la Loire 30 km, vallée du Loir avec ses manoirs et ses églises à fresques (XIe-XIIe). Vendôme, ville d'art et d'histoire 5 km. Golf 20 km. Equitation 2 km.

Accès : à Vendôme, prendre dir. Le Mans. Suivre la D957, passer au dessus de la ligne TGV. Après 1,5 km prendre la 1ère à droite, faire 2 km, et c'est la 2e à gauche et la ferme est à droite.

Cheverny - Loir-et-Cher (41)

NOUVEAUTÉ

Parce qu'on a besoin de moments rien qu'à soi ou à partager... cette bâtisse du 19ème entourée de 3ha de prairie arborée entièrement clos se prête tant par son confort que sa convivialité, au farniente, à des envies de nature, aux balades à vélo, qu'à la découverte des châteaux grâce à son emplacement géographique idéal et central. Des petits déjeuners copieux pleins de saveurs aident à bien commencer la journée, et les dîners régionaux en table d'hôtes, sont des moments de convivialité riches d'échanges entre tous.

Attraits touristiques : Châteaux : Cheverny 1 km, Blois 14 km, Chambord 17 km, Beauregard 11 km, Villesavin 10 km, Troussay 4 km, Chaumont/Loire et son Festival des Jardins 26 km. Zoo de Beauval.

Accès : A10 sortie Blois. Direction Cheverny. Au château de Cheverny, D102 dir. Contres sur 1 km. Tournez à droite : 1 Chemin de la Levraudière.

N°G10178

La Levraudière
Sonia MAURICE
1 Chemin de la Levraudière
41700 Cheverny
Tél. 02 54 79 81 99
Port. 06 81 01 60 04
contact@lalevraudiere.fr
www.lalevraudiere.fr

1 Pers. 75 € - 2 Pers. 80 € - 3 Pers. 100 €

3 chambres (sanitaires privatifs) et 1 suite familiale (2 chambres, 2 salles d'eau privatives). Toutes avec TV, wifi. Ouvert du 01/02 au 30/11. Petit déj. : laitages, compotes, confitures maison, œufs, pâtisserie maison. T. d'hôtes : terrine de sanglier aux cèpes, potée solognote... Salons de jardins, transats, barbecue. Etape équestre. Accueil vélo.

Cour-Cheverny - Loir-et-Cher (41)

A proximité du château de Cheverny, belle demeure de caractère entourée d'un grand jardin paysager et bordée par une rivière avec possibilité de pêche. 5 chambres chaleureuses vous sont réservées. Etape idéale pour découvrir la Sologne et ses étangs et visiter cette magnifique région du Val de Loire.

Attraits touristiques : La Sologne et ses étangs. Parc National de Chambord. Châteaux du Val de Loire : Cheverny, Beauregard, Blois, Chaumont-sur-Loire. Spectacles culturels et musicaux en saison.

Accès : à 15 km de Blois, par la D765.

N°G10106

Le Béguinage
Brice et Patricia Deloison
41700 Cour-Cheverny
Tél. 02 54 79 29 92
le.beguinage@wanadoo.fr
www.lebeguinage.fr

1 Pers. 63/75 € - 2 Pers. 75/95 € - 3 Pers. 100/130 €

5 chambres avec sanitaires privés dont 1 avec cheminée. Ouvert toute l'année. Grand jardin paysager et parking privé. Rivière en limite du jardin avec possibilité de pêche. Taxe de séjour. Location de vélos sur place. 4 pers. 140 euros.

Faverolles-sur-Cher - Loir-et-Cher (41)

N°G10214

La Ferme de la Bretesche
Michèle Destouches
50, route de St-Aignan
41400 Faverolles-sur-Cher
Tél. 02 54 32 02 77
Port. 06 80 71 89 83
labretesche@wanadoo.fr
www.ch.dhotes-ferdelabretesche.com

Wi Fi

2 Pers. 80/90 € - 3 Pers. 125 €
P. sup. 25 € -

Rez-de-jardin : 2 chambres et 1 suite avec sanitaires privés (dont 1 avec s. d'eau troglodyte) et TV. Ouvert de Pâques au 15.10. Petit déjeuner : laitage, viennoiseries, gâteaux et confitures maison, fruits frais... Salon d'été, jeux de société. Salon de jardin, transats. Parc de 1 ha. Parking privé sous préau.

Près de la Vallée des Rois, de la Sologne et des rives du Cher, jolie ferme viticole du début du XIXe siècle. Trois chambres restaurées et meublées à l'ancienne par des propriétaires qui n'attendent que votre venue. Michèle vous servira de déliceux petits déjeuners, devant un bon feu de cheminée ou au jardin.

Attraits touristiques : châteaux : Amboise, Blois, Chambord, Chaumont, Chenonceau, Cheverny, Loches, Montpoupon... Fêtes médiévales de Montrichard (14.7 au 15.8). Pêche et piscine 2 km. Forêt 3 km. Equitation 10 km. Golf 20 km.

Accès : de Montrichard prendre dir. Loches. Après le centre commercial "Carrefour Market", prendre dir. St-Julien-de-Chedon (D17), puis à 500 m à droite.
GPS : l 47.1955N - L 1.1146E.

Fontaines-en-Sologne - Loir-et-Cher (41)

N°G10225

Le Bois Fontaines
Josée Petiot
591 route d'Arian
41250 Fontaines en Sologne
Tél. 02 54 58 94 92
Port. 06 48 26 85 06
petiot@leboisfontaines.com
leboisfontaines.com

Wi Fi

1 Pers. 75 € - 2 Pers. 80 €
P. sup. 20 € -

5 chambres avec sanitaires privés + cuisine équipée. (130 euros/4 pers.). Petit déj. : pain, yaourts et confitures maison, viennoiseries, crêpes ou gaufres, céréales, fromages et fruits. Bibliothèque, salle de lecture, piano. Parc de 2,6 ha avec 2 plans d'eau, espace détente avec salons de jardin, terrasse. Ouvert toute l'année. Restaurants 2 km.

A proximité des châteaux de Chambord et de Cheverny, dans un grand parc, une authentique longère solognote entièrement rénovée et réservée aux hôtes vous attend. Le cadre floral et bucolique vous invite au calme et à la détente. Le petit déjeuner est servi dans une grande salle réservée aux hôtes. Vous découvrirez la Sologne et ses étangs, région où l'histoire côtoie la culture.

Attraits touristiques : Châteaux de Cheverny, Chambord, Blois, Amboise. Festival International des Jardins du château de Chaumont. Zoo de Beauval. Circuit des châteaux à vélo 1km.Location de vélos, randonnées 2km. Vols en montgolfière, promenades à dos d'âne 3km.

Accès : De Bracieux, D102 dir. Cheverny après garage Renault à gauche D120 dir. Fontaines après 2 km à droite puis 800 m à droite. De Fontaines, à l'église D120 dir. Bracieux après 2 km à gauche puis 800 m à droite.
GPS : l 47°31'38" - L 1°32'18".

Landes-le-Gaulois - Loir-et-Cher (41)

N°G10272

Chèque Cadeau

La Grenouillère
Nellie Cavey
23 Bourges
41190 Landes-le-Gaulois
Tél. 09 66 12 09 66

1 Pers. 70/85 € - 2 Pers. 70/85 € - 3 Pers. 103 €

3 chambres avec sanitaires privés et connexion wifi. Ouvert de mai à septembre. Petit déjeuner : jus d'orange, croissants, yaourts, fromage, confitures maison, fruits... Kitchenette à disposition et barbecue. Salle de gym (musculation). Etang (2 bassins), pêche, vélos. Parc de 1 hectare. Réduction à partir de 2 nuits. Restaurants 2,5 et 7 km.

"La Grénouillère", authentique et ravissante demeure du XIXe siècle, est une étape sportive pleine de charme. La détente est assurée au bord d'un étang poissonneux dans un parc clos de 1 ha. Le petit déjeuner en terrasse est un grand moment avec des produits faits maison. Organisation de séjours à thème : randonnée pédestre, vélo, gym, aviron, écriture.

Attraits touristiques : festival Mix'Terres, festival de guitare à Vendôme, festival des Lyres d'Eté, Game fair de Chambord, les Rendez-vous de l'Histoire, château de Blois, Maison de la Magie, châteaux...

Accès : A10, sortie Blois puis dir. Vendôme. A la Chapelle Vendômoise, prendre D26 à gauche dir. Landes-le-Gaulois. La Grenouillère à 1 km avant Landes.
GPS : l 47.66109200 - L 1.20213030.

Lunay - Loir-et-Cher (41)

N°G10289

La Grange au Pesle
Patrick Deterpigny
84, rue du Colin au Pont
41360 Lunay
Tél. 02 54 72 68 38
Port. 06 10 05 42 85
La.grange.au.pesle@wanadoo.fr
http://la.grange.au.pesle.free.fr

1 Pers. 48 € - 2 Pers. 58 € - 3 Pers. 73 €
P. sup. 15 € -

1 chambre et 2 suites avec sanitaires privés et accès wifi. Ouvert toute l'année. Petit déjeuner différent chaque jour : confitures, yaourts, jus de fruits et gâteaux maison, miel, fromages régionaux, céréales, fruits. Bibliothèque, jeux de société, salon. Jardin arboré 2300 m² avec bancs et jeux de société géants (damier, mikado, dominos...). Cour.

C'est dans une ancienne grange du château de la Blotinière que nous vous accueillons. Entièrement restaurée, elle est meublée d'un mobilier d'autrefois de famille ou chiné ci et là. La décoration et les draps brodés donnent à nos chambres un charme incontestable romantique. L'atmosphère est chaleureuse, les chambres confortables et le petit déjeuner copieux... Tout est là pour profiter d'un séjour reposant et inoubliable.

Attraits touristiques : Vendôme (ville d'Art et d'Histoire), Troo, Festival Rockomotives 12 km. Commanderie des Templiers d'Arville 20 km. Musée Musikenfête et festival de Montoire 6 km. Châteaux de Chambord, Blois, Amboise et Chaumont 45 km. Lavardin 7 km.

Accès : situé entre Vendôme et Montoire, près de Thoré-la-Rochette et Lunay.
GPS : l 47.47314 - L 0.55115.

St-Aignan-sur-Cher - Loir-et-Cher (41)

N°G10073

Le Sousmont
Marie-France Caillaud
66, rue Maurice Berteaux
41110 Saint-Aignan-sur-Cher
Tél.
Port. 06 66 87 40 13
marie-france.caillaud@orange.fr
www.lesousmont.com

2 Pers. 68/78 €
P. sup. 20 € -

2 ch. 2/3 pers., 1 ch. familiale 4 pers. (108/115 euros) donnant sur le jardin et 1 suite composée de 2 ch., toutes avec sanitaires privés. Ouvert toute l'année. Petit déjeuner copieux avec confitures maison et fruits frais de saison. Une salle est mise à votre disposition avec table, réfrigérateur, congélateur et micro-ondes. Restaurants à proximité.

Vous serez reçus dans un grande demeure bourgeoise en pierres blanches du début du XIXe siècle, couverte de fleurs avec une vue panoramique sur le château. Elle est entourée d'un beau jardin à la Française. Les chambres sont joliment décorées avec un mobilier ancien de style.

Attraits touristiques : au cœur des châteaux, cité médiévaleb au bord du Cher. Croisières fluviales. Spectacles à Cheverny, Chambord, Blois. Baignade, pisicne, pêche, tennis, voile, canoëb et sentiers. Parc zoologique de Beauval.

Accès : au sud de Blois, à 35 km en centre ville.

St-Cyr-du-Gault - Loir-et-Cher (41)

N°G10282

Château le Parc
Irène et Rudolf Strehler
41190 St-Cyr-du-Gault
Tél. 02 54 46 19 58
strehler@chateau-leparc.com
www.chateau-leparc.com

Wi Fi

1 Pers. 130 € - 2 Pers. 160 €

4 chambres confortables et spacieuses, meublées avec soin et disposant chacune de sanitaires luxueux récemment installés. Petit déjeuner au jardin d'hiver, sur la terrasse ou dans la salle à manger avec sa cheminée monumentale : confitures maison, fromages, muesli... Maison non fumeur. Ouvert de février à novembre. Terrain de boules.

Petit château remontant dans ses origines à un château-fort du début du XIIIe s., remanié, puis restructuré au milieu du XIXe dans l'esprit Renaissance. Les propriétaires actuels ont entrepris des travaux de restauration importants et veillent avec soin sur la conservation et le développement du parc et des différents jardins qu'ils ont créés. Passionnés de nature, d'animaux et de créations jardinistiques, ils s'efforcent, d'une part de donner leur place à faune et flore sauvage en entretenant et renouvelant le parc, et d'autre part de développer et créer des jardins nouveaux (20 ha).

Attraits touristiques : châteaux, jardins, Festival International des jardins de Chaumont/Loire.

Accès : A10 sortie 18 Château-Renault, puis à la périphérie Est de Château-Renault, petite rte à drte vers Saunay, traverser Saunay et à St-Cyr-du-Gault, à l'orée du bourg à gche.

St-Georges-sur-Cher - Loir-et-Cher (41)

N°G10292

Chèque Cadeau

Le Clos de la Chesneraie
Chrétien Béatrice
107, rue Gilbert Michel
41400 St-Georges-sur-Cher
Tél. 02 54 32 76 89
Port. 06 78 67 04 41
leclosdelachesneraie@wanadoo.fr
www.leclosdelachesneraie.com

TH Wi Fi

1 Pers. 90 € - 2 Pers. 90 € - 3 Pers. 110 €
P. sup. 20 € - Repas 30 €

Belle et authentique demeure Tourangelle du XIXe siècle, bâtie sur les verdoyants coteaux du Cher, dans la Vallée de la Loire, non loin de ses châteaux exceptionnels. Les chambres sont situées dans l'une des dépendances de cette longère pour plus d'intimité. Charme et raffinement vous attendent. Vous pouvez découvrir, sur réservation, les vins de Touraine à notre table d'hôtes.

Attraits touristiques : Chenonceaux 4 km. Chaumont 18 km. Loches 20 km. Bourré (site troglodytique) 5 km. ZooParc de Beauval 20 km. Amboise 15 km. Blois et Tours 35 km. Caves. Location de vélos.

Accès : plan d'accès communiqué lors de la réservation.
GPS : l 47.31865900 - L 1.12538730.

4 chambres avec sanitaires privés et wifi. Ouvert toute l'année. Petit déjeuner : pâtisseries et confitures maison, miel de pays, jus de fruits frais, fromages, salade de fruits, yaourt... T. d'hôtes : confit au miel, géline de Touraine, chèvre chaud, macaron, vins de Touraine et Val de Loire. Kitchenette. Jardin, salon extérieur. Cour, parc 4 ha.

St-Julien-de-Chedon - Loir-et-Cher (41)

N°G10247

Le Clos du Haut Villiers
Corinne et Marc Blancquaert
2, allée de Villiers
41400 St-Julien-de-Chedon
Tél. 02 54 32 19 38
Port. 06 88 52 93 49
mcblancquaert@wanadoo.fr
www.leclosduhautvilliers.com

Wi Fi

2 Pers. 65/95 € - 3 Pers. 88/113 €
P. sup. 18 € -

Elégante demeure Tourangelle début XVIIIe, en pierre de tuffeau, ancien chai du Château de Villiers. Entourée d'un grand parc fleuri et de son verger, elle vous propose des chambres au décor raffiné avec des meubles de style et un cottage totalement indépendant. Vous serez séduits par la sérénité et par la douceur de vivre de cette belle propriété, labellisée "Vignobles et Découvertes" et "Les P'tits Curieux".

Attraits touristiques : Chenonceaux 13 km. Châteaux de la Loire. Base nautique de Montrichard et Bourré (village troglodytique) 3 km. ZooParc Beauval 18 km. Festival Jardins de Chaumont/Loire 20 km. Randonnée sur place.

Accès : de Montrichard, dir. Loches, traverser le Cher. Au 2e rd-point, continuer sur 200 m dir. Loches puis à gauche derrière Carrefour-Market vers St-Aignan/St-julien, puis suivre notre fléchage dès la 1ère à droite.
GPS : l 47.32857870 - L 1.20471610.

3 chambres dont 1 avec cheminée et cuisine équipée et 1 suite familiale, sanitaires privés chacune. TV sur demande. Wifi (partie commune). Ouvert toute l'année. Petit déj : pâtisseries et confitures maison, yaourts, jus de fruits. Petite bibliothèque, jeux de société. Ping-pong, portique, jeux enfants. Vélos à disp. Réd. selon durée.

Selles-sur-Cher - Loir-et-Cher (41)

N°G10274

Courjumelle
Marie-Dominique et Alain Giron
1, square du Centenaire
41130 Selles-sur-Cher
Tél. 02 54 97 46 00
contact@courjumelle.com
www.courjumelle.com

Wi Fi

1 Pers. 80 € - 2 Pers. 80 €

1 chambre avec sanitaires privés, connexion wifi et mini-bar. Ouvert toute l'année. Petit déjeuner : croissants, pain, oranges pressées, confitures maison, céréales, fromage frais, coulis de fruits, salade de fruits frais. Salon de lecture (bibliothèque). Prêt ordinateur portable et vélos. Piscine, transats. Cour, jardin. Restaurant à 30 m.

Aux portes de la Sologne en vallée du Cher et de la Touraine (châteaux de la Loire), Alain et Marie-Dominique, antiquaires, vous accueillent dans leur demeure de caractère et d'authenticité. Vous apprécierez le calme et l'ambiance chaleureuse de la chambre meublée et décorée avec raffinement. L'espace piscine vous invite à la détente et au repos.

Attraits touristiques : Château de Selles-sur-Cher sur place. Zoo de Beauval, base nautique de St-Aignan-sur-Cher 14 km et centre d'équitation 14 km. Château de Valencay 16 km. Circuits randonnée (GR41 sur place). Tennis 300 m.

Accès : A85, sortie n°13 Selles-sur-Cher. Dir. Selles-sur-Cher, au stop à gauche. Passer le rond-point en continuant en dir. de Selles-sur-Cher jusqu'au 1er carrefour. Repérer le square à droite et arrêt sur le parking, puis panneaux.

Thenay - Loir-et-Cher (41)

N°G10295

Les Saisons de Trainefeuilles
Isabelle Thiriat
31 route des Gandes
41400 Thenay
Tél. 02 54 32 44 43
Port. 06 32 19 59 79
isabelle@trainefeuilles.fr
www.trainefeuille.fr

TH Wi Fi

1 Pers. 75 € - 2 Pers. 78 € - 3 Pers. 98 €
P. sup. 20 € - Repas 30 €

4 ch. avec sanitaires privés. Ouvert toute l'année. Petit déjeuner dans la véranda : viennoiseries, brioches, pain d'épices, fromage de chèvre, fruits, salade de fruits, yaourts... T. d'hôtes : produits du terroir et de saison. Salon réservé aux hôtes. Possibilité de disposer d'une cuisine et salle à manger. Tarif dégressif dès la 2ème nuit.

Sur un terrain de 1,6 ha, l'ensemble des bâtiments s'organise comme une petite rue. Cette longère-maison (du XVe au XIXe siècles) vous propose de découvrir l'ambiance pleine de charme de chaque chambre. La situation est idéale pour la découverte les châteaux de la Loire, mais aussi pour profiter de la nature et des autres sites de la région. Etang de pêche et piscine sur place.

Attraits touristiques : châteaux de la Loire, zoo de Beauval, villes et villages historiques et typiques, randonnée à vélo autour des châteaux, caves viticoles et champignonnières.

Accès : dans Thenay, prendre dir. Sambin et dernière rue à droite (panneau).
GPS : l 47°23'34"N - L 01°17'42"E.

Lailly-en-Val - Loiret (45)

N°230019

Le Havre de Marie
Lacoste Marie-Pierre
10, rue de la Mairie
45740 Lailly-en-Val
Tél. 02 38 66 38 76
Port. 06 87 67 48 27
lehavredemarie@hotmail.com
www.lehavredemarie.com

TH

1 Pers. 80/95 € - 2 Pers. 90/110 € - 3 Pers. 110/130 €
P. sup. 15 € - Repas 30 €

4 chambres dont 1 familiale, chacune avec sanitaires privés, TV et wifi. Ouvert toute l'année sauf vacances de Noël. Petit déjeuner : viennoiseries, confitures, yaourts, fruits, jambon, fromage… Table d'hôtes à base de produits locaux. Piscine, espace détente avec jacuzzi. Aire de jeux enfants, prêt de vélos. Cour, jardin parc 18000 m².

A la frontière de la Sologne et du Val de Loire, au cœur de Lailly-en-Val, près de Beaugency, Le Havre de Marie vous ouvre ses portes dans un écrin de verdure et de zénitude. Orchestré par Marie, votre séjour sera une harmonieuse parenthèse de paix et de charme, à l'image de cette demeure de caractère chargée d'histoire.

Attraits touristiques : Chambord 22 km. Cléry (Basilique royale avec tombeau de louis XI) 10 km. Meung sur Loire (château) 15 km. Lac de Bel air à St Pryvé-St Mesmin 20 km. Vous pourrez vous balader le long du Loiret et admirer de nombreux anciens moulins.

Accès : A10, sortie 15 Beaugency puis direction Meung-sur-Loire. Dans Lailly, prendre 2 fois à droite puis suivre les panneaux.
GPS : l 47.76962240 - L 1.68598190.

Tavers - Loiret (45)

N°G230015

Chèque Cadeau

Château de Guignes
Jean-Marie Bouhier
29, rue de Guignes
45190 Tavers
Tél. 02 38 46 43 63
Port. 06 70 74 02 79
chateau-de-guignes@orange.fr
www.chateau-de-guignes.com

TH

1 Pers. 95/100 € - 2 Pers. 100/105 €
Repas 30 €

1 chambre et 1 suite familiale (2 ch.), chacune avec sanitaires privés, TV et wifi. Ouvert toute l'année. Petit déjeuner : viennoiseries, yaourts, jus de fruits. T. d'hôtes certains jours sur réservation, spécialités locales : sauce safran, vinaigre d'Orléans, tarte Tatin, fromage cendré d'Olivet… Parc 2 ha, jardins, fontaines. 4 pers. 155 euros.

Au château de Guignes (XVIIIe siècle), cette demeure de caractère typique du Val de Loire vous propose deux charmantes chambres très spacieuses, aménagées avec raffinement et distinction. Elles sont situées au 2e étage et ont une jolie vue sur le parc.

Attraits touristiques : Beaugency 4 km. Cathédrale d'Orléans, basilique Cléry, châteaux de la Loire à proximité. Randonnée sur place. Pêche 3 km. Piscine 4 km. Equitation 10 km.

Accès : A10, sortie 16 : 11 km, N152 Orléans-Blois. A Tavers, prendre centre bourg, à l'église dir. Lestiou, puis 4e rue à gauche.
GPS : l 47.7483354 - L 1.6077749.

Vitry-aux-Loges - Loiret (45)

N°270008

Les Sapins
Laurence Boeringer
45, route de la Malloie
45530 Vitry-aux-Loges
Tél. 02 38 59 45 39
Port. 06 11 93 56 35
lboeringer@yahoo.fr
http://www.les-sapins-aux-loges.com

Wi Fi

2 Pers. 75 € - 3 Pers. 95 €

2 chambres de plain pied avec sanitaires privés, téléphone et accès internet. Ouvert toute l'année sauf Noël. Petit déjeuner : viennoiseries, confitures maison, fruits... Lecture. Parc. Piscine chauffée. Jeux d'enfants. Salon de jardin.

Vous recherchez le calme absolu, alors soyez les bienvenus dans cette charmante maison à colombages du XVIIe siècle où la décoration soignée vous séduira. Si vous le désirez, vous pourrez pique-niquer dans le jardin, et profitez ainsi de l'espace de verdure qui vous est offert et de la piscine chauffée.

Attraits touristiques : Châteaux de Chamerolles, St-Benoit-sur-Loire. Sully-sur-Loire (festival). Orléans (musées, vieille ville). Golf 12 km. Tennis 1 km. Randonnée sur place. Etang de la Vallée 3 km. Equitation 3 km.

Accès : N60, sortie Chateauneuf. A Vitry-aux-Loges, dir. Ingrannes (D143). Sortie de Vitry à 1 km à gauche, route de la Malloie.

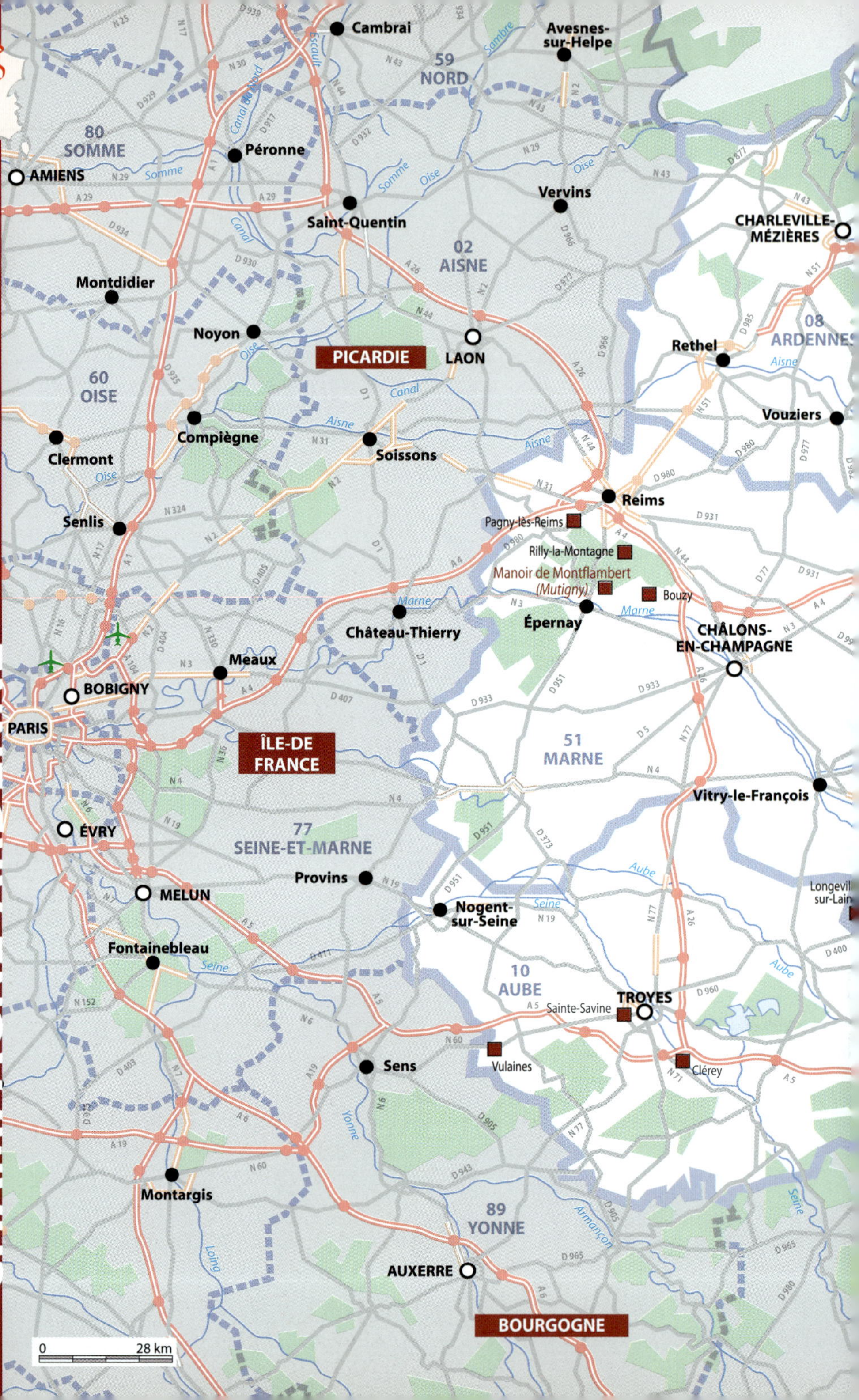
Cambrai
Avesnes-sur-Helpe
59 NORD
80 SOMME
AMIENS
Péronne
Saint-Quentin
Vervins
CHARLEVILLE-MÉZIÈRES
02 AISNE
Montdidier
Noyon
PICARDIE
LAON
Rethel
08 ARDENNES
60 OISE
Compiègne
Clermont
Soissons
Vouziers
Reims
Senlis
Pagny-lès-Reims
Rilly-la-Montagne
Manoir de Montflambert (Mutigny)
Bouzy
Épernay
Château-Thierry
CHÂLONS-EN-CHAMPAGNE
Meaux
BOBIGNY
PARIS
ÎLE-DE FRANCE
51 MARNE
Vitry-le-François
ÉVRY
77 SEINE-ET-MARNE
Provins
MELUN
Nogent-sur-Seine
Longeville-sur-Laine
Fontainebleau
10 AUBE
Sainte-Savine
TROYES
Sens
Vulaines
Clérey
Montargis
89 YONNE
AUXERRE
BOURGOGNE
0
28 km

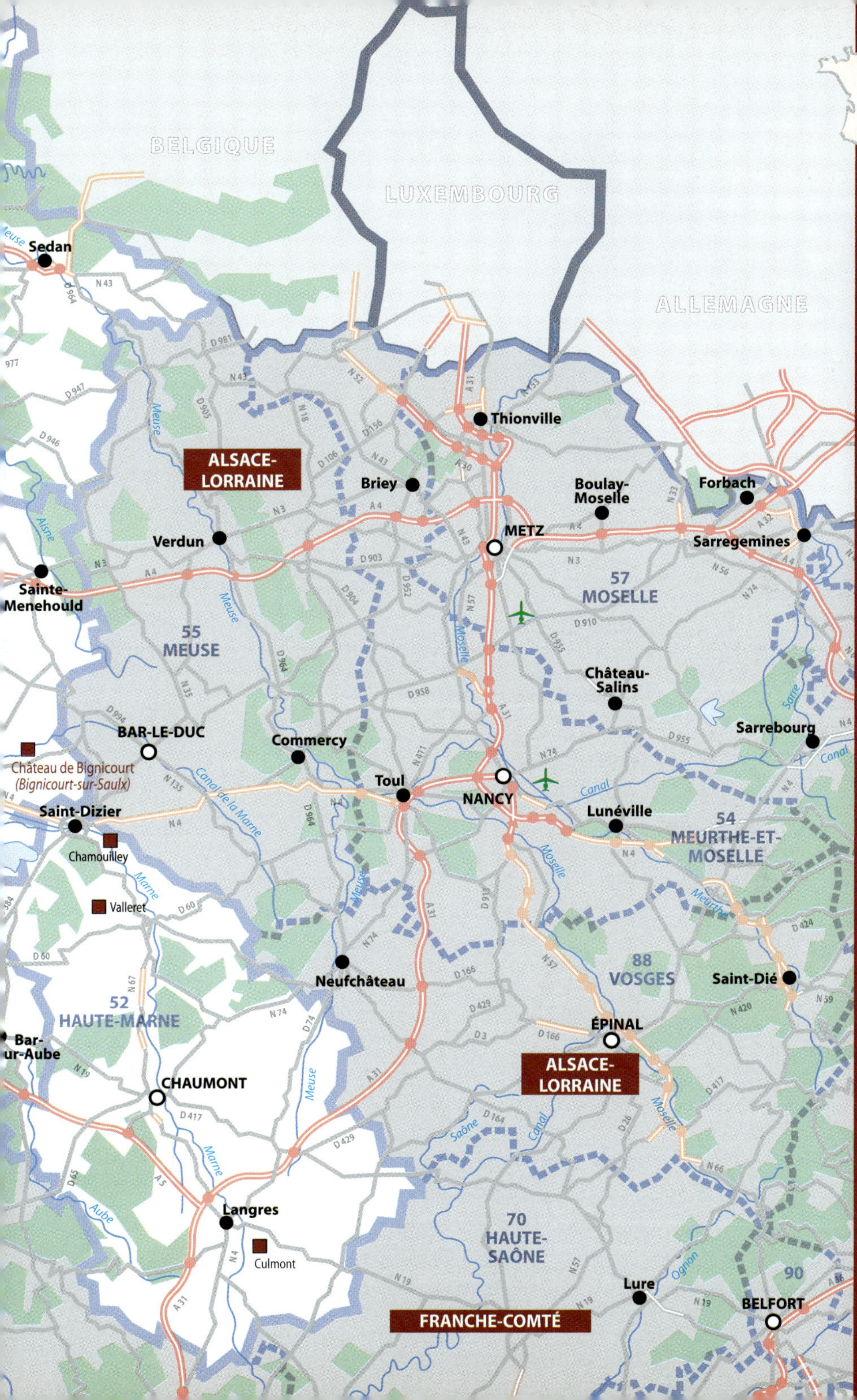

CHAMPAGNE-ARDENNE

Clerey - Aube (10)

NOUVEAUTÉ

Cette vieille demeure du début du XIXème siècle a été pendant un temps une maison de retraite pour religieuses. Le calme et la sérénité du lieu se ressentent immédiatement dès le porche d'entrée franchi : la forêt, le verger de 250 arbres fruitiers, les rosiers anciens, les allées de pivoines. La restauration des lieux s'est inscrite dans le cadre d'une démarche éco-labellisée privilégiant les matériaux écologiques et tout en conservant les éléments d'époque. La décoration est raffinée et originale en alliant moderne et ancien.

Attraits touristiques : Magasins d'usine 12 km. Centre ville historique de Troyes (maisons à pans de bois) 15 km. Route touristique du Champagne 20 km.

Accès : Sortie N°21-A5.Au rd-point à drte dir. Clérey. Au carrefour, Clérey sud, tourner à gauche direction Clérey. A Clérey, passer devant l'école et l'église. Au bout de la route, tourner à gauche et continuer sur 800m.
GPS : l 4.18533530 - L 48.21331390.

N°G842

Chèque Cadeau

Le Clos Saint Pierre
Julie Barbarot
25 rue Saint Pierre
10390 Clerey
Tél. 03 25 46 82 30
Port. 06 45 07 35 47
reservation@leclossaintpierre.com
http://leclossaintpierre.com

1 Pers. 75/130 € - 2 Pers. 85/130 € - 3 Pers. 130 €
P. sup. 15 € -

4 chambres spacieuses avec sanitaires privatifs, internet, écran plat et tisanerie. Ouvert toute l'année. Petit déjeuner : jus de pomme maison, pain, confitures, chaource, jambon... Parc de 2 ha. Parking. Galerie photogaphique. La propriétaire vous proposera de découvrir les variétés de pommes de son verger.

Ste-Savine - Aube (10)

NOUVEAUTÉ

Dans une charmante maison de maitre disposant d'une jolie petite cour fleurie et d'un jardin, «L'Embellie» est un lieu idéal propice au repos. Toute la maison a été décorée dans l'optique d'allier l'ancien et le contemporain tout en apportant une dimension chaleureuse. A l'étage, vous découvrirez des chambres spacieuses avec parquets authentiques et cheminées anciennes.

Attraits touristiques : Magasins d'usine, centre ville de Troyes et ses rues piétonnes, ses restaurants, ses musées, ses théâtres à 5 mn. Piscine 2 km. Equitation 5 km.

Accès : En venant de Troyes, prendre direction Sainte-Savine/Sens. Après le pont de la gare, prendre la 1ère rue à droite, puis la 2ème rue à gauche.
GPS : l 4.06167819 - L 48.29646590.

N°G808

Premium

L'Embellie
Marie-Claude Varlet
25 rue Neuve de la République
10300 Ste-Savine
Tél. 03 25 71 09 86
Port. 06 99 78 12 89
Lembellie3@gmail.com

1 Pers. 73 € - 2 Pers. 85 € - 3 Pers. 105 €

2 chambres 2 personnes avec internet, écran plat et tisanerie. Ouvert toute l'année. Petit déjeuner : pain, viennoiseries, confitures... Parking dans la cour pour 2 voitures. Jardin de 200 m².

Vulaines - Aube (10)

N°G807

Le Saule Fleuri
Nelly Fandard-Schmite
7, rue de l'Ancienne Gare
10160 Vulaines
Tél. 03 25 40 80 99
fandard-schmite@wanadoo.fr
www.chambres-du-saule-fleuri.com

Wi Fi

1 Pers. 65 € - 2 Pers. 75 €

4 ch. avec sanitaires privés et wifi. Ouv. toute l'année. Petit déjeuner : yaourts, fromages, confitures et patisseries maison, miel, viennoiseries, pains divers, fruits... Pièce détente 67 m² (cheminée pierre), coin-lecture, piano, billard. Coin-cuisine dispo. Cour, jardin, terrasse. Piscine. Parking. Restaurant sur place, gastronomiques 5 - 10 km.

Belle maison de caractère du XIXe siècle, en briques et pierre blanche (1874). Elle doit son originalité à la décoration des fenêtres surmontées de têtes sculptées. Joli parc fleuri dont le bruissement de la fontaine invite à la détente, au calme. Les petits déjeuners sont servis, selon le temps, dans la salle tapissée ou sur la terrasse. Piscine chauffée couverte d'avril à octobre.

Attraits touristiques : festival en Othe, fête du cidre, églises classées, circuits des Lavoirs et des Pressoirs à cidre du Pays d'Othe... Randonnées pédestres 1 km. Tennis 3 km. Plan d'eau, baignade 5 km. Vélo-rail 10 km. Lac Forêt d'Orient 50 km.

Accès : A5, sortie n°19 et RD660 et prendre dans Vulaines la D54 ensuite la 2e route à gauche et dernière maison à gauche (suivre fléchage).
GPS : l 3.37.26.8 - L 48.13.53.8.

Bignicourt-sur-Saulx - Marne (51)

NOUVEAUTÉ

N°G51189

Chèque Cadeau

Château de Bignicourt
Fabrice Provin
Le Château, 2 grande rue
51340 Bignicourt-sur-Saulx
Tél. 03 26 74 16 22
Port. 06 11 64 30 37
fabrpro@voila.fr
www.chateaubignicourt.com

TH Wi Fi

1 Pers. 135 € - 2 Pers. 145 €
Repas 30 €

3 suites et 2 chambres, toutes avec TV, internet. Ouvert toute l'année. Petit déjeuner : céréales, pain, viennoiseries, confitures. Table d'hôtes : menu du terroir. Sur place : étange, rivière, bois. A disposition : billard, pétanque.

A 30 mn du Lac du Der, le Château, classé monument historique, vous accueille en chambres d'hôtes de charme pour un séjour au calme. Facilité de stationnement dans la propriété. Le Château est situé dans un parc de 13 ha pouvant accueillir 15 personnes avec ses 5 chambres d'hôtes. Possibilité de séminaire dans notre grand salon aux décors d'époque. Chaque chambre dispose d'une décoration personnalisée avec lit 180/200, salle de douche ou salle de bains et wc privés.

Attraits touristiques : Le Lac du Der (plus grand lac artificiel d'Europe) avec toutes activités nautiques. Musées. Pistes cyclables. Tennis 5 km. Equitation 8 km. Piscine 10 km. Golf 33 km.

Accès : à 17 km de Vitry le François et 25 km de St-Dizier.
GPS : l 48.7653 - L 4.775.

Bouzy - Marne (51)

N°5191

Les Barbotines
Marie-Thérèse Bonnaire
Champagne Paul Clouet, 1 place Tritant
51150 Bouzy
Tél. 03 26 57 07 31 - 03 26 51 70 70
contact@lesbarbotines.com
www.lesbarbotines.com

1 Pers. 88 € - 2 Pers. 108 € - 3 Pers. 128 €
P. sup. 36 € -

3 chambres doubles, 1 chambre triple et 1 chambre pour pers. à mobilité réduite, toutes avec sanitaires privés, TV, accès wifi, ADSL. Ouv. toute l'année sauf du 1er au 15.08 et du 15.12 au 2.02. Petit déjeuner : confitures et cakes maison. 2 salles à manger conviviales, salon et terrasse intérieure à disposition. Parking privé et clos.

Au cœur de Bouzy, classé grand cru de Champagne, nous vous accueillons dans cette maison de maître vigneron du XIXe, où modernité et passé ne font qu'un. Les 5 chambres portent le nom de prestigieuses parcelles de vignes du domaine. Un art de vivre se décline dans chaque pièce, la décoration étonne tant par sa sobriété que par son charme. Visites de caves, dégustation de Champagne et de Bouzy rouge sur simple demande.

Attraits touristiques : Promenade du chemin des vignes à Bouzy, visites caves à Epernay et Reims, musée de la vigne et du vin à Verzenay (10 km). Pêche, VTT 4 km. Equitation 10 km. Piscine 15 km. Tennis 200 m. Randonnée 1 km. Restaurants 2 et 4 km.

Accès : sur la route touristique du champagne. 15 km d'Epernay, 20 km de Reims, 18 km de Châlons-en-Champagne, à proximité de la D3.

Mutigny - Marne (51)

N°5190

Manoir de Montflambert
S. Lheureux-Plékhoff
51160 Mutigny
Tél. 03 26 52 33 21
contact@manoirdemontflambert.fr
www.manoirdemontflambert.fr

1 Pers. 114/129 € - 2 Pers. 122/134 € - 3 Pers. 159 €

Etage : 3 chambres et 2 suites (non fumeur) avec salle de bains/wc privés, mini-bar. Chacune a un thème différent. Petit déjeuner : viennoiseries, confitures, yaourts… Pièce de jour commune ornée de lambris, cheminée monumentale, bibliothèque sur la Champagne. Terrasse, fauteuils en fonte. Parc, verger, pêche. Taxe de séjour en plus.

A la rencontre des routes de Champagne et des paysages de vignes et de forêts, il est agréable de séjourner dans un ancien manoir du XVIIIe siècle situé aux confins de la route Montflambert et de s'y reposer. La situation géographique permet de parcourir toute la région : Montagne de Reims, Côte de Blancs, Vallée de la Marne, Massif de St-Thierry ponctuée de charmants villages, de milieux naturels, de grandes marques et de maisons de Champagne.

Attraits touristiques : vignoble et nature en toute saison, sentier du vigneron (mi-avril/mi-novembre). Visite cave à Epernay.

Accès : au nord-est d'Epernay, capitale de la Champagne (10 mn), au sud de Reims (ville des Sacres 25 mn). A 4 km de Ay.

Pargny-les-Reims - Marne (51)

N°G51165

Chèque Cadeau

La Baleinière
Robert d'Harcourt
1, rue Saint-Martin
51390 Pargny-les-Reims
Tél. 03 26 49 26 37
Port. 06 11 88 57 98
labaleiniere@gmail.com
www.la-baleiniere.fr

TH

Wi Fi

2 Pers. 95/130 €
P. sup. 25 € - Repas 20/35 €

3 chambres et 1 suite avec sanitaires privés, TV, wifi, prise internet. Ouvert toute l'année sauf vac. Noël. Petit déjeuner : fruits, confitures, miel, viennoiseries. T. d'hôtes : bourguignon, potée, saumon, St-Jacques (selon saison). Poss. Lit bébé et lit supppl. Sur demande. Salon, séjour (billard, baby-foot). Jardin, parc 1 ha. Restaurant 500 m.

Au cœur du Parc de la Montagne de Reims, sur la route touristique du Champagne, grande demeure familiale fin XVIIIe, entourée d'un parc clos d'un ha, avec vue sur la cathédrale de Reims, la chapelle St-Lie et le vignoble. Nous vous accueillons chaleureusement dans notre grande maison qui comprend 25 pièces dont 8 sont consacrées à votre accueil. Possibilité de mise à disposition de salons pour petites réceptions (50 pers.).

Attraits touristiques : Reims 10 km : cathédrale, caves, musées, flaneries musicales. Golf de Gueux, route du Champagne, route des Crèches.

Accès : à 10 km de Reims, direction Dormans (D980).
GPS : l 49.21970 - L 3.92383.

Rilly-la-Montagne - Marne (51)

N°51140

Le Palais Champenois
Florence et Patrick Manceaux
10, rue Carnot
51500 Rilly-la-Montagne
Tél. 03 26 03 44 26
Port. 06 25 94 80 24
manceaux.florence@orange.fr
www.champagne-roger-manceaux.com

Wi Fi

1 Pers. 90 € - 2 Pers. 135 € - 3 Pers. 150 €

A l'étage, 2 chambres avec salle de bains, minibar, TV et wc privés. Ouvert toute l'année. Petit déjeuner servi dans la vaste salle à manger ou dans le jardin : charlotte aux biscuits roses de Reims, confitures et yaourts maison, œufs, charcuterie... TV, piano, billard, salon de jardin. Visite de caves. Taxe de séjour en sus.

Au cœur de la Champagne, entre Reims, Epernay et Rilly-la-Montagne. Patrick et Florence, vignerons, vous accueillent dans leur maison de maître du XIXe siècle. Vous pourrez admirer les beaux volumes qu'offre cette belle demeure où sont aménagées deux chambres d'hôtes de charme, Louison et Dom Pérignon, à la décoration très raffinée et personnalisée par la maitresse de maison.

Attraits touristiques : Rilly, village fleuri, cathédrale de Reims, visite de caves, musée de la Vigne et du Vin à Verzenay 9 km., abbaye de Dom Pérignon à Hautvillers 15 km. Forêt et randonnée sur place. Piscine 7 km. Equitation 16 km. Golf 20 km.

Accès : de Paris, A4 jusqu'à la sortie Reims-sud. Continuer sur la N51 dir. Epernay. Traverser Montchenot puis à gauche la D26 dir. Villers-Allerand. Traverser Villers. Entrer dans Rilly-la-Montagne, place de la République.
GPS : l E 4.05970 - L N 49.16532°.

Chamouilley - Haute-Marne (52)

N°551

Le Moulin
Régis et Sylvie Forêt
52410 Chamouilley
Tél. 03 25 55 81 93
Port. 06 83 20 92 66
lemoulinchamouilley@wanadoo.fr

1 Pers. 51 € - 2 Pers. 61/65 € - 3 Pers. 77 €
P. sup. 15 € -

5 chambres avec sanitaires privés et TV. Ouv. toute l'année. Petit déjeuner : confitures maison, croissants, jus d'orange, yaourts... Séjour, bibliothèque, salon. Cour, jardin, parc. Parking. Piscine chauffée et couverte. Ping-pong, vélos. Restaurants sur place et 8 km.

Charmante maison de caractère située sur une propriété de 2 ha, en bordure de la Marne et du canal. Vous disposerez des 5 jolies chambres et d'une grande salle lumineuse, décorées avec goût et aménagées dans une aile de la maison entièrement restaurée. Vous pourrez faire de longues balades à vélo aux alentours.

Attraits touristiques : Balades le long du canal, lac du der. En novembre, festival de la Photo Animalière (20 km). Château de Joinville. Voile, baignade, pédalos 12 km. Piscine 8 km.

Accès : de Saint-Dizier prendre dir. Chaumont, à 8 km prendre dir. Roches-sur-Marne/Chamouilley.

Culmont - Haute-Marne (52)

NOUVEAUTÉ

N°589

le Clos Eugénie
Monette et Dominique Arnoult
3 rue de la Gare
52600 Culmont
Tél. 06 40 26 71 99 - 06 30 19 94 19
closeugenie.culmont@gmail.com
www.closeugenie.com

TH

Wi Fi

1 Pers. 91/99 € - 2 Pers. 99/109 €
P. sup. 20 € - Repas 35 €

1 chambre, 1 suite (chambre, salon), toutes avec s.d.e/wc privatifs. Ouvert du 15/03 au 20/12. Petit déj. : pâtisseries et confitures maison, jambon, fromage. T. d'hôtes : papillottes escargots coulis de tomate au piment doux, tian de Saint-Jacques, tarte tatin rhubarbe pâte sablée. Salon/bibliothèque. Vélos. Label "Gîte au Jardin".

Le Clos Eugénie, à 12 km de Langres, pays de Denis Diderot, demeure de caractère du second empire, vous accueille dans une ambiance raffinée. Parc clos de 2 hectares avec bassins et étang non sécurisés, jardins à la française et à l'anglaise. Monette et Dominique vous recevront dans leur manoir aux éléments du passé sauvegardés et restaurés, matériaux nobles, pierre de bourgogne, murs chaulés et mobilier campagnard, plafond à la française et boiserie peints.

Attraits touristiques : Langres, cité fortifiée, ville natale de Denis Diderot, musées, manifestations diverses à 12 km. Pays des 4 lacs, nombreuses activités nautiques. Randonnée, circuit sur place.

Accès : Sortie Langres N19 direction Vesoul/Belfort/Mulhouse. Après 8 km, tourner à gche dir. Culmont D51 puis D121. Clos Eugénie à 400m à gche après église.
GPS : l 47.815516 - L 5.442073.

Longeville-sur-la-Laines - Haute-Marne (52)

N°508

Domaine de Boulancourt
Christine et Philippe Viel-Cazal
Le Désert
52220 Longeville-sur-la-Laines
Tél. 03 25 04 60 18
Port. 06 33 18 84 92
dom.boulancourt@wanadoo.fr
www.domaine-de-boulancourt.com

TH

1 Pers. 65 € - 2 Pers. 85/95 €
P. sup. 20 € - Repas 35 €

4 chambres et 1 suite avec sanitaires privés et wifi. Ouvert du 25.04 au 25.11. Petit déj. : confitures maison, jus d'orange, tartines... T. d'hôtes (vin compris) : choucroute champenoise, tarte aux quetches... Jeux de société. Etang, rivière, vaste parc arboré 10 ha, jardin, mobilier de jardin. Restaurant 10 km. - 20% sur la 2e nuit et - 30% sur la 3e

Le Domaine de Boulancourt s'étend sur une cinquantaine d'hectares traversés par une rivière "La Laines" , et possède un étang datant du XIe siècle. Celui-ci fut aménagé par les moines de l'Abbaye de Boulancourt en contrebas de la Ferme du Désert. Philippe exploite toujours la ferme et Christine attend tous ceux qui aspirent à la quiétude dans une maison spacieuse et confortable. Véritable havre de paix, cette adresse comblera les chercheurs de simplicité et de félicité. Labellisé "Gîte au Jardin".

Attraits touristiques : lac du der 15 km. Circuit des églises à pans de bois sur place. Château de Cirey-sur-Blaise et route du fer 25 km. Colombey-les-2-Eglises, abbaye de Clairvaux et route du champagne 35 km. Château de Joinville 40 km.

Accès : D174 : à Longeville-sur-la-Laines suivre "Boulancourt" et au 1er croisement à gauche : Le Désert.
GPS : l 48.455125 - L 4.651455.

Valleret - Haute-Marne (52)

N°564

Saint-Lumier
Vincent Rondelet
8 Grande Rue
52130 Valleret
Tél. 03 25 55 34 21
Port. 06 76 37 54 52
vincent.rondelet@wanadoo.fr

1 Pers. 55 € - 2 Pers. 60 € - 3 Pers. 75 €

2 chambres avec chacune wc et salle de bains (baignoire et douche). Ouvert toute l'année. Petit déjeuner : boisson chaude, pain, viennoiseries, jus de fruit, yaourt, confitures maison, miel de pays, fruits de saison. TV, bibliothèque. Parc de 0,5 ha avec cour et jardin. Pizzeria 5 km. Restaurant gastronomique 13 km.

Dans un charmant village situé au cœur d'une campagne verdoyante et reposante, cette ferme de caractère du XIXe sicècle, restaurée Haute Qualité Environnementale, vous propose 2 chambres spacieuses, chaleureuses et raffinées. La décoration est une harmonie d'objets chinés au cours des brocantes...

Attraits touristiques : Lac du Der 20 km. Route du fer. Cité de Joinville et son château. Festival de la photo animalière à Montier-en-Der. Randonnée sur place. Forêt 1 km. Pêche 3 km. Baignade 4 km. Equitation 5 km. Voile, sports nautiques 10 km.

Accès : de Wassy, prendre D4 direction Joinville. 2km après Brousseval à gauche, direction Valleret : 8 Grande Rue.

éco-Geste

Hébergements de Qualité Environnementale

Envie d'un séjour placé sous le signe de la préservation de l'environnement ?

Nos éco-gestes s'inscrivent dans une démarche de tourisme éco-responsable, en valorisant les petits gestes simples du quotidien que les propriétaires Gîtes de France, qui vous accueillent ont mis en place, et que chacun peut reproduire chez soi pour le bien de tous :

- 50% des ampoules de classe énergétique A ou A+ ou utilisation des technologies LED,
- Tout nouvel équipement doit comprendre l'étiquette énergie classe A à minima,
- Réducteurs d'eau et/ou des mousseurs sur tous les robinets (sauf arrosage extérieur),
- WC avec un mécanisme de chasse double poussoir ou d'une chasse d'eau inférieure 6 L,
- Ensemble des produits d'entretien biodégradable et éco-labellisé,
- Poubelles spécifiques au tri sélectif,
- Mise à disposition d'une plaquette propre à la structure reprenant les engagements du propriétaire en faveur du tourisme durable,
- Mise à disposition d'une documentation complète sur les sites et prestataires ayant une thématique développement durable.

GÎTES DE FRANCE

Gîtes de France

Et vos vacances prennent un autre sens

MER MÉDITERRANÉE
Golfe de St-Florent
Nonza
BASTIA
D 80
D 81
Calvi
N 197
Rapale
Murato
N 193
Golo
N 198
2B
HAUTE-CORSE
Golfe de Porto
Corte
N 198
D 81
CORSE
N 193
Tavignano
Golfe de Sagone
N 193
AJACCIO
Gavrone
Golfe d'Ajaccio
Taravo
Pila-Canale
N 196
2A
CORSE-DU-SUD
N 198
Golfe de Valinco
Sartène
N 196
Golfe de Porto-Vecchio
0
26 km

Murato - Corse (20)

N°57791

A Mandria
Pascale Flori
quartier Saint-Jean
20239 Murato
Tél. 04 95 37 66 16 - SR : 04 95 10 54 30
Port. 06 03 57 54 11
amandria@wanadoo.fr

1 Pers. 100 € - 2 Pers. 120 €
P. sup. 30 € -

3 chambres avec sanitaires privés. Ouvert du 01/04 au 31/10. Petit déjeuner : jus de fruits frais, viennoiseries, confitures, gâteaux régionaux, petits pains... Jardin. Restaurant à 300 m.

Sur les hauteurs du village de Murato, à l'emplacement d'une ancienne vigne, les chambres d'hôtes "A Mandria" sont issues de la réhabilitation d'anciennes bergeries en pièrres sèches appelées "Pagliaghji". Vous serez séduits par la décoration très soignée qui allie tradition et modernité : éléments anciens traditionnels (lits corses anciens), classiques et modernes.

Attraits touristiques : Eglise San Michele de Murato, St-Florent 17 km (festival Porto Latino en août), route des vins de Patrimonio, festival des "Nuits de la guitare" à Patrimonio (juillet). Bastia 19 km. Equitation 12 km. Mer 18 km. Aéroport 23 km. Port 27 km.

Accès : de Bastia, prendre N196, puis rond-point dir. St-Florent (D82) jusqu'au Col de San Stéphano. Dir. Murato, traverser le village, prendre la montée à droite.
GPS : l 42.574957 - L 9.325832.

Nonza - Corse (20)

N°55821

Casa Maria
Marie-Ange Burini
20217 Nonza
Tél. 04 95 37 80 95
Port. 06 76 05 40 13
casamaria@wanadoo.fr
www.casamaria-corse.com

Wi Fi

2 Pers. 75/165 € - 3 Pers. 125/165 €
P. sup. 25/35 € -

3 chambres dont 1 familiale composée de 2 chambres, toutes avec sanitaires privés, toutes climatisées. Ouvert du 1er avril au 30 octobre. Copieux petit déjeuner. Salon commun aux hôtes. Terrasses, jardin, solarium. Wifi et TV dans chaque chambre (TNT et chaines étrangères). Restaurants à Nonza et à St-Florent.

Au cœur du village de Nonza, site classé, cette demeure est une maison de maître dont les chambres décorées avec goût, sont, pour votre plus grand confort, toutes climatisées. Aux beaux jours, détente et bien-être sont au rendez-vous grace aux terrasses, au jardin et au solarium...

Attraits touristiques : Tour de Nonza (inscrite au répertoire du patrimoine). Mer 1 km. Tennis 2,5 km. Rivière 5 km. Nombreuses randonnées sur place.

Accès : de Bastia, prendre D81 direction Saint-Florent. A Patrimonio, prendre D80 direction Cap-Corse.

Pila Canale - Corse (20)

NOUVEAUTÉ

N°19211

La Villa Guidi
Habani Christian
20123 Pila Canale
Tél. 04 95 24 22 64 - SR : 04 95 10 54 30
Port. 06 87 60 34 43
contact@lavillaguidi.com
www.lavillaguidi.com

TH

2 Pers. 118/148 €
P. sup. 38 € - Repas 40 €

4 chambres et 1 suite avec sanitaires privés, TV, wifi, terrasse ou balcon. Ouvert toute l'année. Petit déjeuner : boissons chaudes, confitures maison, cake, fruits... T. d'hôtes : vélouté courgettes, sauté de veau, flan chataîgnes, salade de fruits... Echecs, jeux de société, piano, guitare. Jardin. Pisicne. Loc. vélos. Balançoire.

Entre mer et montagne, édifiée sur un promontoire, au centre du village, la Villa Guidi domine la basse vallée du Taravo. Orientée plein sud, elle offre une vue à 180° allant des cimes arides du Mont San Petru aux plages feutrées de la baie de Cupabia. Cette demeure en pierre du début du siècle dernier vous invite à découvrir les plaisirs cachés de notre île. Chez nous, valeurs et traditions riment encore avec passion.

Attraits touristiques : Propriano (cité balnéaire), la route des "sens authentiques", la Tour de Campanao... Fête des pêcheurs en juin, foire de Filatosa en août. Randonnée et forêt sur place. Tennis 5 km. Equitation et plage 15 km.

Accès : d'Ajaccio, prendre dir. Bonifacio (N196) en laissant Porticcio, puis à droite au lieu-dit Pisciatello (7), prendre dir. Pila canale (D302) sur 30 km. Arriver à Pina Canale, prendre à gauche vers le centre du village, face à la mairie.
GPS : l 41.81235500 - L 8.91079200.

Rapale - Corse (20)

N°58081

Casa Ghjunca
Janick BALBINOT
Casa Ghjunca
20246 Rapale
Tél. 04 95 39 03 14 - SR : 04 95 10 54 30
Port. 06 43 15 76 95
balbinot.janick@orange.fr

2 Pers. 90/160 €
P. sup. 20 € -

4 chambres et 1 suite avec sanitaires privés, climatisation, TV (écran plat), connexion wifi. Ouvert toute l'année. Salle de détente et bibliothèque. Petits déjeuners : 2 sortes de jus de fruit bio régionaux, salade de fruits de saison, yaourt maison, biscuits et brioche corse, confitures bio, œufs à la panzetta, omelette au brocciu et à la menthe.

CASA GHJUNCA est une maison de maître en pierres, du XVIIe siècle, récemment rénovée, située à l'entrée du village de Rapale. Chaque pièce, décorée avec soin, apporte une ambiance différente, entre confort moderne et authenticité. Certaines chambres sont équipées de baignoire balnéo avec chromothérapie. Entre mer et montagne, une situation exceptionnelle ouverte sur la plaine avec à l'horizon le golfe de Saint Florent aux couchers de soleil incandescents.

Attraits touristiques : Eglise Saint Michel de Murato. Festivals : Porto Latino à Saint Florent (Août) 20 km, Nuits de la Guitare à Patrimonio (Juillet) 27 km. Randonnée sur place, plage (20 km).

Accès : De Bastia, prendre RN 193 dir. Ajaccio. A environ 10 km prendre sortie à droite dir. Murato/Rutali/St Florent. Suivre D82 au rond-point, dir. Vallecalle.
GPS : l 9.30271600 - L 42.59103700.

FRANCHE-COMTÉ

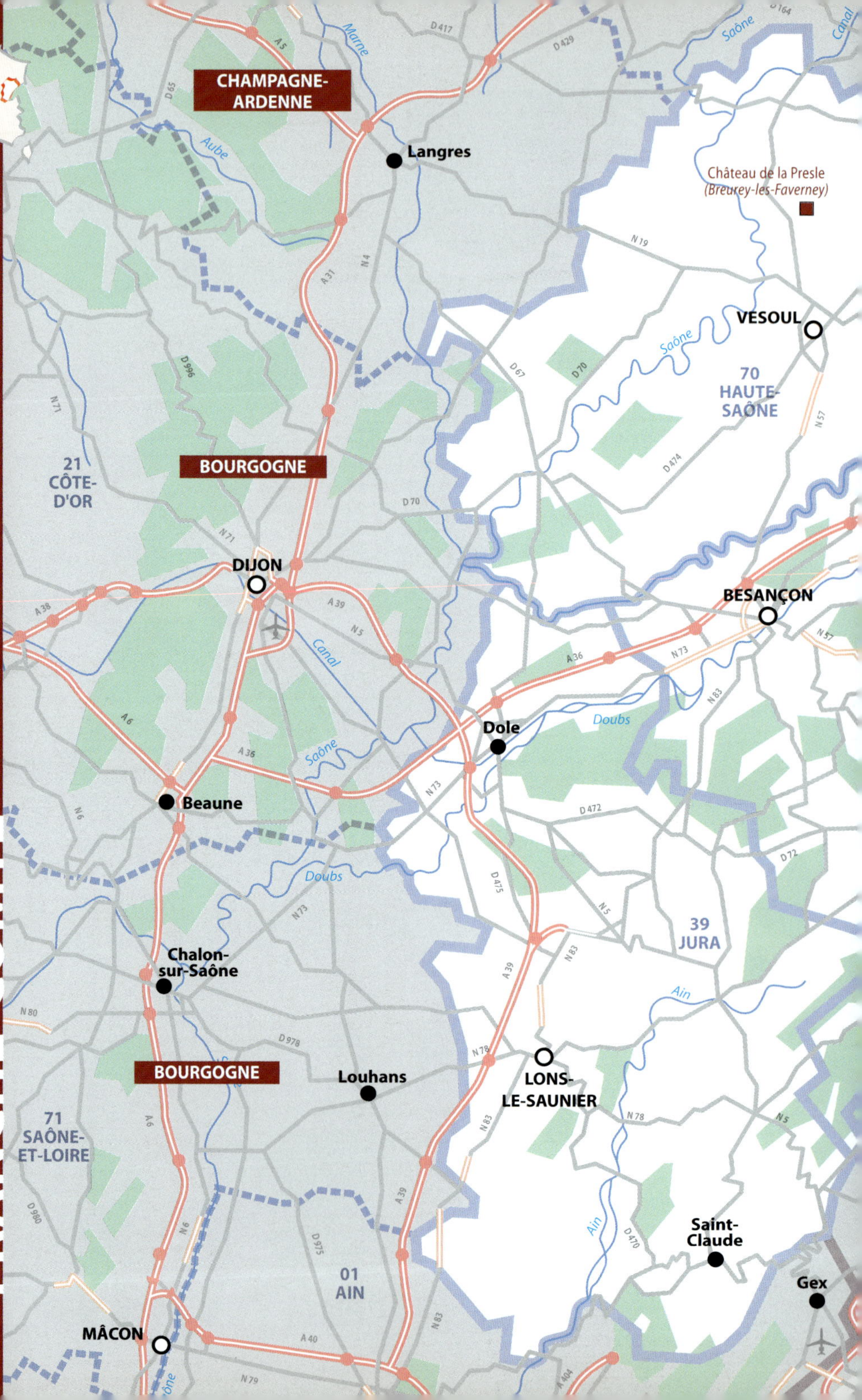

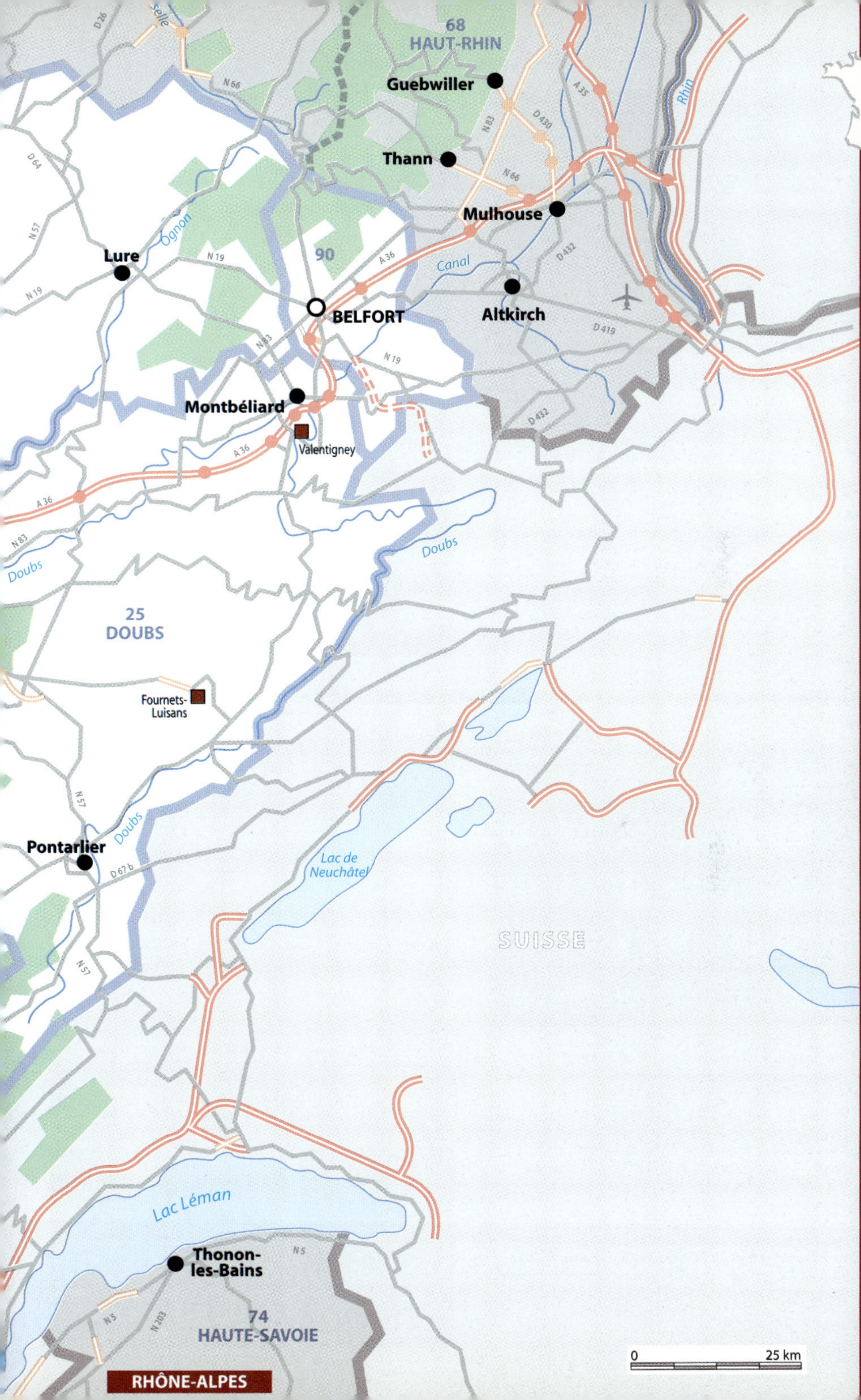
68
HAUT-RHIN
Guebwiller
Thann
Mulhouse
Lure
90
BELFORT
Altkirch
Montbéliard
Valentigney
25
DOUBS
Fournets-Luisans
Pontarlier
Lac de Neuchâtel
SUISSE
Lac Léman
Thonon-les-Bains
74
HAUTE-SAVOIE
RHÔNE-ALPES
Selle
Ognon
Canal
Rhin
Doubs
D 26
N 66
D 64
N 57
N 19
A 36
A 35
N 83
D 430
D 432
D 419
N 83
D 67 b
N 5
N 203
0
25 km

Fournets-Luisans - Doubs (25)

N°25G305

Le Pré Oudot
Laurence Pequignet
Le Pré Oudot
25390 Fournets-Luisans
Tél. 03 81 67 02 31
Port. 06 71 62 84 72
lepreoudot@orange.fr
www.preoudot.typepad.com

TH

1 Pers. 85/100 € - 2 Pers. 100/155 €
P. sup. 20 € - Repas 25 €

3 chambres et 2 suites avec sanitaires privés dont 1 avec alcôve et 3 sous le toit du bât. attenant. Accueil bébé. Ouv. toute l'année. Petit déjeuner : viennoiseries, confitures maison, oranges pressées, jambon de pays, comté, œufs. TV, cheminée. Salon de jardin. Cour, jardin 300 m², terrain. Balançoire, VTT, raquettes. Label Motords Bienvenue.

Superbe ferme du XVIIe siècle, en pleine nature, où vous sont proposées cinq chambres très confortables, qui répondent parfaitement au style de la ferme comtoise tout en étant particulièrement cossues (tissus, bibelots...). Vous bénéficierez d'une très belle vue panoramique sur les forêts de sapins, et profiterez de la GTJ équestre à proximité.

Attraits touristiques : Manège couvert, carrière ext., chemin de trotting sur place. Musée de l'Horlogerie, Le Saut du Doubs, Cirque de Consolation et tennis 10 km. Ski de fond sur place. Equitation 5 km. Ski de piste 12 km. Pêche 15 km. Piscine 7 km.

Accès : à Fuans (D461) dir. Fournets-Luisans (D41) puis dir. Les Fins. En pleine nature, à droite dir. Le Pré Oudot, La Racine, Leuziole, continuer jusqu'à la ferme avec les barrières en bois.
GPS : l 47.085806 - L 6.558212.

Valentigney - Doubs (25)

N°25G185

La Maison de Juliette
Françoise et Christian Gauthe
8, rue des Combes St-Germain
25700 Valentigney
Tél. 03 81 91 88 19
Port. 06 04 03 84 94
maisondejuliette@orange.fr
www.maisondejuliette.fr

TH

1 Pers. 75/90 € - 2 Pers. 85/100 € - 3 Pers. 133 €
P. sup. 25 € - Repas 28 €

2 chambres et 1 suite de 2 ch./coin-salon, avec sanitaires privés. Ouvert toute l'année. Petit déjeuner gourmand. T. d'hôtes sur réservation : cuisine franc-comtoise et traditionnelle, à base de produits frais et du potager, majoritairement bio. Cuisine commune accès libre. Internet filaire. Terrasse, jardin 35 ares. Vélos. Label Motards Bienvenue.

Maison de famille du début du Xxe siècle, esprit "maison de campagne", elle émerge des grands arbres du parc. Une suite parentale logée sous la belle charpente déploie son charme gustavien, douceur des gris, ficelle et parme, vieux parquets, linge brodé... La maison d'invités propose deux chambres en rez-de-jardin, l'une décorée dans un "esprit cabane", l'autre "petit atelier" dans une harmonie de bleu flamand et blanc craie.

Attraits touristiques : musée de l'Aventure Peugeot 6 km. Château des Ducs de Würtenberg 10 km. Les Lumières de Noël (authentique marché de Noël) à Montbéliard 10 km. Randonnée sur place et départ GTJ 5 km. Accès Eurovélo 6 à 7 km par pistes cyclables. Golf 10 km.

Accès :
GPS : l 47.452091 - L 6.832101.

N°70G71055

Château de la Presle
Marie-France et Geoffrey Smith
3 rue Louis Pergaud
70160 Breurey-les-Faverney
Tél. 03 84 91 41 70
Port. 06 11 78 41 04
resa@chateaudelapresle.com
www.chateaudelapresle.com

TH

1 Pers. 95/130 € - 2 Pers. 110/145 €
P. sup. 40 € - Repas 48 €

Ce ravissant château romantique construit au XIXe siècle, de style Louis XIII, a gardé toute son authenticité : boiseries en chêne, parquet à bâtons rompus… Belles pièces en enfilade avec un grand salon et son avancée vitrée qui accueille le salon de musique. La salle à manger, remarquable par ses boiseries et moulures, s'ouvre sur la terrasse. Le château est niché dans un parc de 6 ha aux essences rares. Le château dans une nature préservée domine un joli et typique village comtois. Ce couple franco-britannique vous fera partager l'amour de leur demeure entièrement rénovée avec des artisans d'art.

Attraits touristiques : golf, thermes, musées, équitation, canoé, pêche, baignade, randonnée.

Accès : N19 dir. Port/Saône, sortir dir. Faverney (D434) puis à droite (D6) jusqu'à Breurey. GPS : l 06°07'40" - L 47°45'24"

3 chambres, 2 suites (1er/2e ét.) avec salle de bains, mini-bar, TV LCD (suites avec lect. DVD). Petit déjeuner : fromages, œufs, confiture maison…T.hôtes : confit de canard aux griottes, volaille au vin jaune, terrine d'écrevisses à l'absynthe… Salon-bibliothèque, salon musique, billard. Tennis (gazon), terrain clos. Hammam. Stages. Animal 15 euros/j.

ILE DE FRANCE

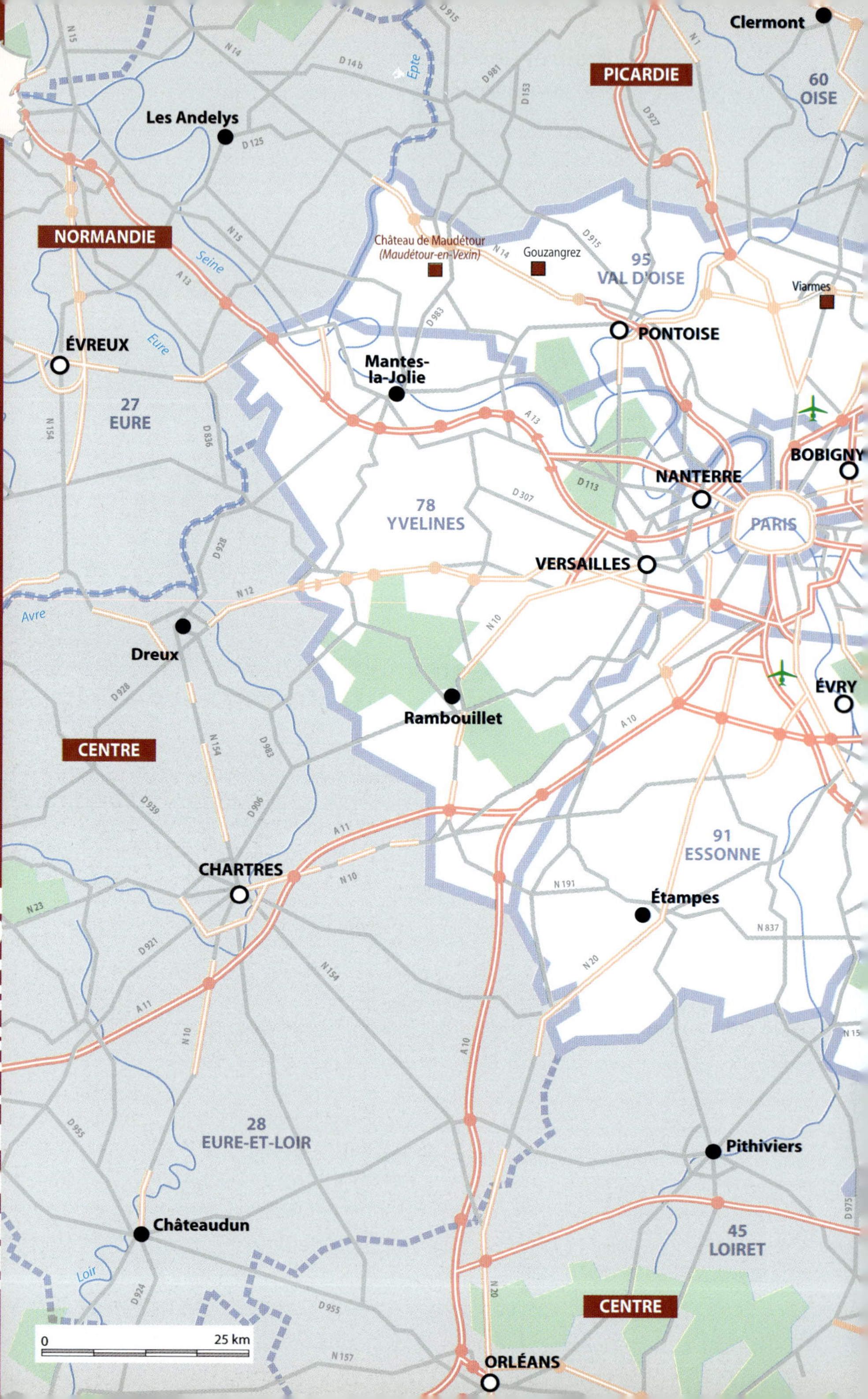

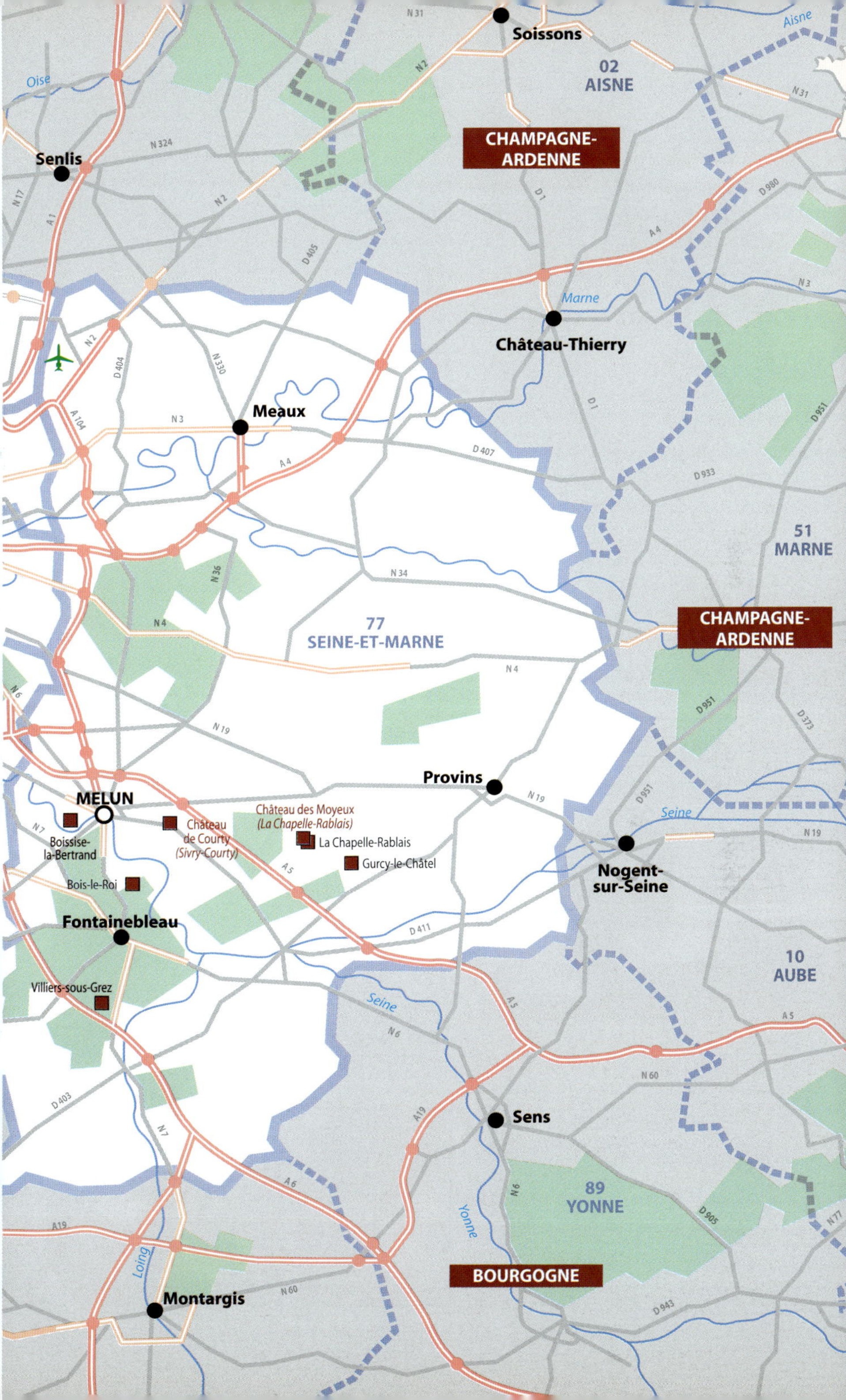

ILE DE FRANCE

Bois-le-Roi - Seine-et-Marne (77)

N°10202

Le Clos Fleuri
Jean-Pierre Lacour
3, rue Demeufve
77590 Bois le Roi
Tél. 06 20 52 72 67
duclosfleuri@free.fr
www.leclosfleuri-77.fr

1 Pers. 90 € - 2 Pers. 100 €
P. sup. 30 € -

5 chambres avec sanitaires privés, TV et wifi. Ouvert toute l'année. Petit déjeuner : jus de fruits bio, fruits, yaourts et beurre de ferme, brie, croissants, miel + confitures maison, gâteaux, crêpes, œufs au lait, brioche, fruits secs... Jardin. Restaurant à 500 m.

A 68 km de Paris et 10 km de Fontainebleau, et à proximité de la base de loisirs de Bois le Roi, le Clos Fleuri vous accueille dans cinq jolies chambres d'hôtes, aménagées dans une ancienne construction située à l'arrière du pavillon des propriétaires, et entièrement restaurée. La rénovation a été réalisée avec le concours de l'Association de Sauvegarde du Patrimoine. Vous pourrez vous détendre dans le jardin ou bien sur la terrasse, fleuris tous les deux.

Attraits touristiques : village au cœur de la forêt de Fontainebleau, à proximité d'une base de loisirs.

Accès : de Paris, A6 vers Lyon, sortie St-Fargeau/Ponthierry. Traverser St-Fargeau, et suivre Bois le Roi.
GPS : l 48.48089600 - L 2.70938000.

Boissise-la-Bertrand - Seine-et-Marne (77)

N°10127

Domaine de l'Orangerie du Quai de Seine
Bénédicte et Jean-Pierre Pierrain
1570, rue de Seine
77350 Boissise-la-Bertrand
Tél. 01 64 37 09 99
contact@domaine-orangerie.com
www.domaine-orangerie.com

1 Pers. 75/85 € - 2 Pers. 80/90 €
P. sup. 30 € -

2 chambres et 2 suites avec sanitaires privés. Ouvert toute l'année. Petit déjeuner : croissants, confitures maison, jus d'orange... Jeux de société. Cour, jardin fleuri, parc de 4 ha. Terrasse. Parking privé. Ping-pong, bassin pour la pêche, barque, balançoire. Restaurants 2 km, en bord de Seine.

Le Domaine de l'Orangerie, dépendances d'un château du XVIIIe siècle, vous invite, sur les bords de Seine, à savourer un instant magique dans un parc de 4 hectares où s'élèvent des arbres centenaires ombrageant un bassin romantique. Venez vivre des moments d'exception dans ce cadre serein riche de toutes les commodités souhaitées.

Attraits touristiques : châteaux de Vaux-le-Vicomte, de Fontainebleau, de Blandy. Les Rochers de Fontainebleau (escalade). Villes de Barbizon et de Moret-sur-Loing. Tennis 1 km. Accrobranche et base de loisirs 2 km. Piscine 4 km. Golf 10 km.

Accès : Autoroute A6, sortie n°12-St Fargeau Ponthierry. Tout droit, 2e r.point tourner à gauche, dir. Seine-Port, traverser la Seine puis à droite au feu, dir. Boissise-la-Bertrand. Vous êtes sur le quai de la Seine (CD 39).
GPS : l 48.53404400 - L 2.56413300.

La Chapelle-Rablais - Seine-et-Marne (77)

N°10083

Château des Moyeux
Brigitte Galazommatis
Les Moyeux
77370 La Chapelle-Rablais
Tél. 01 64 08 49 51
n.g@alphacomgroup.com
www.chateau-des-moyeux.com

2 Pers. 130/170 € - 3 Pers. 160/200 €
P. sup. 30 € -

Cette imposante demeure construite en 1848 fut la propriété du Marquis de la Tour-Maubourg. Par la suite le château aurait appartenu à Eléonore Vergeot, domestique et maîtresse de Napoléon III. Plus tard Mme Rigaud, en devient propriétaire. 40 jardiniers entretenaient alors les jardins et les serres de fleurs rares, qui entraient dans l'élaboration des effluves sophistiquées. Cette demeure d'exception, vous accueille dans un intérieur aux beaux volumes et au mobilier ancien où vous pourrez goûter à la vie de château.

Attraits touristiques : Château de Blandy les Tours 19 km. Château de Vaux-le-Vicomte 23 km. Parc des Félins 27 km. Provins et Fontainebleau 30 km. Barbizon 40 km.

Accès : A6, sortir après Evry, dir. Provins par A5, sortie n°16 à Chatillon-la-Borde. D408 dir. Nangis sur 12 km, après la Chapelle Gauthier, D29 Chapelle-Rablais.

3 chambres et 1 suite de 2 ch. (non fumeurs) avec sanitaires privés. Ouvert du 1.04 au 30.11. Petit déjeuner dans la salle à manger : pain et croissants, confitures artisanales, yaourts, fruits et jus de fruits. Salon de musique, bibliothèque avec boiseries. Parc de 30 ha, chapelle, écuries, orangerie... Piscine couverte. Restaurants à proximité.

La Chapelle Rablais - Seine-et-Marne (77)

N°10200

Chèque Cadeau

Domaine de Frévent
Françoise et Hervé Lassignardie
77370 La Chapelle Rablais
Tél. 01 60 67 52 78 - 06 03 89 31 02
Port. 06 10 89 83 73
domaine-de-frevent@nordnet.fr
www.domaine-de-frevent.fr

Wi Fi

2 Pers. 85/130 € - 3 Pers. 110/160 €
P. sup. 30 € -

A 70 km de Paris et 7 km de Nangis, très belle propriété sur un vaste terrain arboré de 11 ha, entièrement clôturé. Une allée pittoresque de 1,5 km fait le tour de la propriété pour découvrir champignons, muguet, jonquilles au gré des saisons. Chevreuils, écureuils, lièvres au gré des rencontres. Le petit déjeuner est servi dans la salle à manger ou en terrasse l'été.

Attraits touristiques : au cœur des destinations touristiques de Seine et Marne. Au centre de Provins, Vaux-le-Vicomte et Fontainebleau. Promenades et flâneries dans un magnifique parc de 11 ha. Equitation et piscine 7 km. Tennis 3 km.

Accès : de Paris A5 vers Troyes, sortie Forges (17). Au rond-point, 1ère à droite et tout de suite à gauche vers Echouboulains. Traverser Echouboulains, continuer vers Nangis D67. Le domaine de Frévent est à droite à 3 km.
GPS : l 48.48867000 - L 2.93659100.

1 chambre et 1 suite de 2 chambres, avec sanitaires privés et climatisation. Ouvert toute l'année. Petit déjeuner : viennoiseries, pains spéciaux, yaourt fermier, compote bio, confitures, miel, beurre, céréales, fruits secs... Salon-bibliothèque. Cour, parc de 11 ha, mare. 3 gîtes sur place. 1 chambre dans une cabane perchée pour 4 personnes.

Gurcy-le-Châtel - Seine-et-Marne (77)

N°10167

La Moutonnerie
Jean-François Tapella
23, rue Gounod
77520 Gurcy-le-Châtel
Tél. 01 60 67 40 24
Port. 06 33 48 99 80
jefftiph@msn.com

TH

1 Pers. 80/95 € - 2 Pers. 90/105 €
P. sup. 30 € - Repas 35 €

2 chambres et 1 suite avec sanitaires privés. Ouvert toute l'année. Petit déjeuner : viennoiseries, confitures, miels et congolais maison, fruits de saison... T. d'hôtes selon possibilité : quiche au brie, vélouté de lentilles, tarte Tatin. Jardin. Espace bien-être 80m² pour 4 pers. : sauna, spa, salon avec musique (70 euros/2 pers./2 h.).

A 85 km de Paris, La Moutonnerie, demeure du XIXe siècle vous accueille dans ses trois jolies chambres d'hôtes. Le petit déjeuner est pris en terrasse l'été ou dans la grande salle au coin de la cheminée l'hiver. Vous pourrez vous détendre au spa ou flâner dans le magnifique jardin arboré et fleuri. Jean-François vous réserve un accueil convivial et chaleureux.

Attraits touristiques : à 22 km de la superbe cité médiévale de Provins, classée au Patrimoine Mondial de l'UNESCO et 60 km de Dineyland Paris®, Gurcy-le-Châtel est un charmant village du Montois où il fait bon vivre.

Accès : A6 ou A4. Arriver sur la N104 prendre direction Lyon. Rejoindre l'A5, sortie 17 en direction de Provins. Après Montigny-Lencoup entrer dans Gurcy-le-Châtel et prendre la 2e rue à droite.
GPS : l 48.42099400 - L 3.09501200.

Sivry-Courty - Seine-et-Marne (77)

N°10123

Château de Courtry
Dagmar et Pascal Brunn-Servouze
12, rue du Château
77115 Sivry-Courty
Tél. 01 60 69 36 01
brunndagga@aliceadsl.fr
www.chateaudecourtry.com

Chèque Cadeau

TH

1 Pers. 80/86 € - 2 Pers. 90/96 €
P. sup. 25 € - Repas 29/39 €

3 chambres (non fumeurs) avec sanitaires privés, lecteur DVD et écran. Ouvert toute l'année sauf Noël. Petit déjeuner gourmand avec confitures maison et jus d'orange frais... Jeux de société. Belle allée de platanes pour flâner. Ping-pong, badminton, terrasse (meubles de jardin). Vélos, cabane pour enfants. Parc de 2 ha. Animal 6 euros/jour.

Le château de Courty se situe à une heure au sud-est de Paris, au cœur d'une riche région culturelle et naturelle. Pascal et Dagga vous proposent de séjouner dans l'une de leurs trois chambres et de découvrir les saveurs de la table d'hôtes, le tout dans un cadre charmant, verdoyant et calme. Terrasse avec mobilier de jardin, par cet belle allée de platanes pour flâner.

Attraits touristiques : châteaux : Blandy-les-Tours, Vaux-le-Vicomte 3 km. Fontainebleau 15 km (château et forêt). Provins 30 km. Tennis 2 km. Piscine 8 km. Golf 10 km.

Accès : A5 sortie n°16 puis direction Sivry-Courtry. A 1 km à gauche, le château de Courtry est situé sur la droite, en face de la chapelle.
GPS : l 48.54231800 - L 2.76865200.

Villiers-sous-Grez - Seine-et-Marne (77)

A 72 km de Paris, 10 km de Fontainebleau et 8 km de Nemours, la Cerisaie, maison du XIXe siècle est située en lisière de forêt. Franchissez le patio pour découvrir le jardin des senteurs, laissez-vous séduire par le confort et le raffinement des chambres. André vous fera partager sa passion pour la photographie et la décoration.

Attraits touristiques : Fontainebleau 10 km : ville royale et impériale avec son château et sa forêt. Barbizon : village des peintres. Vaux-le-Vicomte. Equitation 4 km. Tennis 500 m. Piscine et golf 12 km. Escalade 3 km. Restaurants 4 km.

Accès : A6-E15 de Paris, sortie n°14 Ury. De Lyon, sortie n°15 Fontainebleau , puis à gauche (D63). Villiers-sous-Grez-La Cerisaie est face à l'église.
GPS : l 48.31731800 - L 2.64739800.

N°10084

La Cerisaie
Christiane et André Chastel
10, rue de Larchant
77760 Villiers-sous-Grez
Tél. 01 64 24 23 71
Port. 06 66 22 65 92
andre.chastel@free.fr
www.cerisaie.fr

1 Pers. 70/80 € - 2 Pers. 75/85 €
P. sup. 30 € -

3 chambres "La Photographe", "l'Orientale" et "La Voyageuse" et 1 suite familiale "La Suite Musicale", toutes personnalisées et à thèmes, avec sanitaires privés. Ouvert toute l'année. Petit déjeuner copieux. Grand salon avec cheminée. Cour, jardin.

Gouzangrez - Val-d'Oise (95)

Sur la route des impressionnistes et sur la Chaussée Jules César, entre Paris et Giverny, Le Clos du Saule vous accueille dans le cadre préservé du Parc Naturel régional du Vexin français. C'est dans une demeure de caractère du XIXe siècle, entourée de dépendances, que cinq chambres d'hôtes à la décoration élégante et raffinée vous invitent à la quiétude des lieux.

Attraits touristiques : Paris à 45 km. Sur la chaussée Jules César dans le Parc Natrurel Régional du Véxin Français (Maison du Parc et Musée du Véxin à 7 km). Cergy Pontoise à 16 km (base de loisirs), Pontoise (ville d'Art de d'Histoire). Accrobranches 10 km.

Accès : après Paris, Gennevilliers prendre à droite A15 Cercy-Pontoise-Argenteuil sur 18 km. Après le sortie St-Ouen l'Aumone, prendre à droite sortie Pontoise-Dieppe-Rouen, D14, sortie n017 dir.D66 Gouzangrez/Us.
GPS : l 49.06480 N - L 1,542700 E.

N°30060

Le Clos du Saule
Sandrine Bouilliant
2 Grande Rue
95450 Gouzangrez
Tél. 01 30 27 94 99
Port. 06 10 01 69 70
leclosdusaule@gmail.com
www.leclosdusaule.com

Wi Fi

1 Pers. 70/100 € - 2 Pers. 80/100 €
P. sup. 20 € -

4 chambres au 1er étage et 1 chambre familiale au 2e étage, toutes avec sanitaires privés, accès internet, TV écran plat. Ouvert toute l'année. Viennoiseries, céréales, pâtisseries, laitage, jus de fruits... Cour, jardin, parc de 5000 m². Restaurant à 5 km.

Maudetour-en-Vexin - Val-d'Oise (95)

N°30062

Château de Maudétour
Fabiola et Didier FRADIN
Château de Maudétour, Allée des Tilleuls
95420 Maudetour-en-Vexin
Tél. 06 16 06 12 20
info@chateaudemaudetour.com
www.chateaudemaudetour.com

1 Pers. 130/195 € - 2 Pers. 130/195 € - 3 Pers. 240 €

Au 1er étage, 4 magnifiques chambres et une suite familiale, vous accueillent avec chacune une décoration riche, authentique et raffinée. Sur ce palier, s'ouvre les portes d'un salon détente avec bibliothèque et table de jeux. Au rez-de-chaussée, les petits déjeuner sont servis dans une salle à manger de charme donnant sur l'arrière du Parc.

Dans un parc de 12 ha, dessiné par Le Nôtre, le château de Maudétour classé monument historique, édifié successivement au XVII et XVIIIème siècle. Les caves voûtées, avec pierres apparentes, ont été aménagées pour vous offrir un moment de détente et de bien être : salle de gymnastique et de remise en forme, douches multi-jets, sauna, spa (le tout sur réservation).

Attraits touristiques : équitation 3 km, domaine de Villarceaux, pêche, golf 8 km, château de la Roche Guyon 10 km, Maison du Parc à Théméricourt, musée du Vexin 19 km, base de loisirs, piscine 30 km, Giverny 32 km.

Accès : ouest de Paris : A13 (Porte de Saint-Cloud) ou A14 (La Défense), dir. Rouen sortie Limay - Mantes-la-Jolie, D983 dir. Magny-en-Vexin. nord de Paris : A15 (Porte de la Chapelle) dir. Cergy-Pontoise, N14 sortie Magny-en-Vexin, D983 dir. Mantes-la-Jolie
GPS : l 49° 5' 56" N - L 1° 46' 5" E.

Viarmes - Val-d'Oise (95)

N°30046

La Montcelloise
Marie-Thérèse Pichot
10, rue du Montcel
95270 Viarmes
Tél. 01 30 35 36 62
Port. 06 81 55 53 26
mt.guillaume@hotmail.fr
http://perso.orange.fr/lamontcelloise

1 Pers. 65 € - 2 Pers. 75 € - 3 Pers. 95 €
P. sup. 20 € -

1 chambre et 1 suite avec sanitaires privés, TV et wifi. Ouvert toute l'année. Petit déjeuner "délices de Marie-Thé" : crumble avec fruits frais de saison, pain et confitures bio maison... Ping-pong, baby-foot, basket-ball. Jardin paysager de 3500 m² avec verger et potager bio. Parking privé couvert. Restaurant 500 m.

Au cœur du Parc Naturel Régional Oise-pays de France, La Montcelloise, ancienne ferme rénovée, vous accueille dans ses 3 chambres : "Aimelina", "Monandre" et "Tholène". Aux beaux jours, détente sous la pergola et dans le magnifique jardin paysager. Calme dans le salon ou dans le séjour avec cheminée, poutres et tomettes.

Attraits touristiques : abbaye de Royaumont 3 km. Chantilly 15 km. Parc Astérix 20 km. Senlis 26 km. Cergy-Pontoise 30 km. Paris 35 km. Disneyland 40 km. Randonnée sur place. Forêt 1 km. Tennis 2 km. Pêche 3 km. Equitation et golf 4 km. Base de loisirs 30 km.

Accès : de Paris : A1, sortie 3 Beauvais/Amiens/St-Denis Centre/Sarcelles. Puis N1, traverser St-Denis, Pierrefitte et D301, D909 dir. Chantilly, Charles de Gaulle, Viarmes, à droite avant l'église.

LANGUEDOC-ROUSSILLON

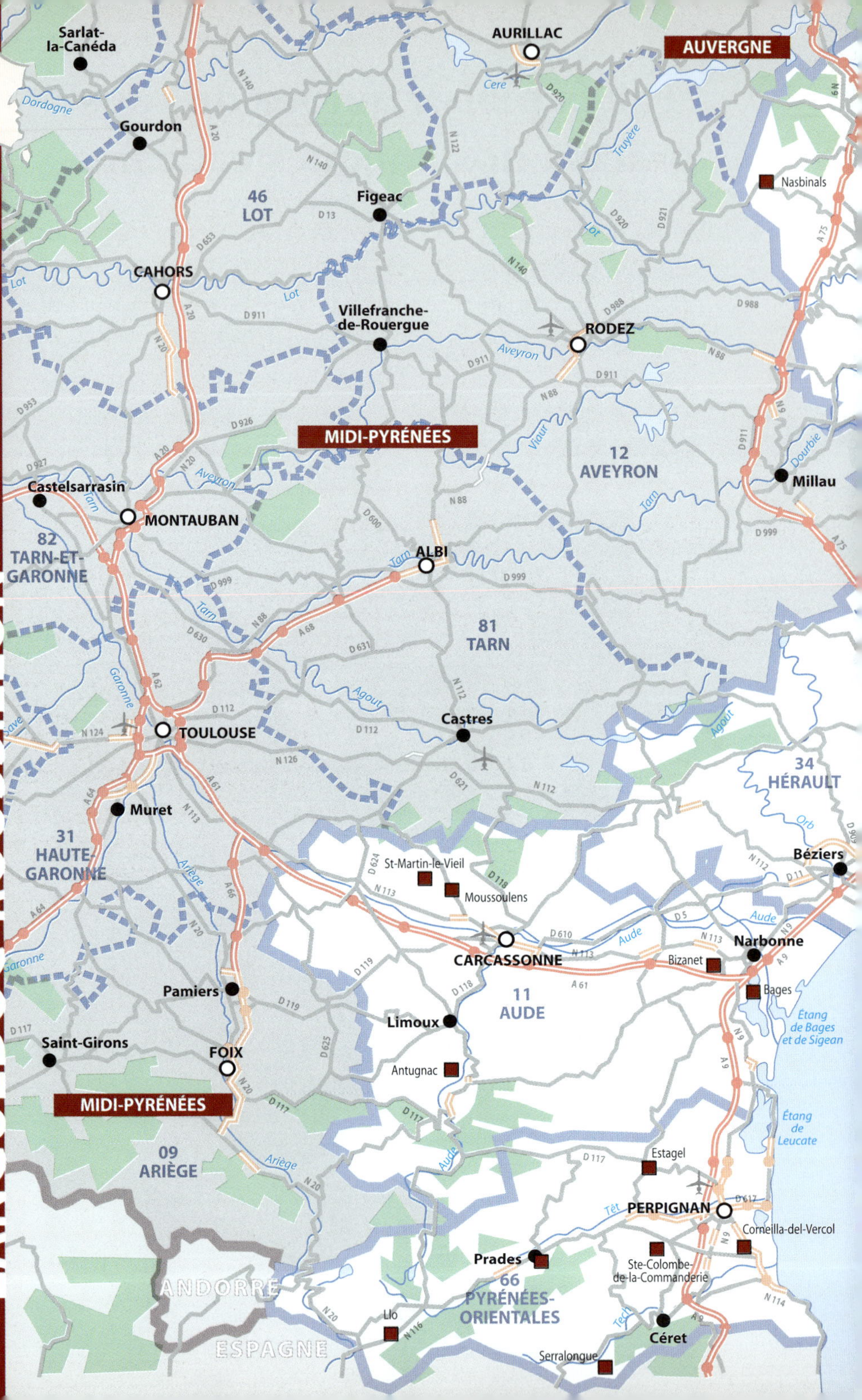

VALENCE
Le Malzieu
Fontans
07
ARDÈCHE
PRIVAS
Die
Drôme
26
DRÔME
RHÔNE-ALPES
Largentière
MENDE
Lot
48
LOZÈRE
Vialas
Florac
Saint-Privat-de-Vallongue
St-Germain-de-Calberte
Bassurels
Alès
Lussan
Nyons
84
Aigues
Ouvèze
Carpentras
30
GARD
84
VAUCLUSE
Le Vigan
Canaules-et-Argentières
Logrian
St-André-de-Buèges
AVIGNON
Apt
NÎMES
Gard
PROVENCE-ALPES-CÔTE D'AZUR
13
BOUCHES-DU-RHÔNE
Lodève
MONTPELLIER
Arles
Brignac
Fabrègues
Aix-en-Provence
Étang de Vaccarès
Istres
Étang de Berre
Étang de Vic
Étang de Tau
Hérault
MARSEILLE
Loire
Allier
Ardèche
Rhône
Tarn
Truyère
A 7
A 9
A 54
A 75
A 55
N 7
N 88
N 102
N 106
N 109
N 110
N 112
N 113
N 86
N 568
N 569
N 1569
N 8
N 9
D 88
D 988
D 93
D 104
D 904
D 942
D 94
D 999
D 986
D 979
D 62
D 5
D 6
MER MÉDITERRANÉE
GOLFE DU LION
0
28 km

Antugnac - Aude (11)

N°G900240

Domaine de Mournac
Arlette et Jean-Claude Béziau
Domaine de Mournac
11190 Antugnac
Tél. 04 68 74 21 10 - SR : 04 68 11 40 70
Port. 06 03 90 63 06
contact@mournac.com
www.mournac.com

1 Pers. 120 € - 2 Pers. 100/130 € - 3 Pers. 140/150 €
P. sup. 30 € -

3 chambres (TV) et 1 suite (TV, DVD) décorées et meublées avec goût, toutes avec sanitaires privés. Ouvert toute l'année. Petit déjeuner : jus de fruit, fruits de saison, pains variés, yaourts ou entremets maison, viennoiseries ou gâteaux maison. Belles terrasses. Jardin. Piscine.

Pourquoi ne poseriez-vous pas vos malles au Domaine de Mournac ? Cet ancien relais de diligence du XIIIe siècle, tout en pierres apparentes, offre une vue imprenable sur la haute vallée de l'Aude et les Pyrénées depuis les chambres et la piscine. Exposée plein sud, cette demeure située en pleine nature vous accueille dans un cadre idyllique.

Attraits touristiques : Carcassonne 45 km. Rennes-le-Château et Pech de Bugarach. Châteaux du pays cathare. Gorges de Galamus 30 km. Station thermale 10 km.

Accès : de Carcassonne, direction Limoux puis D118 vers Couiza. A la sortie de Couiza, à droite direction Antugnac. Dans le village, prendre dernier chemin à dtre sur 800 m. Le domaine est à gauche.
CM 344 GPS : l 42.95539E - L 2.22551N.

Bages - Aude (11)

N°G900142

Les Palombières d'Estarac
Michel Penseyres Sébastien Aeby
Prat de Cest
11100 Bages
Tél. 04 68 42 45 56
estarac@wanadoo.fr
www.palombieres-estarac.com

TH

1 Pers. 67/120 € - 2 Pers. 77/130 € - 3 Pers. 155 €
P. sup. 25 € - Repas 33 €

4 chambres avec sanitaires privés. Ouvert du 1.02 au 15.12. Petit déjeuner : confitures maison, fromages, fruits frais, jus de fruits... T. d'hôtes : filet mignon et pancetta au basilic, papillote de sole... Espace lecture, espace détente, jeux, musique. Salon avec cheminée, TV. Grande terrasse, parc 3 ha., tennis.

Les "Palombières d'Estarac" est une propriété aux nombreux atouts : le magnifique parc de 3 ha richement arboré, le calme d'un environnement hors pair au cœur du parc naturel régional, et enfin le charme d'une splendide demeure. Pour votre détente : espace lecture, musique et jeux, salon TV et court de tennis.

Attraits touristiques : Sites historiques cathares, route des vins, abbaye de Fontfroide, nombreux musées. Plages 6 km. Piscine, vélos, planche à voile 4 km. Pêche 5 km. Golf 10 km.

Accès : A9, sortie Narbonne sud (n°38). Suivre Perpignan jusqu'à Prat de Cest. A la sortie du village, prendre à gauche, passer sous le pont et environ 500 m après, c'est le 1er portail sur votre gauche.
CM 344 GPS : l 43.11215266 - L 2.96521425.

Bizanet - Aude (11)

N°G900116

Domaine Saint-Jean
Didier Delbourg
11200 Bizanet
Tél. 06 75 38 69 84 - SR : 04 68 11 40 70
reservation@domaine-de-saint-jean.com
www.domaine-de-saint-jean.com

2 Pers. 68/85 € - 3 Pers. 93/110 €
P. sup. 25 € -

4 chambres avec sanitaires privés, dont 1 avec mezzanine pour 4 pers. et 1 pour 3 pers. avec terrasse attenante. Ouvert toute l'année. Salon avec cheminée. Salle à manger. Terrasse. Jardins aménagés.

Sur la route des châteaux du pays Cathare, belle demeure sur un domaine viticole, au cœur des Corbières dans un environnement de senteurs et de végétaux. 4 ch. décorées avec goût sont aménagées à l'étage d'une dépendance attenante à la maison familiale. Jardins en harmonie avec le milieu naturel pour le petit déjeuner.

Attraits touristiques : Châteaux du pays Cathare. Narbonne 12 km. Mer 25 km. Tennis 3 km. Pêche, piscine 12 km. Voile, équitation 15 km. Aéroport 30 km.

Accès : de Narbonne, suivre direction Montredon-Corbières puis Fontfroide par la D613 durant 8 km. Au lieu-dit St.Julien, tourner à droite. Le domaine Saint-Jean est à gauche, au bout d'une allée d'oliviers.
CM 344 GPS : l 43.16719E - L 2.87368N.

Moussoulens - Aude (11)

N°G900192

La Rougeanne
Monique et Paul-André Glorieux
avenue de la Rougeanne
11170 Moussoulens
Tél. 04 68 24 46 30 - SR : 04 68 11 40 70
Port. 06 61 94 69 99
info@larougeanne.com
www.larougeanne.com

1 Pers. 105/125 € - 2 Pers. 110/130 € - 3 Pers. 140/150 €
P. sup. 30 € -

5 chambres (non fumeur) dont 3 familiales, avec sanitaires privés + internet. Ouvert toute l'année. Petit déjeuner : croissants, jus d'oranges, fruits frais + yaourts, confitures et cake maison... Salon, coin-cheminée, bibliothèque enfants dans le pigeonnier. Parc 0,5 ha. Terrasse. Parking fermé dans la propriété. Vélos, p-pong. -10% en basse-sais.

Entre le Canal du Midi et la Montagne Noire, une grande maison de maître vigneron du XVIIIe siècle, avec un parc arboré, propose 5 chambres à la décoration chaleureuse et élégante. Suivant la saison, les petits déjeuners vous seront servis dans la salle à manger ou dans l'orangerie ou sous les grenadiers ou sur la terrasse avec une vue magnifique sur les Pyrénées.

Attraits touristiques : Cité de Carcassonne 13 km. Montolieu 5 km (village du livre), châteaux cathares... Canal du Midi 5 km. Tennis au village. Golf 10 km.

Accès : au rond point dans Moussoulens, prendre dir. Alzonne puis tout droit dans le village juqu'au monument aux morts, prendre à gauche. C'est le 3e portail sur la gauche.
CM 344 GPS : l 43.27855E - L 2.22737N.

St-Martin-le-Vieil - Aude (11)

N°G900109

Villelongue Côté Jardins
Claude Antoine
Villelongue
11170 St-Martin-le-Vieil
Tél. 04 68 76 09 03 - SR: 04 68 11 40 70
villelongue-cote-jardin@orange.fr
www.villelongue-cote-jardin.com

TH

1 Pers. 50 € - 2 Pers. 70 €
P. sup. 20 € - Repas 25 €

3 chambres avec sanitaires privés. Ouvert toute l'année. Petit déjeuner : tome ariégeoise, charcuterie du Pays Cathare, fruits frais, confitures maison, gâteaux, croissants, pains.... T. d'hôtes : légumes bio, poulet à la blanquette et girolles, joue de bœuf... Meubles anciens : Louis Philippe, Napoléon III, Art Nouveau. Jardin, prairie.

Niché au pied de la Montagne Noire, Villelongue Côté Jardins est un ancien logis abbatial du XIIIe, XVII et XIXe siècle devenu ensuite une maison de maître.Son aménagement est soigneusement étudié pour assurer un séjour confortable (meubles anciens, Louis Philippe, Napoléon III, Art Nouveau).

Attraits touristiques : Pays Cathare. Carcassonne. Randonnée sur place. Golf 20 km. Equitation 25 km.

Accès : A61 sortie Bram. Prendre D4 jusqu'à St-Martin-le-Vieil puis D64 jusqu'à Villelongue.
CM 344 GPS : l 43.30534289 - L 2.16723670.

Canaules-et-Argentières - Gard (30)

N°30G20099

La Villa Bastide
Bruno COSTA
Villa Bastide, Chemin des vignes
30350 Canaules-et-Argentières
Tél. 09 62 58 63 64
Port. 06 20 99 02 80
villabastidegard@gmail.com
www.villabastide.com

1 Pers. 75/100 € - 2 Pers. 75/100 € - 3 Pers. 95/150 €
P. sup. 20 € -

5 chambres avec sanitaires privés. Ouvert toute l'année. Petit déjeuner : confitures et pain maison, fruits de saison, jus d'orange, boisson chaude, yaourts et viennoiseries. Salle de jeu avec billard à la belle saison. Jardin et piscine. Restaurants à 2 km.

Idéalement située au centre du triangle Anduze-Uzès-Sommières, la Villa Bastide vous accueille aux portes des Cévennes, région inscrite au patrimoine mondial de l'UNESCO. Nous vous proposons cinq chambres spacieuses ainsi que trois salons décorés dans l'esprit des maisons de famille du siècle dernier. Nous prendrons plaisir à vous conseiller durant votre séjour afin de le rendre plus agréable encore.

Attraits touristiques : Bambouseraie, Pont du Gard, poteries d'Anduze, petit train des Cévennes, Nîmes, nombreux musées et villages médiévaux. Mer 50 km. Canoë 15 km. Baignade en rivière, pêche 10 km. Golf 8 km. Randonnée 5 km.

Accès : A9, sortie n°25 (Nîmes/Alès), suivre dir. Alès pour sortir de Nîmes. Sur la voie rapide, sortie 5 (Anduze/Lédignan). Suivre Lédignan puis dir. Canaules. A Canaules, prendre dir. Lézan et 1ère à gauche.
GPS : l 43°58'56"N - L 04°03'28"E.

Logrian - Gard (30)

N°30G20034

Chèque Cadeau

Le Mas des Elfes
Christian et Elisabeth Chavan
30610 Logrian-Florian
Tél. 04 66 77 45 16
Port. 06 84 44 97 71
elisabethchavan@orange.fr
www.masdeselfes.fr

Wi Fi

2 Pers. 77 €

1 chambre avec bains et wc privés + réfrigérateur. Ouvert du 01.04 au 3.11. Petit déjeuner : jus de fruits, croissant, confitures maison, miel...Terrasse ombragée avec salon de jardin. Terrain de 2 ha avec piscine chauffée ouverte 12 avril à 15 octobre (commune aux gîtes), ping-pong et randonnées (GR et PR). Restaurants à 3 et 6 km.

Venez vous ressourcer dans notre chambre d'hôtes totalement indépendante située à l'orée d'un bois de chêne bordée d'oliviers et de cyprés de Provence sur une propriété de 2ha. Près de la piscine chauffée d'avril à octobre (partagée avec le propriétaire et les vacanciers), la chambre aménagée à l'étage d'un mazet en pierres est décorée avec charme, mobilier ancien, meubles peints. Bienvenue aux amoureux des oiseaux et de la nature.

Attraits touristiques : La Bambouseraie à Anduze, Uzès 1er Duché de France, Nîmes la Romaine, Sommières, La grotte des Demoiselles, Le Pic St Loup, Tennis à Quissac, Canoë Kayak sur le Vidourle.

Accès : à 45 km à l'ouest de Nimes. D999 dir. Quissac puis D35 sur 2km et prendre à droite la D24. A la sortie de Logrian prendre la D8 direction Savignargues et suivre le fléchage.

Lussan - Gard (30)

N°30G20027

Les Buis de Lussan
Thierry Vieillot
rue de la Ritournelle
30580 Lussan
Tél. 04 66 72 88 93
Port. 06 79 72 53 27
buisdelussan@free.fr
http://buisdelussan.free.fr

Wi Fi

1 Pers. 75 € - 2 Pers. 82 €

4 ch. avec sanitaires privés. Ouv. toute l'année sauf janvier. Petit déj. : pâtisseries et confitures maison, pains variés, fruits, yaourts... Salon de thé l'après-midi. Possibilité repas. Séjour-salon commun. Bassin-jacuzzi à l'extérieur. Jardin paysager. Restaurant sur place. Taxe de séjour en supplément. Tarif dégressif selon la durée séjour.

A proximité des Cévennes et du pont du Gard, Lussan, village médiéval de caractère offre une vue exceptionnelle sur la campagne. Charme intemporel et sobriété définissent cette demeure du XVIIIe siècle aux couleurs du sud. Son jardin méditerranéen d'inspiration "Niwaki" reconnu par le département du Gard comme représentant un intérêt esthétique et botanique, son bassin-jacuzzi chauffé par le soleil agrémenteront votre séjour.

Attraits touristiques : Village médiéval. Concluses. Festival d'Avignon. Festival de musique et danse d'Uzès. Tennis 1 km. Equitation 5 km. Piscine, pêche 8 km. Baignade 10 km. Mer 80 km.

Accès : par Uzès, direction Barjac jusqu'à Lussan et suivre le rempart à gauche du château.

Brignac - Hérault (34)

N°4141

La Missare
Jean-François Martin
9, route de Clermont
34800 Brignac
Tél. 04 67 96 07 67
la.missare@free.fr
www.la.missare.free.fr

1 Pers. 80 € - 2 Pers. 80 € - 3 Pers. 105 €

4 chambres avec salle d'eau et wc privés. Ouv. toute l'année. Petit déjeuner : jus de fruits, salade de fruits, confitures et pâtisserie maison. Salle de séjour, salon, cheminée. Cour, jardin, terrasse, salon de jardin, garage. Piscine. Animaux admis sur demande. Restaurants 6 et 8 km.

Dans un authentique petit village languedocien, ancienne propriété viticole édifiée au milieu du XIXe siècle, habitée depuis son origine par la même famille. Dans les anciens chais, 4 belles chambres très confortables ont été restaurées avec des matériaux anciens. Elles s'ouvrent toutes sur les jardins aux essences méditerranéenes.

Attraits touristiques : Lac de Salagou 6 km. St-Guilhem-le-Désert, Pézenas, Lodève (musée Fleury). Rivière 1 km. Tennis 3 km.

Accès : à Brignac, entrée de la maison sur la route principale, en face de la cabine téléphonique.
GPS : l N 43°37'25.04 - L E 3°28'22.70.

Fabrègues - Hérault (34)

N°9544

Domaine de Launac-le-Vieux
Isabelle et Jean-Paul Beils
34690 Fabrègues
Tél. 04 67 85 16 08
jeanpaulbeils@orange.fr
http://launaclevieux.free.fr

2 Pers. 89/115 € - 3 Pers. 126/136 €

5 chambres avec sanitaires privés. (163 euros/4 pers.). Ouvert toute l'année. Petit déjeuner savoureux : pain et pâtisserie maison. Verdoyante terrasse entourée de plantes luxuriantes. Bibliothèque à la disposition des hôtes.

Ancienne Commanderie Templière du XIIe siècle, restaurée, bordée de champs et de vignoble et située dans un environnement préservé. Elle abrite une chapelle à la voûte étoilée d'or et des chambres au décor soigné et raffiné. Les petits déjeuners vous seront servis sur la verdoyante terrasse. Havre de paix qui a su conserver ses éléments architecturaux.

Attraits touristiques : équitation, tennis 5 km. Golf à proximité. A proximité de Montpellier, St-Guilhem.

Accès : autoroute A9, sortie n°32 St-Jean-de-Védas. Traverser Fabrégues, poursuivre sur RD613 2 km et au 1er rond-point dir. Cournonterral RD114. Launac est à 600 m à gauche.
GPS : l 43°32'22" - L 3°44'59".

St-André-de-Buèges - Hérault (34)

N°23841

Mas de Bombequiols
Anne-Marie Bouec et Ninon Dann
route de Brissac
34190 Saint-André-de-Buèges
Tél. 04 67 73 72 67
Port. 06 83 54 44 60
bombequiols@wanadoo.fr
http://masdebombequiols.free.fr

TH

2 Pers. 100/120 € - 3 Pers. 150 €
Repas 30 €

1 chambre et 2 suites (suite : 120 euros, 4 pers. 180 euros), toutes avec bains et wc privés + cheminée. Ouvert toute l'année sur réservation. Table d'hôtes : produits du terroir, vin de pays. Piscine, lac collinaire sur place. Parc de 70 ha. Nombreuses randonnées.

Bastide médiévale au milieu de ses terres, 70 ha dans un site sauvage et préservé. Le Mas de Bombequiols vous accueillera sous ses voûtes millénaires. Vastes chambres et suites distribuées autour de la cour intérieure. Salle à manger sous les arches de la terrasse ou devant la cheminée, suivant les saisons. Une piscine de 10 x 18 m est à votre disposition.

Attraits touristiques : St-Guilhem-le-Désert, Cirque de Navacelles, la Couvertoirade, églises, grotte des Demoiselles, Bambouseraie d'Anduze, Nîmes, Montpellier. Canoë, équitation, delta-plane.

Accès : à Montpellier dir. rte de Ganges puis St-Bauzille dir. Brissac. A 5 km rte de St-Jean-Buèges. A Nîmes dir. Le Vigan jusqu'à Ganges, puis Brissac.
GPS : l N 43°51'2.51 - L E 3°40'15.36.

Bassurels - Lozère (48)

N°Ch129

Chèque Cadeau

Château du Poujol
SARL Bel Air de Poujol
48400 Bassurels
Tél. 04 66 60 38 16
Port. 06 78 87 32 17
chateaudupoujol@orange.fr

TH Wi Fi

2 Pers. 80/90 €
Repas 25 €

2 chambres avec sanitaires privés, accès internet. Ouvert toute l'année. Petit déjeuner : pain et confiture maison, riz au lait et flan maison, jus de fruits. Table d'hôtes sur réservation : viandes locales légumes du jardin, desserts maison. Bibliothèque à disposition. Baignade. Poss. soins de détente et yoga sur réservation. Restaurants à 7 km.

Au milieu d'un site grandiose du Parc National des Cévennes et dans le site classé de l'Unesco « Causses-Cévennes », sur les confins du Mont-Aigoual, le château du Poujol se dresse sur un éperon rocheux, au bout de la haute Vallée Borgne. Il jouit d'une vue exceptionnelle dans un calme absolu. Sur un domaine privé de 80 ha. Point de départ de nombreuses randonnées, possibilité de partir avec un guide naturaliste et/ou de bénéficier de soins de remise en forme par du personnel qualifié.

Attraits touristiques : baignade, pêche et randonnée sur place.Circuit des églises romanes et châteaux médiévaux desvallées cévenoles sur place. Observatoire du Mont-Aigoual 15 km. Bambouseraie d'Anduze.

Accès : D9 (corniche des Cévennes). Au Pompidou, D61 dir. Bassurels, à Pont Marès D10 dir. Bassurels. Puis dir. Colonie de la Bessède, et 1er chemin à droite, suivre signalisation.
GPS : l 44.17745 - L 3.62347.

Fontans - Lozère (48)

N°CH130

La Grange d'Emilie

Emilie Pic
Le Comte
48700 Fontans
Tél. 06 88 24 99 77 - 04 66 47 30 82
Port. 06 89 41 16 52
mpic-gpmeservices@orange.fr
http://www.chambrehote-emilie.com

TH Wi Fi

1 Pers. 95/105 € - 2 Pers. 115/125 €
P. sup. 25 € - Repas 35 €

5 chambres avec sanitaires privés et TV, wifi, accès internet. Ouvert du 01/05 au 3/11. Petit déjeuner : yaourts et confitures maison, viennoiseries, pain aux céréales, fruits frais... T. d'hôtes : viande Aubrac, légumes du jardin, pâtisseries et sorbet maison... Sauna, jacuzzi, spa. Massage sur réservation. Cour, jardin, parc. Restaurant 4 km.

Située entre Aubrac et Margeride, ce sera vraiment une étape de charme pour les pèlerins sur le chemin de St-Jacques-de-Compostelle. Un point de départ idéal pour découvrir chaque jour des paysages magnifiques. Emilie et Michel vous aideront à planifier vos excursions quotidiennes. Lors de votre réservation ou durant votre séjour, vous pouvez demander un massage réalisé par un professionnel (sur RV).

Attraits touristiques : les Bisons d'Europe 7 km. Village fortifié Le Malzieu 10 km. Les loups du Gévaudan 25 km. Eglise de Fontans du XIIIe siècle, restaurée par les Beaux Arts 2 km. Randonnée, VTT sur place. Piscine 13 km. Golf 30 km.

Accès : de St-Alban à Serverette D4 et de la route allant des Estrets D7 à St-Denis-en-Margeride D58. ou axe 75 nord (Paris) ou sud (Perpignan), sortir à St-Chély d'Apcher, prendre dir. St-Alban-sur-Limagnole puis Serverette Mende.

Le Malzieu - Lozère (48)

N°CH091

Le Petit Château du Villard

Ingrid Kremer
Le Villard
48140 Le Malzieu
Tél. 04 66 31 09 23
Port. 06 37 77 38 33
ingrid.kremer@libertysurf.fr
www.lepetitchateauduvillard.com

Wi Fi

1 Pers. 70 € - 2 Pers. 80/90 € - 3 Pers. 120/130 €
P. sup. 30 € -

Ch. des Moines (1 lit 160, 1 lit 90, poss. lit bébé et 1 suite Chapelle (3 lits en 2 chambres séparées), chacune avec sanitaires privés. (140 euros/4 pers.). Ouv. du 11/05 au 31/10. Petit déjeuner : laitages, confitures et pâtisseries maison, fruits... Salon, piano. Cour, jardin, jeux. Tarif dégressif pour séjour. Restaurant 2 km.

Au petit château du Villard, bâti en 1608, authenticité rime avec convivialité. Vous séjournerez dans de vastes chambres dont le caractère vous portera dans une autre époque. Pour des séjours de découverte et de bien-être, pour des vacances en famille, le temps d'une halte ou tout simplement pour s'évader sur les terres de lozère, vous serez ici accueillis tout naturellement.

Attraits touristiques : Le Malzieu, cité médiévale à 2 km. Les réserves des Bisons d'Europe et des loups du Gévaudan, le site d'Apcher. Baignade, canoë, équitation, pêche, piscine et location de vélos 2 km. GR4.

Accès : A75, sortie St-Chély d'Apcher puis suivre la direction Le Malzieu, puis le Villard, à droite, sur la route de Saugues (10 mn de l'autoroute).
GPS : l 44.520409N - L 03.212381E.

Nasbinals - Lozère (48)

N°CH127

La Borie de l'Aubrac
Famille Mouliade-Sunyer
La Grange des Enfants
48260 Nasbinals
Tél. 04 66 45 76 97
Port. 06 82 51 65 73
contact@borie-aubrac.com
www.borie-aubrac.com

TH

1 Pers. 75/115 € - 2 Pers. 95/135 €
P. sup. 25 € - Repas 35 €

5 chambres avec sanitaires privés et TV. Ouvert toute l'année. Petit déjeuner : confitures maison, fouace, viennoiseries, jus de fruits, céréales, fruits frais... T. d'hôtes : retortillat, viande de bœuf Aubrac, tarte maison... Parc de 1500 m². Restaurant 2 km.

Dans un Aubrac verdoyant où, selon la saison, enneigée, La Borie de l'Aubrac se révèle être un lieu prédestiné au cœur d'un région unique. Cette charmante demeure datant du milieu du XIXe siècle était auparavant une étable. Transformée depuis peu en une maison d'hôtes, l'âme de la "Grange des Enfants" (nom donné au lieu-dit) reste intacte. Cadre contemporain alliant authenticité et respect des matières. C'est un vrai havre de paix !

Attraits touristiques : cascade de Déroc 2 km. Château de la Baume 10 km. Centre thermal la Chaldette 18 km. Transhumance, fin mai. Chemin St-Jacques-de-Compostelle 3 km. Equitation, ski, accrobranche 4 km. Remise en forme 18 km.

Accès : à 4 km de Nasbinals, D900 dir. Marvejols, puis tourner à droite. A75, sortie 35 ou 38.
GPS : l 44.651601 - L 3.085530.

St-Germain-de-Calberte - Lozère (48)

N°CH060

Lou Pradel
Maria et Pol Hostens
48370 St-Germain-de-Calberte
Tél. 04 66 45 92 46
lou.pradel@wanadoo.fr
www.loupradel.com

TH

1 Pers. 71 € - 2 Pers. 87 €
P. sup. 31 € - Repas 36 €1/2 pens. 79 €

3 ch. avec sanitaires privés. Ouvert de Pâques à la Toussaint. Petit déjeuner : pain et confitures maison, céréales, jus d'orange, fromages, yaourts, pain au lait... T. d'hôtes : légumes du potager, produits du terroir. Apéritif avec tapas offert. Salon-bibliothèque. Vaste jardin fleuri en terrasses. Gîte de séjour sur place.

Marie et Pol vous accueillent dans un site grandiose (Gîte Panda) jouissant d'une vue exceptionnelle sur les ondulations des serres cévenoles jusqu'au Mont Aigoual au sud. Jardin et terrasse fleurie et aménagement de charme dans notre corps de ferme où nous vous invitons à la table d'hôtes pour savourer une cuisine généreuse et inventive aux accents du sud, où les légumes du potager et les produits du terroir sont mis en valeur.

Attraits touristiques : Parc National des Cévennes, point de départ idéal pour la randonnée. Bambouseraie d'Anduze et gorges du Tarn 35 km.

Accès : sur la N106 Alès-Florac, quitter le Collet de Dèze et monter la D13 dir. St-Germain-de-Calberte. Passer le col du Perdedis et poursuivre la D13. La maison est en contrebas du col de Prentigarde.
GPS : l 44.1318N - L 03.5110E.

St-Privat-de-Vallongue - Lozère (48)

NOUVEAUTÉ

Niché au cœur des Cévennes, dans la douceur méridionale de la Vallée Longue, le hameau de Transgardon bénéficie d'un site naturel préservé. Destinée aux amoureux de nature sauvage, de calme et de sérénité, cette propriété privée de 10 ha se situe à la confluence de 2 rivières avec plus d'1 km de rives accessibles et de bassins naturels pour la baignade.

Attraits touristiques : au cœur des Cévennes et à 30 km des Causses, 2 sites classés au Patrimoine mondial de l'Unesco. Gorges du Tarn 30 km. Mont Lozère 40 km.

Accès : autoroute A7, sortie Nîmes ouest puis direction Alès. Entre Alès 40 km et Florac 30 km.

N°CH134

Transgardon en Cévennes
Mathis Frédérique
Transgardon
48240 St-Privat-de-Vallongue
Tél. 04 34 25 90 23

TH

1 Pers. 90 € - 2 Pers. 110 € - 3 Pers. 135 €
P. sup. 25 € - Repas 25 €

Nos chambres d'hôtes sont situées dans un bâtiment séparé de l'habitation, en surplomb de la rivière et de la piscine naturelle qui miroite sous le pont, plusieurs fois centenaire de Transgardon. Elles possèdent un espace salon et une salle de bains confortable. Coins repos aménagés en surplomb de la rivière.

Vialas - Lozère (48)

Dans la zone de protection du Parc National des Cévènnes, à Castagnols, un petit hameau typique situé en pleine nature, vous découvrirez "La Source de Castagnols". Les murs de schistes, les poutres en châtaigniers donnent à ce mas tout son caractère cévenol alliant authenticité et confort. Dans un cadre préservé, remarquablement calme, vous profiterez d'une très bonne table dans une ambiance très conviviale.

Attraits touristiques : chemins de randonnée GR ou PR qui commencent au pied du mas. Location d'ânes 1 km. Rivière 4 km. Canyonning 6 km.

Accès : de Mende ou Florac, prendre dir. Le Pont De Montvert (D998), puis prendre en face de la poste à Vialas, puis la route en dir. "Route des Crêtes, Col de Banette, Castagnols". GPS : l 44.31765 - L 3.87843.

N°CH122

La Source de Castagnols
Marjolaine et Henk-Jan Spruijt
48220 Vialas
Tél. 04 66 41 05 79
info@castagnols.com
www.castagnols.com

TH

1 Pers. 68/75 € - 2 Pers. 73/92 € - 3 Pers. 99/109 €
P. sup. 26/28 € - 1/2 pens. 125/144 € - Pension 142/161 €

4 chambres avec sanitaires privés et accès internet. Ouvert du 01.05 au 15.10. Petit déjeuner : jus de fruits, yaourts, céréales, charcuterie, fromage, confiture, miel... T. d'hôtes : côte de porc sauce miel, rôti de porc sauce marsa, moelleux chocolat/chataignes... Cour, jardin.

Corneilla del Vercol - Pyrénées-Orientales (66)

N°205901

Les Jardins de Corneilla
Roland Nabet
8 chemin de la Set
66200 Corneilla del Vercol
Tél. 06 14 82 92 90
rolandnabet@hotmail.fr
http://lesjardinsdecorneilla.fr

2 Pers. 120/145 €

4 chambres avec sanitaires privés, Wifi, TV, climatisation, coffre-fort et sèche-cheveux. Ouvert toute l'année. Petit déjeuner : jambon, fromages, œufs, saumon fumé, laitages, croissanterie, pâtisseries et confitures maison... Salle de jeux (échecs, cartes, société), livres variés. CD, lecteur DVD et CD, play-station. Piscine, jacuzzi, p-pong.

Halte d'exception au cœur du Roussillon, loin du bruit et de la pollution, Les Jardins de Corneilla sont un lieu idéal pour se reposer et se ressourcer. Une cuisine pour les hôtes est à votre disposition ainsi qu'un grand jardin de 7000 m². Vous êtes à 5 km des plages, 15 km de Collioure et 8 km de Perpignan.

Attraits touristiques : musée de Céret, musée Dali à Figuéras (60 km), abbayes romanes, châteaux cathares. Festivals : Les Déferlantes à Argelès-sur-Mer, Les Estivales à Perpignan, Vias pour l'Image à Perpignan, Les Jeudis de Perpignan.

Accès : A9, sortie 42 (Perpignan sud), dir. Argelès-sur-Mer sur 5 km environ, puis sortie 5 dir. Corneilla del Vercol. 1er rond-point dir. Elne, 2e sortie au rond-point suivant puis 3e rond-point, route St-Cyprien. Chemin de la Set 300 m à gauche.

GPS : l 42°37'28"Nord - L 2°57'36"Est.

Estagel - Pyrénées-Orientales (66)

NOUVEAUTÉ

N°207101

La Demeure Saint-Vincent
HENRY Michèle
19 rue Gilbert Brutus
66310 Estagel
Tél. 04 68 92 26 48
Port. 06 01 90 06 46
dsve@sfr.fr
www.demeure-st-vincent.com

TH

1 Pers. 75 € - 2 Pers. 82 € - 3 Pers. 118 €
Repas 30 €

4 chambres avec sanitaires privés et wifi. Ouvert toute l'année. Petit déjeuner à thème : catalan, canadien, parisien. Table d'hôtes : galtes au four (joues de porc confite sur os), poulet citron catalane, "coustellou», bœuf à l'aigre-doux, escalivade, crème catalane. Jardin de 800m², salon de jardin, barbecue, jeux enfants. Piscine hors sol.

La Nature au cœur du village. Michèle et Daniel vous accueillent dans leur grande maison de maître du XVIIIe siècle qui offre tranquillité, détente, découverte avec son parc, ses platanes bicentenaires et ses palmiers. Un peu hors du temps mais avec toutes les commodités modernes, dépaysement et tradition vous enchanteront. Mobilier ancien et bibelots, de plusieurs générations, reconstituent l'atmosphère de la maison d'une vieille famille traditionnelle aisée. Un bel escalier mène aux chambres qui, par leur décoration, rappellent un pan de la vie des propriétaires (Afrique, Canada, Paris).

Attraits touristiques : 80 sites «art et patrimoine» entre 1 et 40 km. Randonnée 1 km. Equitation, pêche 10 km. Escalade 15 km. Mer 20 km. Golf 30 km.

Accès : plan d'accès fourni sur demande.

GPS : l 42°46'23" N - L 2°41'56" E.

Llo - Pyrénées-Orientales (66)

N°210001

l'Atalaya
Ghîlaine Toussaint
66800 Llo
Tél. 04 68 04 70 04
atalaya66@orange.fr
www.atalaya66.com

2 Pers. 95/115 €

5 chambres avec sanitaires privés. Ouvert toute l'année. Petit déj. : fromages, œufs, jambon, croissants, cakes, fruits... Salons, salon de musique, coin-cheminée, bibliothèque, piano à queue, chevalets. Jeux de société, livres. Piscine. Cuisine d'été. Cour, jardin. 2 restaurants à 5 mn, beaucoup de restaurants en Espagne. Chambre familiale 144 euros.

Dans le village le plus typique de la région, à 5 mn de l'Espagne, à 1450 m d'altitude, ancien mas en pierres et lloses. Superbe vue sur le village et l'Espagne, ambiance pleine de charme : meubles de famille, vitraux, bibliothèque, patio et jardin suspendu délicieux où vous pourrez prendre vos petits-déjeuners l'été. Vous partagerez avec la propriétaire, l'amour des livres, de la musique, mais aussi des sentiers, des circuits romans de France et d'Espagne, ainsi que le bonheur qui nous unit à la montagne, c'est "el cant de la terra" celui-là même qui se danse.

Attraits touristiques : dans le village : thermes eaux sulfureuses et soins. Via Ferrata. Sites archélologiques. Gorges. Randonnées. Flore la plus riche d'Europe. Parc Régional des Pyrénées. 4 golfs. Espagne 5 mn, Andorre 1 h.

Accès : plan d'accès fourni sur demande.

Prades - Pyrénées-Orientales (66)

N°214902

Castell Rose
Evelyne Waldvogel
Chemin de la Litera
66500 Prades
Tél. 04 68 96 07 57
Port. 06 32 68 72 26
castellroseprades@gmail.com
www.castellrose-prades.com

1 Pers. 69 € - 2 Pers. 89 €

5 chambres dont 1 familiale, avec sanitaires privés. (119 euros/4 pers.). Chambres non fumeur. Petit déjeuner : viennoiseries, confitures maison, produits régionaux, fruits... Vaste salon, salle à manger (cheminée), home-cinéma. Parc 2,5 ha. (4 gîtes sur le domaine). Tennis, piscine, solarium, trampoline, p-pong, volley-ball, pétanque. Restaurant 1 km.

Entre mer et montagne, Castell Rose est idéalement situé et offre une vue imprenable sur le massif du Canigou, montagne sacrée du peuple catalan. Ce superbe manoir en pierre de taille, granit et marbre rose du Conflent, fut construit en 1947. Il est composé d'une partie centrale et d'une imposante tour carrée. Admirez les colonnes de la galerie romane, et la grande terrasse en marbre. Vous pourrez flâner dans un magnifique parc de plus de 2 ha, agrémenté de jardins secs. Vous apprécierez les dallages en marbre, les planchers de chêne, et les belles cheminées.

Attraits touristiques : pêche, randonnées 1 km. Equitation 5 km. Festival de musique Pablo Casals.

Accès : suivre Prades-centre dir. Hôtel de Ville, puis à gauche panneaux "Castell Rose".
GPS : l 42.61358890 - L 2.41639722.

Ste-Colombe-de-la-Commanderie - Pyrénées-Orientales (66)

N°217002

Peu del causse
Marie-Noëlle Petit
6 carrer del Canigo
66300 Ste-Colombe-de-la-Commanderie
Tél. 04 68 53 42 47
petit.marie-noelle@hotmail.fr
http://www.peudelcausse.com/indexfr.php

1 Pers. 70 € - 2 Pers. 75 € - 3 Pers. 90 €

5 chambres avec sanitaires privés et internet. Ouvert toute l'année. Petits déjeuners servis dans le jardin ou devant la cheminée en hiver : produits locaux, confitures et viennoiseries. Petite cuisine à disposition. Sauna, jacuzzi, solarium, terrasses. Cour close arborée et fleurie. Jardin 200 m². Petits chiens sur demande. 102 euros/4 pers.

Le joli village de Ste-Colombe, ancienne Commanderie des Templiers au XIIe s., se trouve sur les hauteurs de Thuir, petite ville située entre Méditérranée et la chaîne des Pyrénées. Marie-Noëlle et Christian vous accueillent chaleureusement dans leur beau mas catalan restauré avec soin et transformé en demeure de charme. Cette maison, une des plus anciennes du village, a su tirer profit d'une superbe cour intérieure devenue jardin fleuri où les petits déjeuners sont servis en été.

Attraits touristiques : La Côte Vermeille, Collioure. Nombreuses abbayes romanes et petits villages médiévaux. Randonnées dans les Pyrénées. A proximité de l'Espagne et de la Costa Brava. Equitation et piscine 2 km. Mer, thermalisme et golf 25 km. Restaurant 2 km

Accès : depuis Thuir suivre direction Ste-Colombe. La Maison est située dans le cœur du village, face à la mairie.

Serralongue - Pyrénées-Orientales (66)

N°219401

Case Guillamo
Philippe et Elisabeth Bracckeveldt
66230 Serralongue
Tél. 04 68 39 60 50
phil@caseguillamo.com
www.caseguillamo.com

TH

2 Pers. 100 € - 3 Pers. 120 €
Repas 30 €

2 ch. et 1 suite familiale avec TV (160 euros), bains et wc privés. Ouv. Toute l'année. Petit déj. : jus de fruits, yaourts, pain aux noix et raisins maison, confitures, miel. T.d'hôtes gastronomique : spécialités catalanes, feuilleté d'anchois, aumônière de crabe, dorade royale au feu de bois… Salon, biblio. Forêt de 45 ha.

Mas catalan du XIXe situé sur un domaine boisé avec piscine (grand bassin), bassin pour enfants et rivière à truite. Décoration intérieure en pierres, briques et bois (cheminées ouvertes, four à pain), et tissu catalan. Table d'hôtes gastronomique. Une étape d'exception au cœur de la nature dans l'arrière pays catalan.

Attraits touristiques : Villages et marchés artisanaux du haut pays catalan. Randonnées pédestres en moyenne et haute montagne. Collioure et Rosas à 1 h. Tennis 4 km. Equitation 8 km. Golf 20 km.

Accès : à 4 km de Serralongue, en direction de Lamanère, au lieu-dit "Can Guillamo", prendre chemin à droite balisé en vert, chemin de terre sur 1,5 km.

LIMOUSIN

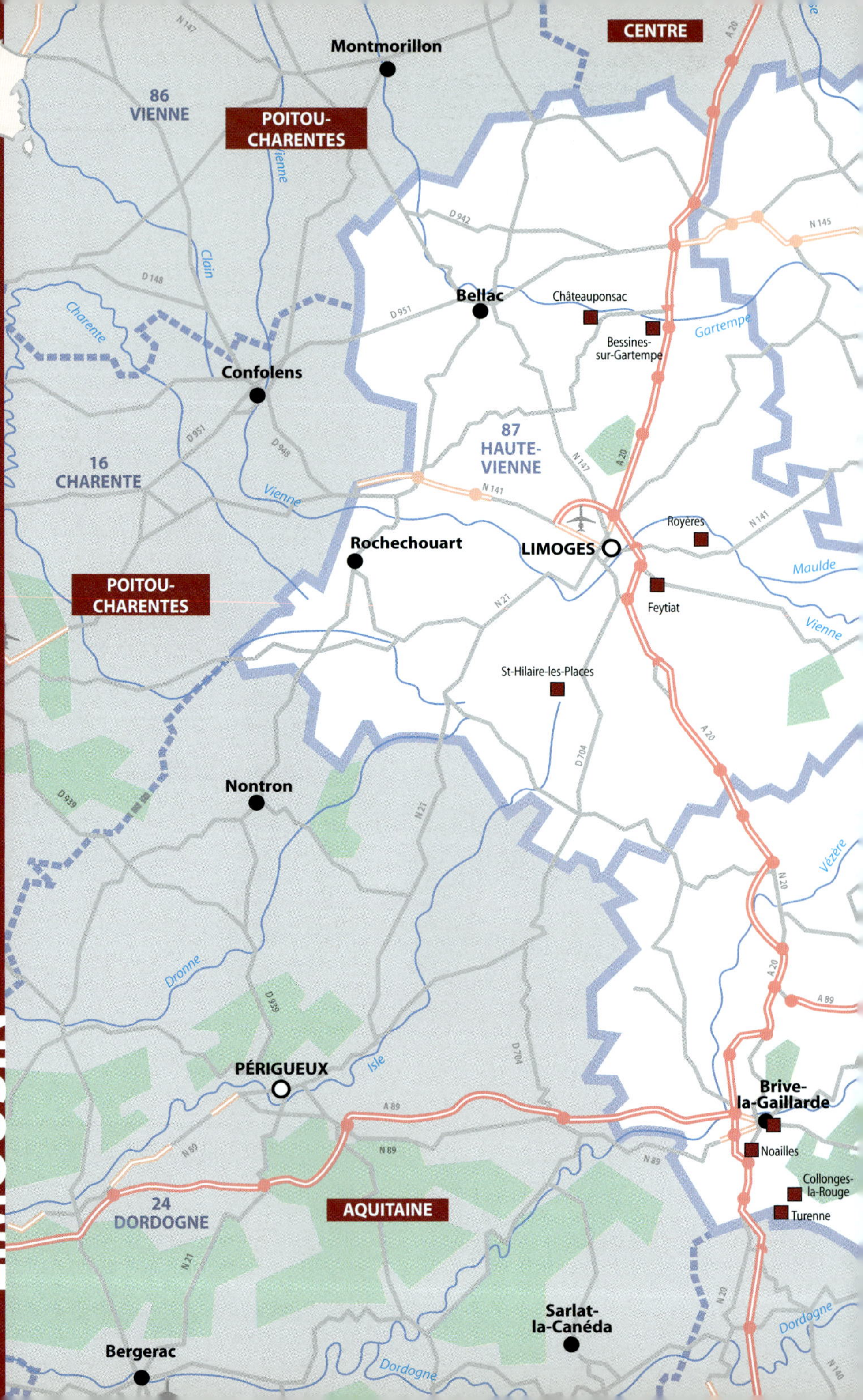
CENTRE
Montmorillon
86
VIENNE
POITOU-
CHARENTES
N 147
Vienne
Clain
D 148
Charente
D 942
N 145
A 20
Bellac
Châteauponsac
D 951
Bessines-
sur-Gartempe
Gartempe
Confolens
D 951
D 948
87
HAUTE-
VIENNE
N 147
16
CHARENTE
N 141
Vienne
Rochechouart
LIMOGES
Royères
N 141
Maulde
Feytiat
N 21
Vienne
POITOU-
CHARENTES
St-Hilaire-les-Places
A 20
D 704
Nontron
D 939
N 21
Vézère
N 20
Dronne
D 939
A 20
A 89
D 704
PÉRIGUEUX
Isle
Brive-
la-Gaillarde
A 89
N 89
N 89
N 89
Noailles
Collonges-
la-Rouge
24
DORDOGNE
AQUITAINE
Turenne
N 21
N 20
Sarlat-
la-Canéda
Dordogne
Bergerac
Dordogne
N 140

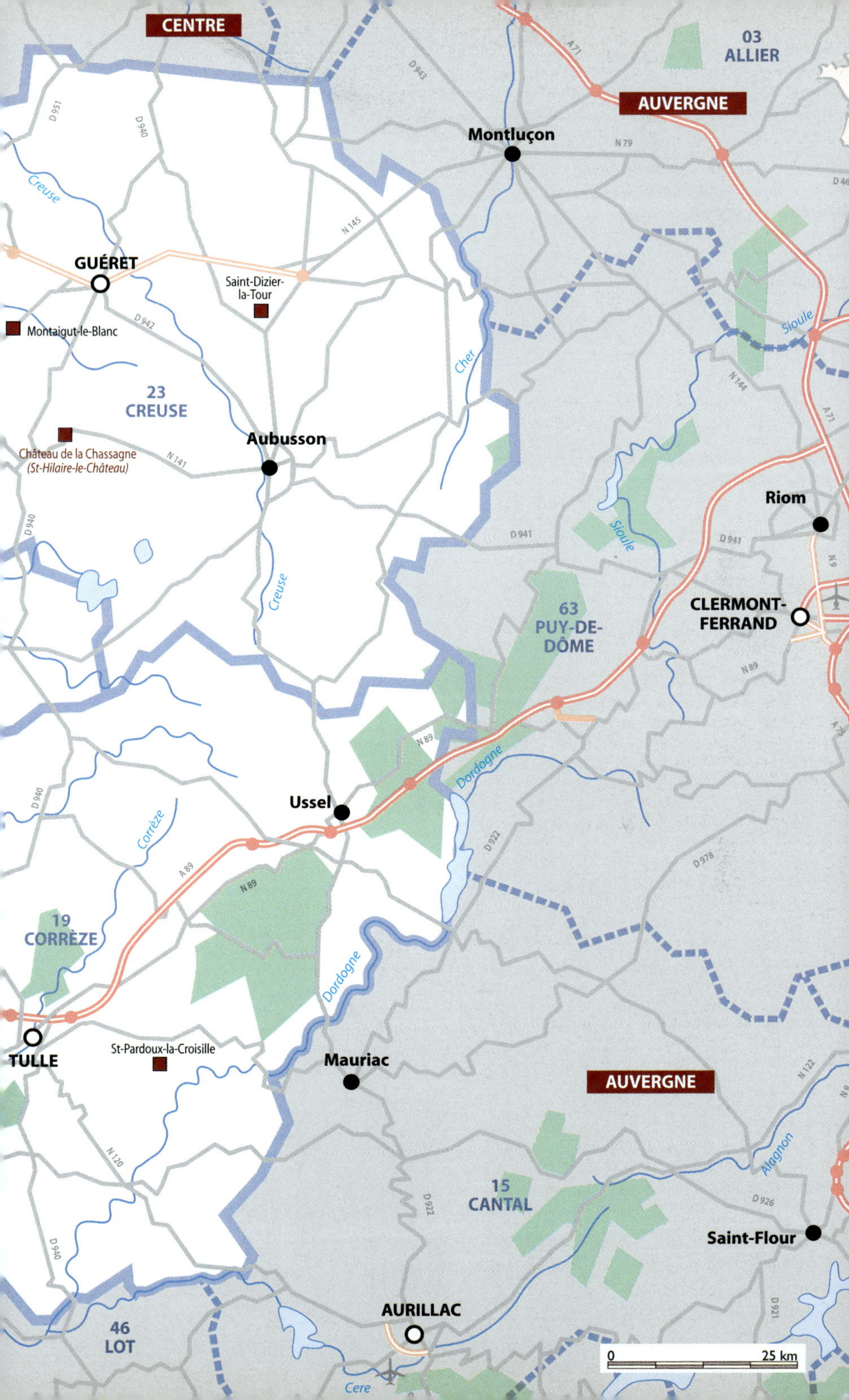

CENTRE
03
ALLIER
AUVERGNE
Montluçon
A 71
D 943
N 79
D 46
D 951
D 940
Creuse
N 145
GUÉRET
Saint-Dizier-
la-Tour
D 942
Montaigut-le-Blanc
Sioule
Cher
N 144
A 71
23
CREUSE
Aubusson
Château de la Chassagne
(St-Hilaire-le-Château)
N 141
Riom
D 941
D 941
Sioule
N 9
CLERMONT-
FERRAND
D 940
Creuse
63
PUY-DE-
DÔME
N 89
A 75
N 89
Dordogne
Ussel
D 940
Corrèze
D 922
D 978
A 89
N 89
19
CORRÈZE
Dordogne
TULLE
St-Pardoux-la-Croisille
Mauriac
AUVERGNE
N 122
N 9
Alagnon
N 120
D 922
15
CANTAL
D 926
D 940
Saint-Flour
D 921
46
LOT
AURILLAC
0
25 km
Cere

Brive - Corrèze (19)

N°19G2794

Domaine du Breuil
Michelle et Gérard Noizat
10, rue Albert Thomas
19100 Brive
Tél. 05 55 23 33 61
Port. 06 11 51 67 45
noizatgerard@orange.fr
www.domainedubreuil.com

1 Pers. 65 € - 2 Pers. 75 € - 3 Pers. 95 €

1 suite composée de 3 chambres avec 2 wc et 2 salles de bains privés, TV, accès internet. (150 euros/4 pers.). Ouvert toute l'année. Petit déjeuner: fruits frais, viennsoiseries, gâteau maison, jambon, saucisson, fromage, œufs, confitures... Cour, jardin, parc 4500 m². Piscine. Terrasse privée, transats. Restaurant 800 m.

Une maison de famille vous ouvre ses portes... Découvrez le confort et le charme d'une maison corrézienne où est aménagée une suite totalement indépendante. Chaque matin le décor du petit déjeuner est différent et tous les soirs un verre avec amuses-bouche vous sera proposé.

Attraits touristiques : foire aux livres, marché de Brive. Collonges-la-Rouge 12 km. Turenne 15 km. Sarlat 58 km. Rocamadour 60 km. Randonnée et tennis 2 km. Equitation 3 km. Lac du Cousse et voile 6 km.

Accès : dans Brive dir. gare SNCF, prendre bd Clémenceau suivre jusqu'au 1e feu et tourner à droite ou avenue Lorraine, 3e à droite au stop puis tout droit, passer le petit pont, 1ère à gauche et 1er chemin à droite.
GPS : l 45.1486N - L 1.537E.

Collonges-la-Rouge - Corrèze (19)

N°19G2711

Jeanne
Brigitte et Pascal Monteil
Le Bourg
19500 Collonges-la-Rouge
Tél. 05 55 25 42 31
Port. 06 86 70 63 53
info@jeannemaisondhotes.com
www.jeannemaisondhotes.com

2 Pers. 100 €
P. sup. 20 € -

5 chambres (non fumeur) avec TV, salle de bains et wc privés. Ouvert toute l'année. Petit déjeuner : viennoiseries, confitures maison, pâtisseries. Cour, jardin. Restaurant "Le Cantou" à 100 m.

Brigitte et Pascal vous reçoivent avec gentillesse dans leur ravissante maison. Une tour du XVe s. guide vos pas vers 5 chambres confortables superbement décorées. Un charmant jardin de curé vous assure la tranquillité dans l'un des plus beaux villages de France. Le soir, vous pourrez partager avec vos hôtes un repas très convivial.

Attraits touristiques : Quercy, Turenne et Curemonte, citées médiévales. Vallée de la Dordogne. Piscine et tennis 2 km. Equitation 6 km. Golf, voile, canoë 20 km.

Accès : depuis l'autoroute A20, sortie 52 et suivre Collonges-la-Rouge. Aller jusqu'à Collonges, fléchage dans le village.
GPS : l 45.06115201298 - L 1.65489080408..

Noailles - Corrèze (19)

N°19G2749

Les Dépendances du Château

Sylvie Gay
place du 11 novembre
19600 Noailles
Tél. 05 55 85 85 11
Port. 06 68 88 24 40
jcgay19@hotmail.com
http://dependancesduchateau.free.fr

2 Pers. 60/70 € - 3 Pers. 90/100 €

3 chambres et 1 suite (2 à 4 pers.), avec sanitaires privés. Lit bébé à disposition. Ouvert toute l'année. Petit déjeuner : jus de fruits, viennoiseries, confitures maison... Tennis. Billard. Piscine. Cour. Restaurant 5 km.

Dans cette magnifique demeure, anciennes dépendances du château de Noailles, Sylvie et Jean-claude vous ont aménagé 4 petits nids douillets et raffinés. Vous pourrez au retour de vos excursions (Collonges-la-rouge, Rocamadour, Padirac, Sarlat...) profiter selon vos envies de la piscine privée (14 x 8 m), de la salle de billard ou du tennis.

Attraits touristiques : Collonges-la-Rouge 15 km. Lascaux 35 km. Sarlat 45 km. Rocamadour et Padirac 50 km. Randonnées sur place. Baignade, voile et pêche 5 km. Equitation et golf 7 km.

Accès : A20, sortie n°52 Noailles, puis prendre à gauche dir. Collonges-la-Rouge-Meyssac sur environ 800 m.

St-Pardoux-la-Croisille - Corrèze (19)

N°19G5812

l'Orée des Bois

Marie Audreric
La Valette
19320 St-Pardoux-la-Croisille
Tél. 05 55 27 63 32
Port. 06 08 28 16 05
jyvesmarie@orange.fr
www.loreedesbois.com

2 Pers. 95/105 €

2 chambres, salle d'eau à l'italienne, wc séparé. Tout est posé avec raffinement. Petits déjeuners servis au bord de la piscine. Environnement propice à la détente et au repos. Ouvert d'avril à septembre.

Une maison du XVIIème siècle, restaurée selon les régles de l'Art. Les chambres dans les dépendances, la piscine chauffée, tout cela dans un merveilleux cadre de verdure. Vous gouterez aux délicieux petits déjeuners préparés chaque matin. La situation est idéale pour découvrir la Corrèze.

Attraits touristiques : château de Sédières, manifestations culturelles tout l'été, Vallée de la Dordogne, cascades de Gimel, Collonges-la-Rouge... Lac de Marcillac, tennis et ski nautique 1 km. Equitation 3 km.

Accès : de l'A20 prendre dir. Clermont-Ferrand (A89), sortie Aurillac dir. Egletons/Clergoux/St-Pardoux-la-Croisille. Sur A89 venant de Clermont-Ferrand, prendre sortie Egletons puis Marcillac-la-Croisille/St-Pardoux.

Turenne - Corrèze (19)

N°19G2768

Clos Marnis
Denis Sourzat
Le Bourg
19500 Turenne
Tél. 05 55 22 05 28
Port. 06 08 22 69 15
keny.sourzat@wanadoo.fr
http://closmarnis.online.fr

TH

2 Pers. 66 €
P. sup. 12 € - Repas 25 €

5 chambres avec sanitaires privés donnant sur la jardin. Ouvert toute l'année. Petit déjeuner : confitures/pâtisseries maison, jus d'orange... T. d'hôtes sur réservation. Micro-ondes et réfrig. À dispo. Jardin calme avec salon et vue sur le château. Restaurants sur place et 2 km.

Dans un des plus beaux villages de France, Martine et Denis vous reçoivent avec gentillesse dans leur demeure construite par la confrérie des Pénitents Blancs sous le règne du roi Soleil. Vous découvrirez dans cet ensemble, cinq chambres pleines de charme, avec un accès de plain-pied dans le jardin.

Attraits touristiques : Villages de Turenne, Collonges-la-Rouge, Curemonte, Rocamadour. Grottes de La Fage (à pied), Lacave (en train), Padirac (en barque). Lascaux-Sarlat.

Accès : sur A20 (Paris-Toulouse) sortie n°52. Traversez Noailles et suivrez les panneaux. Dans Turenne, montez vers le château et arrêtez-vous sur la 1ère place.

Montaigut-le-Blanc - Creuse (23)

N°23G0659

La Bonneterie
Marie-France et Didier Schlichter
25, rue des Ecoles
23320 Montaigut-le-Blanc
Tél. 05 55 81 77 46
contact@la-bonneterie.fr
www.la-bonneterie.fr

TH

1 Pers. 70/80 € - 2 Pers. 85/105 € - 3 Pers. 135 €
Repas 23 €

2 chambres et 1 suite composée de 2 ch. avec sanitaires privatifs. Ouvert toute l'année. Petit déjeuner : cake maison, brioche maison, jus de fruits, fromages, fruits frais... Table d'hôtes vendredi, samedi, dimanche et lundi sur rés. : spécialités régionales. Cour, jardin. Restaurants à 1 km. 165 euros/4 pers. Tarif dégressif. (Maison non fumeur).

"La Bonneterie", à 15 km au sud-ouest de Guéret, où vous serez accueillis est une maison de maitre construite en 1848 labellisée par la Fondation du Patrimoine. Elle vous propose à l'étage : les chambres "Néo-classique", "Romantique" ou "Art déco". Au rez-de-chaussée, un salon avec cheminée et bibliothèque d'histoire locale est à votre disposition. Dans le grand jardin, profitez des chaises longues pour savourer un moment de détente. Création de broderie (crochet de Luneville, broderie à l'aiguille...).

Attraits touristiques : Château de Montaigut et jardins de la Sagne à 1 km. Val Maubrune à 8 km. Abbaye de Bénévent l'Abbaye à 10 km.

Accès : de Guéret, D914 dir. Montaigut-le-Blanc, à la sortie du village avant dernière maison sur la gauche.
GPS : l 46.12075400 - L 1.73518000.

St-Dizier-la-Tour - Creuse (23)

NOUVEAUTÉ

Corinne et Olivier vous accueillent au Domaine de Louveraude. Vous serez logés dans une charmante chambre nichée dans le colombier du domaine, datant du Xve siècle. Vous apprécierez le caractère préservé des murs et l'espace extérieur comprenant une piscine, un tennis et un étang pour votre détente. Petit déjeuner servi au manoir ou en terrasse l'été. Bienvenue dans un cadre idyllique !

Attraits touristiques : mottes castrales sur place, nombreuses balades alentours. Château de Villemonteix 4 km. Aubusson 24 km. Felletin 26 km.

Accès : un plan d'accès vous sera communiqué lors de la réservation.
GPS : l 46.1468000 - L 2.15019500.

N°23G0696

Le Colombier
Corinne et Olivier Kaulek
Domaine de Louveraude, 23 La Tour
23130 St-Dizier-la-Tour
Tél. 05 55 62 55 69
Port. 06 09 17 57 11
louveraude@sfr.fr
www.louveraude.fr

Wi Fi

1 Pers. 80 € - 2 Pers. 100 €

1 chambre à l'étage avec sanitaires privés, TV, poêle à bois. Ouvert toute l'année. Petit déjeuner : cake ou crêpes maison, fromage, confitures et yaourts maison, salade de fruits frais, jus de fruits frais… Piscine chauffée et sécurisée. Etang de pêche. Tennis. Espace détente extérieur. Terrain de pétanque. Cour, jardin, parc 8 ha. Parking.

St-Hilaire-le-Château - Creuse (23)

Seigneurerie importante dès le moyen-âge, le château de La Chassagne, a traversé le temps sans subir aucun dommage, et vous admirerez encore aujourd'hui l'architecture simple et pure de la fin du XVème siècle. Ses formes rectangulaires sont flanquées en façade d'une tour ronde et, à l'arrière, de deux contreforts, dont l'un est orné de moulures comportant des armoiries qui n'ont pu être déchiffrées… Les 4 superbes chambres avec boiseries, parquet… sont accessibles par un bel escalier à vis tout en pierre.

Attraits touristiques : Golf 14 km, tennis 14 km, équitation 3 km. Bourganeuf 14 km : musée de l'électrification, Tour zizim et Tour Lastour. Aubusson 24 km : capitale de la tapisserie.

Accès : à St-Hilaire-le-Château prendre la N41 dir. Aubusson, puis 1ère à droite (D10) dir. Chavanat, puis 1ère à droite dir. "La Chassagne".

N°23G0557

Château de la Chassagne
Marie-Christine Fanton
La Chassagne
23250 Saint-Hilaire-le-Château
Tél. 05 55 64 79 48
Port. 06 14 61 08 16
m.fanton@aliceadsl.fr
www.chateau-lachassagne.com

TH Wi Fi

1 Pers. 100/120 € - 2 Pers. 120/140 €
Repas 30 €

4 chambres (3 avec 1 lit 2 pers. et 1 avec 2 lits 1 pers.), sanitaires privés, TV (chacune des chambres est meublée dans le style "château"). Petit déjeuner : viennoiseries, confitures, miel de pays, fruits… T.hôtes sur réservation (produits du terroir). Parc de 5 ha., rivière à truites (le Thaurion) et plan d'eau pour la balade…

Bessines-sur-Gartempe - Haute-Vienne (87)

N°87G3705

Château Constant
Anna-Méry Van Hooft
avenue du 11 Novembre
87250 Bessines-sur-Gartempe
Tél. 05 55 76 78 42
Port. 06 51 17 66 73
chateau_constant@yahoo.com
www.chateau-constant.com

TH Wi Fi

1 Pers. 75 € - 2 Pers. 85 € - 3 Pers. 97 €
P. sup. 17 € - Repas 22 €

5 chambres avec sanitaires privés. Ouvert toute l'année. Petit déjeuner : jus de fruits, yaourts, céréales, œufs, viennoiseries... T. d'hôtes : cuisine internationale. Cour, jardin, parc de 7 ha. Restaurants à Bessines (1 km). Allemand parlé également.

Cette grande demeure construite à la fin du XIXe siècle, dans un parc qui domine la Gartempe. Pour votre déténte, profitez du séjour ouvrant sur le parc, la terrasse, la loggia aménagée en bibliothèque. La maison est meublée et décorée de différents souvenirs de voyage des propriétaires.

Attraits touristiques : Lac de St-Pardoux (330 ha) 10 km. Festival "Les Bandafolies" en juillet à Bessines. Limoges 25 km. Baignade et canoë 10 km. Pêche et randonnée sur place. Tennis 1 km. Equitation 9 km.

Accès : A20, sortie 24. Passer le rond-point en entrant dans Bessines-sur-Gartempe, la Maison est immédiatement à droite (entrée avec porche).

Châteauponsac - Haute-Vienne (87)

NOUVEAUTÉ

N°87G3715

Clos Dentelle
Albert et Marianne Moes
Dent
87290 Châteauponsac
Tél. 05 55 76 06 88
info@closdentelle.com
www.closdentelle.com

TH Wi Fi

2 Pers. 56/72 €
Repas 23 €

2 chambres avec sanitaires privés (dont 1 bain balnéo), wifi. Ouvert toute l'année. Petit déjeuner : pains, viennoiseries, confitures, miel, fromage, jambon, yaourt. Table d'hôtes : poulet basque, blanquette de veau, tarte fine aux pommes, clafoutis, vacherin. Jardin. Restaurant à 1 km.

Belle maison d'architecture bourgeoise construite sur le plateau qui domine la vallée de la Gartempe. Son petit enclos de pierres abrite un espace détente avec piscine et jardin aromatique. A l'étage deux chambres au décor raffiné. L'une d'elles dispose d'une vaste salle de bains avec baignoire balnéo. Au rez-de-chaussée un salon, meublé dans le style Empire et orné de tableaux art moderne est à la disposition des hôtes. Marja, Albert et Sushi, le petit chien de la maison, ont eu un coup de cœur pour cette maison ; ils souhaitent vous le faire partager, ainsi que leur goût pour le monde classique.

Attraits touristiques : Plusieurs sentiers de randonnée, musée à Châteauponsac, festival d'été du Haut Limousin (musique), Lac de Saint Pardoux 7 km (baignade, voile).

Accès : à 48 km au nord de Limoges et 10 km de l'A20. GPS : l 1.6459555 - L 46.1782117.

Feytiat - Haute-Vienne (87)

N°87G9713

Prieuré du Puy Marot

Gérard et Mady Chastagner
allée du Puy Marot
87220 Feytiat
Tél. 05 55 48 33 97
Port. 06 80 98 17 64
gerardchastagner@wanadoo.fr

TH

1 Pers. 80 € - 2 Pers. 90 € - 3 Pers. 130 €
Repas 30 €

3 chambres dont 1 suite familiale (3 pers.) avec sanitaires privés. Ouv. toute l'année. Petit déj. : viennoiseries, confitures maison... T. d'hôtes sur résa. (48h à l'avance) : dîners raffinés servis dans de la porcelaine de collection. Biblio., piano. Parc 1 ha, vélo. Petite fermette 7 pers. tout confort dans bâtiment attenant.

Surplombant la vallée, prieuré très calme du XIIe. Les chambres sont très chaleureuses et joliment décorées (mobilier, tissus coordonnés, objets...). Les propriétaires vous feront partager leur passion pour la porcelaine et les arts de la table (atelier de fabrication de porcelaine sur place). Une étape de charme dans un cadre raffiné.

Attraits touristiques : Musée de l'Evêché (riche collection d'émaux, salles archéologique et égyptienne), musée national de la Céramique, aquarium, fête du Livre (avril). Rand. sur place. Equit. 4 km. Piscine, golf 5 km. Pêche 7 km.

Accès : A20, sortie n°35 (Eymoutiers), puis la D979 sur 3 km. Après la station service, 1ère route à gauche D98A sur 1 km dir. St-Just-le-Martel. Après le panneau Puy Marot, 1ère route à droite (panneau sens interdit), portail en face à 30 m.

Royères - Haute-Vienne (87)

N°87G5714

Le Masbareau

Anne Boudet
87400 Royères
Tél. 05 55 00 28 22
anneboudet@masbareau.com
www.le-masbareau.com

TH

1 Pers. 69/79 € - 2 Pers. 79/99 € - 3 Pers. 109 €
Repas 22 €

2 chambres et 1 suite avec sanitaires privés. Ouvert toute l'année. Petit déjeuner : laitages, céréales, toasts, confitures maison... T. d''hôtes : cuisine savoureuse à partir des produits frais du potager et de l'élevage Bio. Etangs de pêche. Parc de 1 ha. Restaurants à St-Léonard-de-Noblat 7 km.

Sur un domaine agricole et forestier, la grande maison de maître ouvre sur un vaste parc paisible. C'est avec beaucoup de convivialité qu'Anne vous accueille dans sa chaleureuse maison de famille. Les chambres récemment rénovées et redécorées, aux 1er et 2e étages, disposent d'un mobilier de caractère. Un appartement confortable peut recevoir une famille. Nombreuses promenades dans la forêt du domaine, pêche à l'étang, golfs tout proches.

Attraits touristiques : cité de caractère de St-Léonard-de-Noblat : marchés nocturnes, journées de la viande, Moulin du Got, fabriques de Porcelaine. Randonnée, pêche sur place. Piscine, tennis 5 km. Equitation 8 km. Golf 11 km.

Accès : 15 km à l'est de Limoges sur la D941, prendre à droite aux feux tricolores de Royères dir. Aureil sur 1,5 km. Prendre ensuite à gauche prendant 1,5 km dir. Lafont.
GPS : l 45,826 - L 1,426.

St-Hilaire-les-Places - Haute-Vienne (87)

N°87G6714

Les Drouilles Bleues
Maïthé et Paul de Bettignies
87800 St-Hilaire-les-Places
Tél. 05 55 58 21 26
drouillesbleues@free.fr
http://drouillesbleues.free.fr

TH

1 Pers. 65 € - 2 Pers. 70/93 € - 3 Pers. 93/115 €
Repas 26 €

Construite au sommet d'une colline, cette maison de caractère est une dépendance, vieille de 9 siècles, d'un ancien monastère. La décoration raffinée marie les matériaux naturels (bois, terre cuite, pierre). Jardin, verger, pré des ânes confortent l'authenticité et le charme de cette demeure. Maïthé passionnée de jardin, vous propose une cuisine inventive et Paul curieux de l'Histoire occitane vous accueillent chaleureusement.

Attraits touristiques : à Nexon 7 km : Jardin des Sens dans le parc du château, festival du Cirque chaque été, ancienne tuilerie de Puycheny, Château de Lastours. Randonnées sur place, baignade, pêche 2 km. Equitation 7 km. Piscine et jeux aquatiques 17 km.

Accès : 20 km au sud de Limoges sur D704, prendre dir. Nexon à droite. A Nexon, prendre à gauche dir. St-Hilaire-les-Places. Tarverser St-Hilaire en dir. de Ladignac (D11) et à 1 km prendre à droite la route qui mène à Drouille. GPS : l 45°38'33" - L 1°8'30".

2 chambres en duplex (2 et 3 pers.), chacune salon et mezzanine et 1 suite (4 adultes + 3 enfants), avec sanitaires privés. Ouvert toute l'année. Petit déjeuner : cake maison, variétés de confitures maison (à goûter absolument Nèfle et Potimarron), fruits, jus de fruits... T. d'hôtes : produits du potager et produits fermiers locaux. Grand jardin.

LES GÎTES INSOLITES

Envie d'un séjour dans un hébergement très original en pleine nature ?

Les Gîtes de France® vous proposent un dépaysement total et atypique.

Que ce soit dans une roulotte, un tipi, une yourte ou bien encore une cabane perchée dans les arbres, l'aménagement intérieur est confortable, et l'accueil chaleureux et personnalisé.
Un séjour inoubliable dans une structure étonnante, avec tout le confort et le standing d'aujourd'hui. Hébergements inhabituels bénéficiant toujours d'un environnement extérieur privilégié.
Choisissez une location de vacances originale et détendez-vous au maximum en pleine nature.
Loin du stress quotidien, en solo, en amoureux, entre amis ou en famille, c'est un mode de vie idéal qui ravira petits et grands !

GÎTES DE FRANCE

Gîtes de France

Et vos vacances prennent un autre sens

MIDI-PYRÉNÉES

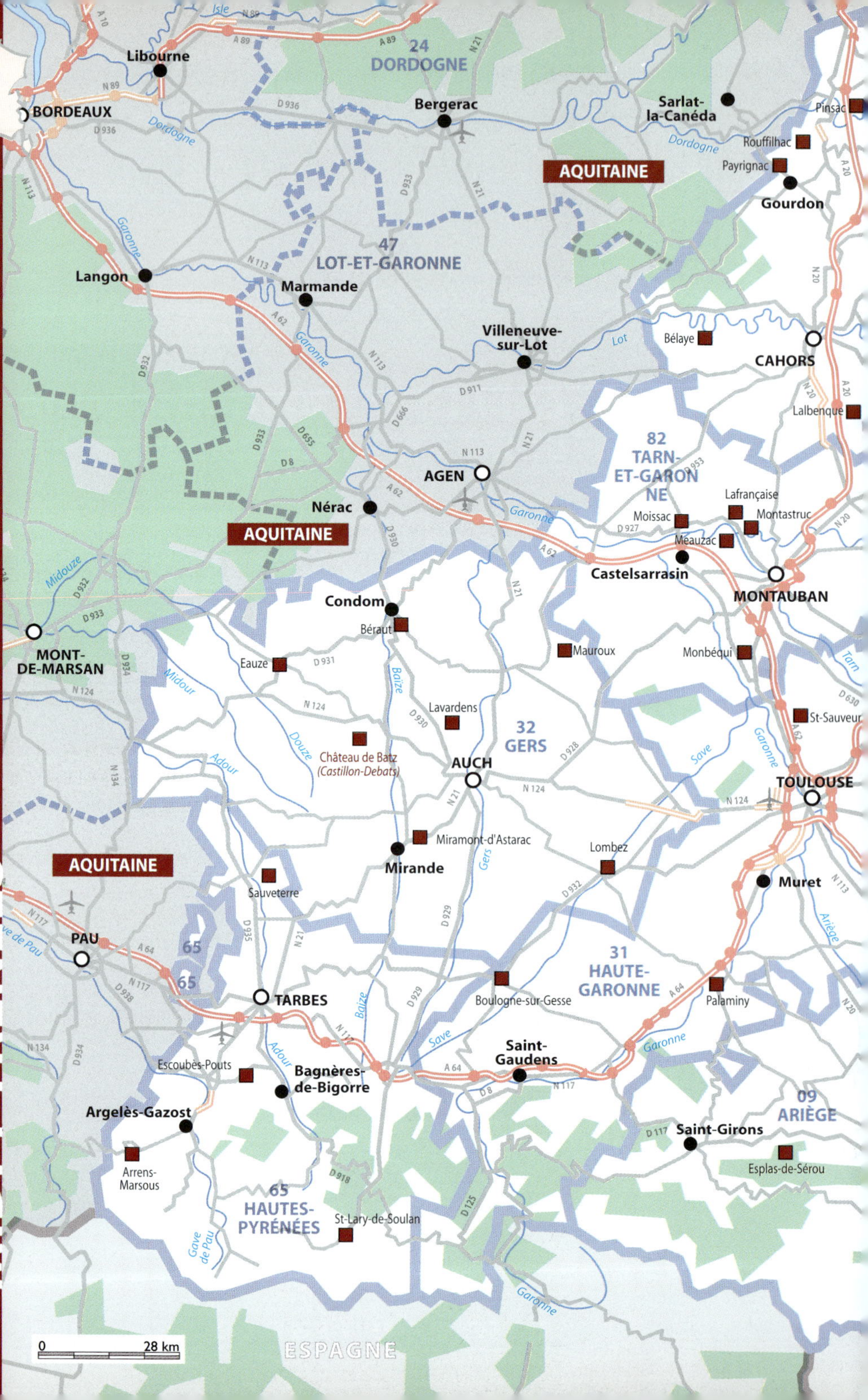

MIDI-PYRÉNÉES

Esplas-de-Serou - Ariège-Pyrénées (09)

N°P00024

Les Terrasses de Génat
Pascale Revolte
Hameau de Génat
09420 Esplas-de-Serou
Tél. 05 34 14 56 06 - 05 61 64 28 12
Port. 06 72 59 58 95
contact@terrasses-de-genat.fr
www.terrasses-de-genat.fr

TH

2 Pers. 65/75 €
P. sup. 15 € - Repas 22 €

1 chambre (lit 160) avec terrasse (salon de jardin), 1 chambre (lit 140 avec balcon), avec sanitaires privés et wifi. 2 salons à disposition : TV, internet, documentation sur la région. Ouv. Toute l'année. Petite déjeuner : cake, brioche maison, confitures maison et artisanales... T. d'hôtes : foie gras et confits/magrets maison. Jardin 1000 m².

Au cœur des Pyrénées Ariégeoises, vous serez reçus dans deux chambres d'hôtes au décor soigné. "Les Terrasses de Génat" doivent leur nom aux multiples terrasses qui caractérisent la maison. Ces bâtiments agricoles des XVIIIe et XXe siècles sont situés dans un hameau de montagne. La maison est confortable et chaleureuse, avec des généreux volumes.

Attraits touristiques : randonnées, balades familiales à partir de la maison. Grottes du Mas d'Azil 20 km. Palais des Evèques, St-Lizier, château de Foix, rivière souterraine La Bouiche à 30 km. Golf et équitation 10 km. Randonnées Couserans 30 km.

Accès : hameau de montagne à 800 m d'altitude. Chambres situées entre Foix et St-Girons dans le Parc Naturel Régional des Pyrénées Ariégeoises. L'accès se fait depuis la Bastide de Sérou ou depuis Castelnau Durban (D117).

Esplas de Sérou - Ariège-Pyrénées (09)

N°P00072

Rougé
William Ackroyd et Evelyn Murray
Rougé
09420 Esplas-de-Sérou
Tél. 05 61 04 80 36
Port. 06 78 37 68 64
murack@wanadoo.fr
www.rougeariege.com

TH

1 Pers. 55 € - 2 Pers. 65 € - 3 Pers. 85 €
P. sup. 20 € - Repas 22 € - 1/2 pens. 77 € - Pension 87 €

Ouvert toute l'année. RDC 1 ch. 3 pers. + s. d'eau access. Pers. Handicapée. 1 suite à l'étage (1 ch. 1 p., 1 ch. 2 p.), salle de bains, wc + balcon (coin-détente). Dans les combles : 1 ch. (1 lit 2 p., 1 lit 1 p.), salle d'eau, wc, balcon couvert. Repas du soir : produits bio et régionaux. Maison non fumeur. Tarif réduit dès la 2e nuit.

Cette belle ferme ancienne, est un exemple rare de l'architecture de moyenne montagne. Sa grande cheminée et son four à pain rappellent la vie dure mais indépendante dans les hameaux ariégeois. Dans la bibliothèque, les propriétaires vous proposent une collection de livres et de cartes pour faire découvrir la région. Le parc et le jardin offrent des endroits calmes pour votre détente. (Chiens acceptés à l'extérieur).

Attraits touristiques : Parc Naturel Régional des Pyrénées Ariégeoises, randonnées pédestres, VTT ou cyclistes, sports nautiques, ski, équitation. Grottes préhistoriques, musées, châteaux cathares, églises romanes.

Accès : sur D117 entre Foix et St-Girons. A Castelnau-Durban suivre dir. Esplas de Sérou et Laborie. Après le pont, à gauche, 500 m après Laborie prenez la route à gauche pour Larbont et Rougé. GPS : l 1.3751531 - L 42.9733935

Boulogne-sur-Gesse - Haute-Garonne (31)

Maison de maître de 1800 qualifiée "Art de Vivre", dominant le lac de la Gimone. Propriété restaurée avec goût dans le respect de son histoire (mobilier et cheminée d'époque) mais également avec l'utilisation de matériaux modernes (isolation phonique et thermique). Le parc fleuri et arboré, entouré de prairies et de bois, offre une vue à 360° sur les collines de la Haute-Garonne, le Gers et le Pic du Midi.

Attraits touristiques : bastide de Boulogne/Gesse, Hôtel de Ville du XVIIIe, marché produits régionaux, station verte. Montmaurin, St-Bertrand-de-Comminges, gorges de la Save, Natura 2000. Tennis 2 km. Planche à voile, plage surveillée 10 km. Golf 15 km.

Accès : Boulogne-sur-Gesse D41 Betpoué.
GPS : l 43.318886 - L 0.6643939.

N31G300919

La Maison du Lac
Nicole et Patrick Charon
Michalet
31350 Boulogne-sur-Gesse
Tél. 05 61 88 92 16
Port. 06 99 91 95 18
nicole.charon@hotmail.fr
http://www.lamaisondulacgascogne.com

TH Wi Fi

1 Pers. 80/90 € - 2 Pers. 90/100 €
P. sup. 15 € - Repas 25 €

3 chambres et 1 suite, chacune avec sanitaires privés. Fermé du 1er novembre au 1er mai. Petit déjeuner : jus de fruits frais, pâtisseries et confitures maison, fruits... T. d'hôtes : produits régionaux de saison et de qualité. Billard d'époque. Piscine chauffée (12 x 5 m). Pêche dans le lac. Parc 1,5 ha. Remise 10% pour séjour de plus de 7 jours.

Midi-Pyrénées

Palaminy - Haute-Garonne (31)

En pleine nature, proche de la Garonne, cette maison de maître du XVIIIe siècle a su garder son côté ancien et authentique. Le bleu pastel est la couleur dominante de la maison. Vous profiterez du grand jardin où se mèlent platanes, tilleuls, rosiers, hortensias et glycine. Les repas seront servis dans le jardin dès que le temps le permet.

Attraits touristiques : festivals et concerts à St-Bertrand-de-Comminges, concerts à Alan, théâtre dans plusieurs villages durant l'été. Randonnée sur place. Equitation 500 m. Piscine et tennis 2 km.

Accès : depuis Toulouse, prendre l'A64, sortie n°23. Traverser Cazères et prendre dir.Couladère. Passer devant le camping du Plantaurel et 2e route à gauche. C'est la 1ère maison à droite.
GPS : l 43.1941794 - L 1.06221914.

N31G300038

Les Pesques
Brigitte et Bruno Le Bris
31220 Palaminy
Tél. 05 61 97 59 28
reserve@les-pesques.com
www.les-pesques.com

TH Wi Fi

1 Pers. 60 € - 2 Pers. 65 € - 3 Pers. 85/90 €
Repas 22 €

3 chambres avec sanitaires privés. Ouvert toute l'année. Petit déjeuner : viennoiseries ou gâteau maison, jus de fruits, fruits frais, confitures maison, yaourts... T. d'hôtes : saucisses de Toulouse grillées, haricots blancs et légumes du potager. Petite brocante dans la cabane du jardin. Restaurants à proximité. 4 personnes 105/110 euros.

Midi-Pyrénées

St-Sauveur - Haute-Garonne (31)

N31G300738

La Castellane
Idalina et Jean-Christophe Félipe
8, chemin la Castellane
31790 St-Sauveur
Tél. 05 61 35 50 49
Port. 06 22 51 10 91
jean-christophe.felipe@wanadoo.fr
www.la-castellane.com

1 Pers. 59/69 € - 2 Pers. 69/79 € - 3 Pers. 89/99 €
P. sup. 20 € -

3 chambres avec sanitaires privés, accès internet et climatisation. Ouv. Toute l'année. Petit déjeuner : confitures maison, oranges pressées, fruits ou salade de fruits, yaourts, fromage... Cuisine américaine à dispo. Cour, Jardin. Jacuzzi. Cuisine d'été, terrasse. Vélos mis gracieusement à disposition. Chambres non fumeurs.

L'ancienne grange, séparée de la maison des propriétaires, s'est transformée en un lieu à la fois zen et confortable. C'est une décoration contemporaine épurée avec un mobilier exotique qui vous est proposée, et qui vous permettra de faire une halte où le calme est assuré. Une étape de charme dans un environnement exceptionnel.

Attraits touristiques : Canal latéral de la Garonne, vignoble du Frontonnais (5 km), Toulouse, cité de l'Espace (20 mn), Montauban... Tennis 200 m. Piscine 8 km. Golf et équitation 10 km.

Accès : à 10 km de Toulouse, sortie A6 St-Jory dir. Bruguières puis dir. Briqueterie suivre ensuite centre village St-Sauveur.
GPS : l 43.7460117 - L 1.3993554.

Béraut - Gers (32)

N32G100786

Le Hour
Florence Bonneville
32100 Béraut
Tél. 05 62 68 48 33
Port. 06 85 63 96 03
www.le-hour.com

TH

1 Pers. 53 € - 2 Pers. 59 €
P. sup. 15 € - Repas 21 €

5 chambres avec sanitaires privés. Ouv. toute l'année. Petit déjeuner : viennoiseries, gateaux et confitures maison, œufs sur dem., salade fruits frais... T. d'hôtes : poulet gascon, cake au foie gras... Bibliothèque, jeux de société, poss. DVD. Cour, jardin, parc 4 ha. Piscine. Volley, badminton, pétanque.

Florence et David vous reçoivent sur une propriété de 4 ha, calme, avec une vue imprenable. Amoureux du Gers, ils sauront vous guider et répondre à vos attentes en vous confiant leurs meilleures adresses. Vous serez séduits par la décoration et le mobilier réalisés par les propriétaires, artisans d'art. Véritable havre de paix et de liberté.

Attraits touristiques : Villages fortifiés, Condom (cathédrale), festivals : Jazz à Marciac, Tempo Latino à Vic-Fesenzac, Country à Mirande... Randonnée sur place. Equitation, loc. VTT, tennis 5 km. Golf 17 km. Thermes et remise en forme 15 km.

Accès : à Condom, prendre D654 dir. St-Puy, faire 6 km. Au carrefour indiquant "Village de Béraut sur la droite", à gauche et suivre fléche "Ch. d'Hôtes le Hour".
GPS : l 02449 - L 43.5528.

Castillon-Debats - Gers (32)

N32G100862

Château de Batz
Anne-Marie de Courrèges
32190 Castillon-Debats
Tél. 05 62 06 34 32
Port. 06 08 86 00 73
becmets@aliceadsl.fr
www.chateau-de-batz.com

TH

2 Pers. 117 €
Repas 27/32 €

1 suite 6 pers. (180 euros) et 2 chambres avec sanitaires privés (bain et douche). Ouvert du 15.01 au 15.12. Petit déjeuner copieux et varié. T.hôtes sur rés. (apéritif et café compris) : foie gras, confit.... Fumoir (cheminée de pierres). WE à thèmes (chasse, pêche, cuisine) : 450/600 euros. Repas enfant jusqu'à 12 ans 20 euros. Gratuit enfant - 5 ans.

Cette fière demeure carrée, organisée autour d'un patio, est dans la même famille depuis le XVIIIe siècle. Autrefois, s'élevait une tour de guet carrée ; sa situation en éperon dominant la campagne permettait en effet une excellente observation des alentours. La vue toujours imprenable s'étend d'est en ouest jusqu'aux Pyrénées. Au cours des siècles, des bâtiments, dont une chapelle ont été construits autour de la tour. Aujourd'hui, Mme de Courrèges vous reçoit dans sa propriété de 300 ha, et vous propose des chambres de caractère.

Attraits touristiques : tennis 1 km. Musées, châteaux à visiter. Festival de Marciac. Salsa. Corridas.

Accès : un plan vous sera communiqué lors de la réservation.

Eauze - Gers (32)

N32G100057

Hourcazet
Claude Lejeunne
32800 Eauze
Tél. 05 62 09 99 53
claude.lejeunne@wanadoo.fr
http://www.hourcazet.com

1 Pers. 60 € - 2 Pers. 70 € - 3 Pers. 85 €
P. sup. 15 € -

4 chambres avec sanitaires privés (2 à l'étage et 2 en annexe). Ouvert du 15.03 au 15.11. Petit déjeuner : pâtisseries, confitures maison, jus d'orange frais, jambon, fromages... Bibliothèque. A disposition : micro-ondes, lave-vaisselle, réfrigérateur. Jardin, parc 1 ha. Restaurants 6 km. 100 euros/4 pers.

Au milieu des vignes, dans un parc fleuri aux chênes centenaires, cette ancienne ferme à colombages offre, dans une ambiance champêtre alliant charme et simplicité, un séjour chaleureux grâce à l'accueil attentif et discret de sa propriétaire... Une adresse de charme pour les amoureux de nature et de tranquillité.

Attraits touristiques : Musée archéologique, ferias toros, Tempo Latino, circuit automobile, courses landaises, jazz in Marciac. Equit. 5 km. Golf 18 trous, tennis, piscine 6 km. Plan d'eau (loisirs) 10 km. Thermes 15 km.

Accès : A Eauze dir. Mt-de-Marsan par D626, puis N524 sur 6 km jusqu'au carrefour (Réans/Manciet). Prendre à droite "Chemin Espujos". Faire 500 m puis à droite en face du château d'eau dir. Hourcazet.
GPS : l 43.8808741 - L 0.0482494.

Eauze - Gers (32)

N32G100055

Ferme de Mounet

Monique et Bernard Molas
avenue de Parleboscq
32800 Eauze
Tél. 05 62 09 82 85 - SR : 05 62 61 79 00
contact@ferme-de-mounet.com
www.ferme-de-mounet.com

TH

1 Pers. 70/75 € - 2 Pers. 75/80 €
P. sup. 16 € - Repas 28 €

4 chambres doubles avec sanitaires privés. Ouvert du 01.04 au 30.10. Table d'hôtes : cuisine gasconne (canards, oies...). Conserverie à la ferme (dégustation et vente). Week-end foie gras. Jardin, parc. Vélos, ping-pong, pétanque.

Au coeur de l'Armagnac, Monique et Bernard vous accueillent chaleureusement dans leur gentilhommière ouvrant sur un joli jardin fleuri et entourée d'un parc ombragé. Vous pourrez découvrir à la table d'hôtes toutes les saveurs de la cuisine gasconne servie avec générosité.

Attraits touristiques : Complexe touristique à 3 km : golf 18 trous, piscine, tennis, équitation. Eauze : musée archéologique, chais d'Armagnac à 5 km.

Accès : flèchage depuis Eauze : ferme de Mounet, route de Parleboscq, à 4 km.

Lavardens - Gers (32)

N32G100996

Chèque Cadeau

Lo Campestre

Marilyn et Claude Chaput
lieu-dit Bordeneuve
32360 Lavardens
Tél. 05 62 58 24 30 - SR : 05 62 61 79 00
Port. 06 11 71 77 95
chaput32360@orange.fr
www.lo-campestre.com

TH Wi Fi

1 Pers. 60/72 € - 2 Pers. 67/80 € - 3 Pers. 92/100 €
Repas 26 €

1 chambre au r.d.c. (lit 160, accès indépendant), 2 chambres à l'étage (lit 160, 2 lits 90) dont 1 avec 1 convertible, chacune avec sanitaires privés. Ouvert du 01.02 au 31.12. Petit déjeuner : confitures et gâteaux maison, yaourts... T. d'hôtes (du mercredi au samedi) : vélouté d'asperges, parmentier de canard... Salon, cheminée. Piscine sécurisée.

Au cœur de la Gascogne Gersoise, vous serez accueillis dans une maison de ferme de 1830 avec sa grange entièrement restaurée et entourée d'un parc de 6 hectares, arboré et fleuri. Vous profiterez de la piscine (11 x 5 m), sécurisée par une alarme et traitée au sel, pour vous détendre dans un cadre calme avec une vue panoramique sur la campagne et ses vallons. Un mélange subtil entre le moderne et l'ancien.

Attraits touristiques : Château de Lavardens, festival des Cuivro'Foliz en juillet à Fleurance 12 km, Tempo Latino en juillet et Pentecôte à Vic, différentes corridas 18 km. Base de loisirs et thermes 9 km. Tennis 12 km. Equitation 17 km.

Accès : à Fleurance, prendre dir. Vic-Fezensac (D103), passer devant le village de Préchac et faire environ 3,5 km, prendre ensuite la route à droite (avant la grand virage), et suivre fléchage "Lo Campestre".

Lombez - Gers (32)

N32G100895

Le Parc de Pétrarque
Jean-François Becanne
11, rue Notre Dame
32220 Lombez
Tél. 05 62 62 32 70
Port. 06 20 51 45 20
jfmoi@msn.com
www.leparcdepetrarque.com

1 Pers. 54 € - 2 Pers. 64 € - 3 Pers. 84 €

3 chambres et 1 suite avec sanitaires privés. Ouvert toute l'année : vac.scol. et week-ends. Petit déjeuner : pains spéciaux, confitures maison, fruits, muesli, fruits secs... TV, bibliothèque. Parc, étangs privatifs, prairies 5 ha. Cour, jardin. Restaurants à Lombez (2 km).

Jean-François vous accueille chaleureusement dans un belle maison de maître de 1790, située dans l'ancien parc de l'Evéché, au pied de la cathédrale. 200 ans d'histoire familiale s'offrent à vous, vous découvrirez alors meubles, objets, dessins, cartes, tableaux, portraits... Came et fraîcheur sont assurés dans le magnifique parc de 5 ha.

Attraits touristiques : cathédrale de Lombez, musée du foie gras, marché au gras (1er de France), château de Caumont, abbaye de Boulaur (cistercienne), églises fortifiées... Pêche, tennis et randonnée 100 m. Equitation, golf et lac 2 km.

Accès : à Lombez, au feu tricolore "vers le centre" (voir plan sur le site internet).

Mauroux - Gers (32)

N32G100056

La Ferme des Etoiles
32380 Mauroux
Tél. 05 62 06 09 76 - SR : 05 62 61 79 00
contact@fermedesetoiles.fr
www.fermedesetoiles.fr

TH

1 Pers. 64/69 € - 2 Pers. 80/85 € - 3 Pers. 104/111 €
P. sup. 24/25 € - Repas 27/38 €

2 chambres et 1 suite avec sanitaires privés. Ouvert du 01.04 au 01.11. T. d'hôtes : spécialités gersoises. TV, biblio., vidéo, salles projection, salons. Soirées d'observation (coupoles et télescope), séjours "Découverte des Etoiles" (planétarium). Piscine. Parking et wifi en accès libre. Hébergement groupe sur place. 1/2 pension, nous consulter.

La Ferme des Etoiles est une grande demeure gasconne de caractère située dans le petit village de Mauroux, au cœur du Gers, pays plissé de vallons verdoyants où silence et bien-être sont rois. Passionnés de nature, ses propriétaires en ont fait un petit paradis pour les amoureux de fleurs, d'arbres et de plantes. De plus, cette demeure est le lieu idéal pour s'émerveiller devant la splendeur du ciel, c'est pourquoi des soirées d'observation et des séjours "découverte des étoiles" sont proposés (hébergement en astrobulles).

Attraits touristiques : Piscine, base de loisirs, équitation, golf, thermes, tennis, pêche, randonnées. Musées et vols en montgolfière.

Accès : à St-Clar, dir. Valence d'Agen. Au croisement, dir. Mauroux, grande ligne droite après "Embarthe". Continuer tout droit, et après le bois, 1ère route à droite.

Miramont d'Astarac - Gers (32)

N32G100904

La Haillette
Martine et Bernard Benac
32300 Miramont d'Astarac
Tél. 05 62 59 05 37
Port. 06 83 04 38 91
bernardbenac@orange.fr
http://lahaillette.googlepages.com

1 Pers. 65 € - 2 Pers. 70 € - 3 Pers. 90 €

2 chambres doubles et 1 suite/2 ch., avec sanitaires privés. Ouvert du 01.03 au 31.10. Petit déjeuner : pâtisseries/confitures maison, viennoiseries, jus de fruits. Salon, salle à manger, frigo et m-ondes à dispo. TV, hifi, jeux société, bibliothèque. Parc 2 ha. Lac privé, transats, barbecue, table forestière, salon de jardin. 2 VTT. 4 pers. 110 euros.

Martine et Bernard seront heureux de vous faire partager leur bonheur de vivre dans cette ancienne ferme gasconne de 1774, dans la famille depuis 5 générations. Elle domine les collines boisées de l'Astarac, ses murs épais épousent doucement la pente d'un grand parc arboré. Un endroit parfait pour une pause sereine.

Attraits touristiques : la bastide et l'église Ste-Marie à Mirande, Auch, château de Lavardens, musée d'Artagnan, abbaye de Boulaure. Festival de Country-Music... Espace aqualudique, tennis, équitation 4 km. Golf 10 km. Jazz in Marciac 28 km.

Accès : depuis Auch/Toulouse, sur la N21, environ 1 km après la sortie Miramont d'Astarac, prendre la sortie "Les Agraules" puis à droite.
GPS : l 0.260292E - L 43.322320N.

Belaye - Lot (46)

N°CH390

Marliac
Florence et Thierry Christ
46140 Belaye
Tél. 05 65 24 78 82
florencechrist@orange.fr
www.marliac46.fr

TH

1 Pers. 68 € - 2 Pers. 79 € - 3 Pers. 100/120 €
P. sup. 20 € - Repas 25 €

5 ch. avec sanitaires privés. Ouv. Petit déjeuner : jus d'orange, confitures et pâtisseries maison... T. d'hôtes, cuisine raffinée : lègumes du potager, produits régionaux. Piano, jeux de société. Patio (terrasse), jardin paysager. Piscine. Portique. P-pong. Baby-foot. Badminton. 4 pers. : 116/132 euros.

C'est dans un écrin de verdure, à l'orée d'une pinède et en plein cœur du vignoble de Cahors que vous pourrez découvrir cette ferme quercynoise du XVIIIe siècle, renovée dans le respect de la tradition, avec parc de 5 ha. Nous serons ravis de vous accueillir dans nos cinq chambres de plain-pied avec entrée indépendante, dont deux familiales, décorées avec élégance et raffinement. Environnement paisible, idéal pour un séjour reposant, culturel et/ou sportif.

Attraits touristiques : villages pittoresques : Puy l'Evèque, Montcuq, St-Cirq-Lapopie, Rocamadour, Cahors, Penne d'Agenais. Grottes de Pech Merle. Gouffre de Padirac. Château de Bonaguil. Nombreuses activités sportives et culturelles.

Accès : en venant de Prayssac pendre dir. Belaye puis suivre la D45 jusqu'au fléchage Marliac.
GPS : l 444°25'41" - L E1°11'17".

Boussac - Lot (46)

N°CH184

Domaine Villedieu
Yolande Skura
Mas del Lum
46100 Boussac
Tél. 05 65 40 06 63
Port. 06 89 19 90 02
contact@mas-del-lum.fr
http://www.mas-del-lum.fr

1 Pers. 80 € - 2 Pers. 85/110 € - 3 Pers. 110/130 €
P. sup. 20 € -

5 chambres de plain-pied (25 à 30 m²) avec entrée indiv., sanitaires privés et espace arboré privé. 140 euros/4 pers. Terrasse ombragée avec vue magnifique sur la vallée. Cuisine d'été à disposition. Petits déjeuners savoureux et bio. Piscine naturelle. Jardin de 6000 vivaces. Rivière à 700 m.

Le Domaine de Villedieu est situé à proximité de Figeac, dans un site protégé et remarquablement préservé de 4 ha, au sein du Parc Naturel des Causses. Il surplombe la vallée du Célé, appelée Val Paradis. Les chambres sont aménagées dans des maisons quercynoises indépendantes, datant du XVIIIe siècle, disposées en hameau, dans le calme absolu et restaurées dans le respect de la nature et de l'authenticité.

Attraits touristiques : Conques et villages pittoresques de la Vallée du Célé, grottes de Pech Merle, gouffre de Padirac, St-Cirq-Lapopie, Rocamadour. Gastronomie. Sentiers pédestres sur place, équitation et tennis à 1 km. Rivière, canoë...

Accès : Boussac (route de la Vallée du Célé), au bord de la D48, A20 à 35 km, gare Figeac à 8 km, aéroports Brive ou Rodez à 70 km - Toulouse à 140 km.
GPS : l 44.6062349595568 - L 1.923079490661621.

Calvignac - Lot (46)

N°CH371

Chambres d'Hôtes Pech
Marie-José Vogel
Pech Blanc
46160 Calvignac
Tél. 05 65 21 99 65
info@pechblanc.com
www.pechblanc.com

TH

1 Pers. 55 € - 2 Pers. 65 € - 3 Pers. 82 €
P. sup. 17 € - Repas 25 €1/2 pens. 52,50 €

4 chambres 2 ou 3 pers. avec salle de bains privative, TV, wifi, plateau de courtoisie. Ouvert toute l'année. Petit déjeuner : viennoiseries, yaourt, jus d'orange... Table d'hôtes : cuisine française (recettes régionales). Salle à manger avec cheminée et mezzanine. Parc de 2,5 ha, terrasses.

NOUVEAUTÉ

Dans cette ancienne ferme de début de XVIII siècle avec des gros murs en pierre sèche et le toit mansardé, les mots-clés qui décrivent le mieux nos chambres d'hôtes sont la tranquillité, la nature, l'intimité et le confort. Pech Blanc, un petit hameau de 4 maisons anciennes, est situé au cœur du Parc Naturel Régional des Causses du Quercy. Des meubles, des grands lits modernes et la décoration modeste donnent un bon équilibre avec les poutres et pierres apparentes.

Attraits touristiques : Saint Cirq Lapopie 15 km. Grottes de Pech Merle 22 km. Château de Cenevières 7 km. Château de Couanac 9 km. Najac 40 km. Phosphatière du Cloup d'Aural 12 km. Festival Africajarc 15 km.

Accès : De Calvignac, prenez la D143 vers Limogne, après 4.5 km le chemin à droite vers Pech Blanc. De Limogne-en-Quercy, prenez la D19 vers Cajarc, en suite la 1ère route à gauche.
GPS : l 44° 25' 45 " - L 1° 46' 14".

Frontenac - Lot (46)

N°CH444

Hameau du Quercy
Fabienne Duglué
Lieu-dit Saint-Jean
46160 Frontenac
Tél. 05 65 14 01 21
Port. 06 60 10 98 30
contact@hameauduquercy.com
www.hameauduquercy.com

Wi Fi

1 Pers. 82 € - 2 Pers. 92 € - 3 Pers. 118 €

2 chambres : 1 en duplex et 1 suite, de plain-pied, chacune avec sanitaires privés et accès internet (wifi). Ouvert toute l'année. Petit déjeuner "Bio" et savoureux. Recommandation de restaurants pour le dîner. Bibliothèque, salon. Piscine naturelle, aires de jeux enfants, prairie fleurie et arborée de 2 ha. 145 euros/4 pers.

Situées dans la Vallée du Lot, entre Figeac et St-Cirq-Lapopie, au sein d'un jardin arboré de chênes centenaires et paysager, deux chambres sont aménagées dans des maisons quercynoises indépendantes, bénéficiant chacune d'un espace privatif avec salon de jardin. Dans cet ensemble de charme datant du XVIIIe, propice au calme, vous apprécierez une décoration soignée signée par les artistes locaux, le jardin et la piscine en harmonie avec la nature. Un accueil attentif et chaleureux.

Attraits touristiques : Figeac, musée des écritures, St-Cirq-Lapopie. Les grottes de Pech Merle, Cajarc, châteaux, villages pittoresques, Vallées du Lot et Célé, Rocamadour. Randonnées, canoë-kayak, équitation, gastronomie.

Accès : situé dans la Vallée du Lot, entre Cajarc et Figeac, D662, arriver au village de Frontenac, suivre les panneaux "Hameau du Quercy".
GPS : l 44.542°N - L 1.973°E.

Gramat - Lot (46)

N°CH237

Domaine du Cloucau
Alain et Francine Bougaret
46500 Gramat
Tél. 05 65 33 76 18
Port. 06 30 07 44 98
lecloucau@orange.fr
www.domaineducloucau.com/

Wi Fi

2 Pers. 85/95 €
P. sup. 25 € -

3 chambres et 1 suite (composée de 2 ch. communicantes 125 euros/3 pers. ou 134 euros/4 pers.) chacune avec sanitaires privés, terrasse et salon de jardin. Ouv. de Pâques à la Toussaint. Petit déjeuner gourmand : yaourts, confitures et pâtisseries maison, brioche ou viennoiseries, fromage, charcuterie...

Francine, décoratrice diplômée, vous accueille dans une authentique demeure quercynoise du XVIIIe, au cœur d'un parc arboré et fleuri, clos de vieux murs en pierre. Ces quatre chambres, toutes avec entrée indépendante sont aménagées et décorées de meubles anciens, tableaux et beaux objets chinés. Le magnifique jardin et la piscine complètent avec harmonie le charme de cette demeure. Situation idéale pour découvrir notre belle région.

Attraits touristiques : Rocamadour, Gouffre de Padirac 8 km. Circuit les plus Beaux Villages de France : Autoire, Carennac, Loubressac, Collonges-la-Rouge...). A proximité : Vallée de la Dodrogne (Sarlat, Lascaux) et du Lot (St-Cirq-Lapopie, grottes de Pech-Merle.

Accès : à 4 km de Gramat, sur la D807 en direction de Cahors.

Lalbenque - Lot (46)

N°CH317

La Vayssade
Pierre et Joëlle Baysse
Héléne et Emmanuel Bréant
46230 Lalbenque
Tél. 05 65 24 31 51
contact@lavayssade.com
www.lavayssade.com

TH

2 Pers. 85/98 €
P. sup. 25 € - Repas 28 €

4 chambres et une suite avec sanitaires privés et wifi. Suite 160/188 euros. Ouvert toute l'année. Petit dejeuner : confitures et pâtisseries maison, viennoiseries, jus de fruits, yaourt. T. d'hôtes : cuisine fine et gourmande du Quercy, vin de Cahors. Piscine, parc, tonnelle, salon, cheminée, wifi et vélos gratuits sur résa.

Pour un séjour où priment convivialité, charme et confort, Hélène et Emmanuel vous accueillent sur la propriété familiale à Lalbenque, capitale de la truffe noire. Au cœur de la truffière, sur un ensemble typiquement quercynois, la grange du XVIIIème et sa charpente monumentale, abrite nos 5 chambres d'hôtes décorées avec soin. Sous la tonnelle ou au coin du feu, le dîner en table d'hôte sera l'occasion de partager autour des saveurs lotoises, un moment authentique et généreux.

Attraits touristiques : Marché aux truffes (déc., janv., fév.), Cahors et ses vignobles, St-Cirq-Lapopie, Grottes de Pech Merle, Figeac, Rocamadour, Gouffre de Padirac, randonnées.

Accès : A20 sortie 58, à Lalbenque suivre les panneaux La Vayssade.

Martel - Lot (46)

N°CH355

Les Hauts de Louchapt
Marie Hardillier
Baboyard
46600 Martel
Tél. 05 65 32 59 73
Port. 06 24 05 14 72
leshauts.delouchapt@free.fr
www.chambres-hotes-lot.com

TH

1 Pers. 50/56 € - 2 Pers. 64/76 € - 3 Pers. 75/89 €
Repas 24 €

4 chambres avec entrée indép. et sanitaires privés. Ouvert toute l'année. Petit déjeuner : confitures maison, jus d'orange, fruits, yaourts, fromages… T. d'hôtes : feuilleté de cabécou au miel, veau sauce aux noix, confits… Billard, piano, cheminée. Parc 10 ha. Piscine. Réduct. 10% si 7 nuits consécutives (hors-sais.). Repas enfants -10 ans : 11 euros.

Isolée sur les hauteurs, en pleine nature, cette belle bâtisse quercynoise, sur 10 ha de bois et prairies, aura le plaisir de vous accueillir dans ses 4 chambres de charme. La table est élaborée avec les produits du terroir, un brin d'originalité et des produits maison. Découvrez toutes les richesses de la région.

Attraits touristiques : Festival du Haut Quercy, Rocamadour, Sarlat, gouffre de Padirac, Collonges-la-rouge, grottes de Perche-Merle… Canoë 8 km. Montgolfière 25 km. Parapente 13 km. Golf 15 km. Randonnées sur place. Cité médiévale du XIIe 4 km.

Accès : à Martel, prendre dir. Collonges (D23), puis sur votre droite au panneau "Taillefer Haut". Ensuite, à gauche au carrefour tout en haut. La maison est sur votre droite au bout du chemin (4 km de Martel).
GPS : l 1°37'40"E - L 44°57'45"N.

Payrignac - Lot (46)

N°CH353

Le Moulin des Fumades
Patricia Valton
46300 Payrignac
Tél. 05 65 41 04 70
Port. 06 79 66 75 06
patriciavalton@wanadoo.fr
www.lemoulindesfumades.com

Wi Fi

2 Pers. 85 €

3 chambres avec sanitaires privés et wifi. Ouvert toute l'année. Petit déjeuner : jus d'orange pressé, fruits, yaourts, confitures maison, viennoiseries, cakes maison, fromage... Salon avec kitchenette (micro-ondes, réfrigérateur). Piscine chauffée de mai à fin sept. Jardin, parc 3 ha. Ping-pong. Tarif à partir de 85 euros/2 pers.

Entre Lot et Dordogne, la famille Valton vous accueille au "Moulin des Fumades", propriété de 3 hectares. Les 3 chambres très confortables sont aménagées dans une ancienne grange restaurée, avec entrée indépendante, terrasse et salon d'été. La décoration sobre est en harmonie avec le style "maison de famille à la campagne". Vous pourrez découvrir la fabrication d'huile de noix artisanale et à l'ancienne dans un vieux moulin du XIXème siècle restauré.

Attraits touristiques : grotte préhistorique de Cougnac. Domme, Sarlat, château de la Vallée de la Dordogne, Rocamadour, gouffre de Padirac, villages typiques. Tennis, plan d'eau, randonnée, circuit vélo 1 km. Equitation 2 km. Canoë 10 km.

Accès : à partir de Gourdon prendre la D704 dir. Sarlat. Après 4 km, prendre à gauche (D47) dir. Payrignac.
GPS : l 44°45'20"N - L 1°20'31"E.

Pinsac - Lot (46)

N°CH315

Ma Maison
Marie-José Launay
Blanzaguet
46200 Pinsac
Tél. 05 65 32 24 29
Port. 06 20 46 88 71
mamaison46@yahoo.fr
www.mamaison46.com

TH Wi Fi

1 Pers. 64/79 € - 2 Pers. 69/84 €
Repas 28 €

2 chambres avec sanitaires privés + jacuzzi ou douche hydromassante. Ouv. toute l'année. Petit déjeuner : pains variés, viennoiseries, muffins et confitures maison, salade de fruits... T. d'hôtes : canard, foie gras, légumes bio, desserts maison... Jardin. Parc 1/2 ha. Réduction 10 euros au-delà de la 1ère nuit.

Marie-José vous accueille chaleureusement dans le confort haut de gamme de sa demeure de caractère, entièrement restaurée. Située dans un cadre paradisiaque, la propriété offre une vue panoramique exceptionnelle sur la Vallée de la Dordogne. Un coin de paradis où vous trouverez le calme et le repos tant recherchés.

Attraits touristiques : Rocamadour, gouffre de Padirac, grottes de Lacave, festival de jazz à Souillac, festival St-Cere... Canoë, vélo, VTT 7 km. Randonnée, pêche, baignade sur place. Parapente 15 km.

Accès : A20, sortie n°55 Souillac. D803 dir. Martel-Dis dir. Gramat (D15). Prendre route goudronnée à droite 20 m après la D96, suivre panneaux "Ma Maison".
GPS : l 44.85329 - L 1.55433.

Rouffilhac - Lot (46)

N°CH383

La Lysiane
Lisa et Yannick Rivetti
Mondonnet
46300 Rouffilhac
Tél. 05 65 41 42 64
info@la-lysiane.com
www.la-lysiane.com

2 Pers. 85/95 €
P. sup. 15 € -

Ancienne grange entièrement restaurée avec des matériaux nobles et écologiques (pierres, marbre, terres cuites, bois massif...), située à mi-chemin entre Sarlat et Rocamadour, en plein cœur du Quercy-Périgord. La Lysiane vous accueille dans un lieu plein de charme et d'authenticité dans lequel les propriétaires sauront tout mettre en œuvre pour vous satisfaire.

Attraits touristiques : proche de Sarlat, Rocamadour et St-Cirq-Lapopie. Grottes, châteaux, architecture et paysages exceptionnels. Randonnée sur place. Pêche et piscine 6 km. Tennis 10 km.

Accès : de la N820, dans le village de Payrac, prendre dir. Rouffilhac et faire 5 km. Au croisement, prendre à droite dir. Mondonnet et suivre "La Lysiane".

4 chambres avec sanitaires privés. Ouvert du 15/04 au 15/10. Petit déjeuner réalisé à partir de produits issus de l'agriculture biologique. Restaurants à Gourdon 10 km et Payrac 6 km. 2 pers. + 1 enfant : 110 euros - 2 pers. + 2 enfants : 125 euros.

Strenquels - Lot (46)

N°CH452

Domaine des Granges
M. Marcoz SARL Le Lac Bleu
46110 Strenquels
Tél. 05 65 37 36 98
Port. 06 20 49 58 89
j.marcoz@orange.fr
www.aux-agrions.fr

TH

1 Pers. 75/80 € - 2 Pers. 85/118 € - 3 Pers. 135/140 €
Repas 35/45 €

Ancienne ferme quercynoise datant de la fin du XVIe siècle, dominant la Vallée de la Tourmente (affluent de la Dordogne), avec un point de mire le Château de Blana et le village de St-Michel-de-Bannières. A mi-chemin entre les 4 Routes du Lot et St-Denis-lès-Martel, la propriété est située sur les hauteurs, et dispose d'une vue imprenable sur une large et belle vallée verdoyante.

Attraits touristiques : 540 sites et monuments sur tout le département, foires et marchés aux truffes, produits régionaux. Martel, Souillac, Rocamadour (entre 6 et 25 km). Festivals de musqiue de St-Céré 20 km. Musée de Souillac.

Accès : A20 du nord au sud du département, A10 à l'ouest et A7 pour la Vallée du Rhône à l'est. 15 km de l'aéroport Nespouls/Cressenssac, 6 km de Martel, 3 km des 4 Routes du Lot.
GPS : l +44'58'8.78" - L +1'39"46.71".

4 chambres et 1 suite avec sanitaires privés et internet. Ouvert toute l'année. Petit déjeuner : viennoiseries, fruits... T. d'hôtes, cuisine gastronomique. Bibliothèque, piano, jeux de société. Piscine, douche solaire, grande terrasse. Jardin, parc 6000 m². Salle de séminaire. Restaurants. CB d'avril à octobre. Animaux admis (-10kg) 5 euros/j.

Arrens-Marsous - Hautes-Pyrénées (65)

N°162321

Chèque Cadeau

La Condorinette
Franqueville Corinne et Olivier
3, rue de la Gourgoutière
65400 Arrens-Marsous
Tél. 05 62 92 06 39
Port. 06 85 19 15 50
co_franqueville@yahoo.fr
www.lacondorinette.com

TH Wi Fi

1 Pers. 55 € - 2 Pers. 67 € - 3 Pers. 87/120 €
Repas 25 €

5 chambres avec sanitaires particuliers. Ouvert toute l'année. Petit déjeuner : orange pressée, laitage, pâtisserie et confitures maison, miel de pays, viennoiseries, pain frais, boissons chaudes. T. d'hôtes : garbure, parmentier de canard, terrine de truite fumée aux asperges, tarte à la rhubarbe... Jardin, cour. Wifi 5 euros/séjour.

Au cœur du Val d'Azun, cette maison typique bigourdane du XVIIe siècle avec sa galerie et ses boiseries apparentes, vous accueille dans un cadre enchanteur. Totalement rénovée et décorée avec des meubles de caractère, la salle à manger vous invite à la détente au coin du feu. Les chambres, toutes personnalisées, offrent calme et confort.

Attraits touristiques : la transhumance. La Fête du Cheval de Trait. Musée du Lavedan. Le parc National des Pyrénées. Tennis 1 km. Ski de fond 7 km. Lac, thermes 10 km. Ski de piste, golf 20 km.

Accès : depuis Lourdes, prendre D821 direction Argélès-Gazost. Suivre panneaux " Val d'Azun" D918. En arrivant à Marsous, 1ère à droite.
CM 342 GPS : l 425753 - L 00112060.

Escoubes Pouts - Hautes-Pyrénées (65)

N°188321

Chèque Cadeau

La Bigourd'In
Yvette Gabin
1 route d'Arrayou
65100 Escoubes-Pouts
Tél. 05 62 92 78 36
Port. 06 17 71 54 91
labigourdin@orange.fr
www.labigourdin.com

TH Wi Fi Spa

1 Pers. 90 € - 2 Pers. 105 €
Repas 25 €

4 chambres avec sanitaires privés, TV et internet wifi (les 2 ch. du 2e étage sont climatisées). Ouvert toute l'année. Petit déjeuner : confitures et gâteaux maison, viennoiseries, fruits frais de saison et sur demande assiette charcutière œufs. T. d'hôtes : foies gras, porc noir de Bigorre, pâté maison... Jacuzzi, hammam, sauna. Cour, jardin, parc.

A 6 km de Lourdes, au cœur d'un village situé face aux contre-forts Pyrénéens, La Bigourd'In affirme son caractère régional par un bel ensemble architectural abritant un espace détente-spa et quatre chambres d'hôtes spacieuses. Les chambres arborent des couleurs chatoyantes déclinant des styles aussi différents que campagne chic, romantique et ambiance ethnique.

Attraits touristiques : situation idéale pour se balader en montagne (Aubisque, Tourmalet, Peyragudes, Cauterets à envrion 40 km), et aussi à la mer (Pays Basque, Pau Béarn, océan atlantique à 1h30). Atelier de cuisine pour confectionner foies gras et pâtés.

Accès : Sur l'A64, sortie n°12 Lourdes. Au rond-point, prendre N21 direction Lourdes, sortie Lanne Benac.
GPS : l 43°6'23"N - L 0°1'57"E.

St-Lary-Soulan - Hautes-Pyrénées (65)

N°184121

Chèque Cadeau

La Ferme de Soulan
Sylvain Lebret
Village de Soulan
65170 St-Lary-Soulan
Tél. 05 62 98 43 21
Port. 06 61 38 26 08
contact@fermedesoulan.fr
www.fermedesoulan.fr

TH

1 Pers. 86 € - 2 Pers. 99 € - 3 Pers. 130 €
P. sup. 15 € - Repas 26 €

4 chambres avec sanitaires privés, TV, LCD, lecteur DVD, internet et wifi. Ouvert toute l'année. Petit déjeuner : jus de fruits, yoghourt, pâtisserie maison, charcuterie, œufs et fromage sur demande. T. d'hôtes : garbure, porc noir de Bigorre, bœuf bourguignon, blanquette de veau... Sauna, hammam. Terrasse avec vue imprenable sur la montagne.

Au cœur de la Vallée d'Aure, cette ancienne ferme bigourdane des XVIIIe et XIXe offre une vue exceptionnelle sur la Vallée de St-Lary. Son agencement a su combiner le charme traditionnel des lieux et le confort moderne. Etape idéale pour les cyclistes. A 5 mn de la station de ski.

Attraits touristiques : randonnées au pied de la maison. Pistes de ski, chiens de traîneau et moto-neige à 2 km. Parapente à 4 km. Parc Naturel du Néouviel à 5 km. Lac et piscine 5 km. Golf 30 km.

Accès : autoroute A64, sortie n°16 Lannemezan, puis route D929 St-Lary-Soulan et Espagne.
GPS : l 42°49'49,2 Nord - L 0°17'42,5".

Sauveterre - Hautes-Pyrénées (65)

N°161621

Chèque Cadeau

Ferme de Tecouère
Françoise et Patrice Pawlak
65700 Sauveterre
Tél. 05 62 96 32 62
tecouere.pawlak@wanadoo.fr
www.gites-de-france-65.com/fermedetecouere

TH

1 Pers. 60 € - 2 Pers. 70 € - 3 Pers. 90 €
Repas 22 €

2 chambres avec sanitaires privés. Ouv. toute l'année. Petit déjeuner : jus d'orange, gateaux et confitures maison, fruits de saison. T. d'hôtes : poulet fermier, agneau, magret, charcuterie maison, légumes du potager... Equip. bébé. Piscine, cour, jardin, parc arboré communs à un gîte. Restaurant 6 km. Accueil cyclistes et motards.

la « Ferme de Técouère », entièrement rénovée, qui a reçu depuis 2007 le label "Clé Verte" pour sa gestion environnementale, est située dans le Val d'Adour, à la limite du Gers et des Hautes-Pyrénées, Françoise et Patrice vous accueillent chaleureusement et vous proposent 2 chambres d'hôtes avec piscine. Vous êtes à Sauveterre (160 habitants), entre Maubourguet et Marciac.

Attraits touristiques : festival Jazz in Marciac en août et lac 8 km. Maubourguet 6 km (tennis). Countrymusic à Mirande, Tempo Latino à Vic, Equestria à Tarbes (juillet). Circuit de Nogaro 40 km. Lourdes 50 km. Gavarnie, Pic du Midi. Randonnée. Golf 19 km.

Accès : par Maubourguet, D943 dir. Auch/Marciac. Sortie du bourg, D50 dir. Sauveterre/St-Justin. A Sauveterre, après carrefour, 2e à gauche "ch. du Seignouret", au bout à gauche "ch. de Montagnol", tout droit. La maison en haut de la colline.
CM 342 - Pli M2. GPS : l 43°28'49"N - L 0°6'46"E.

Mazamet - Tarn (81)

N°G2321

Luxury
Chèque Cadeau

Les Jardins de Mazamet
Service Réservation Gîtes de France Tarn
ATTER-Maison des Agriculteurs
81027 Albi cédex 9
Tél. 05 63 48 83 01
reservation@gites-tarn.com
www.gites-tarn.com

TH

2 Pers. 95/125 € - 3 Pers. 145/155 €
Repas 29 €

Le prestige et le confort d'une maison de grand standing, au cœur de Mazamet. Tout est pensé ici pour le confort d'une clientèle exigeante, à la recherche d'un lieu calme et agréable, en plein centre de la ville. Forts de leur expérience, Chantal et André vous proposent ces petits plus qui font des Jardins de Mazamet une maison d'hôtes unique. L'ascenseur domestique vous conduit en douceur du second étage au rez-de-jardin.

Attraits touristiques : Castres à 15 mn. Albi à 30 mn. A voir également, le village de Cordes-sur-Ciel, qui témoigne du passé historique du Tarn. Théâtre 200 m. Musées 100 m. Equitation 4 km. Sports nautiques 7 km. Base de loisirs 7 km.

Accès : Les Jardins de Mazamet se situent en centre-ville de Mazamet, juste derrière l'office de tourisme, rue Henri Gardet. GPS : l 43.49090100 - L 2.37351180.

4 chambres de grand standing avec sanitaires privés + douche balnéo, climatisées (TV, internet, station ipod). Ouvert toute l'année. Table d'hôtes de qualité. Salon d'hôtes/fumoir au 1er étage. Salle à manger, grand salon au r.d.c. Sauna, hammam, spa, salle de gym et de fitness. Grand parc clos. Piscine. Parking. Repas enfant 15 euros. Animal en sus.

Lafrançaise - Tarn-et-Garonne (82)

N°TG675

Le Platane
Christa Horf
Lunel
82130 Lafrançaise
Tél. 05 63 65 92 18
Port. 06 73 30 93 62
le.platane@wanadoo.fr
www.leplatane-lafrancaise.com

TH

1 Pers. 70 € - 2 Pers. 75 €
P. sup. 25 € - Repas 25 €

La ferme de Mme Horf (1896) a un cachet bien particulier : l'écurie, le manège, le pigeonnier, la maison de maître magnifiquement restaurée, dominent un parc agrémenté d'un lac et d'une belle piscine (13 x 7 m). Autour de la maison, vous disposerez de 7 ha clôturés, très arborés. Vous serez les bienvenus dans ce beau cadre.

Attraits touristiques : Dans un rayon de 20 km : Montauban (musée Ingres), Moissac (abbaye et cloître), Lauzerte (village classé), Auvillar (1 des plus beaux villages de France). Tennis 3 km. Randonnées 1 km. Pêche sur place.

Accès : 10 km à l'est de Moissac par la D927, la D2 puis la D68.
GPS : l 44°8'21"N - L 1°12'11"E.

3 chambres avec sanitaires privés, TV et accès internet gratuit. Ouv. toute l'année. Petit déj. : jus d'orange, yaourts, viennoiseries, confitures maison... T. d'hôtes : magret, agneau, poulet fermier, légumes de saison, desserts variés... Grand couloir aménagé en salle de jeux. Parc 1 ha. Piscine, 2 lacs. Salon réservé aux hôtes (1er étage).

Meauzac - Tarn-et-Garonne (82)

N°TG1015

Manoir des Chanterelles
Sylvain Brard
Bernon Boutounelle, 2170 Rte de Castelsarrasin
82290 Meauzac
Tél. 05 63 24 60 70 - 06 70 30 60 46
manoirdeschanterelles@gmail.com
www.manoirdeschanterelles.com

TH

1 Pers. 90/160 € - 2 Pers. 100/160 € - 3 Pers. 130/190 €
P. sup. 30 € - Repas 35 €

4 ch. et 1 suite, sanitaires privés, TV, tél., internet. (190/220 euros 4 pers.). Ouv. toute l'année. Petit déj. : viennoiseries, gâteaux/confitures maison... Flipper, jeux société, ordi., billard. Aire de jeux, piscine, tennis, VTT. Parc 1 ha. Poss. W.e. sportif + mongolfière. Animal avec suppl. Bien-être : spa, jacuzzi, hammam, sauna infrarouge, soins.

Au beau milieu d'un magnifique parc, avec piscine, tennis et spa/jacuzzi, le manoir des Chanterelles a le goût du bien-être et du bien-vivre. L'espace bien-être avec hammam et sauna vous permettra, sur réservation, de vous faire masser. Un bel escalier dessert des chambres très personnalisées aux thématiques originales dont aucun détail n'a été oublié. Un salon, une salle à manger et une salle de jeux sont à votre disposition au rez-de-chaussée.

Attraits touristiques : Montauban (10 km) : musée Ingres, cathédrale, festivals ("Alors Chante" - "Jazz" - "les 400 Coups"). Moissac (12 km) : cloître, marché. Randonnée, baignade 5 km. Pêche 2 km. Canoë 12 km. Restaurants 5 km.

Accès : de Montauban, prendre la D927 dir. Lafrançaise. Au pont du Saula suivre Castelsarrasin par la D45 sur 3 km. GPS : l 44,0885139 - L 1,2395794.

Moissac - Tarn-et-Garonne (82)

N°TG1044

Chèque Cadeau

Le Lodge de la Madeleine
Maïté Devineau
La Madeleine Haute, 543 route de Sèges
82200 Moissac
Tél. 05 63 04 24 43
Port. 06 82 29 37 47
maitedevineau@yahoo.fr
www.lelodgedelamadeleine.com

TH Wi Fi

1 Pers. 85/95 € - 2 Pers. 95/115 € - 3 Pers. 135/145 €
P. sup. 30/40 € - Repas 29 €

2 chambres et 1 suite avec sanitaires privés. Ouv. toute l'année. Petit déjeuner : céréales, yaourts, fromage blanc, confitures maison, viennoiseries chaudes... T. d'hôtes sur rés. : soufflé aux bolets maison, tarte rhum pruneaux, poires curry... Terrasse (200 m^2) avec spa. Tir à l'arc. Lunette astronomique pour nuit étoilée. Parc 8 ha.

Cette demeure du XVIIe siècle a gardé toute son authenticité de par sa restauration. Dans son écrin de verdure, la terrasse ensoleillée le matin, abrite le spa, mis à votre disposition. Calme et repos assurés dans ce cadre privilégié pour un séjour des plus agréables. Mme Devineau propose d'aller chercher les pélerins à l'abbatiale.

Attraits touristiques : Moissac : visite du cloître et abbatiale. Bamboo parc à Castelsarrasin. Route du Chasselas de Moissac (AOC raisin de table). Musée Ingres à Montauban. Cinéma, musée, piscine et planche à voile 4 km. Canoë 8 km. Golf 19 km.

Accès : à la sortie de Moissac en venant de Castelsarrasin (D813), prendre la D4 dir. Piac puis à gauche vers Sèges (C12). Faire 3,5 km jusqu'à la Croix Noire, à droite et 300 m plus loin entrée du domaine.

Monbequi - Tarn-et-Garonne (82)

N°TG1066

A la Reine
Alain et Elisabeth Viriot-Silvi
111, rue du bac
82170 Monbequi
Tél. 05 63 02 13 86
Port. 06 30 09 97 93
alainelisabethsilvi@orange.fr
www.alareine.fr

1 Pers. 60 € - 2 Pers. 70 € - 3 Pers. 100 €
P. sup. 25 € - Repas 28 €

1 ch. familiale de 2 ch. et 1 ch. 2 pers. (à l'étage), avec sanitaires privés, TV et wifi. (135 euros/4 pers.). Ouvert du 15.04 au 15.12. Petit déjeuner : viennoiseries, gâteaux maison, fruits frais et jus... T. d'hôtes selon les produits du marché. Salon (cheminée), salon (TV). Jardin, parc 35 ares. Salon de jardin. Vélos, pétanque. Jeux société.

Dans une ferme du XVIIIe siècle, située dans un écrin de verdure, au cœur du village de Monbéqui, la maison et ses dépendances ont été entièrement rénovées. Cette demeure a été conçue pour vous recevoir dans deux confortables suites alliant charme, intimité, authenticité et raffinement. Différents espaces dans le parc vous invitent à la détente et au repos.

Attraits touristiques : villes d'art : Moissac, Montauban, Toulouse. Tennis 500 m. Base de loisirs, Voie Verte (randonnée) 2 km. Piscine et Accrobranche 6 km. Restaurants 7/9 km.

Accès : de Toulouse prendre la N20 puis la D813 dir. Moissac. A Monbéqui, la rue du Bac se trouve dans le centre du village.
GPS : l 43,8920° - L 1,2368°.

Montastruc - Tarn-et-Garonne (82)

N°TG1006

La Garière
Renata Stilmant
283 Côte des Combes
82130 Montastruc
Tél. 05 63 26 47 59
Port. 06 37 96 52 88
info@lagariere.com
www.lagariere.com

TH

1 Pers. 55/60 € - 2 Pers. 64/68 €
Repas 25 €

3 chambres avec sanitaires privés. Ouvert toute l'année. Petits déjeuners complets, sucrés ou salés. T. d'hôtes : aiguillettes de canard en papillottes, foie gras aux pommes, moelleux au chocolat... Bibliothèque. Cour, jardin. Piscine. Repas enfant : - 8 ans/9 euros et 8-12 ans/12 euros. Restaurants à Montauban et Moissac.

"La Garière", un vrai petit bijou, situé dans un écrin de verdure. Cette belle demeure typique des Années 30, entièrement rénovée, vous étonnera par sa décoration personnalisée et soignée où chaque détail est une surprise. Les escapades vous attendent et les petits déjeuners comme les repas seront de vrais plaisirs.

Attraits touristiques : Montauban, le musée Ingres. Notre-Dame-de-Lapeyrouse, abbaye de Francour, cité médiévale de Lauzerte, estivales du chapeau à Caussade. Randonnées sur place. Pêche 2 km. Equitation et tennis 5 km. Golf 12 km. Baignade 13 km.

Accès : dans le village de Montastruc, La Garière est située à 200 m à gauche sur le chemin à côté de la mairie. CM 337 pli D7.

N°TG1037

La Résidence
Sabine et Evert Weijers
37, rue Droite
82140 St-Antonin-Noble-Val
Tél. 05 63 67 37 56
info@laresidence-france.com
www.laresidence-france.com

1 Pers. 90/115 € - 2 Pers. 95/120 €
P. sup. 30 € -

5 chambres au 2e étage, avec sanitaires privés. Ouvert toute l'année. Petit déjeuner : jus de fruits, yaourts, confitures maison, viennoiseries... Terrasse, agréable jardin. Internet. Divers restaurants dans le village. (Maison non fumeurs).

Au cœur du village médiéval de St-Antonin-Noble-Val, dans les gorges de l'Aveyron, cette magnifique demeure a été restaurée afin de recréer une atmosphère authentique et luxueuse. Cinq chambres chaleureuses, personnalisées avec raffinement ont été aménagées pour le plaisir et le confort des hôtes. Sabine et Evert vous donneront de nombreux conseils touristiques pour bien découvrir la région. Agréable jardin ombragé avec vue sur le spectaculaire Roc d'Anglars.

Attraits touristiques : Les Falaises du Roc d'Anglars, le Cirque de Bône, les gorges de l'Aveyron, stages possibles chez les artistes du village (peinture, poterie...). Piscine, tennis, spéléologie, canoë 500 m. Pêche 200 m.

Accès : arrivée par la D958 à St-Antonin-Noble-Val. Prendre à droite la rue de la Pelisserie, puis tourner à droite pour la rue Droite. Parking : place des Capucins. CM 337 pli G7.

Dover
Tunnel sous La Manche
PAS DE CALAIS
PAS DE CALAIS
CAP GRIS NEZ
Calais
Dunkerque
Socx
Yser
Lederzeele
Steenvoorde
Ardres
Aa
A 16
A 26
A 25
D 916 a
D 916
D 940
N 43
N 42
Saint-Omer
Boulogne-sur-Mer
Wismes
Courset
D 928
Lys
Blessy
Delettes
Dannes
N 1
Westrehem
Béthune
D 937
62
PAS-DE-CALAIS
N 39
MANCHE
Montreuil
Saint-Josse
Wailly-Beaucamp
Scarpe
Canche
D 916
Authie
D 941
Hauteville
N 25
Somme
Abbeville
D 925
PICARDIE
D 1015
D 928
Bresle
D 925
A 28
D 901
80
SOMME
AMIENS
N 29
A 29
D 929
D 934
N 1
0
25 km

BELGIQUE
N 17
Mons-en-Barœul
LILLE
Sainghin-
en-Mélantois
Bouvines
N 41
D 925
D 917
N 45
A 23
Lens
Scarpe
Valenciennes
Douai
A 1
N 45
N 43
ARRAS
A 26
D 939
A 2
Château d'en Haut
(Lambersat et Jenlain)
59
NORD
D 934
N 49
N 2
Maubeuge
Cambrai
Escault
N 43
Crèvecoeur-sur-Escaut
Ribécourt-la-Tour
N 44
Sambre
Avesnes-
sur-Helpe
N 2
N 30
N 17
Canal du Nord
D 917
D 932
PICARDIE
N 43
N 29
Péronne
A 1
Somme
Oise
Oise
N 43
A 29
Saint-Quentin
Vervins
02
AISNE
D 966
Canal
D 930

Bouvines - Nord (59)

N°2134

Ferme de la Place
François Dervaux
261, rue du Maréchal Foch
59830 Bouvines
Tél. 03 20 41 12 13 - SR : 02 20 14 93 93
f.dervaux1@free.fr
http://f.dervaux1.free.fr/s2/

1 Pers. 68/78 € - 2 Pers. 90/100 € - 3 Pers. 120 €
P. sup. 25 € -

3 jolies chambres indépendantes de l'habitation des propriétaires, dans une ferme en carré typique de la région datant de 1810, et entièrement restaurée. Chaque chambre a un style différent : contemporain, Louis XVI et romantique. Sur demande, des aménagements de détente : fitness, sauna, tennis, piscine (avec supplément).

Attraits touristiques : Site historique de la bataille de Bouvines, braderie de Lille, musées (Beaux Arts de Lille). Tennis 300 m. Equitation 2 km. 3 golfs 5 km. Parachutisme 10 km. Planche à voile, pédalos sur lacs 5 km. Piscine à Roubaix.

Accès : arrivée par l'A1, dir. Belgique Gand, sortie cité scientifique 4 Cantons vers Cysoing. A Bouvines, au feu, à gauche puis encore à gauche.
GPS : l 50.58282750 - L 3.18779730.

3 ch. climatisées (non fumeur) avec sanitaires privés, TV, tél. et plateau accueil. Ouv. toute l'année. Petit déjeuner : charcuterie, fromage, laitage, viennoiseries... Salle réunion, ordinateurs. Home-cinéma. Piano, biblio. Sauna, fitness. Jardin, parc 1500 m². B-foot, p-pong, vélos, pétanque, jeux enfants. Piscine couverte chauffée (mai à sept.).

Crevecoeur-sur-Escaut - Nord (59)

N°3361

Ferme de Montecouvez
Géraldine Puche
hameau de Montecouvez
59258 Crevecoeur-sur-Escaut
Tél. 03 27 82 02 01
Port. 06 16 38 94 66
franck.puche@wanadoo.fr
www.ferme-montecouvez.com

TH

1 Pers. 55/63 € - 2 Pers. 65/78 € - 3 Pers. 80/85 €
P. sup. 20 € - Repas 25 €

Au cœur d'une exploitation de polyculture, la Ferme de Montécouvez située dans un hameau tranquille et verdoyant, vous accueille dans ses 4 confortables chambres, à proximité de l'abbaye de Vaucelles. En plein cœur de la Vallée du Haut-Escaut, vous aurez l'opportunité de faire de belles balades et de profiter de la quiétude des lieux.

Attraits touristiques : abbaye de Vaucelles 5 km (expositions tout au long de l'année). Archéosite aux Rues des Vignes 7 km. Musée Matisse à Le Cateau. Cambrai Ville 15 km (ville d'Art et d'Histoire). Peronne 30 km. Randonnées, VTT sur place.

Accès : A26 dir. Reims, prendre sortie n°9 Peronne-Masnières, puis dir. Abbaye de Vaucelles. Passer l'abbaye, continuer pendant 5 km en dir. de Villers-Outréaux.
GPS : l 50.10872300 - L 3.24865400.

4 chambres indépendantes de la maison d'habitation, avec sanitaires privés (dont 1 avec baignoire balnéo). Ouvert toute l'année. Petit déjeuner : différents pains, fromage, charcuteries... T. d'hôtes : poulet à la biere, tarte au Maroilles, tarte au sucre... Baby-foot, ping-pong. Cour, jardin. Kitchenette à disposition. Restaurants 5 km.

Jenlain - Nord (59)

N°4303

Château d'En Haut
Marie-Hélène et Michel Demarcq
20 route Nationale
59144 Jenlain
Tél. 03 27 49 71 80
Port. 06 79 82 02 96
chateaudenhaut@free.fr
http://chateaudenhaut.free.fr

Wi Fi

1 Pers. 60/70 € - 2 Pers. 72/92 € - 3 Pers. 90/110 €
P. sup. 15 € -

A l'étage : 4 chambres et 1 suite avec sanitaires privés et TV, dont 3 avec lits à baldaquin. Toutes proposent des tableaux anciens ou contemporains pour le plaisir des yeux. Petit déjeuner servi à la grande table, dans une salle où l'hiver le feu crépite dans la cheminée et où une ambiance musicale vous accompagne. Salon. Parc de 2,5 ha.

L'entrée du château, est matérialisée par deux piliers en briques recouverts de "chapeau" en pierre. L'allée pavée du début du XIXe mène à la cour du château et l'accès pour les chambres, par la cour arrière, en passant sous un porche pigeonnier de 1772 aux armoiries de la famille qui possédait la seigneurerie au XVIIIe. Le parc accessible par une allée boisée donne sur la grande pelouse. Le château appartient depuis une trentaine d'année à M. et Mme Demarcq qui l'ont restauré avec passion et y ont créé des chambres d'hôtes alliant confort et caractère.

Attraits touristiques : Valenciennes et Le Cateau (musée Matisse). Golf 6 km. Equitation, forêt, tennis 10 km. Voile 17 km.

Accès : axe Paris-Bruxelles (A2). De Paris sortie 22a, de Bruxelles sortie 23a. GPS : l 3°37'32.00"E - L 50°18'33.00"N

Lederzeele - Nord (59)

N°1380

La Ferme des Capucines
Christian Mentel
9, route de Watten
59143 Lederzeele
Tél. 03 28 62 40 88
christian.mentel@wanadoo.fr
http://christian.mentel.free.fr/

1 Pers. 55 € - 2 Pers. 65 € - 3 Pers. 80 €
P. sup. 20 € -

4 chambres (non fumeurs) avec sanitaires privés et TV. Lit bébé. Ouvert toute l'année. Petit déjeuner : jus de fruits, yaourts, confitures, miel, charcuterie, viennoiseries... Salon (cheminée). Cuisine à dispo. Cour, jardin. Restaurants St-Omer 15 mn. Estaminet à 3 km.

Dominique et Christian vous accueillent dans une maison indépendante de leur ferme flamande du XIXe siècle. Alliance de bois, briques rustiques et pierres de taille, qui creent une ambiance chaleureuse que l'on retrouve dans les chambres où les badigeons jettent une traine de soleil. Agréables instants de détente dans un cadre authentique.

Attraits touristiques : Carnaval de Dunkerque, carnaval de Cassel, musée Sandelin à St-Omer, cathédrale de St-Omer, Marais Audomarois, Mts de Flandres, Côte d'Opale... Plage 30 km. Piscine, tennis, golf, équit., pêche 10 km.

Accès : A25 Lille-Dunkerque, sortie Bergues, dir. Socx, Bissezeele et Zegerscappel. A Lederzeele, 1ère à droite après la station service.
GPS : l 50.82203400 - L 2.26863300.

Mons-en-Baroeul - Nord (59)

NOUVEAUTÉ

N°2470

Franck Pollet
88 bis rue Général de Gaulle
59370 Mons-en-Baroeul
Tél. 03 20 33 02 69 - SR : 03 20 14 93 93
Port. 06 60 63 02 69
franckpollet88bis@gmail.com
http://lestourelles.wix.com/les-tourelles

Premium Chèque Cadeau

1 Pers. 95 € - 2 Pers. 115 €

1 chambre 2 pers. avec TV, DVD, internet. Ouvert toute l'année. Petit déjeuner : café, thé, viennoiseries, pain, baguette, confiture, céréales. Parc de 900 m², terrasse, ping-pong. Mobilier ancien.

Au cœur du Haut de Mons, la maison est située sur un parc boisé et clos de murs. Idéalement situés à 10 minutes du centre de Lille, vous jouirez d'un calme digne d'une maison de campagne, tout en conservant les avantages d'une maison de ville.

Attraits touristiques : Musée des Beaux-Arts à Lille (3km), Musée de l'Hospice Comtesse (Lille), Orchestre National de Lille, Fortifications Vauban, Musée de la Piscine à Roubaix.

Accès : de Paris par A1, de Calais par A25, suivez Lille-Centre puis dir. Tourcoing/Gand (N356). Sortie 5 Mons-en-Baroeul. Dir. "Haut de Mons" (rue du G. de Gaulle).
GPS : l 50.644646 - L 3.100312.

Ribecourt-la-Tour - Nord (59)

N°3895

Le Clos Xavianne
Xavier Leriche
20, rue de Marcoing
59159 Ribecourt-la-Tour
Tél. 03 27 37 52 61
Port. 06 08 93 78 56
leclosxavianne@gmail.com
www.leclosxavianne.fr

1 Pers. 59/66 € - 2 Pers. 68/88 € - 3 Pers. 98 €
P. sup. 28 € -

3 chambres (non fumeurs) dont 1 familiale, avec sanitaires privés et TV. Ouvert toute l'année. Petit déjeuner : croissants, confitures maison, jus de fruits, yaourts... Salle pour petits déjeuners. Cour, jardin répertorié (parcs et jardins Nord Pas-de-Calais). Restaurants à Cambrai 10 km. Chèques vacances acceptés.

A la campagne, au cœur d'un petit village fleuri, cette maison pleine de charme, indépendante de celle des propriétaires, abrite 3 chambres soigneusement décorées. Très beau jardin fleuri né de la passion d'Anne et de Xavier. Le Clos Xavianne est situé sur le parcours "Chemins et Mémoires" de la Guerre 14-18.

Attraits touristiques : Chemins et mémoires Guerre 14-18. Cambrai 10 km : musée, festival, féodales. Abbaye de Vaucelles. Musée de la Mine Lewarde. Musée Watteau à Valenciennes. Musée Matisse à Le Cateau. Lille 56 mn.

Accès : de Calais, prendre A26 vers Reims, sortie n°8. De Paris, prendre A1 vers Lille, sortie n°13. De Reims, prendre A26, sortie n°9.
GPS : l 50.11245500 - L 3.13258000.

Sainghin-en-Mélantois - Nord (59)

N°2646

La Verdière
Luc Delesalle
1839, rue de Lille
59262 Sainghin-en-Mélantois
Tél. 03 20 05 05 61
contact@la-verdiere.eu
www.la-verdiere.eu

TH

1 Pers. 105/155 € - 2 Pers. 130/180 € - 3 Pers. 165/205 €
Repas 35 €

3 ch. et 2 suites avec sanitaires privés, TV, DVD, internet. Ouv. Toute l'année. Petit déjeuner : viennoiseries, fruits, confitures maison, miel, charcuterie. T. d'hôtes le soir sur résa. (- 12 ans 25 euros). Sauna, hammam, jacuzzi, fitness. Cour, jardin, parc. Forfait détente 1/2 pens. 260 euros. Suppl.25 euros/samedi et vielle jour férié. 190/230 euros/4 pers.

A 10 mn au sud de Lille, dans un cadre enchanteur, belle maison de maître de style flamand, devant un étang, au milieu d'un parc paysager de 1,5 ha et entourée d'arbres centenaires. Décoration soignée avec meubles anciens et boiseries ou meubles peints et patinés. Pour votre détente : salon de lecture, salon de repos, espace bien-être.

Attraits touristiques : visite du vieux Lille, musée des Beaux Arts, musée Hospice Contesse, parc zoologique de Lille, musée d'Art Moderne, musée de la Piscine, braderie de Lille. GR et tennis 1 km. Piscine 3 km. Equitation et 3 golfs 4 km.

Accès : via A1, dir. A27/E42 Villeneuve d'Ascq, sortie n°2 Cité Scientifique, 4 cantons, dir. Cysoing (D146). Dans Sainghin, à l'intersection avec la rue du Fort.
CM 302 GPS : l 50.58737130 - L 3.162383.

Socx - Nord (59)

N°1627

Au Petit Manoir
Catherine Six
36 faubourg de Cassel
59380 Socx
Tél. 03 28 65 43 20 - SR : 03 20 14 93 93
Port. 06 31 39 23 66
catherine.six@au-petit-manoir.com
www.au-petit-manoir.com

TH

1 Pers. 80/110 € - 2 Pers. 100/140 € - 3 Pers. 120/160 €
P. sup. 20 € - Repas 40 €

2 chambres et 3 suites avec sanitaires privés, TV, internet gratuit, plateau de courtoisie. Ouv. toute l'année. Petit déjeuner : jus de fruits frais, viennoiseries, confitures, jambon, fromage... T. d'hôtes sur résa. : menu du marché (entrée, plat, dessert). Billard. Bibliothèque. TV. Piano. Jeux flamands. B-foot. Parc 1 ha. Parking privé et couvert.

Catherine et Jean-Jacques Six vous accueillent dans un manoir de 1900, à 500 m du beffroi de Bergues. Ils vous proposent cinq chambres aménagées dans une demeure de caractère de style flamand, située dans un parc arboré d'un hectare. Pour votre détente, de nombreux aménagements vous sont proposés : espace bien-être-forfait 280 euros (sauna, hammam, spa), terrasse avec kota grill finlandais, vélos, salons de jardin, transats, boulodrome.

Attraits touristiques : Bergues 1 km, Monts de Flandres. Cassel 30 km. Belgique 15 km. Musée Dunkerque 10 km. Plage, voile 10 km. Golf 3 km.

Accès : A25, sortie n°16 Bergues, prendre ensuite direction Bergues, tout droit sur environ 1 km.

Steenvoorde - Nord (59)

NOUVEAUTÉ

Au cœur des Flandres, le nord vous accueille et nous avons à cœur de bien vous recevoir ! Nos chambres d'hôtes alliant authenticité et modernité bénéficient d'un confort de haute qualité, vous pourrez vous détendre dans le salon avec vue sur le jardin et l'église majestueuse de Steenvoorde. L'hébergement indépendant est situé dans une ancienne ferme typique du nord. Venez découvrir ses géants, ses festivités, ses estaminets ou simplement vous promener au cœur des monts et des moulins flamands.

Attraits touristiques : Musée des Flandres 10 km. Marais de Clairemarais à St-Omer 25 kms. Mer 30 km. Ypres (cimetière de la grande guerre) 20 km.

Accès : Sortie 13 sur A25 entre Lille et Dunkerque. Prendre centre-ville de Steenvoorde, passer devant l'église. Au stop à droite, 2ème stop à droite, au carrefour suivant à gauche, portail rouge sur la droite3.
GPS : l 50.81221300 - L 2.58332856.

N°1631

Au Cœur des Hôtes
Frédérique Lauwerier
4 rue d'Hondschoote, Entrée chemin des Cendres
59114 Steenvoorde
Tél. 03 28 49 60 08 - SR : 03 20 14 93 93
flauwerier@aol.com

TH

1 Pers. 79/89 € - 2 Pers. 89/99 €
P. sup. 13 € - Repas 29 €

1 suite au Rdc avec salle de bain et toilettes privées. 2 chambres à l'étage avec salle de bain et toilettes privées. Ouvert toute l'année. Petit déjeuner : pains variés, viennoiseries, salade de fruits frais, jus d'orange frais, jambon, fromage, confiture maison. T. d'hôtes : carbonnade flamande, waterzoï de poisson. Pièce de vie (salon, TV, jeux)

Angres - Pas-de-Calais (62)

Bienvenue aux Trois Maillets ! Accueil chaleureux et convivial dans une maison traditionnelle, au cœur d'un parc arboré et fleuri.Vous pourrez vous détendre sur la terrasse ombragée ou bien alors dans le jardin. Ici, vous pourrez profiter également de la connaissance de vos hôtes, une aide précieuse pour découvrir les merveilles régionales, la bonne adresse, le bon restaurant... et pour passer d'excellentes vacances.

Attraits touristiques : Mémorial Canadien de Vimy 5 km. Nécropole de Notre-Dame-de-Lorette 6 km. Arras 12 km (son beffroi, ses places, son musée, la carrière Wellington). Lens 7 km (stade Bollaert, musée du Louvre-lens). Randonnée 200 m. Piscine 2 km.

Accès : autoroute A26-E16, sortie 6.1 - Train : gare de lens - Aéroport de Lille-Lesquin.
GPS : l 50,4045416 - L 2,7690491.

N°G897

Chèque Cadeau

Aux Trois Maillets
Ysabelle et Jean-Michel Tinot
77 bis, rue Georges Clémenceau
62143 Angres
Tél. 03 21 45 25 24
Port. 06 82 06 56 78
auxtroismaillets@gmail.com
www.auxtroismaillets-chambre-hotes.fr

TH

1 Pers. 52 € - 2 Pers. 52 €
P. sup. 10 € - Repas 25 €

3 chambres avec sanitaires privés, TV, internet, réfrigérateur, linge de toilette, peignoirs et sèche-cheveux. Ouvert toute l'année. Petit déjeuner : crêpes, gaufres et confitures maison, viennoiseries, jus de fruits... T. d'hôtes : quiche aux poireaux, cassolette d'endives au maroille... Bibliothèque, jeux de société. Jardin 1000 m². Parkings fermés.

Ardres - Pas-de-Calais (62)

N°G531

Le Manoir de Bois-en-Ardres
Françoise et Thierry Roger
1530, rue de Saint-Quentin
62610 Ardres
Tél. 03 21 85 97 78
Port. 06 15 03 06 21
roger@aumanoir.com
www.aumanoir.com

1 Pers. 69 € - 2 Pers. 79 € - 3 Pers. 104/119 €

2 chambres (2 et 3 pers.) et 1 suite 4 pers., chacune avec sanitaires privés, internet. Ouvert toute l'année. Petit déj. : pain, viennoiseries, confitures et yaourts maison, jus de fruits, fruits de saison, pain d'épice, madeleines, fromage... Spa à dispostion avec supl. Ping-pong, cour, jardin, parc de 5 ha. Restaurant 2 km. 4 pers. 144 euros.

Soyez les bienvenus au Manoir de Bois-en-Ardres. La propriété pleine de charme et de caractère est nichée au milieu d'un parc de 5 ha, aux arbres bicentenaires, au calme absolu. Elle est resté endormie depuis plus de 10 ans et nous lui avons redonné vie en accueillant des hôtes désireux de visiter notre jolie région de la Côte d'Opale.

Attraits touristiques : sur la Côte d'Opale, à seulement 20 mn de Calais : beffroi classé à l'Unesco, la cité internationale de la dentelle et de la mode, la scène nationale de Chanel, les plages, le tunnel sous la Manche et les ferries pour gagner l'Angleterre.

Accès : de l'A26, de St-Omer sortie n°2, dir. Ardres (N43), puis aux feux, à droite. Après le 1er rond-point, à droite (rue St-Quentin). De là, suivre le fléchage sur 1 km. Le manoir se trouve qur la gauche.

Blessy - Pas-de-Calais (62)

N°G881

Le Paddock du Val de Lys
Chantal et Jean-Pierre Lesage
885, rue des Prés
62120 Blessy
Tél. 03 21 12 12 95
Port. 06 63 99 23 39
lepaddockduvaldelys@bbox.fr
www.lepaddockduvaldelys.fr

TH

1 Pers. 45/60 € - 2 Pers. 60/75 € - 3 Pers. 80/95 €
P. sup. 10/20 € - Repas 10/26 €

4 chambres avec sanitaires privés et wifi. Ouvert toute l'année. Petit déjeuner : confiture maison, fromage blanc, pain-gateau, jus de fruits... T. d'hôtes : apéritif maison, tarte au cresson, crème brulée au foie gras, crumble aux framboises... Jeux de société. Piscine, balançoire, toboggan, vélos, étang. Cour, jardin parc de 3 ha.

A 800 m du centre du village, vous serez reçus dans une ferme flamande en briques datant de 1948, située au cœur d'un domaine verdoyant de 3 hectares avec étang et ruisseau. Chaque chambre : "La Glycine", "l'Eglantine", "La Capucine" et "l'Aubépine" ont une décoration soignée et sont toutes personnalisées. Vous pourrez découvrir le mobilier ancien rénové par les propriétaires.

Attraits touristiques : musée de la Coupole d'Helfaut 20 km. Marais de St-Omer 25 km. Blockhaus d'Eperlecques 30 km. Lille, à l'architecture d'influence flamande et espagnole 60 km. Plusieurs chemins balisés sur place. Parc d'attraction 20 km. Randorail 30 km.

Accès : de Paris : A26, sortie n°5 Lillers puis suivre direction Aire-sur-la-Lys puis Thérouanne et enfin Blessy. De Lille par la A25, sortie Hazebrouck puis suivre dir. Hazebrouck puis Aire-sur-la-Lys puis Thérouanne et enfin Blessy.
GPS : l 50,6207162 - L 2,3413418.

Courset - Pas-de-Calais (62)

NOUVEAUTÉ

N°G909

Chèque Cadeau

Le Clos du Miroir
Anne-Marie et Michel Dubrulle
12 rue de Sacriquier
62240 Courset
Tél. 03 21 92 47 57
Port. 06 18 23 56 43
contact@leclosdumiroir.fr
www.leclosdumiroir.fr

1 Pers. 60/80 € - 2 Pers. 80/95 € - 3 Pers. 100/115 €
P. sup. 20 € -

Ferme boulonnaise située à 20 minutes des plages, dans la vallée de la Course et dans le parc naturel régional des Caps et Marais d'Opale, le Clos du miroir est une invitation à la détente. Une chambre et une suite spacieuse, aménagées dans la maison de caractère des propriétaires au coeur d'un verger, avec piscine couverte chauffée plus Spa, offrent des instants privilégiés. Un verger au cœur d'une nature préservée permettra un séjour reposant.

Attraits touristiques : Restaurant «Le clos des 3 tonneaux». Nausicaa, le Centre de la mer. Le pays de Desvres-Samer avec son village des Métiers d'Arts. Le Grand Site des Deux-Caps, site emblématique du Pas-de-Calais. Mer à 20 km.

Accès : plan d'accès remis sur demande.
GPS : l 50°38'47.8"N - L 1°50'32.9"E.

1 chambre 2 pers., 1 suite 3 pers., toutes avec sanitaires privés, TV, internet. Ouvert toute l'année. Petit déjeuner : pain, viennoiseries, confitures maison, yaourts de la ferme, jus d'orange pressé. Piscine intérieure chauffée, spa dans une annexe. Portique, jeux d'enfants. Parc de 1 ha, parking. Restaurant à 3 km. Enfant -2 ans gratuit.

Dannes - Pas-de-Calais (62)

N°G587

Chèque Cadeau

Le Moulin de Dannes
Christine Lecaille
40, rue du Centre
62187 Dannes
Tél. 03 21 33 74 74
Port. 06 62 27 60 33
christine.lecaille@free.fr
www.au-moulin.com

1 Pers. 60 € - 2 Pers. 65 €

Après avoir visté notre belle Côte d'Opale avec ses caps, ses longues plages de sable fin, ses forêts, ses nombreux sentiers de randonnée, ses golfs, et Nausicaa (centre national de la mer), Christine et Michel vous accueilleront chaleureusement en vous souhaitant "La Bienvenue" dans leurs charmantes chambres d'hôtes. Vous serez séduits par le charme du par cet du plan d'eau.

Attraits touristiques : site naturel du Mont-St-Frieux à 1 km avec chemins de randonnée. Parc de loisirs de Bagatelle à 20 km. Camiers et Ste-Cécile Plage à 3 km. Le Touquet Paris Plage à 15 km.

Accès : par l'autoroute A16, sortie n°27.
GPS : l 50.592078 - L 1.616296.

2 chambres avec sanitaires privés, TV et internet. Ouvert toute l'année. Petit déjeuner : pan cake, gâteaux et confitures maison, verrines de fruits frais, viennoiseries, laitage, fromage, charcuterie, jus de fruits... Cour, jardon parc de 1,3 ha avec étang. Restaurant 4 km.

Delettes - Pas-de-Calais (62)

N°G733

Les Dornes

Gilles Blondel
520, rue des Deux Upen, Upen d'Aval
62129 Delettes
Tél. 03 21 95 87 09
Port. 06 88 82 55 96
lesdornes@lesdornes.com
www.lesdornes.com

TH

1 Pers. 55 € - 2 Pers. 65 € - 3 Pers. 79 €
P. sup. 14 € - Repas 25 €

4 chambres avec sanitaires privés et connexion wifi. Ouvert toute l'année. Petit déjeuner : yaourts, salade de fruits frais, viennoiseries, confitures et gâteaux maison... T. d'hôtes : apéritif/amuses-bouche maison, tarte au maroille, carbonade flamande, terrine queue de bœuf... Jeux de société. Prêt de bicyclettes. Jardin de 3000 m².

Notre maison de caractère régional, en briques et tuiles rouges, que nous avons appelé "Les Dornes", qui est le nom patois de "l'Ajonc", est située au cœur d'un grand jardin arboré et fleuri, avec son jardin potager. C'est le lieu de départ idéal pour de nombreuses activités et découvertes. Détente et repos assurés !

Attraits touristiques : La Coupole 11 km. Montreuil-sur-Mer 25 km. Musée d'Azincourt, St-Omer, Calais, Nausicaa 60 km. Cap Gris Nez/Blanc Nez 70 km. Dennyls Park 8 km. Train touristique et Randorail 10 km.

Accès : A26, sortie n°4 puis direction Le Touquet et D77, D192, D157. 1ère à droite D190. Arrivée Upen d'Aval à 520 m.
GPS : l 50,3815N - L 2,1245E.

Hauteville - Pas-de-Calais (62)

NOUVEAUTÉ

N°G459

La Solette

Jeannine et Jean-Marie Debaisieux
10 rue du Moulin
62810 Hauteville
Tél. 03 21 58 73 58 - 03 21 10 34 40
Port. 06 31 25 54 03
lasolette@yahoo.fr
www.lasolette.com

TH

1 Pers. 60 € - 2 Pers. 70 €
P. sup. 15 € - Repas 25 €

4 chambres 2 pers., toutes avec sanitaires privés, TV, internet. Ouvert toute l'année. Petit déj. : Jus de fruits frais, confitures maison, clafoutis, gâteaux maison. Table d'hôtes sur rés. : produits maison et plats régionaux. Parc de 5000m², ping-pong, jeux d'enfants, salon de jardin. Poss. Cuisine dans annexe. Lit bébé gratuit jusqu'4 ans.

Au calme, dans un petit village artésien, quatre chambres d'hôtes, toutes avec entrée indépendante, ont été aménagées dans une Longère en pierres blanches de 1825, labellisée «Fondation du Patrimoine». Sa restauration a été effectuée dans le respect des matériaux et du style. Un coin détente composé d'une tisanerie, d'un espace lecture et jeux de société vous attend.

Attraits touristiques : Circuit de châteaux, randonnées pédestres cyclo, circuit églises, tourisme de Mémoire (Vimy, Arras), Louvre Lens à 30 km. Akarena 12 km.

Accès : Pour Arras, prendre RN39, St Pol/Ternoise, Le Touquet. Après le Gy, direction Avesnes-le-Comte, puis suivre le fléchage «Chambres d'Hôtes».
GPS : l 50°16' 29 N - L 2° 34' 37 E.

Lievin - Pas-de-Calais (62)

N°G8917

Premium Chèque Cadeau

Les Cèdres Bleus
Catherine Crepin
9, rue Emile Roux
62800 Lievin
Tél. 03 21 44 70 91
Port. 06 21 54 37 76
info@cedres-bleus-lievin.fr
www.cedres-bleus-lievin.fr

1 Pers. 65/75 € - 2 Pers. 73/83 € - 3 Pers. 93 €
P. sup. 10 € -

2 chambres et 1 suite, chacune avec sanitaires privés, TV, lecteur DVD, wifi, bouilloire, sèche-cheveux et toutes orientées sur les jardins. Ouvert toute l'année. Petit déjeuner : viennoiseries, pâtisseries et confitures maison, laitage, fruits, jus de fruits... Sauna, jacuzzi. Jardin avec salons de jardin et jeux, terrasse de toit. Restaurant 500 m.

Nous vous accueillons chaleureusement dans notre demeure datant de 1927, au charme d'antan prévservé. Trois chambres au nom de fleur, dont une suite à l'étage de la propriété, vous sont réservées. Côte détente, le jacuzzi et le sauna sont à votre disposition. Côté nature, la terrasse fleurie ansi que le jardin vous attendent. Côte pratique : la cuisine est disponible. 3 en 1... Alors qu'en dîtes-vous ?

Attraits touristiques : Le Louvre-Lens, le Mémorial Canadien de Vimy, le chemin de mémoire à 12 km. Notre Dame de Lorette, base 11/19. Terril de Loos-en-Godelle, le stade couvert.

Accès : depuis Lille ou Paris, prendre l'A1 et sortir à Lievin. De Boulogne-sur-Mer, prendre l'A26 puis E15, puis St-Omer, prendre l'A21 et sortir ensuite à Lievin.
GPS : l N50°25'14.739 - L E2°47'0.09.

St-Josse - Pas-de-Calais (62)

N°G809

Chèque Cadeau

Le Clos de l'Ermitage
Inès Decaudaveine
5, Résidence l'Ermitage
62170 St-Josse
Tél. 03 21 84 70 94
Port. 06 07 06 64 42
decaudaveine.hugues@wanadoo.fr
www.clos-de-l-ermitage.com

1 Pers. 70/84 € - 2 Pers. 75/89 €

5 chambres de 2 ou 3 pers. dont 2 avec terrasse, chacune avec sanitaires privés, TV (chaînes anglaises et allemandes) et wifi. Ouvert toute l'année. Petit déjeuner : jus d'orange frais, croissants et pâtisseries maison (muffins, pudding, gaufres ou bien brioche), confitures maison... Jeux de société. Jardin. 4 restaurants entre 1,6 et 3,5 km.

A la sortie du village et en lisière de forêt, le Clos de l'Ermitage vous propose cinq chambres d'hôtes dans une fermette de style picard, attenante à la maison des propriétaires. Vous pourrez vous détendre dans la pièce à vivre agrémentée d'une cheminée et décorée dans l'esprit "maison de famille".

Attraits touristiques : sur la Côte d'Opale (6 km de la mer). Dunes imposantes, marais avec faune et flore riches, falaises époustouflantes. Entre mer et montagne, le Clos de l'Ermitage se trouve à proximité de la Manche, de Montreuil/Mer et du Touquet.

Accès : à 6 km de Montreuil-sur-Mer, 7 km de Merlimont, 10 km de Berck-sur-Mer, le Touquet 9 km. A la sortie du village, à 800 m en direction de Montreuil-sur-Mer.
GPS : l 50.461138 - L 1.679041.

Wailly-Beaucamp - Pas-de-Calais (62)

NOUVEAUTÉ

Au centre du village, deux chambres d'hôtes aménagées dans un château du XVIIIème siècle, situé au calme et entouré de verdure, toutes avec vue sur le parc et la piscine découverte chauffée. Le château dispose d'une entrée privative. Sa décoration est composée d'un mélange de style contemporain et de style ancien. Cet endroit vous apportera tranquillité et sérénité le temps d'un séjour.

Attraits touristiques : Berck-sur-Mer et la Baie d'Authie 15 km. Le Touquet, Le Crotoy, le Parc du Marquenterre entre 20 et 40 km. Bagatelle 10 km. Equitation 2 km. Golf 6 km.

Accès : De l'A16, sortie N°25 Montreuil, puis D303, D143E2, puis prendre à gauche D901, arrivée route Nationale. GPS : l 1,725431 - L 50,412540.

N°G937

Chèque Cadeau

Gilbert et Amal Norel-Bouchiha
69 Route Nationale
62170 Wailly-Beaucamp
Tél. 03 21 05 98 92
Port. 06 49 28 82 13
contact@chateau-lafeuillaie.fr
www.chateau-lafeuillaie.fr

Wi Fi

2 Pers. 95/120 €

1 chambre 2 pers., 1 suite familiale 4 pers. (poss. convertible 2 pers., lit bébé), toutes avec sanitaires privés. Ouvert toute l'année. Petit déjeuner continental préparé avec des produits frais (yaourts et confitures maison, fruits). Parc de 1,3 ha. Piscine découverte chauffée. Gratuit enfant -2 ans. Ch. familiale 120/160 euros 4 pers.

Nord - Pas-de-Calais

Westrehem - Pas-de-Calais (62)

NOUVEAUTÉ

Dans cette demeure du XIXème siècle, située au cœur d'un petit village de l'Artois et de la Lys Romane, Béatrice et Luc vous accueillent pour un séjour où le repos et la détente sont au rendez-vous. Ils ont aménagé trois chambres d'hôtes dans leur maison de maitre de 1893 à la décoration soignée. Jardin clos avec verger.

Attraits touristiques : Aire-sur-la Lys 15 km. randonnées pédestres, Marais de St Omer 25 km. Béthune, Tourisme de Mémoire, Louvre Lens, Azincourt 20 km. Village natal St Benoit. Francigéna 1 km. Dennlys Parc 15 km.

Accès : Sortie A26, à Lillers direction Aire-sur-la Lys. A Norrent-Fontes, prendre direction Heuchin. A 12 km de la sortie "Lillers" de l'autoroute des anglais A26, à 6 km de l'axe Béthune/Saint-Omer sur la D 943.

N°G921

La Pommeraie
Béatrice Desbuquois
52 rue d'Hesdin
62960 Westrehem
Tél. 03 21 26 17 48 - 06 70 45 23 24
beatricedesbuquois@gmail.com
http://lapommeraie.onlc.fr

Wi Fi

1 Pers. 55/75 € - 2 Pers. 65/85 €
P. sup. 15 € -

3 chambres 2 pers., toutes avec sanitaires privés, TV, internet. Possibilité lit supl. Ouvert toute l'année. Petit déjeuner : boissons diverses, jus orange, jus de pomme du verger, yaourts et confitures maison, fruits frais, viennoiseries. Vélos, ping-pong, jeux d'enfants à disposition. Parc de 2500 m^2, terrasse, parking .

Wismes - Pas-de-Calais (62)

N°G851

Chèque Cadeau

La Coulonnière
Geneviève et Dominique Ottevaere
Hameau de Cantemerle, 26, La Place
62380 Wismes
Tél. 03 21 39 91 51
Port. 06 85 32 71 24
la-coulonniere@orange.fr
www.la-coulonniere.fr

1 Pers. 110 € - 2 Pers. 110 €

Rez-de-chaussée avec accès indépendant : 1 chambre (lit 160), bain + douche hydromassante et wc + terrasse. Ouvert toute l'année. Petit déjeuner : produits locaux, miel de la vallée de l'Aa, beurre et yaourts fermiers, viennoiseries, divers pains maison... Séjour, TV, cheminée. Parc paysager clos, parking privé. Restaurant 6 km.

Dans un très joli cadre, nous proposons une prestation de qualité dans un environnement calme et champêtre. Vous serez surpris par la conception architecturale : sous la poutraison lambrissée de cèdre, la chambre hexagonale anis et framboise, pavée en pierre de bourgogne reçoit la lumière du lever au coucher du soleil. La décoration en harmonie avec l'ambiance végétale du jardin révèle une impression d'intimité reposante.

Attraits touristiques : détente dans la région de Lumbres situé dans le PNR des Caps et Marais d'Opale, proche de St-Omer (ville d'Art et d'Histoire). A 30 km de la Côte d'Opale, balade sur le site des 2 caps ou les monts de Flandres.

Accès : St-Omer 20 km. De Calais A26, sortie n°3 puis N42-D225-D131-D205. D'Arras A26, sortie n°4 puis D77-D192-D341-D132-D205.
GPS : l 50.653049 - L 2.076378.

MANCHE
POINTE DE LA HAGUE
NEZ DE JOBOURG
Cherbourg
Tocqueville
Montfarville
D 901
D 904
N 13
D 2
Château de Pont-Rilly (Négreville)
St-Martin-de-Varreville
D 900
D 903
Saint-Germain-sur-Ay
50 MANCHE
Longueville
Le Château de Vouilly (Vouilly)
Manvieux
St-Aubin-sur-Mer
Lion-sur-Mer
Crépon
Fontaine-Henry
Bayeux
Subles
Secqueville-en-Bessin
D 7
D 971
CAEN
SAINT-LÔ
Torigni-sur-Vire
N 174
D 972
Coutances
D 999
Maisoncelles-sur-Ajon
N 158
Airan
14 CALVADOS
Orne
D 577
Vire
D 13
Îles de Chausey
D 524
D 512
D 562
Manoir de la Blanchère (Ronfeugerai)
D 909
D 924
Avranches
Le Mont St-Michel
N 176
D 977
D 907
D 962
Sélune
D 908
D 916
La Ferté-Macé
61 ORNE
Mayenne
D 795
D 155
D 798
D 177
BRETAGNE
Fougères
D 23
N 12
Canal
D 175
A 84
Mayenne
53 MAYENNE
D 31
D 35
35 ILLE-ET-VILAINE
PAYS DE LA LOIRE
0 25 km

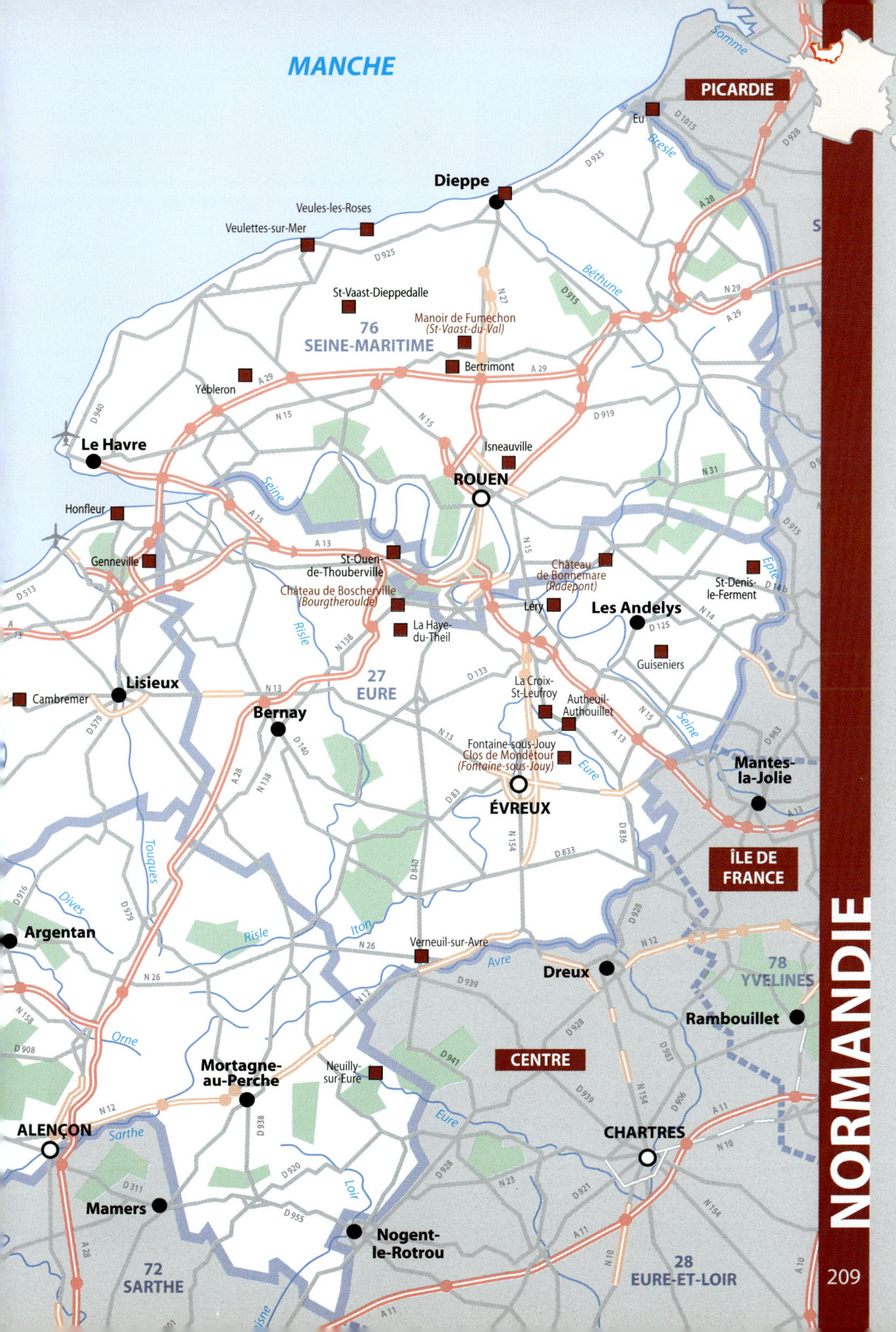
MANCHE
PICARDIE
Somme
Eu
Bresle
Dieppe
Veules-les-Roses
Veulettes-sur-Mer
St-Vaast-Dieppedalle
Manoir de Fumechon
(St-Vaast-du-Val)
76
SEINE-MARITIME
Bertrimont
Yébleron
Béthune
Le Havre
Isneauville
ROUEN
Seine
Honfleur
Genneville
St-Ouen-
de-Thouberville
Château de Boscherville
(Bourgtheroulde)
Château
de Bonnemare
(Radepont)
St-Denis-
le-Ferment
Epte
Léry
Les Andelys
La Haye-
du-Theil
Risle
Guiseniers
27
EURE
Lisieux
Cambremer
Bernay
La Croix-
St-Leufroy
Autheuil-
Authouillet
Fontaine-sous-Jouy
Clos de Mondétour
(Fontaine-sous-Jouy)
Eure
ÉVREUX
Mantes-
la-Jolie
ÎLE DE
FRANCE
Touques
Dives
Argentan
Iton
Verneuil-sur-Avre
Avre
Dreux
78
YVELINES
Rambouillet
Orne
CENTRE
Mortagne-
au-Perche
Neuilly-
sur-Eure
ALENÇON
Sarthe
CHARTRES
Mamers
Loir
Nogent-
le-Rotrou
72
SARTHE
28
EURE-ET-LOIR
A 28
A 29
A 13
A 11
A 10
N 12
N 13
N 15
N 27
N 31
N 154
N 138
N 26
N 158
N 23
N 10
N 29
N 14
D 925
D 1015
D 928
D 915
D 919
D 940
D 513
D 579
D 140
D 133
D 125
D 83
D 833
D 836
D 840
D 983
D 979
D 916
D 908
D 939
D 941
D 938
D 920
D 955
D 906
D 921
D 311
D 14b

NORMANDIE

Airan - Calvados (14)

N°5691

Domaine de la Hurel
Françoise Schacher
30 hameau de Coupigny, La Hurel
14370 Airan
Tél. 02 31 44 68 85
Port. 06 79 78 35 70
domainedelahurel@domainedelahurel.com
www.domainedelahurel.com

TH

1 Pers. 80 € - 2 Pers. 95 € - 3 Pers. 120 €
P. sup. 30 € - Repas 30 €

A l'étage d'un bâtiment mitoyen : 3 ch. (lits 160), 1 ch. familiale 4 pers., 1 ch. 2 pers. en rez-de-jardin (pers. hand.), toutes avec sanitaires privés. Ouvert toute l'année. Petit déjeuner : confitures maison, croissants, gâteaux, jus de fruits... T. d'hôtes sur réservation. Salon de détente (bibliothèque). Cuisine à disp. des clients. Spa/sauna.

En Normandie, aux portes du Pays d'Auge, en plein cœur du site des batailles de Guillaume le Conquérant, entre Caen et Crévecoeur en Auge, le Domaine de la Hurel vous accueille dans une propriété du XVIIIe siècle. Situé en Val es Dunes, dans l'un des trois anciens corps de ferme du château d'Airan, longé par la Muance et doté de 2 étangs, les amoureux de la nature et de la pêche seront charmés par la beauté et la sérénité de l'endroit. Une piscine couverte et chauffée pour la joie de tous. Accueil cheval en boxes et pâtures.

Attraits touristiques : Château de Crevecoeur-en-Auge, Château de Canon et ses jardins, route du cidre, Cambremer, Château de Vendeuvre (musée du meuble miniature). La côte fleurie (Deauville, Honfleur, Cabourg). Village fleuri de Beuvron-en-Auge.

Accès : Caen par N13, puis direction St-Pierre-sur-Dives par D40, puis D43 direction Fierville Bray.

Crépon - Calvados (14)

N°5097

Manoir de Crépon
Anne-Marie Poisson
route d'Arromanches
14480 Crépon
Tél. 02 31 22 21 27
manoirdecrepon@wanadoo.fr
www.manoirdecrepon.com

1 Pers. 75 € - 2 Pers. 90 € - 3 Pers. 110 €
P. sup. 20 € -

2 chambres avec douche et wc privés, 2 suites pour 3 et 4 pers. (2 chambres) avec salle de bains. Ouvert toute l'année sauf du 15.11 au 01.03. Copieux petit déjeuner : viennoiseries, laitages, céréales... TV sur demande. Salon de musique. Restaurants à 500 m.

Entouré d'un parc arboré, ce manoir du XVIIIe siècle, à proximité des Plages du Débarquement, ravira les amateurs de calme. La propriétaire, antiquaire, aura à coeur de vous faire découvrir les richesses de sa région.

Attraits touristiques : Mer, tennis à 4 km. Equitation et école de voile à 5 km. Piscine à 7 km. Golf à 27 trous à 12 km. Plages du Débarquement. Bayeux à 12 km.

Accès : à Creully, dir. Asnelles-Crépon D22 puis D65. A Crépon, manoir à la sortie du village, à gauche en dir. de la mer (fléchage chambres d'hôtes/antiquités).

Fontaine-Henry - Calvados (14)

NOUVEAUTÉ

Le clos de la Valette est niché au coeur d'un joli village connu pour son élégant château Renaissance. Les chambres conçues par Véronique et Jean Claude présentent un mélange contemporain et de caractère. Vous serez sensible à la décoration raffinée et personnalisée et à l'harmonie des couleurs. La terrasse et le jardin arboré participeront à votre détente.

Attraits touristiques : Sur place, le chemin de randonnée vous fera découvrir la campagne environnante (église de Thaon). Les immenses plages (Asnelles, Arromanches) et la dégustation des produits de la mer seront les incontournables de votre séjour.

Accès : A13, direction Caen centre (périphérique Nord) sortie 6 puis continuez tout droit en suivant Courseulles-sur-Mer. Après 8 km, 3ème sortie au 1er rond point de Colomby-sur-Thaon, tout droit jusqu'à Fontaine-Henry.

N°5773

Le Clos de La Valette
Jean-Claude et Véronique Cayeux
9 chemin de La Valette
14610 Fontaine-Henry
Tél. 02 31 8010 31
Port. 06 22 01 65 22
info@closdelavalette.com
www.closdelavalette.com

Wi Fi

1 Pers. 82/94 € - 2 Pers. 82/94 € - 3 Pers. 114 €

3 chambres avec sanitaires privatifs. Ouvert toute l'année. Les chambres au style contemporain vous apporteront confort, charme et tranquillité afin que vous passiez un séjour des plus agréables. Les petits déjeuners vous offriront un grand choix de viennoiseries, pains, confitures, laitages et gâteaux maison.

Genneville - Calvados (14)

A 10 km d'Honfleur, nichée au beau milieu d'un verdoyant vallon, cette magnifique propriété normande offre tranquillité et authenticité. Dans ce cadre exceptionnel, pommiers, chevaux et colombages composent un harmonieux tableau. Une adresse fleurie où les journées commencent en douceur autour d'un délicieux petit déjeuner.

Attraits touristiques : Côte Fleurie. Nombreux festivals. Deauville, Trouville 20 km. Randonnées sur place. Pêche à 4 km. Mer, piscine, tennis et équitation à 10 km. Golf à 14 km. Restaurants entre 4,5 et 10 km (Honfleur).

Accès : à Genneville, entre l'église et la mairie, prendre dir. St-Martin. Continuer pendant 2 km en restant sur la route principale puis tourner à droite.
CM 303 - Pli N3.

N°5599

Le Grand Clos de St-Martin
Daniela Coignard
hameau St-Martin
14600 Genneville
Tél. 02 31 87 80 44
Port. 06 33 95 95 27
legrandclosdesaintmartin@wanadoo.fr
www.legrandclosdesaintmartin.com

1 Pers. 95 € - 2 Pers. 105/123 € - 3 Pers. 148 €
P. sup. 30 € -

2 chambres et 1 suite (46 m²) avec sanitaires privés, lits 160. Ouvert toute l'année. Petit déjeuner : différents pains frais, viennoiseries, gâteaux et confitures maison, miel et jus de fruits de la région, laitages, céréales, fruits. Jardin paysager avec coin-détente, chaises longues et cuisine à disposition sur demande. Parking privé.

Honfleur - Calvados (14)

N°5519

Au Moulin Saint-Nicol
Joëlle et Gérard Dardol
Côte d'Equemauville
14600 Honfleur
Tél. 02 31 14 68 37
info@moulinsaintnicol.com
www.moulinsaintnicol.com

1 Pers. 115 € - 2 Pers. 125/165 €
P. sup. 30 € -

4 chambres (lits 1,80 m de large) avec sanitaires privés, TV et connexion wifi. Ouvert toute l'année. Petit déjeuner : jus d'orange, différents pains, viennoiseries diverses, yaourts, grand choix de confitures maison, gâteaux maison différents chaque jour. Cour, jardin parc 1,5 ha. Restaurant 1 km.

Dans un site calme et magnifique, à 2 mn du vieux bassin, Joëlle et Gérard vous accueillent dans leur moulin du XIXe siècle, entouré d'une rivière naturelle qui le traverse de part en part. Le charme, l'authenticté ainsi que le mobilier confortable et raffiné font de cette demeure un lieu privilégié de repos.

Attraits touristiques : Nombreux musées, vieux quartiers typiques, balades en mer... Randonnées sur place. Equitation 500 m. Mer, piscine et tennis 1,5 km. Golf 6 km.

Accès : RD579 de Honfleur à Pont l'Evêque.

Lion-sur-Mer - Calvados (14)

N°5719

Le Vivier
Marie Collet
27 rue Bertin
14780 Lion-sur-Mer
Tél. 02 31 23 98 66
Port. 06 50 14 39 06
marie.c.collet@gmail.com
www.demeurelevivier.com

1 Pers. 90 € - 2 Pers. 105/115 € - 3 Pers. 155 €
P. sup. 30 € -

2e étage de l'habitation 1 ch. (lit 160x200), 1 ch. familiale : 1 ch. 2 pers. (lit160x200), 1 ch. 2 pers (2 lits 90x200), chacune avec salle de bains et wc particuliers. Ouvert toute l'année. Jardin. Terrasse avec salon de jardin. Vélos à disposition. Parking. Petit déjeuner : fruits, yaourt, jus d'orange, viennoiseries... Jardin 1500 m² arboré.

Magnifique maison de maître, type Napoléon III du XIXe siècle située à quelques pas de la plage de Lion sur mer, station balnéaire au charme d'antan de la Côte de Nâcre. Marie vous accueillera dans un décor raffiné et harmonieux pour un séjour en amoureux, en famille ou entre amis. Vous aurez le choix entre une séance détente dans le jardin clos de murs et arboré, une promenade sur la plage, ou une tasse de thé dans le salon-bibliothèque devant un feu de cheminée.

Attraits touristiques : situé sur les plages du Débarquement. Mémorial de Caen à 15km. Patrimoine de la Côte de Nâcre (Châteaux, Manoirs, musées) à proximité.

Accès : depuis Ouistreham, par la route de la Côte, à 6 km.

Longueville - Calvados (14)

N°5347

Chèque Cadeau

Le Roulage

Daniel et Janine Leroyer
14230 Longueville
Tél. 02 31 22 03 49
dan.leroyer@wanadoo.fr
www.leroulage.fr

1 Pers. 75 € - 2 Pers. 85 €
P. sup. 20 € -

2 chambres 2 pers. avec sanitaires privés. Ouvert de février à novembre. Petit déjeuner gourmand : confitures maison avec fruits du jardin, différents pains, laitages, viennoiseries... Jardin. Restaurants à Grandcamp-Maisy 8 km. Agréé "Gîte au Jardin".

Dans cette belle demeure de caractère du XVIIIe, rénovée avec beaucoup de soin, vous apprécierez le charme et le confort de ces chambres harmonieuses aux couleurs chaudes, meublées d'ancien et agrémentées d'agréables salles de bains. Très beau jardin et parking dans une cour close. Vous serez, ici, au centre des plages du Débarquement...

Attraits touristiques : Plages du Débarquement à 8 km. Sentiers pédestres. Bayeux (tapisserie, cathédrale, musées). Abbayes, manoirs et châteaux du Bessin. Port de pêche à proximité.

Accès : 20 km à l'ouest de Bayeux. RN13, sortie Formigny D30A, puis tout droit sur 4 km. A gauche (sous le pont), ensuite à droite et la propriété est tout de suite sur votre droite.

Manvieux - Calvados (14)

N°5182

Les Jardins

Gilberte Martragny
14117 Manvieux
Tél. 02 31 21 95 17
michel.martragny@orange.fr
http://monsite.orange.fr/meschambres

1 Pers. 65/70 € - 2 Pers. 75/80 € - 3 Pers. 90 €

2 chambres avec salle de bains et wc chacune. Ouvert du 01.02 au 30.11. Petit déjeuner copieux. Restaurants à 2 km. Possibilité de lingerie. Ping-pong et tennis gratuits sur place. Parking. Gîte rural 4 épis NN à la même adresse.

Gilberte Vous accueillera dans cette ancienne ferme du XVIIIe qui a appartenu à son arrière grand-mère. Le cadre est raffiné et douillet, les chambres spacieuses avec poutres, sont pleines de charme. Un copieux petit déjeuner vous sera servi avec confitures maison et différents pains de campagne.

Attraits touristiques : Arromanches 3 km. Sentier du littoral (GR261) dans Manvieux. Mer et école de voile 3 km. Piscine couverte/plein-air, équitation, golf 27 trous 8 km. Plages du Débarquement.

Accès : sur D514 entre Port-Bessin et Arromanches, suivre le fléchage "Les Jardins" aux alentours de Manvieux.

St-Aubin-sur-Mer - Calvados (14)

N°5533

Le Grenier à Sel

Liliane et Jean-Jacques Marie
8, chemin du Sentier
14750 St-Aubin-sur-Mer
Tél. 02 31 75 16 08 - 06 08 34 40 21
Port. 06 84 16 68 07
lili_marie@msn.com
www.otourisme.com/chambres-hotes-normandie

1 Pers. 87/94 € - 2 Pers. 90/95 €
P. sup. 30 € -

2 chambres (3 pers.) et 1 suite avec 1 ch. complémentaire (31m²) 2 pers., avec sanitaires privés et connexion wifi (TV sur demande). Suite 4/5 pers.170/180 euros. Ouvert du 01.03 au 30.11. Petit déjeuner : confitures maison, pain frais et varié, viennoiseries, jus d'orange, yaourts, teurgoule... Cour, jardin, transats, vélos à disposition. Restaurant 25

Située à 100 m de la plage, cette maison en pierre de 1850 est une étape privilégiée pour découvrir les plages du Débarquement et tous les sites liés à l'histoire de la Normandie. Chambres spacieuses (29 et 31 m² + 1 suite de 52 m²) et raffinées dans les tonalités grises et blanches. Le petit déjeuner gourmand rappelle les dimanches à la campagne où argenterie et porcelaine se côtoient avec raffinement. Vous pourrez profiter du jardin clos de murs ou bien alors musarder le long de la mer (vélos mis à disposition).

Attraits touristiques : Randonnées sur place. Mer 150 m. Equitation 400 m. Piscine 4 km. Tennis 800 m. Golf 15 km. Centre de thalassothérapie 2 km.

Accès : à 4,5 km de Courseulles-sur-Mer. A 17 km de Caen et d'Arromanches.

Secqueville en Bessin - Calvados (14)

N°5676

Ferme-Manoir de Cacharat

Valérie Galloüin
rue de Cacharat
14740 Secqueville en Bessin
Tél. 02 31 80 36 17
Port. 06 30 08 59 24
valeriegallouin@gmail.com
www.manoirdecacharat.fr

1 Pers. 75 € - 2 Pers. 95 €
P. sup. 20 € -

2 chambres avec sanitaires privés. Ouvert d'avril à octobre. 170 euros pour 2 nuits consécutives pour 2 personnes. Petit déjeuner: jus d'orange frais ou jus de pomme fermier, yaourts maison, salade de fruits frais, croissants, confitures maison, gâteaux maison... Assiette gourmande 15 euros. Ping-pong, babyfoot, terrain badminton. Restaurants à 6 km.

Le Manoir de Cacharat est un ensemble architectural du XVIIème siècle, une ferme fortifiée typique de cette partie de la Normandie, le Bessin. Les chambres très spacieuses allient confort moderne et charme de l'ancien. Un grand salon avec cheminée, ouvert sur le jardin, vous permettra de profiter du calme sur les transats aux beaux jours ou près du feu pendant les soirées plus fraiches.

Attraits touristiques : Plages du débarquement (20 mn), Bayeux (15 mn), Mémorial de Caen, Abbaye aux hommes (15 mn). Mer 16 km. Piscine 13 km. Equitation 7 km. Tennis 1 km. Randonnée sur place.

Accès : Prendre la 4 voies Caen-Bayeux, sortie "Secqueville en Bessin". A Secqueville, direction Cully D93. Dernière ferme à gauche avant la fin du village.

Vouilly - Calvados (14)

N°5318

Château de Vouilly
Marie-José et James Hamel
14250 Vouilly
Tél. 02 31 22 08 59
chateau.vouilly@wanadoo.fr
www.chateau-vouilly.com

1 Pers. 95 € - 2 Pers. 110 € - 3 Pers. 140 €
P. sup. 30 € -

3 chambres et 1 suite, spacieuses et confortables, chacune avec salles de bains et wc. Ouvert du 20 mars au 11 novembre. Toutes disposent d'une belle vue sur le parc. Petit déjeuner copieux. Possibilité de pique-nique. Parking. Pour votre détente : parc, jardin à la française avec collection de rosiers anciens et anglais.

Dans le Parc Régional, des Marais du Bessin et du Cotentin, Marie-José et James vous accueillent dans leur demeure du XVIIIe. Le château fût complètement réaménagé en 1750, avec la création d'un parc à la française avec orangerie et pavillons ; délaissé au fil du temps, le parc a peu à peu disparu. En 1980, la création d'un nouveau jardin composé de vivaces, d'arbustes et de rosiers est entreprise. Témoin de l'histoire, le château, en juin et juillet 1944, abrita les correspondants de la presse américaine. L'actuelle salle des petits déjeuners était alors la salle de rédaction des journalistes.

Attraits touristiques : mer et tennis 8 km. Forêt 15 km. Promenades en mer, école de voile, sentier littoral (GR26). Plages du Débarquement. Bayeux 25 km.

Accès : D5 en venant de Molay-Littry. A l'entrée de Vouilly, à droite (D113). Le château se trouve au bout d'une grande allée à droite.

Autheuil Authouillet - Eure (27)

N°6406

Chèque Cadeau

La Ferme des Isles
Sophie et François Breban
7 chemin des Isles
27490 Autheuil Authouillet
Tél. 02 32 36 66 14
Port. 06 63 46 00 45
lafermedesisles@gmail.com
www.lafermedesisles.com

TH

Wi Fi

2 Pers. 95/150 € - 3 Pers. 170 €
Repas 42 €

5 chambres avec sanitaires privés, coin-détente et TV + accès internet. Ouvert toute l'année. Petit déjeuner : fruits frais de saison, confitures maison, charcuteries, œufs frais, viennoiseries, yaourts. T. d'hôtes : mets avec produits frais du potager en saison. Jardin, parking, parc. Ânes, moutons, poules, canards, chiens, chats sur place.

Au bord de l'Eure, la Ferme des Isles s'étend sur un domaine de 8 ha. Pour les férus de terroirs, les amoureux de la campagne ou tout simplement les assoiffés de calme et de dépaysement, elle vous ouvre les portes de ses cinq chambres raffinées et vous invite à sa chaleureuse table d'hôtes (sur réservation). Composé d'une longère, d'une grange et d'une maison indépendante, le domaine dispose d'un potager, d'arbres fruitiers, de vastes champs et d'un coin-baignade.

Attraits touristiques : Jardins de Claude Monet et musée des Impressionnismes à Giverny à 20 mn. Château Gaillard 10 km. Cathédrale d'Evreux 15 km. Rouen 35 mn. Paris à moins d'une heure. Pêche sur place. Canoë-kayak 400 m.

Accès : A13 à 5 mn, sortie 17 Gaillon-Les Andelys. En arrivant dans le village, 1ère à gauche, puis 1ère à droite (rue du bout des murs), tout droit. La ferme est après le 2e pont sur la gauche, face à la prairie.

Bourgtheroulde - Eure (27)

Entouré d'un beau parc boisé, ce château du XVIIIème en briques et pierres, de construction typiquement régionale, possède cinq chambres confortables toutes équipées de sanitaires privés. Joliment décorée de meubles d'époque, cette demeure familiale vous permettra de passer un agréable séjour. Vous pourrez vous promener sous les arbres centenaires et les plus jeunes plantations, bavarder dans le salon ou au coin de la cheminée. Le petit-déjeuner à la française (confitures, tartes maison…) vous fera bien commencer la journée.

Attraits touristiques : équitation 3 km. Golf 10 km. Piscine 12 km. Plage 70 km. Rouen 25 mn.

Accès : A13 sortie Maison Brulée puis N438 vers Bourgtheroulde. A 8 km déviation de Bourgtheroulde, suivre Brionne. Au 3ème rond-point, D80 dir. Amfreville-la-Campagne et suivre fléchage.
GPS : l N49°16'3870" - L E0°53'1530".

N°6119

Chèque Cadeau

Château de Boscherville
Bernadette du Plouy
27520 Bourgtheroulde
Tél. 02 35 87 62 12
chateaudeboscherville@orange.fr

1 Pers. 50 € - 2 Pers. 60 € - 3 Pers. 70 €

5 chambres (2 chambres 3 pers. et 3 chambres 2 pers.) avec sanitaires privés : 3 chambres charmantes au 1er étage, 2 chambres au second, parfaites pour un public plus jeune. Petit-déjeuner à la française (pains, confitures maisons, tartes…). Salon à disposition des hôtes. Exposition de peintures. Beau parc de 7 hectares.

La Croix St-Leufroy - Eure (27)

Dans un joli village de la Vallée d'Eure, cette belle propriété pleine de charme vous séduira, avec son beau jardin arboré et fleuri. L'accueil y est attentionné et chaleureux, les petits déjeuners gourmands et les chambres très confortables. Au cœur de la vallée de l 'Eure, dans le joli village de la Croix St Leufroy, la Chaiserie vous accueille pour un séjour touristique, un week-end en famille mais aussi pour un séjour professionnel.

Attraits touristiques : Gaillon (château Gaillard)et Evreux (cathédrale) 10 km. Pacy-sur-Eure 15 km. Giverny (jardins et maison de Claude Monet), le musée des Impressionnismes à 27 km. Paris 1 h.

Accès : au carrefour D836-D10, dir. Pacy. A 350 m, petite rue du Pressoir à gauche : 1ère entrée à droite (dans l'angle) ou au carrefour, tout droit dir. Gaillon, puis 1ère à droite (rue Croix Blanche) sur 300 m, entrée en face.
GPS : l 49.06270000 - L 1.14490000.

N°6383

Chèque Cadeau

La Chaiserie
Michèle et Eric Deleu
2 bis, rue du Pressoir
27490 La Croix St-Leufroy
Tél. 02 32 31 62 38
Port. 06 89 68 27 89
michele.deleu@orange.fr
www.gite-lachaiserie.fr

Wi Fi

1 Pers. 58 € - 2 Pers. 75 € - 3 Pers. 92 €
P. sup. 20 € -

3 chambres avec sanitaires privés et accès internet. Ouvert toute l'année. Petit déjeuner : pâtisseries, confitures et macarons maison, jus de fruits, fruits, produits bio et équitables. Assiette gourmande 17 euros. Coin-repas avec réfrigérateur, micro-ondes et vaisselle à disposition. Jardin de 2300 m². Restaurant gastronomique sur place.

Fontaine-sous-Jouy - Eure (27)

Normandie

N°6330

Clos de Mondétour
Aude et Grégoire Jeanson
17 rue de la Poste
27120 Fontaine-sous-Jouy
Tél. 02 32 36 68 79
Port. 06 71 13 11 57
aude.jeanson@closdemondetour.com
www.closdemondetour.com

Wi Fi

1 Pers. 80/100 € - 2 Pers. 90/120 € - 3 Pers. 110 €
P. sup. 30 € -

1er étage : 2 chambres (mobilier de famille) chacune avec bains ou douche et wc indép. privés. Suite familiale (2 ch.) à l'étage de la longère. Petit déjeuner : viennoiseries, crumble ou financier... Salon/salle à manger (cheminée, TV). Jardin, transat, potager de Grégoire, pêche dans la rivière, randonnée au départ de la maison. Badminton, portique.

Proche de Giverny, cette vaste propriété est entourée de 2 ha de jardin entièrement clos de murs. La demeure, érigée à la fin du XVIe a été très endommagée au cours des siècle. Acquise en 1992, Grégoire et Aude ont désiré redonner vie à cette propriété alors abandonnée et en faire leur maison de famille. L'intérieur baigné de lumière et le bonheur de recevoir redonnent vie à cette maison endormie depuis trop longtemps.

Attraits touristiques : Jouy-sur-Eure 2 km (équitation). Gaillon 10 km (golf). Pacy-sur-Eure 12 km (tennis). Giverny 17 km (jardin Claude Monet, musée des Impressionismes).

Accès : de Rouen : A13 sortie 17 dir. Autheuil-Authouillet, traverser Chambray et à droite dir. Fontaine-sous-Jouy. De Paris : A13 sortie 16 dir. Cocherel, traverser Chambray et à gauche dir. Fontaine-sous-Jouy.
GPS : l N49°3'5501" - L E1°17'3649".

Fontaine-sous-Jouy - Eure (27)

N°6377

Chèque Cadeau

Les Logis du Moulin
Elisabeth et Franck Lamblardy
4, rue du Moulin
27120 Fontaine-sous-Jouy
Tél. 02 32 26 06 07
Port. 06 87 77 44 47
leslogisdumouin@orange.fr
www.leslogisdumoulin.fr

1 Pers. 65/70 € - 2 Pers. 85 € - 3 Pers. 105 €
P. sup. 15 € -

2 chambres indépendantes avec sanitaires privés. Ouvert toute l'année. Petit déjeuner gourmand : confitures, yaourts et desserts maison, jus de fruits... Assiette gourmande 16 euros. Piano à queue à disposition. Jardin. Randonnées au départ de la maison. Restaurant à 1 km.

Au Moulin de l'Aulnaie, Elisabeth et Franck vous accueillent dans leur vaste logis : l'orangerie et le bord de l'eau, restaurés avec d'authentiques matériaux dans le respect de l'environnement. Vous aimerez vous ressourcer au calme sur les berges de la rivière qui alimentait le moulin et profiter de l'agréable parc ombragé. Les propriétaires se feront un plaisir de vous conter l'histoire du moulin.

Attraits touristiques : Giverny à 23 km : jardins et maison de Claude Monet et musée des Impressionnismes. Nombreux parcs et jardins, châteaux aux alentours (Acquigny, Miserey, Harcourt, Champ de Bataille). Canoë à 2 km.

Accès : de Paris A13, sortie 16 (Vernon), de Rouen, sortie 17 (Gaillon). Dans le centre du village (mairie et tabac), prendre direction St-Vigor sur 800 m, puis à droite (l'Aulnaie) et de suite après le pont "rue du Moulin".
GPS : l 49.04197300 - L 1.17122900.

Guiseniers - Eure (27)

NOUVEAUTÉ

N°6424

La Bucaille
Sophie Hamot
2 rue Jean Lucas
27700 La Bucaille
Tél. 02 32 54 58 45
Port. 06 18 86 19 82
infolabucaille@orange.fr
www.chambres-hotes-labucaille.com

1 Pers. 68/98 € - 2 Pers. 80/110 € - 3 Pers. 110 €

4 chambres (2 pers.) et 1 chambre familiale (2/5 pers.), toutes avec sanitaires privés et internet. Ouvert toute l'année. Petit déjeuner : confitures et gâteaux maison, pains variés, fruits de saison. Salon avec cheminée. Jardin. Visite de la ferme et accueil équestre possible sur demande.

Cette belle demeure de famille vous offre un grand confort, dans une ambiance toujours chaleureuse. Les chambres sont lumineuses et spacieuses ; leur décoration très réussie dans des styles très différents mêlant meubles de caractère, souvenirs de famille, belles matières et touches actuelles. Sophie vous racontera avec plaisir l'histoire de cette ferme, à commencer par la superbe motte féodale située juste à côté de la maison.

Attraits touristiques : La vallée de Seine. Les Andelys et château Gaillard 8 km. Giverny, le musée des Impressionnismes et les jardins de Claude Monet 18 km. Lyons la Forêt 28 km. Rouen à 50 km.

Accès : Sur la D1 (Tilly/Les Andelys), suivre la D10 en direction de la Bucaille/Guiseniers. L'entrée de la ferme est à 500 m à gauche.

La Haye-du-Theil - Eure (27)

N°6403

Chèque Cadeau

Vertbois
Catherine Collemare et François Vadot
19, route de Bourgtheroulde
27370 La Haye du Theil
Tél. 02 32 36 66 85 - 06 81 18 15 68
Port. 06 08 43 26 82
le.vertbois@orange.fr
http://www.vertbois.fr

1 Pers. 90 € - 2 Pers. 100 € - 3 Pers. 125 €

3 chambres dans une annexe : Vertbois 3 pers., Vertcoeur 2 pers. et Vertbambou 2 pers., chacune avec sanitaires privés, coin-salon, internet. Ouvert toute l'année. Petit déjeuner : salade de fruits frais, yaourt, brioche et pain maison, confitures arisanales... Assiette gourmande 16 euros. Salon avec bibliothèque privé. Ping-pong. Terrain tennis. Forêt.

Situé à l'orée de la forêt, cet ancien relais de chasse du XVIIIe saura vous combler. Les chambres sont luxueuses, et la décoration soignée, et disposent toutes d'une terrasse. Selon vos envies, le petit déjeuner est servi dans la maison principale ou sur la terrasse. Un salon de lecture vous invitera à la détente et à la découverte de la région. Une délicieuse assiette gourmande peut vous être proposée (sur réservation).

Attraits touristiques : village du Bec-Hellouin, classé l'un des plus beaux villages de France, et sa célèbre abbaye à 12 km. Châteaux à proximité (Champ de Bataille 10 km et Harcourt 14 km). Rouen 36 km. Honfleur et Giverny à 1 h.

Accès : à 11 km au nord du Neubourg, et 36 km au sud de Rouen.
GPS : l N49.14580000 - L E0.52490000.

Léry - Eure (27)

N°6287

Le Clos Bonport
Réjane Baudoin
3, rue Jules Ferry
27690 Léry
Tél. 02 32 59 85 55
Port. 06 13 39 22 30
leclosbonport@neuf.fr
http://leclosbonport.fr

TH

Wi Fi

1 Pers. 70 € - 2 Pers. 85 €
P. sup. 25 € - Repas 26 €

1 chambre, 1 suite/2 ch., chacune avec sanitaires privés et TV. (135 euros/4 pers.). Ouv. Toute l'année. Petit déjeuner copieux, sucré et salé : confitures maison... T. d'hôtes : cuisine généreuse au gré des saisons... Bureau (internet). Billard, jeux société, bibliothèque. Tennis, balançoire, ping-pong, badminton.

Au cœur d'un village de la vallée de la Seine et ses méandres, cette belle propriété vous propose une halte paisible. Vous apprécierez le confort et le caractère du manoir dont les origines remontent au XIVe, tout comme le jardin propice à la détente avec piscine et tennis. L'intérieur est raffiné, décoré avec passion par la propriétaire. Hébergement ayant le label "Gîte au Jardin".

Attraits touristiques : à proximité de Giverny, Rouen, Louviers, base de loisirs de Léry. Randonnée pédestre, tennis sur place. Equitation 1 km. Golf 2 km. Côte Normande 100 km.

Accès : à 100 km de Paris par l'A13, sortie 19, entre Val de Reuil et Pont de l'Arche.
GPS : l N49°17'0852" - L E1°12'3027".

Radepont - Eure (27)

N°6300

Chèque Cadeau

Château de Bonnemare
Alain et Sylvie Vandecandelaere
27380 Radepont
Tél. 02 32 69 44 33 - 02 32 49 03 73
Port. 06 03 96 36 53
svdc2@wanadoo.fr
www.bonnemarre.com

Wi Fi

1 Pers. 102/202 € - 2 Pers. 110/210 € - 3 Pers. 140/240 €

2 suites 3 pers. et 2 chambres 3 et 2 pers. Vastes sanitaires privées. Ouvert à partir du 14.02. Petit déjeuner : produits normands, confitures et gâteaux maison. Assiette gourmande 15 euros. Restaurant 4 km. Tarifs variables selon saison. Gîte 4 pers. dans la propriété. Ping-pong. Parc clos de 22 ha. Suites classées aux Monuments Historiques.

Un manoir médiéval précédait cet élégant château. En 1555, Nicolas le Conte, achète le domaine, et construit château, chapelle et corps de ferme (cidrerie complète toujours là !). Charles IX y vient loger régulièrement. Le château résiste à la révolution et entre dans la famille actuelle en 1888. Classé M.H., Bonnemarre et un joyau de la Renaissance qui a traversé les siècles en conservant ses précieux décors d'origine. Grande cuisine XVIe voûtée avec cheminée monumentale (tourne-broche Léonard de Vinci installé depuis le XVIIe). L'authenticité, la sérénité du lieu et l'ambiance chaleureuse vous enchanteront.

Attraits touristiques : tennis, équitation 2 km. Piscine 4 km. Plage 80 km. Rouen, Giverny (jardins Claude Monet, musées), Lyons-la-Forêt (village classé, jardins). Parcours de pêche.

Accès : prendre la N14 (Paris-Rouen) jusqu'à Fleury-sur-Andelle puis suivre "Château de Bonnemare".
GPS : l N49°19'5407" - L E1°19'5944".

St-Denis-le-Ferment - Eure (27)

N°6215

La Lévrière
Sandrine et Pascal Gravier
24, rue Guérard
27140 St-Denis-le-Ferment
Tél. 02 32 27 04 78
Port. 06 79 43 92 77
contact@normandyrooms.com
http://www.normandyrooms.com

1 Pers. 75/85 € - 2 Pers. 85/95 € - 3 Pers. 105/115 €
P. sup. 20 € -

2 chambres avec sanitaires privés. Ouvert toute l'année. Petit déjeuner : pains spéciaux, viennoiseries, confitures maison, laitage, jus de pomme fermier, miel du village... Séjour (cheminée) et cuisine à dispo. Internet/wifi. Parc 1 hectare, rivière, transats, salons de jardin (teck/fer forgé). Parking fermé.

A 1 h de Paris et 30 mn de Giverny, belle longère normande du XVIIIe siècle, au cœur de l'un des plus beaux villages du Vexin normand. Les deux chambres spacieuses sont indépendantes et décorées dans un esprit "brocante" avec de beaux meubles chinés dans la région. Cadre privilégié pour la détente avec un parc d'un hectare traversé par une jolie rivière.

Attraits touristiques : cité médiévale de Gisors, jardins de Giverny, château Gaillard, Lyons-la-Forêt. Rouen 50 km. Paris 75 km. Mer 100 km. Chemin GR125 sur place. Pêche 500 m. Equitation 2 km. 2 golfs à 15 km.

Accès : de Paris : A15 puis N14 dir. Rouen, sortie Dieppe/Gisors (D43). Au château de Gisors, suivre St-Denis-le-Ferment, traverser la forêt jusqu'au centre du village.
GPS : l N49°19'36" - L E1°43'08".

St-Ouen-de-Thouberville - Eure (27)

N°6331

Manoir des Roques
Stéphanie Ivanoff
76, route de la Londe
27310 St-Ouen-de-Thouberville
Tél. 02 35 67 06 22
Port. 06 27 36 31 19
ivanoff@manoir-des-roques.com
www.manoir-des-roques.com

1 Pers. 90/110 € - 2 Pers. 90/110 €
P. sup. 30 € -

2 chambres et 1 suite avec sanitaires privés et wifi. (140/150 euros/4 pers.). Ouv. toute l'année. Petit déjeuner : jus de fruits frais, viennoiseries, brioche, confitures maison, charcuterie... Ping-pong, baby-foot. Badminton, boules, trottinettes. Cour, jardin, parc 5,3 hectares. Chevaux et poneys. Accueil équestre.

A 2 pas de Rouen, le Manoir des Roques vous offre un accueil de qualité. 2 chambres et 1 suite vous sont proposées dans un décor raffiné. Le petit déjeuner est servi dans la salle à manger au coin de la cheminée, et pour les moments de repos, lecture ou jeux de société, un chaleureux salon reste à votre disposition.

Attraits touristiques : la route des Abbayes, et Rouen : l'Armada, les musées, les Puces Rouennaises, les 24h motonautique, la Fête Jeanne d'Arc... Tennis 1 km. Equitation 5 km. Piscine 8 km. Golf 10 km.

Accès : A13, sortie n°24, prendre dir. Alençon par RN. Au rond-point, prendre tout droit et la 1ère à droite dans la forêt. La propriété est la 4e sur la gauche.
GPS : l N49°20'3175" - L E0°54'4795".

Verneuil-sur-Avre - Eure (27)

N°6380

La Trimardière
Domitila Aranda
366 rue Gambetta
27130 Verneuil-sur-Avre
Tél. 02 32 30 28 41
Port. 06 30 50 83 08
latrimardiere@orange.fr
http://www.latrimardiere.com

1 Pers. 95 € - 2 Pers. 110/130 € - 3 Pers. 150 €
P. sup. 25 € -

A l'étage : 5 chambres spacieuses et confortables avec coin-salon et sanitaires privés. Ouvert toute l'année. Caractère et raffinement : parquet ou tomettes, charpente magistrale apparente, cheminées, placards anciens... Aux beaux jours, joli jardin pour le petit déjeuner (produits maison).

Dans le coeur historique de la ville de Verneuil sur Avre, la Trimardière vous accueille dans un cadre authentique et raffiné. Cette demeure du XVIIIe siècle a retrouvé toute sa superbe pour vous offrir un séjour ou une étape de charme : belles pièces de réception de caractère, beau jardin pour le repos.

Attraits touristiques : voie verte et itinéraires découverte du cœur historique de Verneuil-sur-Avre. Randonnée, tennis, commerces et restaurants sur place. Equitation et golf 6 km. Piscine 12 km. Base de loisirs 43 km.

Accès : au rond-point de croisement RD 926 venant de l'Aigle et Boulevard de contournement Jean Bertin, suivre direction centre ville. Puis suivre la rue sur la droite et à gauche : tout de suite au n° 366.

Montfarville - Manche (50)

N°33398

Clémasine
Dominique et Patrick Gancel
49, rue de la Grandville
50760 Montfarville
Tél. 02 33 22 08 63
Port. 06 83 12 25 85
patrick.gancel@aliceadsl.fr
www.clemasine.com

1 Pers. 70/75 € - 2 Pers. 80/85 €

4 chambres doubles dont 2 en rez-de-jardin avec entrée indépendante. Ouvert toute l'année sauf fêtes de fin d'année. Petit déjeuner continental avec produits frais et maison. Cour, jardin. Restaurant à 1 km. Stages de patchwork proposés sur place. Tarifs dégressifs selon la durée du séjour.

A seulement 1 km de la belle bleue, une jolie maison du XVIIe siècle qui, grâce à une restauration complète, allie, pour le plaisir des yeux ancien et contemporain. Pièces claires et confortables, décorées avec goût. Les toiles colorées de Patrick ornent les murs et les tissus lourds et chaleureux, la passion de madame, parent agréablement les fenêtres.

Attraits touristiques : Cherbourg 30 km. St-Vaast-la-Hague et Ile de Tatihou 11 km. Barfleur 3 km. Plage 1 km. Voile et tennis 2 km. Equitation 5 km.

Accès : du bourg, suivre direction D1 et village de la Grandville.
GPS : l 49,65444444 - L -1,25861111.

Négreville - Manche (50)

N°333116

Château de Pont-Rilly
Jean-Jacques et Annick Roucheray
50260 Négreville
Tél. 02 33 40 47 50
chateau.pont.rilly@gmail.com
www.chateau-pont-rilly.com

1 Pers. 150/250 € - 2 Pers. 150/250 € - 3 Pers. 250 €

3 chambres 2 pers. et 1 suite de 3 ch. (5 pers.), toutes avec salles de bains. Petit déjeuner : jus de fruits, pâtisseries et confitures maison... Parc 15 ha avec système hydraulique (canaux, bief et moulin). Chapelle. Restaurants à Valognes (5 km). Gîte de charme sur place.

Cette imposante bâtisse remonte à la fin du XVIe siècle. En 1770, Nicolas Durant, architecte de renom, entreprend des transformations. Aujourd'hui le Château de Pont-Rilly avec son parc de 15 ha, conserve tout son caractère XVIIIe. Le décor d'origine des chambres a été respecté et vous pourrez admirer les parquets, les cheminées et les magnifiques boiseries qui ornent tous les murs. Véritables passionnés, les propriétaires sont intarissables sur l'histoire de leur demeure.

Attraits touristiques : tennis, piscine 5 km. Equitation 6 km. Plages du débarquement. Cherbourg 15 km.

Accès : sur la N13, prendre sortie "Zone d'Armanville" après Valognes, puis la D62 direction Sottevast.
GPS : l (N)49°30'47.57" - L (O) 1°32'28.70".

St-Germain-sur-Ay - Manche (50)

NOUVEAUTÉ

N°3334

Home 19
Nathalie Gambier
19 rue des Mézières
50430 St-Germain-sur-Ay
Tél. 06 20 89 38 42
n.gambier@sfr.fr
www.home19.com

TH

1 Pers. 60/65 € - 2 Pers. 65/70 €
Repas 25 €

1 chambre et 1 suite avec salon et TV. Ouvert toute l'année. Petit déjeuner : produits bio et préparations maison (pains, brioche, tartes, compotes...). T. d'hôtes : produits bio et locaux, spécialités régionales et maison, des couleurs de voyages passés. "Petits plus" facilitant votre séjour : vélos, accueil en gare, baby sitting...

A 2 pas des plages, Home 19 revisite le style années 70 avec charme, jubilation et brio ! Cette maison familiale et calme de 265 m², grange en pierre de 1767, est totalement rénovée dans le respect des matériaux traditionnels. Nathalie et Marc ont composé un univers très personnel où le blanc et le contemporain se frottent aux matériaux bruts, à la pierre, au bois... avec de grandes touches de couleurs pétillantes !

Attraits touristiques : Traversées vers les îles anglo-normandes, spot de kitesurf, accrobranches. Les propriétaires organisent des randonnées : traversées du havre, découverte de la faune et de la flore.

Accès : A84 sortie 40 direction St-Lô (N174) puis Périers (D900) jusqu'à Lessay. Rejoindre D950 et suivre St-Germain-sur-Ay.
GPS : l 49° 14' 0.496'' - L 1°34' 58.44''.

St-Martin-de-Varreville - Manche (50)

N°33334

Manoir de Juganville
Pascal et Chantal Jean
39 Les Mézières
50480 Saint-Martin-de-Varreville
Tél. 02 33 95 01 97
Port. 06 31 67 72 01
manoirjuganville@gmail.com
www.juganville.com

1 Pers. 65/80 € - 2 Pers. 70/90 € - 3 Pers. 93/110 €

3 chambres 3 pers., 1 suite 4 pers. (2 ch. communiquantes), avec sanitaires privés. Ouv. toute l'année sauf janvier. Petit déjeuner : jus de fruits, viennoiseries, confitures maison, crêpes, yaourts... Bibliothèque (anglais/français). Grand jardin arboré. Salon de jardin, barbecue. Restaurants 4 km.

La majesté tranquille de ce manoir du XVIe est à l'image de ses propriétaires : chaleur, simplicité et raffinement. Les chambres spacieuses et raffinées bénéficient d'un calme exceptionnel. Le grand jardin bordé de buis avec ses roses et ses agapanthes aspire au bien-être et à la sérénité.

Attraits touristiques : Plages du Débarquement 4 km. Tapisseries de Bayeux. Ste-Mère-Eglise, mer, tennis 4 km. Equitation, golf 7 km.

Accès : N13, sortie Ste-Mère-Eglise puis D423.
GPS : l (N) 49°25'22.03" - L (O) 01°15'28.37".

Tocqueville - Manche (50)

NOUVEAUTÉ

N°33332

La Laiterie de Tocqueville
Laurence Hiver
15 rue de la Gare
50330 Tocqueville
Tél. 02 14 14 42 21
contact@laiterie-tocqueville.com
www.laiterie-tocqueville.com

1 Pers. 67 € - 2 Pers. 72 € - 3 Pers. 90 €

4 chambres (lits 160) et 1 suite de 2 chambres en duplex (1 lit 160, 3 lits simples). Ouvert toute l'année. Petit déjeuner gourmand au coin du feu, dans le jardin d'hiver ou au soleil sur la terrasse. Jardin, chaises longues, hamacs. Médiathèque, «cafet» avec TV, micro-ondes, bouilloires.

La métamorphose insolite et réussie d'une ancienne laiterie fondée en 1909 ou le clin d'oeil gagnant de ce couple un peu fou, tombé sous le charme de cette usine désaffectée pour y créer leur maison d'hôtes. Les volumes et la structure ont été sagement préservés avec le désir de maintenir la sobriété des matériaux qui, ici, racontent tous une histoire. Meubles de métiers et fantaisie maîtrisée donnent du caractère à ce lieu magnifiquement rénové.

Attraits touristiques : 5 mn de Barfleur, 3 km des plages, 20 mn de Cherbourg. Ile Tatihou, chemin des douaniers (GR 223).

Accès : dans le bourg, direction Gouberville D125.
GPS : l 49° 40'33.48'' - L 01° 19'59.70''.

Torigni-sur-Vire - Manche (50)

N°333112

Le Clos des Matignon
Colette MARTIN
7 rue Robert du Mont
50160 Torigni-sur-Vire
Tél. 02 33 57 17 21
Port. 06 85 13 19 16
leclosdesmatignon@orange.fr
www.leclosdesmatignon.com

Wi Fi

1 Pers. 100/140 € - 2 Pers. 100/140 € - 3 Pers. 170 €

1 grande chambre (baignoire double hydromassante et douche à jets), + 1 chambre (salle d'eau privée). 1 suite de 2 chambres avec salle de bain privée. TV. Ouv. toute l'année. Petit déjeuner : pains variés, viennoiseries, laitages, fruits, confitures maison, jus de fruits. Ping pong. Cour, jardin. Restaurants 100 m.

Maison XVIIème siècle, ancienne dépendance du château. Aujourd'hui aménagée en 3 chambres d'hôtes spacieuses et confortables. Située au cœur d'une petite bourgade, ce clos offre un calme surprenant, des jardins clos de murs, des brassées de feuillages colorés, des terrasses et une superbe vue sur l'étang. A l'intérieur, volumes généreux. Grand salon de lecture avec cheminée.

Attraits touristiques : St lô, cité du cheval 12 km.

Accès : A84, sortie 40 dir. Torigni sur Vire (6km). Au carrefour central, à gauche dir. Tessy sur Vire. A 150 mètres, 2ème route à gauche, la Rue Robert du Mont. Entrée à 80 mètres sur la droite au n°7 (portail vert).
GPS : l (N) 49°02'04.00" - L (O) 00°58'23.00".

La Ferté-Macé - Orne (61)

N°1118

La Péleras
Christine Volclair
61600 La Ferté-Macé
Tél. 02 33 37 28 23
auberge.lasource@orange.fr
http://pagesperso-orange.fr/auberge.lasource/

Wi Fi

1 Pers. 50 € - 2 Pers. 60 € - 3 Pers. 80 €
P. sup. 20 € -

5 chambres avec bains et wc privés. Ouvert toute l'année. Petit déjeuner : jus de fruits, laitages, fruits frais, viennoiseries... Séjour avec une monumentale cheminée en granit. Jeux de société. Cour, jardin.

Cette belle demeure traditionnelle normande avec briques et colombages propose 5 chambres avec vue sur le lac et la campagne environnante. Chacune a une décoration personnalisée. Mobilier normand et Louis-Philippe. Un lieu de séjour idéal pour découvrir les loisirs équestres et les sports de plein air.

Attraits touristiques : Station thermale de Bagnoles-de-l'Orne. Base de loisirs de la Ferté-Macé. Forêt d'Andaine. Equitation, pêche, voile, tennis, swin-golf sur place. Forêt 1,5 km.

Accès : à la Ferté-Macé, prendre direction Domfront pendant 1 km. Tourner 2 fois à droite vers le centre équestre. La maison est juste à côté.
GPS : l 48°35'20,94 - L 0°22'49,91.

Neuilly-sur-Eure - Orne (61)

NOUVEAUTÉ

Cette longère typique du Perche, avec son four à pain, a été restaurée dans le respect de la qualité environnementale du bâti, du choix des matériaux, de l'économie de l'eau et de l'énergie. Mobilier du salon directoire, mobilier récent classique en chêne massif. Les Murs sont ornés des œuvres figuratives de Pierre Brandel, artiste peintre (1912-2003). Possibilité de participer à la cueillette de fruits de saison et confection de confitures avec la maîtresse des lieux.

Attraits touristiques : sur place, élevage de chevaux de race Frison et poney sur 16ha d'herbages. Possibilité de venir avec son propre cheval. Randonnées au départ du lieu dit. Manifestations culturelles et découvertes de la nature à proximité toute l'année.

Accès : Gare de la Loupe à 12 km. Mortagne au Perche 32 km. Chartres et Dreux 50 km. Paris (Porte d'Auteuil) 120 km. GPS : l 48.54959722 - L 0.91825000.

N°G1271

La Barbinière
Muriel et François Brandel
1 Les Ferrettes
61290 Neuilly-sur-Eure
Tél. 02 33 83 76 97
Port. 06 45 57 20 07
contact@labarbiniere.com
www.labarbiniere.com

TH

1 Pers. 93 € - 2 Pers. 98 € - 3 Pers. 128 €
P. sup. 30 € - Repas 25 €

1 chambre avec douche hydrothérapie, 1 suite avec balnéo et chambre annexe. TV LED et wifi dans chaque ch. Ouvert toute l'année. Petit déjeuner : viennoiseries, jus de fruits, salade de fruits, yaourts. T. d'hôtes élaborée au gré des saisons avec les produits du potager. Salon avec lecteur de Blu-ray, bibliothèque. Jardin, badminton, ping-pong.

Ronfeugerai - Orne (61)

Egalement appelé Le Fief Enguerrand, ce manoir templier du XIIIe siècle a récemment bénéficié d'une restauration complète. Vous pourrez découvrir désormais une magnifique demeure avec fenêtres à meneaux et cheminées monumentales dans chaque pièce. Aux portes de la Suisse Normande, Le Fief Enguerrand, restauré avec goût et authenticité, vous accueille en ses murs d'époque. Vous découvrirez une architecture sévère mais très riche. D'ici vous pourrez partir à la découverte de la région, ou bien flaner autour de la piscine intérieure.

Attraits touristiques : aux portes de la Suisse Normande, à 10 km de Flers. Maison de la Rivière et du Paysage 6 km. Les Roches d'Oëtre avec acro-branches 11 km.

Accès : à la "Carneille" dir. "Athis de l'Orne" sur 1,5 km puis à droite vers "Taillebois". 1ère entrée à droite.

N°G1229

Manoir de la Blanchère
Alain Mialet
61100 Ronfeugerai
Tél. 06 19 58 54 87 - SR : 02 33 28 07 00
a.mialet@wanadoo.fr
www.manoir-orne.com

1 Pers. 110/130 € - 2 Pers. 110/130 €

Manoir totalement réservé aux hôtes. R.d.c. : séjour, s. à manger, cuisine, salon, 1 suite (lit 180) avec TV, dressing, sanitaires privés. Etage : 2 chambres (lits 180) avec TV, sanitaires privés. Petit déjeuner : viennoiseries, yaourts, fruits frais, confitures... Piscine intérieure Chauffé (mai à sept.), terrasse, bains de soleil.

Bertrimont - Seine-Maritime (76)

N°22193

Le Colombier
Alain Duval
76890 Bertrimont
Tél. 02 32 80 14 24
duval_alain@club-internet.fr
www.le-colombier.net

Chèque Cadeau

TH

1 Pers. 55/90 € - 2 Pers. 60/95 €
P. sup. 20 € - Repas 27 €

1 ch. + son annexe (1 ch. 2 pers./1 ch. 1 pers.), 1 suite 2 pers. (coin-salon, cheminée). Dans colombier : 1 suite/salon (cheminée, biblio.), sanitaires privés pour chacune. Ouv. toute l'année. Petit déj. : pâtisseries/confitures maison, jambon, fromages sur dem. T. d'hôtes : cuisine familiale et généreuse. Verger 3 ha. "Gîte au Jardin".

Alain et Marie-Louise ont su redonner à cet ancien corps de ferme son caractère de cour-masure d'antan, en rénovant le verger et en relançant la fabrication du cidre et du pommeau. Le Colombier offre une suite à l'ambiance chaleureuse avec sa grande cheminée. Décoration raffinée et créative.

Attraits touristiques : Terrain sports contigu à la propriété. Parcs et jardins. Parc zoologique de Clères. Vallées de la Saâne et de la Scie. Rte des abbayes. Dieppe et Rouen 30 km. Randonnée sur place. Plage 30 km.

Accès : de Rouen, autor. dir. Dieppe sortie D2 vers Val de Saâne puis Bertrimont. Du N.E., A28 sortie Rouen-Dieppe puis Val de Saâne et Bertrimont.

Dieppe - Seine-Maritime (76)

N°21046

Villa Florida
Danièle Noël
24, chemin du Golf
76200 Dieppe
Tél. 02 35 84 40 37
adn@lavillaflorida.com
www.charmance-dieppe.com

2 Pers. 95/112 € - 3 Pers. 127 €
P. sup. 15 € -

3 chambres dont 1 avec mezzanine (3 pers.) et 1 en duplex, toutes avec TV, sanitaires privés et terrrasse. Ouvert toute l'année. Petit déj. Servi dans le salon (belle vue sur le golf). Agréable jardin fleuri et boisé communicant avec le golf. Restaurants. Animaux sur demande. Taxe de séjour en sus.

A proximité de la mer, dans un environnement privilégié, sur le golf de Dieppe-Pourville, belle maison contemporaine d'architecte (volume et grandes ouvertures sur la nature) baignée de lumière. Les chambres, toutes personnalisées, sont spacieuses et calmes et ouvrent sur une terrasse orientée plein sud à l'étage.

Attraits touristiques : Golf de Dieppe-Pourville 40 ha. sur pl. Dieppe (musée du Château, église St-Jacques). Cité de la mer. Varengeville (manoir d'Ango, parc Moutiers). Tennis, plage, équitation, piscine, thalasso.

Accès : à Dieppe, prendre direction Veules-les-Roses (D75), suivre les panneaux et au golf, tourner à gauche, chemin du golf.
GPS : l 49°54'54.74 N - L 1°3'43.75 E.

Eu - Seine-Maritime (76)

Dans une maison de famille et un ancien relais de chasse, entre mer et forêt, découvrez ce charmant havre de paix. Au milieu des rosiers sans âge, les hôtes de passage goûteront une joie tranquille dans des chambres chaleureuses et confortables qui leur feront découvrir les charmes authentiques d'une maison accueillante et chaleureuse. Endroit calme, à proximité de la Baie de Somme.

Attraits touristiques : à 2 km de la ville d'Eu : site archéologique du Bois-L'abbé, collégiale du XIIe, hospices du XVIIe, chapelle du collège des Jésuites et le château d'Eu et son Musée Louis-Philippe.

Accès : entrer dans Eu par la D49, prendre à gauche "Route de Beaumont" sur 3 km.
GPS : l 150°01'46.74N - L 1°26'37.33E.

N°23054

Manoir de Beaumont
Catherine Demarquet
route de Beaumont
76260 Eu
Tél. 02 35 50 91 91
Port. 06 72 80 01 04
catherine@demarquet.eu
www.demarquet.eu

Wi Fi

1 Pers. 41 € - 2 Pers. 53/65 € - 3 Pers. 73 €
P. sup. 13 € -

2 chambres et 1 suite avec salon privé (lits en 160 et 180 de large), chacune dispose de sanitaires privés, wifi et DVD. Fermé en janvier et 1 semaine toutes les 5 semaines. Petit déjeuner : jus de fruits, yaourts, fromage, croissants, confitures maison... Nombreux restaurants à 5 km.

Isneauville - Seine-Maritime (76)

A proximité de Rouen, dans un écrin de verdure, magnifique pressoir normand du XVIIIe siècle, indépendant de la maison des propriétaires qui est un ancien relais de poste. Les chambres sont spacieuses et raffinées, les 2 salons sont chaleureux avec poutres, cheminées et poêle à bois. Vue superbe sur le jardin et la campagne environnante.

Attraits touristiques : à 10 mn (10 km) de Rouen, ville historique. Forêt à proximité avec sentiers de randonnée. Dans les environs : châteaux, abbayes, parcs et jardins à visiter. Mer (Dieppe) à 40 mn. 2 golfs 5 km. Equitation 5 km.

Accès :
GPS : l 49°30'48.20 - L 1°07'55.30.

N°G24187

Chèque Cadeau

La Muette
Jacques et Danielle Auffret
1057, Rue des Bosquets
76230 Isneauville
Tél. 02 35 60 57 69
Port. 06 86 78 43 91
domainedelamuette@gmail.com
www.domainedelamuette.com

Wi Fi

1 Pers. 70/88 € - 2 Pers. 75/88 €

5 chambres avec salle de bains ou douche et wc privatifs. Excellents petits-déjeuners avec les produits maison. Magnifique jardin qui s'étend sur 1,5 ha, classé "Gîte au Jardin".

St-Vaast-Dieppedalle - Seine-Maritime (76)

N°21229

Les Roses Trémières
Catherine Carpentier
hameau d'Emondeville, route de Drosay
76450 St-Vaast-Dieppedalle
Tél. 06 31 07 90 84
catherine.roch@rosestremieres.com
www.rosestremieres.com

1 Pers. 60/65 € - 2 Pers. 70/75 € - 3 Pers. 85/90 €
P. sup. 20 € -

4 chambres de plain-pied dont 3 avec terrasse privée (2 dans la maison et 2 dans une maison d'amis), chacune avec sanitaires privés. Ouv. toute l'année. Petit déjeuner maison : viennoiseries, crêpes, patisseries, œufs, confitures, yaourts... Petite salle + cuisine à disposition.

Entre mer et campagne, sur l'axe Etretat, St-Valéry-en-Caux et Veules-les-Roses, Catherine vous accueille chaleureusement aux Roses Trémières. Cette longère du XVIIe siècle, nichée au cœur du pays de Caux, est entourée d'un jardin paysager et fleuri. 4 chambres à la décoration raffinée mariant boiseries et pierres réhaussées des enduits de terre aux couleurs chaleureuses.

Attraits touristiques : visites des châteaux et musées : Auffay, Cany, Dieppe, Fécamp, Mesnil-Geoffroy. Jardins du parc du bois des Moutiers. Piscine, sauna, hammam, base de loisirs 5 km. Equitation 3 km. Plage 12 km. Pêche 6 km.

Accès : A13 dir. Le Havre, sortie n°25 dir. Yvetot, puis dir. Cany (D131) - dir. St-Valéry (D925) - dir. Doudeville/A29 sur 4 km (D50) et dir. Bosville (D75) sur 1 km. La maison est sur la gauche.
GPS : l 49°46'8.030 N - L 0°38'58.52 E.

St-Vaast-du-Val - Seine-Maritime (76)

N°22209

Manoir de Fumechon
Danielle et Jack Flahaut-Baehr
76890 St-Vaast-du-Val
Tél. 06 71 79 90 08
Port. 06 85 52 18 30
fumechon@orange.fr
http://fumechon.pagesperso-orange.fr

1 Pers. 68/100 € - 2 Pers. 75/110 € - 3 Pers. 120 €
P. sup. 20 € -

5 chambres décorées avec goût, toutes avec sanitaires privés. Petit déjeuner : jus de fruits, beurre et œufs fermiers, confitures maison, viennoiseries... Salons TV et de lecture (TV satellite, magnétoscope, DVD), bibliothèque, jeux société. Cour, salon de jardin. Piscine. Sauna. Parc, verger, terrasse, transats, p-pong. Maison non fumeur.

Danielle et Jack vous accueillent dans leur élégant manoir anglo-normand du XIXe, entouré d'un parc de 4 ha aux arbres bicentenaires. Ancien relais de chasse construit en 1822, le domaine (300 ha à l'origine) reste dédié à la chasse jusqu'en 1980. En 2001, séduits par les lieux, Danielle et Jack achètent cette propriété et y aménagent leurs chambres d'hôtes. Jack vous fera partager sa passion pour les voitures anciennes qu'il collectionne (Citroën C4, Morgan 1934...) et Danielle quant à elle est férue de peinture.

Attraits touristiques : soirées "Contes du Terroir de Caux", vieux moulins alentours, jardins. Golf, tennis, randonnées. Mer 25 km.

Accès : de Dieppe, sortie Tôtes, au stop de la Bretelle, faire 900 m sur la droite. De Rouen, sortie Tôtes, au feu, faire 2 km (D925) dir. Yerville.
GPS : l 49°42'26.37"N - L 1°0'2.880"E.

Veules-les-Roses - Seine-Maritime (76)

N°G21063

Moulin des Cressonnières
Chantal de Crépy
74, voie Charles de Gaulle
76980 Veules-les-Roses
Tél. 02 35 97 60 27
Port. 06 13 17 34 67
chantal.decrepy@orange.fr
http://veulesmoulin.fr

Wi Fi

1 Pers. 75/89 € - 2 Pers. 79/94 € - 3 Pers. 134 €
P. sup. 40 € -

4 chambres dont 1 familiale avec sanitaires privés, TV et accès internet. Ouvert de février à novembre. Petit déjeuner : yaourts, fruits, confitures variées... Jardin de 1200 m². Restaurant à 800 m.

Ancien moulin du XIXe siècle, le long du plus petit fleuve de France. L'environnement du Moulin de Cressonnières est un paysage de campagne, et le village construit entre 1860 et 1910 le long d'une étroite vallée a beaucoup de charme. Le propriétaire peut vous servir de guide si vous le souhaitez...

Attraits touristiques : village de charme (6e au classement 2012 des villages préférés des français). Eglises classées, chemins de randonnée classés, plages, nautisme. Tennis 800 m. Mer 1,6 km. Golf 8 et 20 km.

Accès : à 22 km de Dieppe – 8 km de St-Valéry-en-Caux - 30 km d'Yvetot. Ne pas renter dans le centre de Veules mais rester sur la CD925 (route Dieppe/St-Valéry-en Caux) qui devient la voie Charles de Gaulle. Le moulin est au n°74 de cette rue.

Veulettes-sur-Mer - Seine-Maritime (76)

N°G21064

Le Grismoustier
Nathalie Crolais
27 route de Malleville
76450 Veulettes-sur-Mer
Tél. 06 15 51 63 31
nathalie.crolais@orange.fr
www.gmoustier.eu

TH Wi Fi

1 Pers. 82/108 € - 2 Pers. 92/118 €
Repas 45 €

3 chambres avec sanitaires privés et internet. Ouvert toute l'année. Petit déjeuner : brioche feuilletée, cakes maison, yaourts et beurre fermiers, fruits de saison... T. d'hôtes : pintade flambée au calvados, pommes farcies au pain d'épices... Assiette gourmande 16 euros. Accès tennis 400 m. Cabine de plage privée 500 m. Cour, jardin, parc 5000 m².

Veulettes-sur-Mer, village côtier de la Côte d'Albatre, à 500 m de la plage. Vous profiterez du charme de ce petit castel écossais du XIXe siècle, situé dans une jolie pinède de 5000 m². Vous apprécierez le calme, l'élégance des lieux et la table d'hôtes raffinée, accompagnée de vins de qualité et servie à la grande table de monastère familiale.

Attraits touristiques : club nautique à 500 m. Practice golf à 9 km. Centre équestre à 10 km. Falaises d'Etretat à 40 km.

Accès : à Veulettes-sur-Mer, longer la plage jusqu'au casino, puis suivre "mairie". A la mairie, à gauche "Chemin des Côteaux" suivre sur 150 m. Entrée à droite.

Yebleron - Seine-Maritime (76)

N°22007

Chèque Cadeau

Les Deux Portes
Danièle et Paul Jolys
148, impasse des Deux Portes
76640 Yebleron
Tél. 02 35 95 60 75
Port. 06 24 40 48 94
jolys76@orange.fr
www.les2portes76.fr

TH

2 Pers. 70/90 € - 3 Pers. 110 €
Repas 30 €

Paul et Danièle Jolys vous accueillent dans leur propriété normande du 17ème en briques et colombages sur 2000 m² de terrain. Invitation au voyage au gré des aquarelles. Table d'hôtes raffinée servie au coin du feu ou sous la véranda selon la saison, accompagnée de vins de qualité. Un séjour gourmand pour les amateurs de bonne cuisine !

Attraits touristiques : à mi-chemin entre Honfleur et Etretat, Fécamp. Le Havre "Musée Malraux", pont de Normandie, Vallée de Seine, route des Abbayes, côte d'Albâtre, route des fruits.

Accès : Dans Yébleron, direction Hattenville (D28) sur 800 m. A la patte d'oie, prendre le chemin immédiatement après la route des Deux Portes, la maison est à 100 m à droite.
GPS : l 49°38'24.10"N - L 0°32'26.40"E.

Petit déjeuner : patisseries maison jus d'orange, crèpes, crèmes et compotes maison, yaourts, jambon fromage sur demande, etc ... T. hôtes, repas normands : fricassée de poulet au cidre et calavados, pommes flambées, gratin au camembert, mille-feuilles aux pommes. Assiette gourmande 15 euros. Séjour et véranda à dispo. Bibliothèque, jeux de société.

A chacun sa formule d'hébergement

LE GITE

Aménagé dans le respect du style local, ce logement indépendant est situé à la campagne, à la mer, à la montagne, en ville.

LE GITE DE GROUPE

Prévu pour accueillir des familles ou des groupes (de 15 à 100 pers.) à toute occasion : réception, classe découverte, séminaire, stage sportif.

LE GITE D'ENFANTS

Vos enfants (entre 4 et 13 ans) sont accueillis dans une famille à la campagne. Ils découvriront les joies de la nature et participeront à des activités manuelles et sportives.

LES CAMPINGS & CHALETS

Campings nature ou tradition, chalets et mobil-homes pour se mettre au vert.

LA CHAMBRE D'HOTES

Vous êtes reçu chez des particuliers qui vous ouvrent leur maison, nuitée et petit déjeuner compris.

NOS THEMATIQUES

SEJOURS PECHE

Pour se détendre au fil de l'eau.

SEJOURS NEIGE

A 15 km maximum des pistes de ski.

SEJOURS ECOGESTES

Hébergements placés sous le signe de le préservation de l'environnement.

SEJOURS ECOGITES

Hébergements de Qualité Environnementale et écocitoyenneté appliquée.

SEJOURS INSOLITES

La surprise d'un hébergement très original.

SEJOURS CHARME

Nos adresses coup de cœur en gîtes et chambres d'hôtes de charme.

Conception et réalisation : Gites de France Services - © Gites de France Hautes Alpes, Aisne, Ariège (Gîte à Perles-et-Castelet), Lot, Phovoir.

Gîtes de France

Et vos vacances prennent un autre sens

PAYS DE LA LOIRE

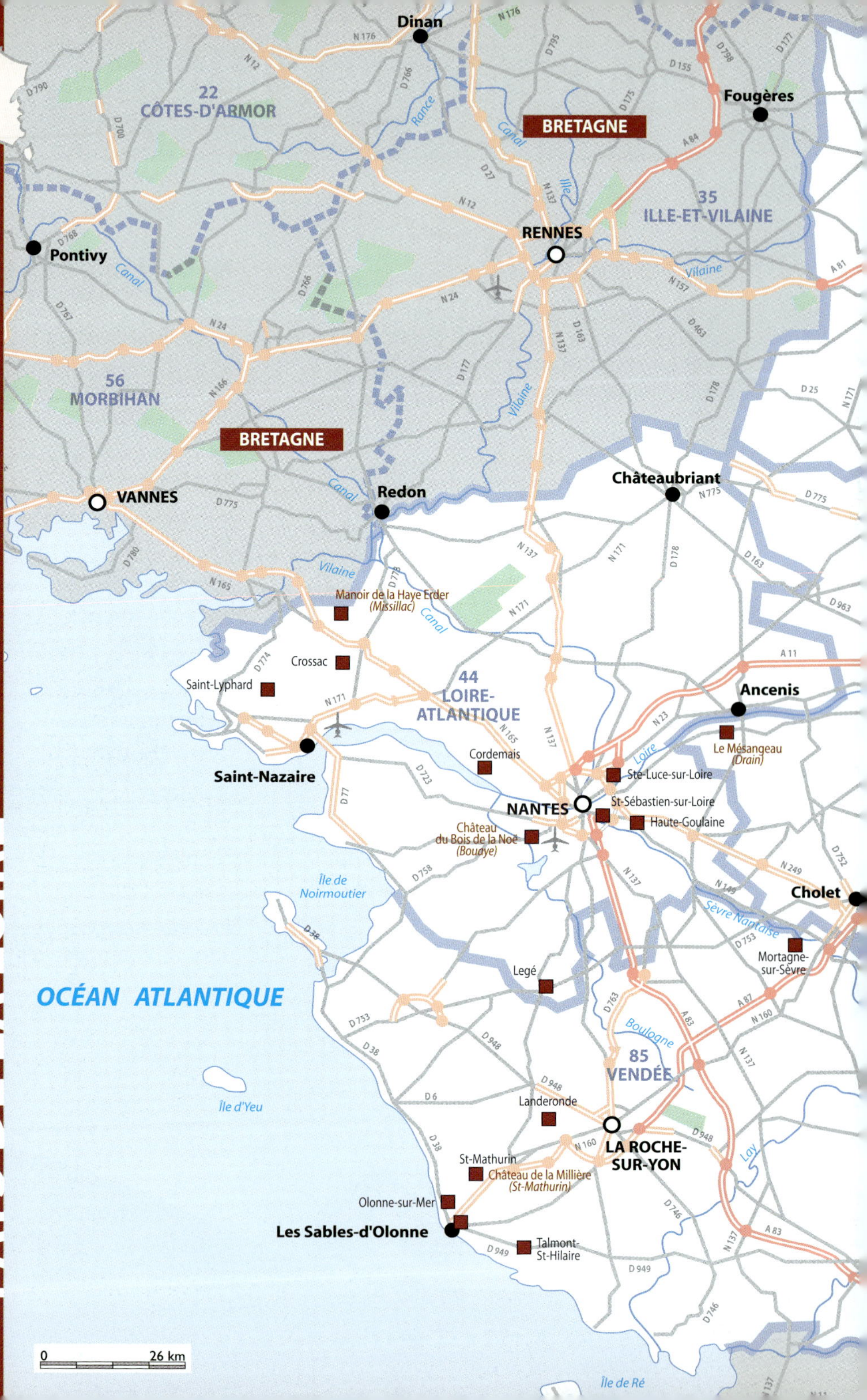

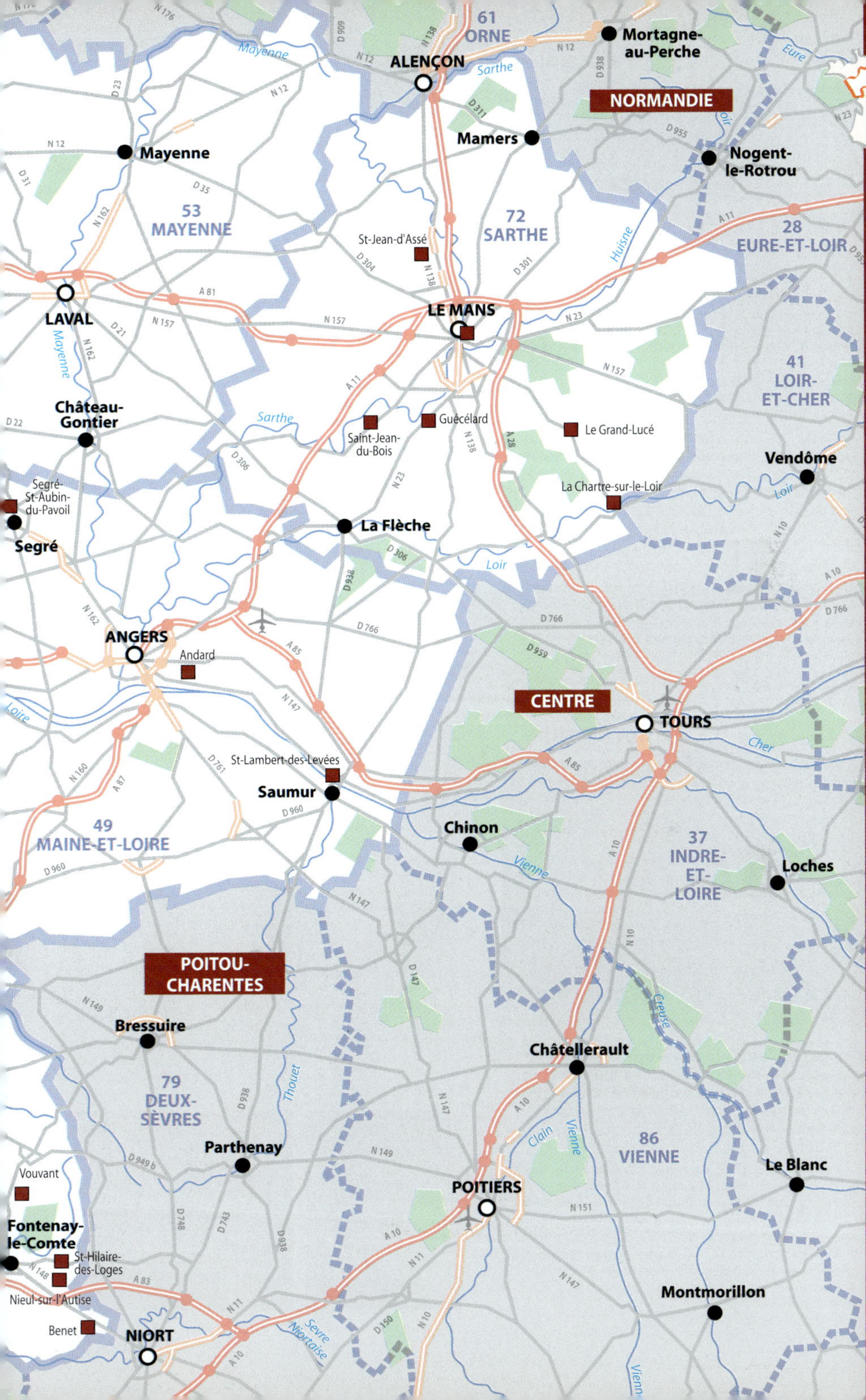
61
ORNE
ALENÇON
Sarthe
Mortagne-au-Perche
NORMANDIE
Mamers
Nogent-le-Rotrou
Eure
Mayenne
53
MAYENNE
72
SARTHE
28
EURE-ET-LOIR
St-Jean-d'Assé
Huisne
LAVAL
LE MANS
41
LOIR-ET-CHER
Château-Gontier
Saint-Jean-du-Bois
Guécélard
Le Grand-Lucé
Vendôme
Segré-St-Aubin-du-Pavoil
Segré
La Chartre-sur-le-Loir
La Flèche
Loir
ANGERS
Andard
CENTRE
TOURS
Cher
Loire
St-Lambert-des-Levées
Saumur
Chinon
Vienne
49
MAINE-ET-LOIRE
37
INDRE-ET-LOIRE
Loches
POITOU-CHARENTES
Bressuire
Châtellerault
Creuse
79
DEUX-SÈVRES
Thouet
Clain
86
VIENNE
Parthenay
Le Blanc
Vouvant
POITIERS
Fontenay-le-Comte
St-Hilaire-des-Loges
Nieul-sur-l'Autise
Montmorillon
Benet
NIORT
Sèvre Niortaise
A 11
A 81
A 28
A 85
A 87
A 10
A 83
N 12
N 138
N 157
N 162
N 23
N 147
N 149
N 10
N 11
N 151
D 306
D 766
D 938
D 960

Bouaye - Loire-Atlantique (44)

N°44G292255

Château du Bois de la Nöe

M. et Mme Gonnord
8 allée de la Roseraie
44830 Bouaye
Tél. 02 51 11 10 94 - 06 33 52 71 45
patricia.barbereau@champsdavaux.com
www.chateau-boisdelanoe.com

1 Pers. 98/108 € - 2 Pers. 113/128 € - 3 Pers. 128 €

2 chambres climatisées avec TV et sanitaires privés : 1 au r.d.c, et 1 aux 2e et 3e ét. de la tour. Lit bébé. Petit déjeuner : viennoiseries, céréales, confitures maison, laitages, jus de fruits... Cuisine/s. à manger, salle avec cheminées. Salons de jardin. Maison non fumeur. Piscine chauffée (12x5 m), court de tennis, parc 1,8 ha, plan d'eau.

Folie Nantaise du XVIIe siècle (Renaissance), entièrement restaurée avec un parc de 1,8 ha planté d'essences rares. Le château édifié par Arnous de la Noë est remanié au XIXe. Ce château est encore appelé "Le Bois de la Noë", "La Noë des Bois" ou "La Heurte aux Lièvres". Il est transformé en hôtel-restaurant à partir de 1927. Les étages situés au nord sont détruits par un incendie en 1932 et 1936. A noter que le pavillon de garde date du XIXe. Chateaubriand y séjourna quelques temps. Présents dans le région depuis 20 ans, les propriétaires sont sensibles à la nature et à l'authenticité.

Attraits touristiques : nombreuses animations et évènements culturels à Nantes et sports nautiques à Pornic (20-25 mn).

Accès : de Nantes, direction Noirmoutier. Sortie Bouaye centre. A l'entrée de Bouaye, au 1er feu à gauche puis 2e à droite.

Cordemais - Loire-Atlantique (44)

N°44G892462

La Furetterie

Laure Le Gouil
La Gentais
44360 Cordemais
Tél. 02 40 85 22 24
Port. 06 13 81 38 13
contact@lafuretterie.com
www.lafuretterie.com

1 Pers. 59 € - 2 Pers. 69 € - 3 Pers. 89 €

4 chambres avec : sanitaires privés, TV, nécessaire thé/café, peignoirs, sèche-cheveux, petit frigo de bar. Ouvert toute l'année. Petit déj. : jus de fruits, confitures et yaourts maison, gâteaux, produits à base de fruits. Jeux de société, livres. Jardin de 3000 m² et enclos pour le cheval et l'âne. Pétanque. Restaurant 4,5 km.

La Furetterie, ancienne laiterie-épicerie du XIXe siècle, vous accueille dans un cadre charmant qui aspire à la détente et au repos. Laure, votre hôte, vous propose des chambres soigneusement décorées et un petit déjeuner copieux et varié, différent chaque jour. Le sourire et la bonne humeur sont de rigueur !

Attraits touristiques : centre historique et culturel de Nantes : châteaux des Ducs, musées, le Zénith et de nombreux festivals : Estuaire, Les Rendez-vous de l'Erdre... Chantiers navals de St-Nazaire. Randonnée sur place. Equitation 5 km. Golf 10 km. Mer 40 km.

Accès : de Nantes, prendre N165, sortie au Temple de Bretagne. A l'église, dir. Cordemais. A la sortie du Temple, faire 1,2 km puis prochaine intersection à gauche.
GPS : l 1°48'2671 - L 47°19'0188.

Crossac - Loire-Atlantique (44)

N°44G492951

Manoir de Bel Ebat
Ghislaine Lefeuvre
1, rue de Bel Ebat
44160 Crossac
Tél. 02 51 16 99 57
Port. 06 80 73 81 31
lefghis@orange.fr
www.manoir-de-bel-ebat.fr

Wi Fi

1 Pers. 115/120 € - 2 Pers. 125/130 € - 3 Pers. 150 €

Pays de Loire

En presqu'île Guérandaise. Bienvenue au Manoir de Bel Ebat où Ghislaine et Jean-Paul vous recevront avec le plus grand plaisir, pour vous offrir un séjour où raffinement et confort sont au rendez-vous, dans leur demeure familiale, un manoir du XVIIIème siècle restauré dans la tradition, entouré d'un parc de 3 ha. Vous y trouverez l'espace et le calme ; vous bénéficierez de l'élégante décoration de nos deux chambres. Vous découvrirez la faune et la flore du parc de Brière.

Attraits touristiques : promenade en chaland au parc Régional de Brière 7 km. Plages de la Côte d'Amour (La Baule, Pornichet) 30 km. Cité médiévale de Guérande 28 km. Tennis 300 m. Piscine, équitation 7 km. Pêche 9 km. Golf 10km. Mer 23 km.

Accès : de Nantes dir. St-Nazaire/La Baule N171. Sortie Les Six Croix/Donges/Pontchâteau. Suivre Rennes/Redon/Pontchâteau sur 3 km environ. A gauche dir. Crossac. Au bourg, à l'église, à gauche. 200 m à droite.

1 chambre (lit 200x200) et 1 suite familiale (lit 200x200, lit 90), chacune avec sanitaires privés, sèche-cheveux, wifi. Ouvert toute l'année. Petit déj. : viennoiseries, pâtisseries et yaourts maison, jus de fruits frais, salade de fruits, fromages et charcuterie sur dem. Ping-pong. Baby-foot. Gratuit enfant - 3ans. Restaurant 400 m.

Haute-Goulaine - Loire-Atlantique (44)

N°44G193121

Chèque Cadeau

Manoir de la Bonodière
Marie Pasque
7, rue de la Bonodière
44115 Haute Goulaine
Tél.
Port. 06 62 31 46 87
contact@manoirdelabonodiere.fr
www.manoirdelabonodiere.fr

Wi Fi

1 Pers. 80 € - 2 Pers. 90 € - 3 Pers. 140 €
P. sup. 20 € -

NOUVEAUTÉ

Aux portes de Nantes, atmosphère de charme pour ce manoir du XVIIIè s. niché dans son magnifique parc, classé «Patrimoine Remarquable». Séjour enchanteur, escale bien-être et moments de détente avec piscine (traitée au sel), salle de sport et bienfaits de massages relaxants aux huiles BIO (sur réservation et en sus).

Attraits touristiques : château de Goulaine (musée et volière à papillons) et marais de Goulaine (classé Natura 2000) 3 km. Nantes 13 km (musées, machines de l'Île, château des Ducs...). Festival Hellfest de Clisson 30 km. Golf 7 km. Mer 56 km. Restaurant 2 km.

Accès : de Nantes, prendre le périphérique dir. Poitiers/Cholet. Sortie 1.2 Haute Goulaine/Loroux-Bottereau. Au rond point, 3e sortie. Passer au-dessus de la 4 voies et dir. Le Loroux-Bottereau.
GPS : l 47.21404220 - L -1.43350240.

1 suite familiale 70 m² ou 2 chambres à partager entre amis avec sanitaires privés et 2 salons. Wifi, entrée indép., tisanerie, parking sur place. Ouvert toute l'année. Petit-déjeuner bio (viennoiserie, pain, pâtisseries, confiture, salade de fruits frais, fromages...), sans gluten à la dem. Possibilité restauration sur place sur rés. Prêt de vélos.

Legé - Loire-Atlantique (44)

N°44G291012

La Mozardière
Gérard et Christine Desbrosses
9 impasse de Richebonne, La Mozardière
44650 Legé
Tél. 06 01 78 24 96
christine@lamozardiere.com
www.lamozardiere.com

1 Pers. 60 € - 2 Pers. 64 € - 3 Pers. 94 €
P. sup. 6 € -

3 chambres avec bains et wc privés (1 au r.d.c. 2 pers., 1er ét. : 1 ch. avec 2 pièces de 2/5 pers., 1 ch.2 pers.). Ouvert toute l'année. Séjour (bibliothèque, cheminée). Coin-cuisine l'été. Lit bébé et sèche-cheveux à disposition. Parc 1 ha avec étang, terrasse. Chiens admis sur demande. Maison non fumeur. Restaurant 300 m.

Vous trouverez confort et charme dans cette demeure du XVIIIe siècle, entièrement restaurée, située aux portes de la Vendée. Christine, artiste céramiste, a apporté beaucoup de soin à la décoration intérieure. Elle vous accueillera chaleureusement dans ce havre de paix.

Attraits touristiques : Etangs, piscine, tennis et pêche 1 km. Equitation à 7 km. Noirmoutier, Nantes à 39 km. Vignobles et randonnées à proximité.

Accès : au centre ville, devant la Chapelle dir. Touvois. 20 m avant la sortie de la ville, tourner à gauche sur l'impasse "Richebonne". Aller jusqu'au bout (à 300 m).

Missillac - Loire-Atlantique (44)

N°44G492812

Manoir de la Haye Eder
Hélène et Jean-Michel PACAUD
Manoir de la Haye Eder
44780 Missillac
Tél. 02 40 15 44 55
Port. 06 08 55 31 41
hratte@hratte.com
www.lahayeeder.com

1 Pers. 165/180 € - 2 Pers. 175/190 €

2 chambres aménagées dans la Tour : 1 au 1er étage avec salle de bains/wc privatifs, 1 au 2ème étage avec salle d'eau/wc privatifs. Salon de détente. Accès wifi, équipement bébé, sèche-cheveux. Piscine chauffée. Cour, jardin, parc 3 ha.

Manoir breton du XVIIème siècle, en bordure du Parc de la Brière, à proximité du Golf de la Bretèche, luxueusement restauré, entouré d'un parc arboré de 3 ha clos de murs, dans une campagne de bocages et de bois. 2 chambres dans la Tour accueillent les hôtes qui pourront se détendre dans un écrin de verdure au salon d'été ou dans la piscine.

Attraits touristiques : stations balnéaires à proximité (la Baule, Pornichet), cité médiévale de Guérande, les marais salants. Pêche 2 km, golf 3 km, tennis 5 km, équitation 25 km, mer 30 km.

Accès : RN165 Nantes/Vannes, sortie Missillac. D2 dir. La Chapelle des Marais sur 3 km puis D4 dir. La Roche Bernard, faire 1 km puis 2ème à droite vers Ste Luce/Haye Eder.
GPS : l 47°28'28"Nord - L 2°13'11"Ouest.

Ste-Luce-sur-Loire - Loire-Atlantique (44)

N°44G892432

La Longère du Plessis
Martine Henaff
Le Grand Plessis
44980 Ste-Luce-sur-Loire
Tél. 02 40 25 61 43
Port. 06 86 60 69 29
contact@longere-du-plessis.com
www.longere-du-plessis.com

1 Pers. 69/101 € - 2 Pers. 79/115 € - 3 Pers. 94 €
P. sup. 15 € -

3 chambres avec sanitaires privés dont 1 suite familiale, TV et accès wifi. Lit bébé. Ouvert toute l'année. Petit déjeuner : jus de fruits, pains variés, viennoiseries, confitures maison, corbeille de fruits... Table de massage avec prestataire extérieur (avec supplément). Jardin, parc de 1,3 ha. Vélos à disposition. Restaurant 300 m.

Aux portes de Nantes, au cœur de prairies en bord de Loire, la Longère du Plessis est située sur un domaine à l'environnement privilégié, qui offre quiétude et charme. Le vaste jardin de 1,3 ha avec terrasse et piscine est idéal pour vos moments de détente. Deux chambres style romantique et une suite style baroque et exotique vous attendent. La propriétaire, Martine attache une importance toute particulière au bien-être de ses hôtes et vous propose des petits-déjeuners copieux et variés.

Attraits touristiques : Nantes 15 km : nombreux musées, château des Ducs, les Machines de l'Ile, shopping...

Accès : sur le périphérique Est, sortie n°43 (Bellevue). Continuer sur 1 km environ, puis à gauche la route des Sables sur 700 m, puis à droite route des Plessis, prendre l'impasse dans le virage.
GPS : l 47.24514700 - L -1.46888100.

St-Lyphard - Loire-Atlantique (44)

NOUVEAUTÉ

N°44G491922

La Roselière
Christine Lagré
430 Le Clos d'Orange, La Butte de Bombardant
44410 St-Lyphard
Tél. 02 28 54 91 58
lagre.laroseliere@orange.fr

1 Pers. 57 € - 2 Pers. 63 €
P. sup. 19 € -

2 chambres avec sanitaires privés, sèche-cheveux, bouilloire. Lit bébé. Ouvert toute l'année. Petit déjeuner : produits laitiers locaux, confitures et pâtisseries maison, viennoiseries. Parc de 1 ha avec kiosque. Coin cuisine dans paillotte à l'extérieur (d'avril à septembre). Restaurants à 2 km.

Dans un parc de 1 ha arboré et fleuri, vous découvrirez le charme d'une jolie chaumière typique de la région, située dans un site protégé du Parc Naturel Régional de Brière. Vous serez séduits par deux chambres spacieuses à la décoration soignée. Vous pourrez profiter du vaste jardin, vous relaxez sous le kiosque ou à l'ombre des pins parasols. Possibilité de visiter la saline des propriétaires (producteur-récoltant de sel de Guérande).

Attraits touristiques : Parc Naturel Régional de Brière, musées et sites ornithologiques, cité médiévale de Guérande avec ses nombreuses festivités, les marais salants de Guérande, La Baule... Accès direct aux promenades à pied, vélo, calèche ou chaland.

Accès : Au rond-point de St Lyphard, direction Le Clos d'Orange. 2e petite route à droite direction La Butte. A 600 m à droite, n° 430 chaumière aux volets vert olivier : La Roselière.

St-Sébastien-sur-Loire - Loire-Atlantique (44)

N°44G192581

Chèque Cadeau

"Au détour des pas enchantés"
Patrice Michault
41, rue du Génétay
44230 St-Sébastien-sur-Loire
Tél. 02 40 34 82 79
Port. 06 22 25 30 02
gites.michault@orange.fr
www.gites-enchantes.com

Wi Fi

1 Pers. 65 € - 2 Pers. 70 € - 3 Pers. 83 €
P. sup. 13 € -

1 chambre à l'étage (1 lit 160, 2 lits 90 en mezzanine), avec entrée indép., sanitaires privés, TV. Lit bébé. Ouv. toute l'année. Petit déjeuner : viennoiseries, yaourts, fruits, céréales... Pièce de vie/coin-cuisine et salon (cheminée) à dispo. Cour, jardin 2000 m². Parking. Restaurant 400 m, auberge 1 km. Transports en commun 400 m.

A 10 mn du centre de Nantes et située en bord de Loire, Sylvie et Patrice vous accueillent dans leur chambre d'hôtes aménagée dans les dépendances d'un ancien relais de chasse. Une belle adresse pleine de charme où vous pourrez profiter de la décoration raffinée des lieux : tons clairs et chocolats, salon avec cheminée en tuffaut.

Attraits touristiques : les bords de Loire, Nantes à 10 mn (château des Ducs de Bretagne, musées, les machines de l'Ile), le vignoble nantais. Randonnée et équitation 300 m. Tennis 1 km. Piscine 2 km. Golf 17 km. Mer 45 km.

Accès : sur le périphérique nantais, sortie n°45 (Porte de Goulaine). Au rond-point, dir. St-Sébastien/Ile de Loire, et ensuite à gauche.
GPS : l 47°12'36.41 (O) - L 1°29'47.66 (N).

Andard - Maine-et-Loire (49)

N°ML00484

Les Champs
Catherine Boutreux
25-27, impasse des 4 Vents
49800 Andard
Tél. 02 41 76 49 02
Port. 06 24 74 23 25
contact@lelogisdeschamps.com
http://www.angers-charmance.com

1 Pers. 55 € - 2 Pers. 60 €
P. sup. 25 € -

3 chambres (25 à 30 m²) avec sanitaires privés (1 au rez-de-chaussée et 2 à l'étage). Ouvert toute l'année. Petit déjeuner : confitures et gâteaux maison, jus de pomme maison, salade de fruits, gauffres, yaourts... Séjour avec cheminée. Jardin arboré et fleuri. Restaurants à 3 km.

En pleine nature, dans un cadre calme et apaisant, ce beau logis du XVème siècle rénové en gardant le maximum d'authenticité vous ouvre ses portes. Les meubles anciens et la décoration raffinée vous séduiront par leur charme. Vous apprécierez l'harmonie et la quiétude des lieux.

Attraits touristiques : à proximité d'Angers (châteaux, Parc des Expositions). Vallée de la Loire et Parc floral "Terra Botanica" à 15 mn.

Accès : D115 Le Plessis Grammoire-Toutes directions, rue des 4 vents puis impasse à gauche ou D116 Le Plessis Grammoire, 3e rond-point dir. St-Sylvain d'Anjou puis impasse à droite.
GPS : l 47,49881346 - L -0,42030123.

Drain - Maine-et-Loire (49)

Gentilhommière du XIXème siècle, où vous recevrez un accueil chaleureux. Vous apprecierez les meubles anciens, les belles cheminées, les vieilles poutres et les carreaux de terre cuite. Les chambres décorées avec goût disposent toutes d'une salle de bain accueillante. Superbe parc avec chapelle et kiosque au bord de l'étang où il fait bon flâner.

Attraits touristiques : pêche 5 km. Equitation 8 km. Promenades en bateau 10 km. Golf 15 km. Châteaux Oudon, Clisson, Nantes, Serrant, Angers. Musée du Bellay. Dégustation de vins au village. Parc animalier.

Accès : A11 sortie Ancenis (entre Angers et Nantes). Traverser la Loire (D763) et à Liré, D751 à droite jusqu'à Drain et à gauche vers St.Laurent des Autels sur 3,5 km. Propriété à gauche.

GPS : l 47,3109 - L - 1,20059.

N°12681

Le Mésangeau
Gérard et Brigitte Migon
49530 Drain
Tél. 02 40 98 21 57
le.mesangeau@orange.fr
www.loire-mesangeau.com

TH Wi Fi

1 Pers. 80/100 € - 2 Pers. 90/110 € - 3 Pers. 130/150 €
Repas 35 €

3 chambres doubles, 1 suite 4 personnes (160 euros), 1 suite 5 personnes 220 euros). Ouvert du 01/04 au 31/10. Petit déjeuner : jus de fruits, viennoiseries, fruits... T able d'hôtes : pintade aux raisins, bar au fenouil, clafoutis... Kiosque. Billards français-américain, piano. Vélos, ping pong. Parc 6 ha.

St-Lambert-des-Levées - Maine-et-Loire (49)

Ferme du XVIIIème siècle. Chambres d'hôtes de charme aux portes de Saumur. Les propriétaires vous accueillent au milieu des prés, dans le calme et la sérénité. Meubles de famille, poutres, murs en tuffeau de la région. Portraits d'ancêtres, cheminée.

Attraits touristiques : Cadre Noir, châteaux, caves, zoo, carrousel, troglodytes, musée du cheval, vols en montgolfière. Voile, tennis, Loire à vélos 4 km. Saut parachute, canoë 6 km. Équitation 10 km.

Accès : 1.4 Km après le passage à niveau de la sortie de Saint Lambert des Levées, sur la D 229, suivre le panneau "La Jarillais" à droite, à 600 m

GPS : l N 47° 17' 42" - L W 0° 5' 40".

N°ML32883

La Jarillais
Elizabeth et Frank GUIBERT DE BRUET
4 rue de la Jarillais, St-Lambert-des-Levées
49400 Saumur
Tél. 02 41 59 03 44
Port. 06 88 26 81 88
betsy@la-jarillais-saumur.com
www.la-jarillais-saumur.com

Wi Fi

2 Pers. 80/90 €
P. sup. 25 € -

3 chambres dont 1 avec cuisine et salon, TV. Ouvert toute l'année. Petit déjeuner continental. Salon de jardin. Jardin de 4 ha. Piscine. Restaurants à 4 km à Saumur.

Segré-St-Aubin-du-Pavoil - Maine-et-Loire (49)

N°ML33181

La Grange du Plessis
Marie-Alice et Michel de Vitton
49500 Segré-St-Aubin-du-Pavoil
Tél. 02 41 92 85 03
Port. 06 07 97 77 37
domainevitton@wanadoo.fr
http://www.le-plessis.com

TH

1 Pers. 61 € - 2 Pers. 74 €
P. sup. 20 € - Repas 27 €

4 chambres avec sanitaires privés. Ouvert toute l'année. Petit déjeuner : viennoiseries, fruits, jus d'orange... Table d'hôtes, selon la saison, vous pourrez goûter aux légumes du potager : filet mignon, poulet. Cour, jardin, parc 3 ha. Accès direct à la rivière. Restaurant à Segré 2 km. Forfait animaux : 5/10 euros.

Presbytère du XVIIème siècle. Dans un environnement très préservé, calme et ombragé, chacun des hôtes peut profiter du cadre, faire des promenades sur un ciruit balisé, se reposer près de la rivière où se nichent des martins-pêcheurs. Tout est fait pour respecter la magie et l'authenticité des lieux. Chaque chambre a une décoration personnalisée.

Attraits touristiques : châteaux aux alentours, Mine Bleue, heures musicales du Haut Anjou, festival de jazz, terra botanica... Piscine, tennis, équitation et golf 3 km.

Accès : axe Nantes-Laval (N923) ou axe Angers-Rennes (N775).
GPS : l N.47.70386 - L W.0.87666.

La Chartre-sur-le-Loir - Sarthe (72)

N°1180

Le Grand Moulin
Marie-Danièle Millet-Lecourt
8, rue de Syke
72340 La Chartre-sur-le-Loir
Tél. 02 43 44 65 78
Port. 06 85 56 30 45
mdl.moulin@gmail.com
www.mdmillet.moulin.fr

2 Pers. 90 €

4 chambres et 1 suite (petit salon attenant) avec sanitaires privés, accès wifi. Ouvert toute l'année. Petit déjeuner : charcuterie, fromages, pâtisseries maison... Equip. Bébé complet à disposition. Terrasse au bord du Loir. Poss. Parking la nuit. Sur place canoës, vélos. Pêche. Tennis 200 m. Tarifs dégressifs à partir de la 2e nuit.

Au cœur de la Vallée du Loir, entre Tours et le Mans, la propriétaire avous accueille dans un ancien moulin de la fin du XVIIIe siècle, cadre original, charme et confort. Au centre d'un village animé, et tout proche d'un plan d'eau disposant d'une base de loisirs et d'une superbe forêt.

Attraits touristiques : découverte du vignoble : Jasnières et coteaux du Loir. Visite de châteaux. Village d'artistes à 5 km.

Accès : en voiture A10-A11 ou A28. Aéroport à Tours (37 km). Gare Tours ou Le Mans. Un plan d'accès vous sera communiqué lors de votre réservation.

Le Grand Lucé - Sarthe (72)

N°1157

La Roiserie
Gilbert et Martine Ory
La Roiserie
72150 Le Grand Lucé
Tél. 02 43 85 81 54
roiserie@orange.fr

TH

1 Pers. 58 € - 2 Pers. 68 €
P. sup. 18 € - Repas 30 €

5 chambres. Ouvert toute l'année. Petit déjeuner : miel et confitures maison, viennoiseries, pains. T. hôtes sur réservation : 25 euros par personne. Gilbert Ory est apiculteur et amateur d'orchidées. Parc ombragé, chemins de randonnées sur place. Verger, potager, ruche et miel.

Proche du château du Grand Lucé, proximité de la forêt de Bercé, vue dégagée sur la vallée, maison de caractère XVIe siècle avec piscine et terrasse. Terrain d'1 ha. 5 chambres avec accès indépendant : salle d'eau et wc privés pour chacune.

Attraits touristiques : Forêt de Bercé, vignobles du Loir.

Accès : dans le Grand Lucé, rue du Saut du Loup.

Guécélard - Sarthe (72)

N°1076

Château de Mondan
Catherine Babault
route de la Suze
72230 Guécélard
Tél. 02 43 87 92 16
chateau.mondan@orange.fr
http://chateaumondan.com

TH

1 Pers. 72 € - 2 Pers. 80 €
Repas 24 €

3 chambres avec sanitaires privés et plateau de bienvenue. Ouvert toute l'année sauf 15 jours en novembre. Petits déjeuners copieux servis dans la salle à manger. Table d'hôtes sur réservation. TV. Piscine couverte chauffée à disposition. Tarifs spéciaux pour le 24h Mans : 120/180 euros/nuit. Propriété de 6 ha.

Vous serez reçus dans une belle propriété de 6 ha, où la rivière La Sarthe longe l'arrière de la maison. Vous pourrez vous promener autour de notre maison, passant de l'allée pour entrer, des jeux pour les enfants ou devant la ferme pour aller saluer les chevaux. Nous vous laissons découvrir la nature qui nous entoure et profiter pleinement du calme des lieux.

Attraits touristiques : à proximité : stage de poterie à Malicorne Espace Faïence 15 km. Stage de conduite avec l'ACO sur le circuit de 24h du Mans.

Accès : A11, sortie Le Mans Centre - A28, sortie n°23, puis suivre dir. Tours-Angers puis suivre dir. La Flèche-Angers. Dans Guécélard, au feux, direction La Suze-sur-Sarthe. A 1,2 km le Château de Mondan est sur votre droite.

Le Mans - Sarthe (72)

N°1213

La Demeure de Laclais
Brigitte Laclias
4 bis, place Cardinal Grente
72000 Le Mans
Tél. 02 43 81 91 78
Port. 06 28 82 56 95
blaclias@hotmail.fr
www.lademeuredelaclais.com

Wi Fi

2 Pers. 110/150 €
P. sup. 25 € -

Au cœur de la vieille ville, la Demeure de Laclais est née au 17e siècle, elle se situe à 50 m de la cathédrale St Julien et profite d'un stationnement facile. La demeure offre en plus de ses 3 chambres d'hôtes, salle de petit déjeuner, terrasse, réception, jardin dominant la ville. L'ensemble offre confort et calme. Le mélange de mobilier classique et contemporain, les matériaux authentiques et naturels, les couleurs douces et paisibles font la richesse du lieu.

Attraits touristiques : Cité Plantagenet.

Accès : plan d'accès fourni sur demande.

3 chambres. Ouvert toute l'année. TV. Petit déjeuner : viennoiserie, pains spéciaux, confitures maison. Pêche 0,5 km. Piscine 2 km. Tennis 1 km. Equitation 5 km. Golf 3 km.

St-Jean-d'Assé - Sarthe (72)

N°1134

Domaine le Sablon
Patricia et Jérôme Cosnet
72380 St-Jean-d'Assé
Tél. 02 43 27 80 97 - 06 81 22 25 28
www.chambresdhoteslesablon.com

TH

1 Pers. 65/80 € - 2 Pers. 80/90 €
P. sup. 10/20 € - Repas 12/25 €

En séjournant dans notre ancienne demeure entièrement restaurée, au cœur d'un parc de 4 ha bordé par la rivière "La Sarthe", vous retrouverez le goût de l'authentique. Espace détente avec magnifique piscine intérieure chauffée disponible toute l'année avec contre-courant et chromothérapie.

Attraits touristiques : Le Mans (12 mn) : le Mans fait son cirque, La Nuit des Chymères, fête de la Musique, vieux Mans (musée de la Reine Bérangère), musée de l'Automobile... Pêche sur place. Randonnée 3 km. Piscine 6 km.

Accès : A10, sortie n°7 Le Mans nord. Prendre N138 dir. Alençon jusqu'à St-Jean-d'Assé. Traverset St-Jean-d'Assé sur la N138 et 1ère route à droite après le garage. Faire 3,2 km, Le Sablon est sur la droite.

5 chambres avec sanitaires privés, TV. Ouv. toute l'année. Petit déjeuner : croissants, brioches, confitures, miel... T. d'hôtes de l'apéritif au dessert : papillote de poisson garnie, volailles et nombreuses spécialités. Accès piscine intérieure sur réservation, barque, VTT.

St-Jean-du-Bois - Sarthe (72)

NOUVEAUTÉ

N°1254

Château de la Houssaye
Jean-Louis Ferre
Château de la Houssaye
72430 St-Jean-du-Bois
Tél. 02 43 92 90 90
Port. 06 26 36 06 92
contact@chateaudelahoussaye.fr
www.chateaudelahoussaye.com

Chèque Cadeau

TH

2 Pers. 150/190 €
Repas 39 €

4 chambres et 1 suite. Ouvert toute l'année. Petit déjeuner : pains, viennoiseries, beurre, confitures et gâteaux maison, laitages, céréales. Table d'hôtes : dîners aux chandelles, cuisine régionale avec produits frais et légumes bio à l'honneur. Soins traditionnels corps et visage (pierres chaudes, réflexologie plantaire…).

Le château de la Houssaye, entouré d'un parc de 15 ha, érigé sur un coteau dominant de vastes étangs et la large vallée de la Sarthe, propose quatre chambres d'hôtes authentiques, une piscine extérieure, un espace bien-être et la location de box équins. Les chambres allient harmonieusement le confort moderne au charme du mobilier d'antan. Profitant d'une vue exceptionnelle sur le parc, la forêt et l'étang , vous ressentirez la sérénité de cet univers qui vous fera oublier le temps.

Attraits touristiques : à proximité de la célèbre faïencerie de Malicorne, non loin de l'antique cité gallo romaine et du circuit international des 24 Heures du Mans.

Accès : plan d'accès fourni sur demande.

Benet - Vendée (85)

N°85G682

La Marienne
Françoise Charraud
14, rue de la Virée, Lesson
85490 Benet
Tél. 02 51 51 50 41
Port. 06 71 77 02 51
charraud.francoise@wanadoo.fr
www.la-marienne.com

Chèque Cadeau

1 Pers. 70/80 € - 2 Pers. 78/90 € - 3 Pers. 120 €
P. sup. 25 € -

3 chambres et 1 suite avec sanitaires privés, TV et internet. Ouvert toute l'année. Petit déj. : confitures maison, viennoiseries, brioche vendéenne, fromage de chèvre, céréales… Salon (bibliothèque, cheminée). Cour, jardin, salon de jardin. Piscine. Parking privé. Vélos. Détente : spa et hammam sur rdv 15 euros/pers. Taxe de séjour en sus.

Dans le petit bourg de Lesson, 4 chambres spacieuses et personnalisées, aménagées dans une ancienne ferme restaurée, qui à l'origine était un prieuré du XVe siècle. Les petits déjeuners sont servis dans le jardin d'hiver. Halte pleine de charme, dans une ambiance sobre et reposante.

Attraits touristiques : Marais Poitevin, promenades en barque, visites sites historiques : abbayes de Maillezais et Nieul-sur-l'Autize. Randonnées sur place. Tennis et piscine 3 km. Equitation 5 km. Golf 10 km. Lac (baignade) 25 km. Restaurants 10 km.

Accès : A10, sortie n°33 dir. Niort puis Nantes/Cholet par la RN148, sortie Niort à 8 km. Au feu tricolore, dir. Lesson à droite et 2e route à gauche.
GPS : l 46.23N - L 0.23O.

Landeronde - Vendée (85)

N°85G746

Marie-José et Jean-Paul Barreteau
La Pommeraie
85150 Landeronde
Tél. 02 51 06 47 25
Port. 06 73 43 62 66
jpbarreteau85@gmail.com
www.gitelapommeraie.com

1 Pers. 75 € - 2 Pers. 75 €

2 chambres avec sanitaires privés, TV sur demande, accès internet. Ouvert toute l'année. Petit déjeuner : produits laitiers, pâtisseries et pain maison, brioche, jus de fruits. Séjour/salon à disposition. Coin-lecture. Jardin paysager (salons de jardin, transats). Parking dans propriété. Parc 1 ha. Jeux d'enfants. A partir de 2 nuits 65 euros 2 pers.

Sur une propriété boiseé de 4 ha, deux chambres spacieuses de 32 m² ont été aménagées à l'étage d'une ancienne longère agricole de la fin du XIXe siècle. Le mobilier et la décoration sont contemporains. Pour votre détente, profitez du jardin arboré et fleuri.

Attraits touristiques : plages de sable fin et forêts 25 km. Haras 12 km. Jardins 5 km. Puy du Fou 60 km. Historial de la Vendée 30 km. Vendespace 13 km. Etang privé de pêche à disposition à 3 km. Randonnée sur place. Golf 20 km. Océan 24 km.

Accès : autoroute A87, sortie 33 puis dir. Landeronde. A 2,5 km, au petit rond-point, prendre dir. La Mothe Achard sur 2,5 km.

GPS : l 46,6402 - L -1.5688.

Mortagne-sur-Sèvre - Vendée (85)

N°85G750

Chambres d'Hôtes Moulin Motte Pilet
Noël Guittet
Moulin Motte Pilet
85290 Mortagne-sur-Sèvre
Tél. 02 51 63 91 41 - 06 81 68 27 70
noel.guittet@orange.fr
www.moulinmottepilet.com

2 Pers. 70/95 €

2 chambres mansardées (2 lits 90 jum.), sanitaires privés, TV. Ouv. Toute l'année. Petit déj. à la française et à l'anglaise : viennoiseries, gâteau maison, yaourts, jus de fruits, fromage, charcuterie, œufs. Poss. lit d'appoint. Terrasse, salon de jardin, salon de détente, transats, spa ext. Salle convivialité (TV, kitchenette à disp). Parking.

NOUVEAUTÉ

Ancien moulin du 16ème siècle à grains et papier, dans un cadre de verdure au bord de Sèvre Nantaise. Des vieilles pierres bourrées de charme, nichées dans un cadre magique. Au-delà de son indéniable cachet, cet ancien moulin à eau présente l'atout d'être totalement orienté vers une vue exceptionnelle, sans aucun vis-à-vis. On peut apercevoir des canards, des cols verts, des hérons cendrés.

Attraits touristiques : Le Puy du Fou 17 km. Le Parc Oriental de Maulévrier 15 km. Le Musée du Textile et le Musée d'Art et d'Histoire Cholet 10 km. Le Musée de la Chaussure 15 km. Le Château de Gilles de Rais à Tiffauges 10 km.

Accès :

GPS : l 47.000139000000 - L -0.971657000000.

Nieul-sur-l'Autise - Vendée (85)

N°85G729

Chèque Cadeau

Le Rosier Sauvage
Christine Chastain-Poupin
1, rue de l'Abbaye
85240 Nieul-sur-l'Autise
Tél. 02 51 52 49 39
lerosiersauvage@gmail.com
www.lerosiersauvage.c.la

Wi Fi

1 Pers. 42/45 € - 2 Pers. 49/52 € - 3 Pers. 59/62 €

4 chambres avec douche et wc privés. Ouvert d'avril à septembre. Bibliothèque et salon avec TV et cheminée à disposition. Entrée indépendante. Jardin 1000 m². Poss. Lit bébé. Restaurants à proximité.

Aux portes du Marais Poitevin, face à l'abbaye royale, le Rosier Sauvage, vaste demeure de caractère du XVIIIe siècle, vous ouvre ses portes. 4 chambres personnalisées, aux tonalités claires, douillettes et confortables y ont été aménagées. L'ancienne écurie, superbement restaurée a été transformée en salle à manger. Agréable jardin boisé.

Attraits touristiques : Abbayes Nieul/l'Autise et Maillezais. Marais Poitevin. Rand. pédestres et cyclo. Forêt Mervent. Vouvant. La Rochelle et Ile de Ré. Tennis, rivière, lac, bain 6 km. Equit., piscine 11 km. Pêche 15 km. Mer 60 km.

Accès : à 18 km au nord-ouest de Niort, par la N148 dir. Fontenay-le-Comte, prendre la départementale, en dir. de l'Abbaye Royale de Nieul-sur-l'Autise. A83, sortie n°9, dir. Oulmes.

Olonne-sur-Mer - Vendée (85)

N°85G631

Logis des Maraîchers
Philip Mason
58, route des Maraîchers
85340 Olonne-sur-Mer
Tél. 02 51 20 78 91
Port. 06 80 11 41 51
contact@logisdesmaraichers.com
www.logisdesmaraichers.com

TH Wi Fi

2 Pers. 85/165 € - 3 Pers. 155/165 €
P. sup. 30 € - Repas 35 €

4 chambres avec sanitaires privés, TV, mini-bar, coffre-fort, salon. Ouv. toute l'année. Petit déjeuner: jus d'orange, croissant, confitures, fruit frais. T. d'hôtes : grillade, plateau de fruits de mer, tartes citron et chocolat. Bibliothèque, piano/orgue. Cour, jardin 3000 m². Piscine chauffée. Bains de soleil, Day bed (transat 2 pers.).

Situé en plein cœur du Pays des Olonnes, berceau du pays, Philip et Olivier vous accueillent au Logis des Maraîchers, longère vendéenne restaurée datant d'avant Napoléon 1er. Vous serez séduits par la décoration intérieure, charmant mélange de contemporain et d'ancien. Une piscine chauffée (d'avril à oct.) vous est proposée pour d''agréables moments de détente.

Attraits touristiques : les Sables d'Olonne (3 km), Marais salants classés (400 m), forêt domaniale. Pistes cyclables 500 m. Canoë, équitation et plages 2 km. Voile et golf 3 km. Tennis 5 km.

Accès : un plan d'accès vous sera communiqué lors de la réservation.
GPS : l 46.528827 - L 1.793346.

Olonne-sur-Mer - Vendée (85)

N°85G685

Logis de la Vénerie
Elisabeth et Fabien Richard
7, rue des Hannetons
85340 Olonne-sur-Mer
Tél. 09 54 00 86 04
Port. 06 21 43 58 84
logisdelavenerie@yahoo.fr
http://logisdelavenerie.com/

1 Pers. 65/110 € - 2 Pers. 70/115 € - 3 Pers. 95/125 €
P. sup. 10 € -

5 chambres dont 1 familiale avec sanitaires privés et TV. Ouvert toute l'année. Petit déj. : pâtisseries et confitures maison, jus de fruits, brioche, compote, yaourts. Séjour/salon avec wifi. Piscine chauffée, ouverte de mai à septembre. Parc de 1 ha. Salons de jardin, transats. Salle détente (fitness). Vélos à disposition. Restaurants à 400 m.

Idéalement situé et très facile d'accès, le Logis de la Vénerie vous attend pour votre séjour en Vendée… Aux portes des Sables d'Olonne et proche du port, des plages et de la gare, Elisabeth et Fabien vous accueillent dans leur maison de charme, au passé chargé d'histoire. Lors du petit déjeuner, servi dans le salon ou en terrasse, à votre convenance et selon la saison, vous goûterez aux produits régionaux et confitures maison. La détente est assurée par la salle de fitness et la piscine chauffée.

Attraits touristiques : randonées et découverte du Vendée Globe. Golf 1,5 km. Mer, plage, pêche 2,5 km. Equitation, tennis 3 km.

Accès : à l'arrivée de la 2x2 voies aux Sables d'Olonne, suivre Les Sables Centre, au rond-point suivant, prendre Les Sables Centre puis la 2e à droite.
GPS : l 46.51380200 - L - 1.76128000.

Les Sables d'Olonne - Vendée (85)

N°85G616

Chèque Cadeau

Maison l'Epicurienne
Pascale Pangaud
9, rue Villebois Mareuil
85100 Les Sables d'Olonne
Tél. 06 71 84 89 37
contact@maisonlepicurienne.fr
www.maisonlepicurienne.fr

1 Pers. 75/115 € - 2 Pers. 85/125 €

5 chambres. TV, DVD, accès Internet. Ouvert toute l'année. Hors vacances scolaires (nous consulter). Petit déjeuner : jus de fruits frais, confiture, yaourts, patisseries maison. Pains frais variés. Plage 50 m. Port 1 km. Golf 10 km. Thalasso 500 m. Casinos 0,8 km. Equitation 5 km. Restaurant à 50 m.

Découvrez ou retrouvez l'astmosphère décontractée d'une maison de famille des années 20 en bord de mer. Située au cœur du quartier St Pierre à deux pas de la plage, vous pourrez accéder aisément à pied à tout, commerces, marché, restaurants … Le petit déjeuner maison servi autour de la grande table sera toujours un moment convivial. Bénéficiez du prêt de vélos et d'une cabine de plage. Vous viendrez pour découvrir cette maison de charme, vous reviendrez pour le charme de celle-ci.

Attraits touristiques : Sports aquatiques, pêche, promenades en mer, musée, vendée globe, zoo, hippodrome.

Accès : Sur le Front de mer, aller au rond point de la place de Strasbourg et prendre la rue Villebois Mareuil.
GPS : l 46.4909146 - L -1.7720103.

St-Hilaire-des-Loges - Vendée (85)

N°85G659

Le Tilleul
Anita et Benoit Fauger
3, rue de l'Ecole, La Doit
85240 St-Hilaire-des-Loges
Tél. 02 51 52 25 44 - SR : 02 51 37 87 87
Port. 06 19 31 83 60
info@le-tilleul-vendee.com
http://le-tilleul-vendee.com

TH

1 Pers. 53 € - 2 Pers. 59 € - 3 Pers. 74 €
Repas 19 €

4 chambres avec sanitaires privés, accès internet, livres et jeux de société. Ouvert toute l'année. Petit déjeuner : viennoiseries artisanale, compote et confitures maison, laitages, petites gourmandises... T. d'hôtes : viande de l'exploitation familiale, producteurs locaux... Salon de jardin, balançoire, aire de détente. Cour, jardin, parc.

Anita et Benoit vous accueillent dans leur maison d'hôtes de caractère, située en sud-Vendée, entre marais, plaine, forêt et bocage. Ils vous proposent quatre chambres d'hôtes avec chacune sa personnalité, et mêlant authenticité, raffinement, modernité, convivialité, calme. De quoi passer un agréable séjour.

Attraits touristiques : petites cités de caractère 8 km. Ville historique de Fontenay-le-Comte. Mervent (lac, zoo) 10 km. Vouvant, village classé "Plus beaux Villages de France" 12 km. Marais Poitevin 15 km. La Rochelle 50 km. Le Puy-du-Fou 60 km.

Accès : à St-Hilaire, dir. Vouvant/Foussais-Payré sur 4 km. Au carrefour du Lion d'Or, à droite dir. Faymoreau sur 1,5 km et dans le lieu-dit "La doit", petite route à droite dans un virage. Sur la petite route, c'est la 2e cour à droite.
GPS : l 46.49878200 - L -0.65256990.

Pays de Loire

St-Mathurin - Vendée (85)

N°85G654

Château de la Millière
Claude et Danielle Huneault
85150 St-Mathurin
Tél. 02 51 22 73 29
contact@chateau-la-milliere.com
www.chateau-la-milliere.com

Chèque Cadeau

1 Pers. 92 € - 2 Pers. 100 € - 3 Pers. 120/160 €

2 chambres et 1 suite (non fumeurs) à l'étage, avec bains et wc privés. mobilier ancien. Ouvert du 1/05 au 30/09. Petit déjeuner : croissants, brioche ou gâche, confitures, laitages, fruits. Grand salon (wifi). Bibliothèque. Barbecue. Parc 20 ha. (allées cavalières). Egalement 2 gîtes. Piscine, billard, ping-pong. (3 et 4 pers. 160 euros).

En 1845, Léon de Guinebaud fait construire une belle maison bourgeoise. En 1913, l'ajout des deux tours de chaque côté du bâtiment principal, confèrent à l'ensemble, l'aspect majestueux, tel qu'on peut encore l'admirer aujourd'hui. En 1940, au plus fort de l'exode, le château abrite plusieurs familles, mais en 1943, il est réquisitionné par des officiers SS. Aujourd'hui le Château vous ouvre ses portes. Les chambres et les salons ont conservé leurs meubles d'origine, et les propriétaires vous feront goûter à la vie de château.

Attraits touristiques : Les Sables d'Olonne (8 km), plages, parcs floraux, tennis, équitation.

Accès : N160 La Roche-sur-Yon/Les Sables-d'Olonnes, sortie St-Mathurin, faire le tour complet du rond-point et suivre fléchage.
GPS : l 46.57568000 - L 1.70168000.

Talmont-St-Hilaire - Vendée (85)

Christine et Bertrand Boissinot vous accueillent chaleureusement dans une ferme du XIXe siècle entièrement restaurée, située sur une propriété de 3,8 hectares. Vous pourrez vous détendre grâce à la piscine chauffée, ou bien alors flâner dans le parc avec étangs et ruisseau. Une halte fort sympathique pour découvrir la Vendée !

Attraits touristiques : randonnées et pêche sur place. Océan, plage 4 km. Tennis 2 km. Golf 3 km. Lac/plan d'eau, équitation 5 km.

Accès :
GPS : l 46.46288000 - L -1.66344200.

N°85G680

La Maroterie
Christine et Bertrand Boissinot
85440 Talmont-St-Hilaire
Tél. 02 51 20 34 67
Port. 07 70 61 63 33
boissinotleprado@wanadoo.fr

Wi Fi

2 Pers. 65/100 €

2 chambres (dont 1 climatisée dans une annexe) avec sanitaires privés. Ouvert de Pâques à fin septembre + vacances scolaires. Petit déjeuner : pâtisseries maison, salades de fruits frais de saison... Jardin avec piscine chauffée (ouverte d'avril à fin sept.). Salon de jardin, transats, barbecue. Etang, rivière. Parc de 3,8 ha. Restaurant à 4 km.

Vouvant - Vendée (85)

Bernadette et Alain vous accueillent dans une ancienne grange rénovée, ancienne ferme typiquement vendéenne du XIXe siècle, dans une propriété de 7000 m², à 1 km du centre bourg (petite cité de caractère, village de peintres). Ils vous proposent cinq chambres spacieuses dans un décor contemporain.

Attraits touristiques : Vouvant, petite cité de caractère, l'un des plus beaux villages de France, village de peintres. Le Puy-du-Fou 50 km. Marais Poitevin 40 km. Plages 75 km. Randonnée, pêche et tennis 1 km. Equitation 100 m.

Accès : pendre la direction "Faîte", direction du centre hippique "Chez Ripaud", longer le cimetière, le centre hippique au sommet de la colline, vous êtes arrivés.
GPS : l 46,343948 - L 0,463067.

N°85G728

La Grange aux Peintres
Bernadette et Alain Rouffignat
Faîte
85120 Vouvant
Tél. 02 51 52 43 97
Port. 06 98 24 12 00
bernadette@rouffignat.eu

TH Wi Fi

1 Pers. 100 € - 2 Pers. 110 €
Repas 27 €

5 chambres avec un lit 160 et sanitaires privés. Ouvert toute l'année. Petit déjeuner : fromages, charcuterie, viennoiseries, pâtisseries et confitures maison...2 salons, bibliothèque à disposition. Jardin, terrasses, salons de jardin, transats. Piscine (5x10 m) ouverte de mai à octobre (de 11h à 22h). Parking dans la propriété. Atelier peinture.

PICARDIE

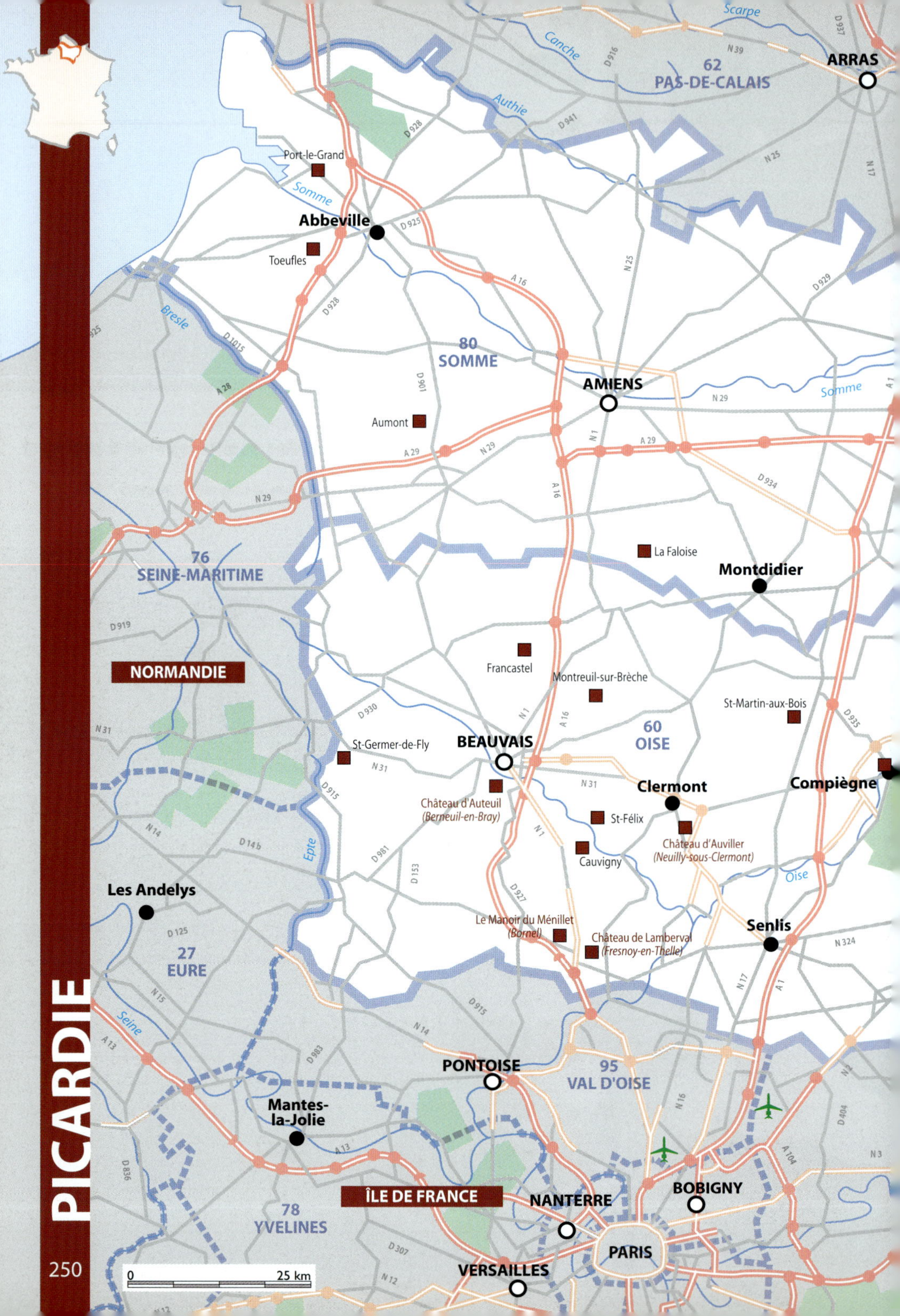
ARRAS
62
PAS-DE-CALAIS
Scarpe
Canche
Authie
Port-le-Grand
Somme
Abbeville
Toeufles
Bresle
80
SOMME
AMIENS
Aumont
La Faloise
Montdidier
76
SEINE-MARITIME
NORMANDIE
Francastel
Montreuil-sur-Brèche
St-Martin-aux-Bois
60
OISE
St-Germer-de-Fly
BEAUVAIS
Château d'Auteuil
(Berneuil-en-Bray)
Clermont
Compiègne
St-Félix
Cauvigny
Château d'Auviller
(Neuilly-sous-Clermont)
Epte
Oise
Les Andelys
Le Manoir du Ménillet
(Bornel)
Château de Lamberval
(Fresnoy-en-Thelle)
Senlis
27
EURE
Seine
PONTOISE
95
VAL D'OISE
Mantes-la-Jolie
ÎLE DE FRANCE
78
YVELINES
NANTERRE
BOBIGNY
PARIS
VERSAILLES
0
25 km

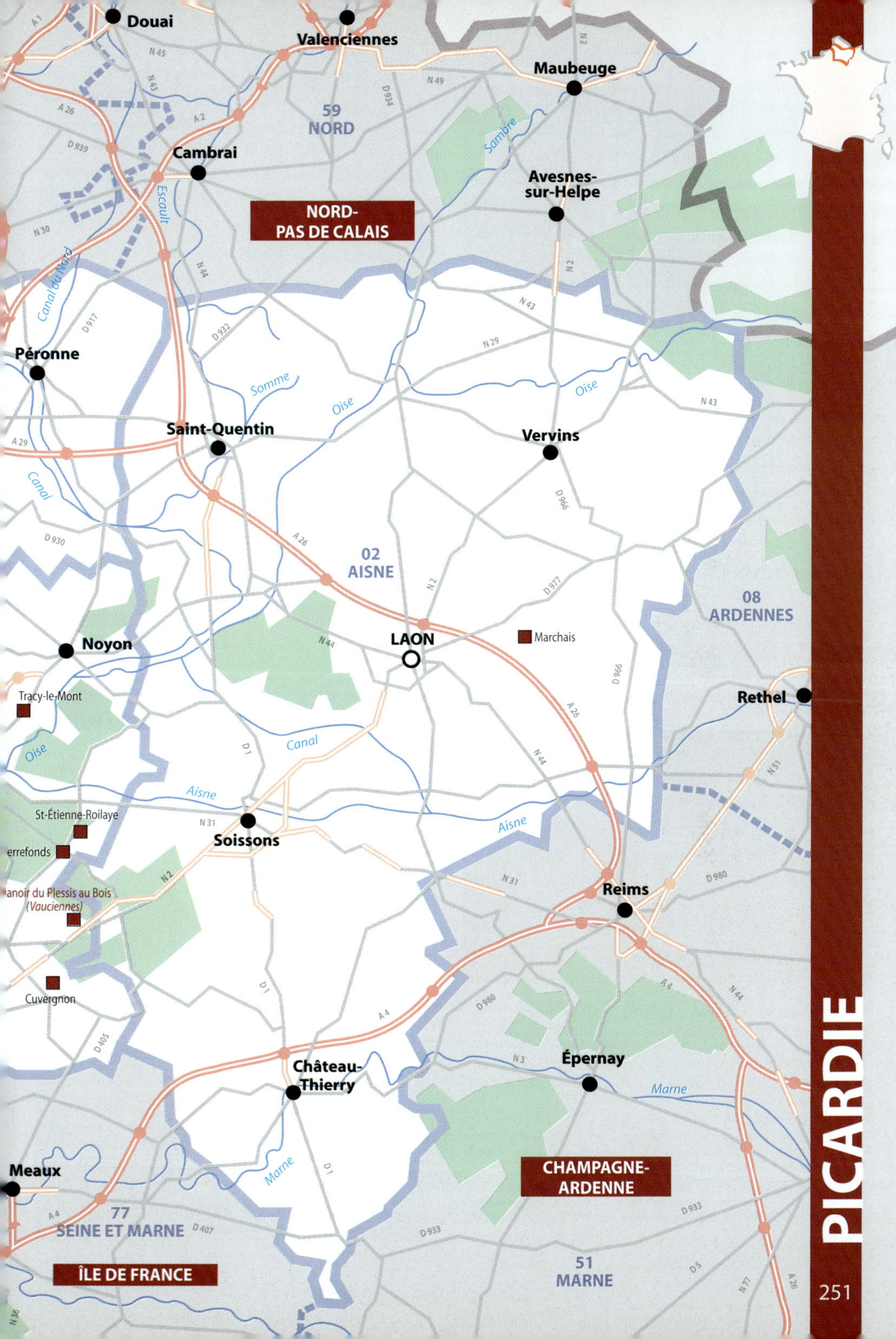
Douai
Valenciennes
Maubeuge
59
NORD
Cambrai
Avesnes-
sur-Helpe
NORD-
PAS DE CALAIS
Péronne
Saint-Quentin
Vervins
02
AISNE
08
ARDENNES
Noyon
LAON
Marchais
Tracy-le-Mont
Rethel
Soissons
St-Étienne-Roilaye
errefonds
anoir du Plessis au Bois
(Vauciennes)
Cuvergnon
Reims
Château-
Thierry
Épernay
Meaux
CHAMPAGNE-
ARDENNE
77
SEINE ET MARNE
ÎLE DE FRANCE
51
MARNE
Somme
Oise
Aisne
Canal
Canal du Nord
Escault
Sambre
Marne
A 1
A 2
A 4
A 26
A 29
N 2
N 3
N 29
N 30
N 31
N 43
N 44
N 45
N 49
N 51
D 1
D 5
D 405
D 407
D 917
D 930
D 932
D 933
D 934
D 939
D 966
D 977
D 980

Marchais - Aisne (02)

N°10027

Le Grand Logis
Béatrice et Didier Varoqueaux
1 rue du Grand Logis
02350 Marchais
Tél. 03 23 22 17 13
varoqueauxbeatrice@yahoo.fr
www.legrandlogis.fr

TH

1 Pers. 80/85 € - 2 Pers. 95/105 €
P. sup. 25 € - Repas 35 €

4 chambres avec sanitaires privés. Ouv. du 15/02 au 15/01. Petit-déj. : confitures maison, brioche, laitage, fruits. T. d'hôtes sur réservation élaborée avec des produits du terroir de saison. Cour, jardin parc 1/2 ha, petit étang, parking. Restaurant 2 km. Piscine intérieure chauffée (mai à sept.). Espace détente (spa, hammam) en sus.

Nos chambres d'hôtes construites sur la base d'une ancienne bergerie et d'un corps de ferme du XIIIe siècle, vous étonneront par leur confort, leur authenticité et leur décor insolite. Depuis la terrasse, un véritable panorama se dévoilera, notamment sur la propriété, tandis que le cadre tout entier vous plongera dans un bain de verdure et de sérénité.

Attraits touristiques : propriété située au milieu d'un cercle historique ente Laon et Reims comprenant des sites médiévaux, mérovingiens. Cité médiévale de Laon, basilique de Liesse et sa légende, le festival des cathédrales de Picardie, le chemin des Dames.

Accès : depuis Paris N2 dir. Soissons-Laon RN44 dir. Sissonne (D180) puis Lardais (D24). Depuis Reims par la RN44, tourner à Corbeny dir. Montaigu-St-Terme dir. Marchais (D24).
GPS : l 49.58360000 - L 3.81716000.

Berneuil-en-Bray - Oise (60)

N°170

Château d'Auteuil
Sabine et Pol de la Pintière
Château d'Auteuil, Route de Noailles
60390 Berneuil-en-Bray
Tél. 06 98 95 51 05
Port. 06 98 99 51 05
enviedechateau@chateaudauteuil.com
www.chateaudauteuil.com

1 Pers. 89/119 € - 2 Pers. 119/149 € - 3 Pers. 185 €
P. sup. 35 € -

3 chambres dont 1 suite. Ouv. toute l'année. Petit déjeuner : boissons, croissants, brioche, confitures maison, yaourts, pains... Balade en calèche ou à cheval. Massage bien être. Parc privé de 3 ha. Accueil bébé

Bienvenue au Château d'Auteuil, monument historique que nous restaurons avec passion. Calme, esthétique, nature et "savoir-vivre à la Française" vous permettront de vous ressourcer dans un lieu préservé. C'est avec un grand plaisir que nous vous recevrons comme des amis.

Attraits touristiques : pêche à la truite 5 km. Canoë-kayak 6 km. Randonnées à cheval, hameau médiéval de Tillard 7 km. Cathédrale de Beauvais, musée de la Tapisserie, musée de la Nacre 10 km. Base nautique 12 km. Golf 15 km.

Accès : A16 sortie 14 Beauvais sud, dir. route de Méru (D927). Rond-point, à droite dir. Auteuil/Auneuil (route de Noailles D2). 10 m après le panneau sortie d'Auteuil à droite. Un crucifix blanc se trouve en face de l'allée du Château prendre à droite.
GPS : l 49°20'54.98"N - L 2°4'39.44"E.

Bornel - Oise (60)

N°154

Le Manoir du Ménillet
Alexandra et François Raffin
4 route de Frouville
60540 Bornel
Tél. 03 44 45 46 68
Port. 06 75 62 32 63
manoirdumenillet@orange.fr
www.lemanoirdumenillet.com

Wi Fi

1 Pers. 75 € - 2 Pers. 95 €
P. sup. 20 € -

Trois chambres de charme vous attendent dans cette grande bâtisse de caractère construite en 1871. Les petits déjeuners et les repas sont partagés dans la grande salle à manger ou sur la terrasse. Vous pourrez vous détendre au soleil ou à l'ombre des arbres centenaires du parc de plus de 4000 m².

Attraits touristiques : musée de la Nacre, l'Isle Adam 10 km. Chantilly, Beauvais 25 km. Equitation 1 km, pêche 5 km, piscine 8 km, golf 12.

Accès : par l'A16, sortie Méru 5 km.

3 chambres, TV. Ouverture annuelle. Petit déjeuner : croissants, pain, gâteaux maison, céréales bio, fruits frais et confitures bio. Possibilité table d'hôtes (sur réservation). Cour, jardin, parc de 4500 m².

Cauvigny - Oise (60)

N°G204

Chèque Cadeau

Echappée Belle
Nadine Guirriec
1 rue Emile Delaère, Château Rouge
60730 Cauvigny
Tél. 03 44 08 78 23
Port. 06 60 99 45 83
chambres.cauvigny@gmail.com
www.maison-hote-oise.com

TH

Wi Fi

1 Pers. 74/94 € - 2 Pers. 80/100 €
P. sup. 25 € - Repas 30 €

Nous partageons avec vous ce que nous considérons comme un luxe : l'espace et la couleur ; l'art comtemporain et les meubles anciens. Chacune de nos chambres ouvre sur le jardin. En fonction des saisons, vous serez sensibles aux verts, aux rouges, aux ocres et l'hiver vous apercevrez les cygnes et les canards dans la brume des étangs. Même si vous avez choisi l'Echappée Belle dans le cadre de votre travail, vous serez touchés par la poésie des lieux.

Attraits touristiques : la propriété est située au milieu d'un triangle historique : Beauvais - Chantilly - Compiègne. Pêche à 1 km. Equitation à 8 km. Base nautique à 18 km. Golf à 25 km.

Accès : A16, sortie Beauvais sud ou Chambly, ensuite la D1001. A Ste-Geneviève, au feu, dir. Cauvigny sur 1 km puis au carrefour, à gauche dir. Cauvigny. Aller jusqu'à l'église, puis à droite dir. Chantilly sur 1 km. A la Chapelle, l'entrée est en face.

3 chambres avec sanitaires privés, TV et accès internet. Ouvert toute l'année. Petit déjeuner : viennoiseries, gâteaux maison, laitages, fruits, céréales... T. d'hôtes : terrine de champignons, veau au chorizo, crumble... Cour, jardin, parc de 1 ha avec 2 étangs. Prêt de vélos. Restaurants 6 km. Labellisée "Gîte au Jardin".

Compiègne - Oise (60)

N°G205

Luxury

Du Palais au Jardin
Laurence Mommele
3, rue Henri de Sérioux
60200 Compiègne
Tél. 06 16 76 19 24
dupalais.aujardin@orange.fr
www.dupalaisaujardin.com

1 Pers. 100/120 € - 2 Pers. 120/140 € - 3 Pers. 160 €
P. sup. 20 € -

3 chambres et 2 suites avec sanitaires privés, TV, wifi et plateau d'accueil. (180 euros/4 pers.). Ouvert toute l'année. Petit déjeuner : yaourts maison, salade de fruits maison, céréales, viennoiseries, œufs, jambon, bacon... Vélos à disposition. Cour, jardin de 800 m². Restaurant à 50 m.

En passant la grande grille ouvragée, venez découvrir cet hôtel particulier du XIXe siècle, intemporel, chaleureux et convivial, entièrement dédié aux hôtes. Situé à proximité immédiate du Palais de Compiègne, cet hôtel particulier de 300 m², a été reconstruit sur les ruines d'un ancien couvent. Ses meubles d'époque, sa décoration raffinée vous font revivre les fastes des fameuses séries de Compiègne.

Attraits touristiques : palais, théâtre impérial et musée à 50 m. Hippodrome, concours hippique et golf à 200 m. Forêt à 100 m. Piscine à 500 m. Cinéma à 2 km.

Accès : la rue en face du palais de Compiègne.
GPS : l 49°25'4" N - L 2°49'44" E.

Cuvergnon - Oise (60)

N°120

La Maison Blanche
Elisabeth et Eric Motte
79 rue des Marronniers, Villers-les-Potées
60620 Cuvergnon
Tél. 03 44 87 31 16
Port. 06 16 62 83 10
e.motte@wanadoo.fr
www.cuvergnon.com

TH

1 Pers. 75 € - 2 Pers. 85 €
P. sup. 30 € - Repas 35 €

2 chambres avec sanitaires, TV. Ouv. Toute l'année. Petit déjeuner : boissons, pains, viennoiseries, gâteaux, confitures maison, yaourts... T. d'hôtes, menu selon la saison avec si possible les produits du terroir. Ping pong, balançoire, toboggan, grand espace pour jouer au volley ou au foot. Cour, jardin, parc de 0,5 ha. Restaurants 3 km.

Maison bourgeoise, dans le silence d'une nature préservée. Venez goûter l'intimité d'une maison d'hôtes de caractère, la convivialité de son intérieur et l'élégance de sa décoration. "La Maison Blanche" vous accueille pour un séjour ressourçant dans son environnement calme et reposant. Chaque pièce a une décoration coordonnée et soignée.

Attraits touristiques : châteaux de Pierrefonds, Compiègne, Chantilly, vallée de l'Automne. Centre aquatique 9 km. Mer de Sable 34 km. Astérix 39 km. Disneyland 53 km.

Accès : RN2, sortie Ornoy le Davien, dir. D25 jusqu'au panneau Villers les Potées sur la gauche, remonter jusqu'à la place, prendre 1ère à droite.
GPS : l 49°10'46.10 - L 2°59'52.15.

Francastel - Oise (60)

N°148

La Charmeraie
Sylvie Bisserie
7, rue de l'Eglise
60480 Francastel
Tél. 03 44 80 71 77
Port. 06 63 22 66 40
lacharmeraie@gmail.com
www.la-charmeraie.com

TH

1 Pers. 59 € - 2 Pers. 70 € - 3 Pers. 90 €
Repas 25 €

La Charmeraie porte fièrement son nom, c'est une maison pleine de charme, avec des chambres douces comme des friandises et un décor très élégant. Un jardin clos, protecteur, plein de fleurs et de chants d'oiseaux. Des hôtes chaleureux, Sylvie passionnée de déco et Guy vous proposera des visites sur mesure. Cette maison est en fait comme les madeleines de Sylvie, craquante et moëlleuse ! La Charmeraie à représenter la Picardie sur France 2 "La Maison préférée des Français".

Attraits touristiques : Geberoy, Amiens, Beauvais, fête de la Salamandre, foire aux Puces à Crévecoeur-le-Grand, musée de la Vie Rurale, Hétomesnil... Château et tennis 5 km. Forêt 10 km. Pêche et piscine 13 km. Equitation 17 km.

Accès : A16, sortie n°16 puis dir. Crévecoeur-le-Grand. A gauche sur la route Francastel.

2 chambres avec sanitaires privés et wifi. Ouvert toute l'année. Petit déjeuner : gâteaux, brioches et confitures maison, viennoiseries, miel, céréales... T. d'hôtes : flamiche, souris d'agneau aux épices, poulet ou veau au cidre, fraises au muscat, tarte aux mirabelles, ananas au caramel... Billard. Jardin. Ping-pong, vélos. Restaurants 5 km.

Fresnoy-en-Thelle - Oise (60)

N°172

Château de Lamberval
Elise et Marc Lamoureux
41 rue de Lamberval
60530 Fresnoy-en-Telle
Tél. 03 44 26 17 33
Port. 06 89 33 60 45
marc.lamoureux@free.fr
www.lamberval.fr

1 Pers. 60 € - 2 Pers. 85 €
P. sup. 20 € -

Le lieu-dit "Lamberval" existe depuis l'an 1000. 3 constructions se sont succédées : un château fort, un château Renaissance puis la demeure actuelle au XIXe. Elle se caractérise par une architecture épurée avec un corps principal de bâtiment en pierres et briques et de deux tourelles. Propriété de la famille depuis 1936. Ce domaine, riche en histoire, l'est aussi par son activité aujourd'hui. Les propriétaires auront à cœur de vous raconter le passé de leur demeure, l'exploitation agricole et son huilerie.

Attraits touristiques : Chantilly 15 km (château, hippodrome). Beauvais 25 km (cathédrale, musée de la Tapisserie). Equitation, tennis 2 km. Piscine 7 km. Golf 15 km.

Accès : N1 dir. Beauvais puis Fresnoy-en-Thelle. A droite, après la sortie Chambly. Traverser tout le village, "Lamberval" se trouve à droite.

2 chambres et 1 chambre d'enfants, au décor raffiné, donnant sur le jardin et jouxtant un salon octogonal. Sanitaires privés pour chacune. Petit déjeuner : brioches et confitures maison, yaourts, fruits... Salon avec bibliothèque et TV, salle à manger avec cheminée. Cour, jardin, parc, terrasse, salon de jardin. Restaurants à Neuilly-en-Thelle 2 km.

Montreuil-sur-Brèche - Oise (60)

N°G163

Chèque Cadeau

Le Prieuré St-Rémy
Annie Fremeaux
244, rue du Prieuré
60480 Montreuil-sur-Brèche
Tél. 03 44 80 44 08
Port. 06 07 22 21 93
info@leprieuresaintremy.com
www.leprieuresaintremy.com

TH

1 Pers. 80 € - 2 Pers. 85 €
P. sup. 20/30 € - Repas 25 €

4 chambres et 1 suite, toutes avec sanitaires privés et wifi. Ouvert toute l'année. Petit déjeuner : assortiment de confitures maison, miel, jus de fruits, gâteaux maison... Table d'hôtes à base des produits de la ferme et du terroir. Billard. Cheminée. Possibilité massage. Spa. Vélos. Possibilité promenade en attelage. Cour, jardin, parc 3 ha.

Dans un cadre exceptionnel, venez découvrir Le Prieuré Saint-Rémy, une maison de caractère dont l'histoire remonte à 1139, entourée d'un parc arboré de 3 hectares. Alliant charme, sérénité et confort, cet endroit est idéal pour profiter d'un spa en regardant les étoiles et découvrir une nature préservée à pied, à vélo ou en attelage. Un séjour unique où authenticité et détente seront les maîtres-mots. Nouveauté : vous pouvez désormais profiter d'un jardin d'inspiration médiévale.

Attraits touristiques : Beauvais à 18 km. Chantilly, Compiègne, Gerberoy et Amiens à 40 km.

Accès : un plan d'accès vous sera communiqué lors de la réservation.

GPS : l 49°30'30.59"N - L 2°16'51.13"E.

Neuilly-sous-Clermont - Oise (60)

N°G207

Château d'Auvillers
Guillaume Rigault
24, rue de Clermont (postale)
60290 Neuilly-sous-Clermont
Tél. 09 51 06 35 76 - 06 07 73 22 60
Port. 06 11 98 35 99
chateau.auvillers@free.fr
www.chateau-auvillers.com

TH

1 Pers. 125/185 € - 2 Pers. 135/195 €
Repas 40 €

3 chambres et 1 suite avec sanitaires privés, mini-chaîne, accès internet et wifi gratuit. Ouvert du 15.03 au 15.11. Petit déjeuner : viennoiseries, brioche, jus d'orange frais... T. d'hôtes : spécialités périgourdines et marocaines. Balnéo et spa. Parc de 1,3 ha.

Après l'aventure du Manoir de Sarron, Carine et Guillaume sont ravis de vous accueillir dans leur nouvelle demeure alliant l'authenticité d'une maison de famille au confort d'un élégant château plein de charme. A peine à 1 h de Paris dans l'Oise, proche des villes historiques et verdoyantes de Chantilly (15 mn), de Senlis (20 mn) et de Compiègne (25 mn). Bienvenue chez vous !

Attraits touristiques : au delta de Senlis/Chantilly/Compiègne/Beauvais.

Accès : un plan d'accès vous sera communiqué lors de la réservation.

Pierrefonds - Oise (60)

N°107

L'Ermitage de la Fontaine des Roches

Elizabeth Dandoy
74, rue l'Impératrice Eugénie
60350 Pierrefonds
Tél. 03 44 42 85 64
elizabeth.dandoy@wanadoo.fr
www.ermitage-pierrefonds.com

Wi Fi

1 Pers. 50/65 € - 2 Pers. 75/90 €
P. sup. 15/20 € -

Vous serez reçus chaleureusement dans ce joli manoir anglo-normand de la fin du XIXe siècle, adossé à la forêt et dominant une vaste clairière de 10 ha, où chevaux et cervidés sauvages cohabitent en toute quiétude. Le domaine comprend 4 chambres de charme portant chacune le nom d'un carrefour de la forêt de Compiègne.

Attraits touristiques : 15000 ha de forêt, château de Pierrefonds, églises et monuments classés, festival des Forêts (21 juin-21 juillet). Randonnée et VTT sur place. Aérobranche et pêche 1 km. Equitation 2 km. Golf 10 km.

Accès : A1 - Compiègne Sud, sortie n°9 (en venant de Paris) ou sortie n°10 en venant de Lille : suivre Compiègne puis Pierrefonds, 1 km avant l'entrée dans Pierrefonds, à gauche vers "Les étangs de St-Pierre" puis 1ère à droite rue de l'Impératrice Eugnénie.

4 chambres avec sanitaires privés, TV et wifi. Ouvert toute l'année. Petit déjeuner : fromage blanc fait maison, viennoiseries, confitures, jus de fruits... Billard 3 boules. Jardin, parc de 1,3 ha. Bicyclettes à disposition. Poste d'observation de la faune sauvage (apporter ses jumelles). Restaurants entre 1 et 5 km.

St-Etienne-Roilaye - Oise (60)

N°G222

Moulin de Roilaye

Marie et Michel Fournet
13, rue de la Pierrette
60350 St-Etienne-Roilaye
Tél. 03 44 85 96 86
Port. 06 07 70 16 20
contact@moulinderoilaye.com
www.moulinderoilaye.com

TH Wi Fi

1 Pers. 95/160 € - 2 Pers. 110/190 €
Repas 40 €

Bienvenue dans l'Oise, à 5 mn de Pierrefonds et de son château médiéval. Le Moulin de Roilaye est une demeure familiale dans laquelle sont aménagées deux chambres d'hôtes et une suite, superbement décorées avec des matériaux et des tissus de grande qualité. Cette bâtisses du XVIIIe siècle est un havre de sérénité, et aussi l'endroit idéal pour concilier repos et découverte du patrimoine local.

Attraits touristiques : château de Pierrefonds, musées de Compiègne, sites de la Guerre 14-18. Forêt sur place. Tennis et équitation 3 km. Golf 17 km.

Accès : vous êtes à 3 km de Pierrefonds.
GPS : l 49°36'88"N - L 3°01'96"E.

2 chambres et 1 suite, chacune avec sanitaires privés, TV, climatisation et wifi. Petit déjeuner : viennoiseries, céréales, charcuterie, fromage... Table d'hôtes sur réservation. Billard, baby-foot, piano. Ping-pong. Rivière. Jardin, parc de 1 ha. Restaurant à 3 km.

St-Félix - Oise (60)

N°186

Villa les Iris
Jacqueline Cécile Mariani-Prin
100, rue des Heilles
60370 St-Félix
Tél. 03 44 07 00 24 - 06 38 65 15 71
Port. 06 80 95 31 17
jakprin@orange.fr
www.villalesirisstfelix.fr

TH

1 Pers. 65 € - 2 Pers. 80 € - 3 Pers. 100 €
P. sup. 25 € - Repas 30 €1/2 pens. 140 €

5 chambres avec sanitaires privés, TV, accès internet, wifi. Ouv. toute l'année sauf du 25.12 au 10.01. Petit déjeuner : confitures maison, laitage, fromage, œufs coque... T. d'hôtes, cuisine italienne et française : magret de canard, tartes maison, sauté de veau aux cèpes... Étang de pêche. Parc de 5000 m². Restaurants 2,5 km et 7 km.

Bordée d'un plan d'eau, jolie maison de maître de 1930, style "Art Déco", calme et romantique. Vous serez séduits par lé décoration raffinée des chambres, et pourrez profiter du parc pour flâner au vent.

Attraits touristiques : cathédrale de Beauvais 20 mn. Château de Chantilly 25 mn. Compiègne 40 mn.

Accès : un plan d'accès vous sera communiqué lors de la réservation.

St-Germer-de-Fly - Oise (60)

N°114

Les Chambres de l'Abbaye
Chloé Comte
2, rue Michel Greuet
60850 St-Germer-de-Fly
Tél. 03 44 81 98 38
Port. 06 09 27 75 41
comte.resa@free.fr
www.chambres-abbaye.com

TH

1 Pers. 80/90 € - 2 Pers. 95/100 € - 3 Pers. 125 €
P. sup. 25 € - Repas 29 €

2 chambres doubles et 1 suite avec sanitaires privés. Ouv. Toute l'année sauf les 24 et 25.12. Petit déjeuner : confitures, cakes et compotes maison, charcuterie et fromages de producteurs. T. d'hôtes : poulet à la mangue, foie gras, terrines viandes, légumes... Prêt de vélos. Cour, jardin 6000 m². 2 restaurants à 50 m.

Entre Normandie et Picardie, à 90 km de Paris, une grande bâtisse entre jardins et verger offre des chambres très spacieuses (32 à 45 m²). Au mobilier de famille et aux gravures anciennes, se mèlent les œuvres d'un peintre contemporain dont l'atelier jouxte la maison. Chloé propose à sa table d'hôtes une cuisine variée toujours en accord avec son humeur. Les Chambres de l'Abbaye sont sur l'avenue verte London-Paris et ont reçu le label Accueil Vélo.

Attraits touristiques : Abbatiale de St-Germer, les étangs des tourbières, balades, pêche. Gerberoy (village classé), cathédrale de Beauvais. Randonnées à vélo et à pied. Centre équestre dans le village. Parc d'attractions et parc animalier à 15 km.

Accès : A15 dir. Rouen, sortie n°17 Dieppe. Après Sérifontaine, suivre St-Germer-de-Fly. De Rouen ou Beauvais, prendre la N31.
GPS : l 49°26'3868 - L 1°46'5773".

St-Germer-de-Fly - Oise (60)

N°G209

Le Clocher du May
Corinne Thebaud
4, rue de Fla
60850 St-Germer-de-Fly
Tél. 03 44 82 12 43
Port. 06 75 40 16 98
contact@leclocherdumay.fr
www.leclocherdumay.fr

1 Pers. 80 € - 2 Pers. 100 € - 3 Pers. 120 €
P. sup. 20 € -

1 chambre et 1 suite avec sanitaires privés, TV et internet. Ouvert toute l'année. Petit déjeuner à base de produits bio faits maison. Stationnement dans la propriété. Parking découvert ou bien couvert non clos (voitures, motos...). Terrasse et salon de jardin à disposition. Cour, jardin de 2500 m². Restaurant 3 km.

Le Clocher du May vous propose deux chambres d'hôtes dans l'Oise, au coeur du Pays de Bray. Vous serez séduits par le cadre agréable et typique de la région, en bordure de la Picardie verte et de la Normandie. Natifs de cette belle région, les propriétaires sauront vous guider avec goût et subtilité pour vous sortir des sentiers battus et vous diriger vers les meilleures adresses.

Attraits touristiques : L'abbaye de St Germer de Fly. Rouen, la capitale historique de la Normandie. La Cathédrale Gothique de Beauvais. Le jardin du peintre André Van Beek à St-Paul. La ville fleurie de Gerberoy, un des plus beaux villages de France.

Accès : RN31 entre Beauvais et Gournay en Bray, tourner à St-Germer-de-Fly. Prendre centre ville puis dir. Du Coudray St-Germer (route face à l'abbaye). A la sortie du village, faire 1 km, puis à gauche (Fla) sur 200 m, 2e maison à droite.

St-Martin-aux-Bois - Oise (60)

N°G191

Clos de l'Abbaye
Mélanie et Julien Cuypers
520 rue de l'Abbaye
60420 St-Martin-aux-Bois
Tél. 06 80 68 09 53
clos.abbaye.stmartin@gmail.com
www.chambres-hotes-picardie.com

2 Pers. 90/110 €

2 chambres et 1 suite avec sanitaires privés, TV, internet et wifi. Petit déjeuner : croissants, confiture maison, yaourts, jus de fruits. Parc, salon de jardin, terrasse, cheminée. Parking fermé. Cours de patine sur demande. VTT à disposition. Restaurant en face. 140 euros/4 pers.

Laissez-vous séduire par cette propriété alliant charme et histoire. Mélanie et Julien vous accueillent chaleureusement au Clos de l'Abbaye, face à l'abbaye, dans un colombier du XIIe siècle ayant conservé ses niches originelles, ainsi que dans leur demeure du XVIIe à la décoration esprit "campagne chic". Le calme des lieux et l'atmosphère magique vous charmeront.

Attraits touristiques : Paris 1 h. Compiègne 20 km. Pierrefonds, randonnée. Parc Astérix. Golf 12 km.

Accès : A1 (Lille-Paris), sortie Ressons est puis aller à Cuvilly. Au rond-point de Cuvilly, prendre dir. Tricot. Au rond-point de Tricot, prendre dir. St-Martin-aux-Bois.
GPS : l 49°31'20"N - L 2°34'10"E.

Tracy-le-Mont - Oise (60)

N°115

La Maison Bleue

Valérie Multon-Degroote
2, rue St-Antoine
60170 Tracy-le-Mont
Tél. 03 44 36 78 30
Port. 06 64 28 12 22
degrootevalerie@wanadoo.fr
www.chambredhotes-tracy-oise.fr

Wi Fi

1 Pers. 55 € - 2 Pers. 70 € - 3 Pers. 90 €
P. sup. 20 € -

1 chambre en mezzanine avec sanitaires privés, TV et wifi. Ouvert toute l'année. Petit déjeuner : viennoiseries, confitures maison, laitages fermiers, fruits de saison... Petite cuisine à disposition. Salon de détente avec feu de cheminée. Cour, jardin. Petite véranda donnant accès au jardin. Parking fermé.

Jolie chambre d'hôtes dans une maison indépendante (type longère picarde en pierre de taille), rénovée avec goût, tout en préservant le côté ancien des lieux avec un mobilier d'époque restauré. Vos hôtes vous serviront le petit déjeuner dans leur maison, et vous feront déguster les produits locaux fermiers ou de fabrication maison.

Attraits touristiques : châteaux de Compiègne, Pierrefonds, Chantilly. La clairière de l'Armistice à Rethondes, parcours de randonnée mémoire14-18 à Tracy-le-Mont. VTT, forêt et randonnée sur place. Parc d'attractions 60 km.

Accès : situé entre Compiègne 15 km, Noyon 15 km et Soissons 20 km.
GPS : l 49°28'6.51N - L 3°024.84'E.

Vauciennes - Oise (60)

N°181

Manoir du Plessis au Bois

Diane et Paul-Etienne Lehec
4, rue du Château
60117 Vauciennes
Tél. 03 44 88 46 98
Port. 06 08 50 38 09
pelh@orange.fr
www.chambresauchateau.fr

1 Pers. 90 € - 2 Pers. 110 € - 3 Pers. 135 €
P. sup. 25 € -

1 chambre et 1 suite avec sanitaires privés, parquet. Ouvert toute l'année. Petit déjeuner : pain bucheron, brioche feuilletée, confiture maison, miel, oranges pressées, yaourts, fruits en provenance du jardin selon saison, boissons chaudes. Cours intérieures et 7 jardins, bassin, potager et verger.

Le Manoir du Plessis au Bois, situé en lisière de la forêt domaniale de Retz domine la vallée de l'Automne. Entièrement clos de mur, il est composé d'un vieux logis, d'une tour donjon hexagonale en brique et pierre, d'une aile Renaissance, d'une tour d'entrée et d'un colombier carré. Lieu empreint de sérénité et de calme absolu. Inscrit aux Momuments Historiques.

Attraits touristiques : Compiègne, Pierrefonds, Senlis, Chantilly... Nombreux châteaux, musées, églises, jardins dans le Valois. Equitation, tennis, piscine 7 km. Pêche sur étangs 3 km. Golf 20 km.

Accès : A1 et RN2 sortie Vez, Vauciennes puis à droite suivre les panneaux Plessis au Bois sur 2 km.
GPS : l 49°13'Nord - L 3°1'14"Est.

Aumont - Somme (80)

Au sein d'un écrin de verdure dans un parc boisé, Stéphanie Danzel d'Aumont a créé 4 chambres d'hôtes dans les communs du château datant du XVIIe et XVIIIe siècle. La décoration est raffinée et les chambres spacieuses. Elles diposent chacune de salle de bain et de wc indépendant. Chacune de salle de bains et de wc indépendant. Chacune à sa propre personnalité ainsi qu'une décoration et un aménagement spécifique. Une des chambres est une suite pouvant accueillir une famille.

Attraits touristiques : Visite du château de Rombures, Festival de St Riquier. Cathédrale d'Amiens. Musée Jules-Vernes d'Amiens. Baie de Somme à 40 mn.

Accès : Du sud par A29 sortie 13 direction Airaines (10 km), du Nord par A16 sortie 22 (Abbeville Est) prendre direction de Poix de Picardie (25 km)
GPS : l 49,8851 N - L 1,9270 E.

N°20913

Les Chambres d'Aumont
Stéphanie Danzel d'Aumont
2, rue d'Hornoy
80640 Aumont
Tél. 03 22 90 67 16
Port. 06 11 65 68 03
stephanie@chambresdaumont.fr
www.chambresdaumont.fr

Wi Fi

1 Pers. 85 € - 2 Pers. 92 € - 3 Pers. 130 €
P. sup. 20 € -

3 chambres avec salle de bains et wc privée et 1 suite avec salle de bains et douche. Ouvert toute l'année. Petit déjeuner : thé, café, chocolat, pain, croissant, pain au chocolat, jus de fruit frais, fruis frais, charcuterie, gâteaux, yaourts. Vélos, ping-pong, trampoline, box à disposition pour chevaux. Restaurant à 10 mn.

La Faloise - Somme (80)

Fermette picarde de 1820, dans un cadre enchanteur et paisible. Beau jardin paysager, en bordure de bois où fleurs, senteurs, espaces intimes invitent à la détente. Les chambres sont aménagées avec des meubles chinés et peints avec raffinement. Un savoureux petit déjeuner vous est proposé dans la salle à manger, près de la cheminée.

Attraits touristiques : Amiens, Beauvais, Côte Picarde… Viste de jardin et équitation 4 km. Piscine 8 km.

Accès : un plan d'accès vous sera communiqué lors de la réservation.
GPS : l 49.6982361 - L 2.34043611.

N°20216

Couleur et Jardin
Marie-Christine Serraz
20-22 rue de l'Eglise
80250 La Faloise
Tél. 03 22 41 41 88
Port. 06 86 86 86 80
contact@couleuretjardin.com
www.couleuretjardin.com

Wi Fi

1 Pers. 55 € - 2 Pers. 72 € - 3 Pers. 87 €

5 chambres avec sanitaires privés. Ouvert toute l'année. Petit déjeuner : jus de fruits, viennoiseries, petites gourmandises à base de laitage, fruits frais ou cuits… Salle de détente avec piano, bibliothèque, salon (TV). Jardin paysager, chaises longues, hamac, cour. Retaurants 8 km.

Port-le-Grand - Somme (80)

N°55

Le Bois de Bonance
Jacques et Myriam Maillard
80132 Port-le-Grand
Tél. 03 22 24 11 97
Port. 06 07 66 90 03
contact@bonance.com
www.bonance.com

1 Pers. 70 € - 2 Pers. 80 €
P. sup. 25 € -

1 ch. au 1er ét., 1 ch. et 1 suite de 2 ch. au 2e ét., avec sanitaires privés. Suite 4 pers. : 140 euros. Ouvert du 1er mars au 31 octobre. Salon avec TV au 1er étage. Wifi et connextion web. Parc de 3 ha. Animaux admis sous réserve. Restaurants 5 et 10 km.

Dans une maison en brique rose construite à la fin du XIXe siècle, entourée d'un parc fleuri d'inspiration anglaise, vous séjournerez en toute tranquillité. Aux beaux jours, vous apprécierez la piscine familiale après les nombreuses activités qu'offre la région : promenades sur les plages, visites des abbayes et des châteaux, golf...

Attraits touristiques : Mer, tennis, voile 10 km. Parc ornithologique du Marquenterre. Golf, équitation, pêche 4 km. Randonnées sur place. Forêt 6 km.

Accès : A28. A Abbeville-baie de Somme, dir. St-Valery/Somme D40, à l'entrée de Port-le-Gd 8 km, à droite sur 2 km. A28 de Rouen, sortie Baie de Somme. A16, sortie n°23 dir. St-Valery/Le Crotoy.
CM 301 - Pli D7. GPS : l 50.1550 - L 1.772.

Toeufles - Somme (80)

N°1109

Manoir de Chaussoy
Catherine et Jean-Pierre Clipet
Hameau de Chaussoy
80870 Toeufles
Tél. 03 22 23 37 74
Port. 06 10 16 47 23
info@manoirdechaussoy.fr
www.manoirdechaussoy.fr

TH

2 Pers. 100 €
P. sup. 30 € - Repas 25 €

3 chambres au 1er étage de la maison des propriétaires. 1 ch familiale (1 lit 140, 1 lit 90 dans le salon) avec sde et wc indép. 1 ch familiale (1 lit 160, 1 lit 90 dans l'alcôve du salon) avec sdb et wc indép. Poss. couchage suppl en duplex, sous les combles. 1 suite (1 lit 160) avec sde et wc indép. Parc de 2 ha. Sauna. Ouvert touite l'année.

Au cœur de la vallée de la Trie, à quelques kilomètres de la Baie de Somme, le Manoir de Chaussoy bordé de prés et de bois, est un havre de paix. Le manoir et ses dépendances ont été rénovés pour offrir 3 chambres d'hôtes et une table d'hôtes vous offrant l'occasion de découvrir ou redécouvrir la cuisine du terroir. Cette demeure du XVIIIe a la faculté d'accueillir et de choyer ceux qui la découvrent.

Attraits touristiques : St-Valéry-sur-Somme, cité médiévale au charme envoutant. Cayeux-sur-Mer, au sud de baie de Somme. Le Hâble d'Ault et son étonnante ambivalence, entre mer et marais. Au Nord , Le Crotoy, charmant village de pêcheurs.

Accès : de Paris : A16, sortie 23. Après le péage, prendre A28 (dir. Rouen, Eu, le Tréport), sortie 2. Puis D925 dir. Friville-Escarbotin. 4 km après, dans le village de Miannay, 3e route à gauche (dir. Toeufles).
GPS : l 50,07266667 - L 1,71369444.

POITOU-CHARENTES

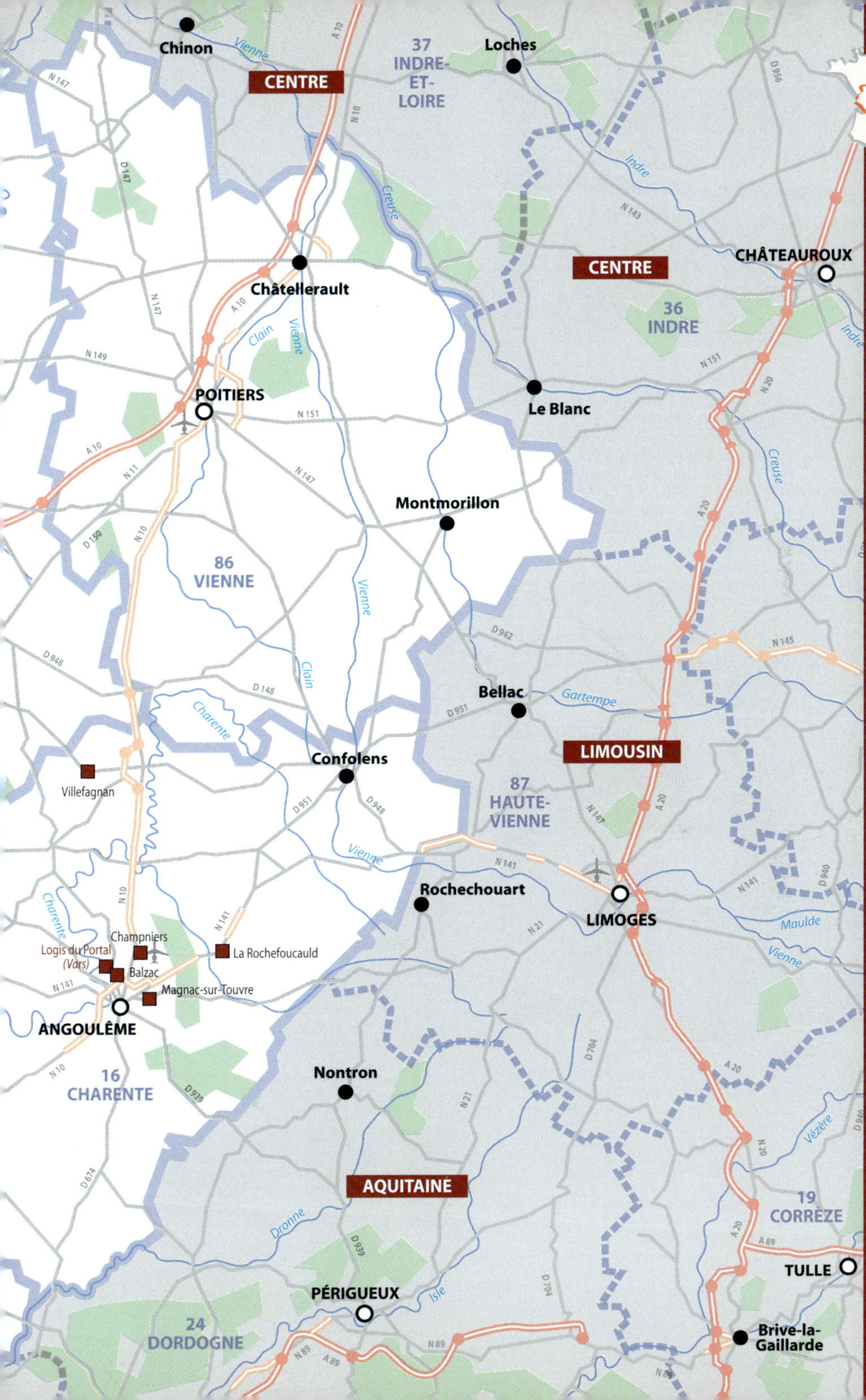
Chinon
Vienne
A 10
37
INDRE-
ET-
LOIRE
Loches
CENTRE
N 147
D 956
N 10
Indre
D 147
Creuse
N 143
Châtellerault
CENTRE
CHÂTEAUROUX
N 147
A 10
Clain
Vienne
36
INDRE
Indre
N 149
N 151
N 20
POITIERS
Le Blanc
N 151
A 10
N 11
N 147
Creuse
Montmorillon
A 20
D 150
N 10
86
VIENNE
Vienne
D 942
N 145
D 948
Clain
D 148
Bellac
Gartempe
D 951
Charente
LIMOUSIN
Confolens
Villefagnan
87
HAUTE-
VIENNE
D 951
D 948
N 147
A 20
Vienne
N 141
Rochechouart
LIMOGES
N 141
D 940
N 10
Charente
Champniers
Logis du Portal
(Vars)
N 141
La Rochefoucauld
Balzac
N 21
Maulde
Vienne
N 141
Magnac-sur-Touvre
ANGOULÊME
D 704
16
CHARENTE
N 10
D 939
Nontron
A 20
N 21
N 20
Vézère
D 940
D 674
AQUITAINE
19
CORRÈZE
Dronne
D 939
A 20
A 89
TULLE
D 704
PÉRIGUEUX
Isle
24
DORDOGNE
N 89
A 89
N 89
Brive-la-
Gaillarde
N 89

Balzac - Charente (16)

N°16G9618

Chèque Cadeau

Le Clos du Charpentier
Marie-Claire Bouchaud
4, rue des Courly
16430 Balzac
Tél. 05 45 68 28 39
Port. 06 74 14 97 01
mcbouchaud@wanadoo.fr

Wi Fi

1 Pers. 59 € - 2 Pers. 69 € - 3 Pers. 84 €
P. sup. 15 € -

4 chambres indépendantes et de plain-pied, avec sanitaires privés (1 avec lit en mezzanine), et coffre-fort. Ouvert toute l'année. Petit déjeuner : jus de fruits, fruits, confitures et gâteaux maison. Piscine intérieure chauffée de 8 m² (nage contre-courant, jets de massage), petite salle de sport. Salon de lecture. Sauna en annexe. Cour, jardin.

Marie-Claire et Joël vous accueillent chaleureusement dans leur maison en pierres de pays située au cœur d'un petit village aux portes d'Angoulême. Pour un séjour bien-être et détente : séance sportive dans la petite salle de sport, sauna avec luminothérapie, nage dans la piscine chauffée à 34°. Le soir, le salon de lecture est ouvert pour dévorer les bandes dessinées. La pièce de séjour qui donne directement sur la piscine intérieure, posède un superbe sol en cœurs de demoiselle.

Attraits touristiques : tennis et chemin de randonnée 500 m. Vallée de la Charente : pêche 200 m, baignade 2 km, canoë et voile 4 km. Angoulême (Festival de la BD, Musiques Métisses) 7 km.

Accès : à 7 km au nord d'Angoulême, dans la Vallée de la Charente.
GPS : l 45.70821400 - L 0.14532200.

Champniers - Charente (16)

NOUVEAUTÉ

N°16G9607

Chèque Cadeau

La Templerie
Claudine Richon
440 rue des Lys
16430 Champniers
Tél. 05 45 68 73 89 - 05 45 68 49 00
Port. 06 87 13 14 65
richon.jean@wanadoo.fr
www.latemplerie-richon.fr

Wi Fi

1 Pers. 50 € - 2 Pers. 65 € - 3 Pers. 85 €
P. sup. 20 € -

4 chambres (2 au rdc) et 1 ensemble familial de 2 chambres, toutes avec sanitaires privés. Ouvert toute l'année. Petit déj : boissons chaudes, jus de fruits, pains variés, gâteaux maison, fromage, laitages et charcuterie. Salle de jeux. Piscine, ping-pong. Pour les enfants : vélos, portique et cabane dans les arbres. Parc de 4000m².

Sur une vaste propriété viticole aux portes d'Angoulême, l'ancienne grange charentaise a été transformée en une maison d'hôtes conviviale et chaleureuse. A deux pas de la ville, la Templerie est une étape de charme dans le cadre verdoyant de son parc arboré avec piscine et terrasse couverte. Une grande pièce de vie avec salon et cheminée est à disposition des hôtes.

Attraits touristiques : Angoulême 7 km : festival de la BD, Circuit des Remparts, festival Musiques Métisses, musée des Beaux-Arts, musée du Papier, vieille ville.

Accès : à 7 km au nord d'Angoulême.
GPS : l 45.70947000 - L 0.16943000.

Chassors - Charente (16)

N°16G9419

Chèque Cadeau

Logis de Guîtres
Corinne et Philippe Aubriet
10, rue la Cadois
16200 Chassors
Tél. 05 45 83 21 57
Port. 06 74 90 69 22
aubriet@aubriet.com
www.logisdeguitres.com

1 Pers. 75/85 € - 2 Pers. 75/130 € - 3 Pers. 130 €

3 chambres et 1 suite avec sanitaires privés. Ouvert du 01.04 au 15.10 (sur réservation). Petit déjeuner : confitures et pâtisseries maison, jus de fruits frais, laitages... Salle à manger et salon à disposition. Parking dans cour fermée. Possibilité garage. Jardin, parc 1 ha. Salon de jardin, ping-pong. Petits chiens acceptés sous conditions.

A la sortie de Jarnac, le Logis de Guîtres est un lieu plein de charme situé au cœur du vignoble. Corinne et Philippe vous accueillent dans cette ancienne "maison de cognac" des XVIIIe et XIXe siècles, parfaitement restaurée. Ils vous proposent de belles chambres romantiques aux noms exotiques. Une étape de charme dans l'Ouest Charente.

Attraits touristiques : Maisons de Cognac, circuit des églises médiévales, art roman. Blues Passion (juillet). Coupe d'Europe de Montgolfières (août). Golf 6 km. Equitation 3 km. Tennis 1 km. Quad 3 km. Randonnée sur place.

Accès : de Paris par Poitiers. A Jarnac, à droite avant le pont, sur le quai de l'Orangerie puis dir. Luchac (D22) et à droite vers Guîtres. Suivre panneau "Gîtes de France".
GPS : l 45.423240 - L 0.114980.

Lachaise - Charente (16)

N°16G9317

Domaine de Pladuc
Odile et Karl Latreille et Guillemyn
16300 Lachaise
Tél. 05 45 78 21 80
domaine.pladuc@gmail.com
www.pladuc.com

TH

1 Pers. 105/115 € - 2 Pers. 105/115 € - 3 Pers. 120 €
P. sup. 15 € - Repas 30 €

3 chambres et 1 suite de 2 chambres, toutes avec sanitaires privés. Ouvert toute l'année. Petit déj. : pain et cake maison, jus de fruits, yaourts, confitures maison. T. d'hôtes : produits frais cuisinés "maison", choisis au marché ou chez les producteurs locaux. Salle à manger avec chem., salon avec chem., bibliothèque et piano.

NOUVEAUTÉ

Le Domaine de Pladuc vous accueille entre mer et vignobles, aux portes des grands crus bordelais. Calme, détente, gastronomie... Voici les attraits proposés pour venir vous reposer le temps d'un week-end ou de vacances, dans un cadre élégant et une nature généreuse. Trois chambres et une suite familiale ont été aménagées dans cette ancienne maison de maître (XIXème) restaurée, en bord de rivière. Parc de 1 ha avec piscine, parking sur la propriété. Salle de réception dans l'ancien chai (cent personnes).

Attraits touristiques : Route du Cognac, Château des Enigmes, base de loisirs de Jonzac, Aubeterre-sur-Dronne. Festivals de la Bande Dessinée et Cognac Blues Passion. Mer 70 km.

Accès : A Châteauneuf sur Charente, prendre la D699 direction Archiac. Pladuc à 5 km avant Archiac.
GPS : l 45.53410000 - L -0.24908000.

Magnac-sur-Touvre - Charente (16)

N°16G9605

Chèque Cadeau

Le Clos St-Georges
Nadine Jacquemin
rue de Bel Air
16600 Magnac-sur-Touvre
Tél. 05 45 68 54 33
Port. 06 83 21 36 86
nadjacq@voila.fr
http://clos-st-georges.site.voila.net

Wi Fi

1 Pers. 65 € - 2 Pers. 70 € - 3 Pers. 85 €
P. sup. 15 € -

4 chambres 2 pers. et 3 pers. avec sanitaires privés. Ouvert toute l'année. Petit déjeuner : jus de fruits frais, pâtisseries maison, viennoiseries, confitures maison, yaourts, kiwis, pommes au four. Jardin. Parking. Piscine privée. 2 vélos. GR4 et GR36 passent devant la propriété. Equipement bébé à disposition.

Aux portes d'Angoulême (9 km), sur le chemin de la Dordogne, cette belle demeure charentaise rénovée, avec piscine privée vous ouvre ses portes. Vous pourrez bénéficier d'une vue panoramique sur la forêt de Bois Blanc et sur la campagne charentaise. Calme garanti et un accueil convivial assuré.

Attraits touristiques : Festival de la BD en janvier. Circuit des Remparts en septembre. Equitation et tennis 5 km. Pêche 3 km. Golf 8 km. Baignade 12 km. Canoë 6 km.

Accès : prendre la D939 dir. Périgueux. Après le panneau "Maison Neuve", tourner à gauche sur "ZE La Penotte" sur 1,5 km puis à droite "rue de Bel Air".
GPS : l 45.382652 - L 0.144585.

La Rochefoucauld - Charente (16)

N°16G9510

Le Jardin St-Florent
Alain Ricouard
1, rue St-Florent
16110 La Rochefoucauld
Tél. 05 45 23 94 30
jsf@jardinsaintflorent.com
www.jardinsaintflorent.com

TH Wi Fi

1 Pers. 60 € - 2 Pers. 66/85 € - 3 Pers. 85 €
P. sup. 15 € - Repas 24 €

1 chambre 2 pers. et 1 suite de 2 ch. (4 pers.) avec sanitaires privés. (95 euros/4 pers.). Ouv. Toute l'année. Petit déjeuner : jus de fruits, pâtisseries/confitures maison, compotes... T. d'hôtes : lapin au pineau, tourtes et tartes salées et sucrées... Salon, biblio., jeux société. Cour, jardin en bord de rivière, salon de jardin.

Au cœur de la vieille ville, à 200 m du château de La Rochefoucauld, une chambre et une suite familiale ont été aménagées dans la maison du Jardin Saint-Florent, qui date en partie du XIVe siècle. Le jardin, remarquable, invite à la détente dans ses chambres de verdure. Au bord de la rivière, maison et jardin vous offrent un cadre raffiné.

Attraits touristiques : Château de La Rochefoucauld et vieille ville (cloître, musée...). Festivals : BD, Musiques Métisses, Confolens. Circuit des Remparts. Lacs de Haute Charente. Piscine 500 m. Tennis 1 km. Golf 20 km. Equit. 5 km.

Accès : dir. Château de La Rochefoucauld. Place de Gourville, prendre la rue des Tanneurs jusqu'au pont sur la Tardoire. 1ère maison à droite après le pont.
GPS : l 45.442011 - L 0.225646.

Vars - Charente (16)

N°16G9104

Logis du Portal
Liliane Berthommé
16330 Vars
Tél. 05 45 20 38 19
Port. 06 08 03 23 09
logis-du-portal@netcourrier.com
www.logis-du-portal.fr

1 Pers. 70/88 € - 2 Pers. 80/100 € - 3 Pers. 125/140 €
P. sup. 25 € -

2 chambres (lit 140), sanitaires privés avec vue sur les jardins ou la Charente. 1 suite familiale de 2 chambres réservables seules (lit 160, 2 lits 90), sanitaires privés, 170 euros/4 pers. Ouvert du 15.03 au 31.10, Noël et Festival BD. Petit déj. : produits frais régionaux. Parc 2 ha, île privée, jardin, salons, piscine, jeux. Cuisine à disposition.

Le Logis du Portal (1642, ISMH depuis 2006) se découvre sur les bords de la douce Charente, dans un écrin de verdure. Caché derrière un magnifique portail flanqué de deux pavillons carrés, le logis à deux niveaux d'ouverture adopte un plan rectangulaire. Un campanile réhaussé d'acrotères se dresse au-dessus de sa porte d'entrée d'époque, cantonnée de deux pilastres et entablement mouluré. Les dépendances cernent une cour rectangulaire agrémentée d'un jardin à la Française. Un séjour dans une ambiance raffinée et chaleureuse.

Attraits touristiques : Angoulême, festival de la BD, Piano en Valois, abbaye de St-Amant-de-Boixe. Baignade 500 m. Canoë, équitation 4 km.

Accès : par la N10. A 11 km au nord d'Angoulême, prendre le CD11 dir. Vars. Traverser Vars. Le Logis est à 1 km de la sortie, à droite.
GPS : l 45.76585000 - L 0.11105000.

Villefagnan - Charente (16)

N°16G9110

Le Logis des Tours
Chantal-Marie Duvivier
2, rue du Temple
16240 Villefagnan
Tél. 05 45 31 74 25
Port. 06 82 02 25 71
chantal.duvivier.fancy@wanadoo.fr
www.logis-des-vieilles-tours.com

TH

1 Pers. 75 € - 2 Pers. 85/90 € - 3 Pers. 120 €
P. sup. 30 € - Repas 25 €

3 chambres 2 pers., 1 suite de 2 ch. (5 pers.), chacune avec sanitaires privés et internet. Ouvert toute l'année. Petit déjeuner : yaourt maison, croissants ou gâteaux, confitures maison, fruits, fromage... T. d'hôtes (sur réservation) : farci, pâtés, soufflé au fromage, fruits de mer... Jeux de société. Piscine chauffée. Croquet, ping-pong.

Dans un village authentique où règne la belle pierre charentaise, vous serez chaleureusement accueillis dans cet ancien château, patrimoine historique du XVe siècle. Son parc, sa roseraie et sa piscine chaufffée en font un lieu particulièrement poétique. Vous disposerez de chambres spacieuses aux noms musicaux et à la décoration douce et raffinée.

Attraits touristiques : au croisement des 4 départements Poitou-Charentes. Jolis villages de Nanteuil, Verteuil et Tusson. Jardins du Ruffecois, art roman, festivals de Confolens et d'Angoulême.Tennis 300 m. Equitation 500 m. Pêche, baignade 1 km. Canoë 10 km.

Accès : par la N10, sortir à Ruffec et suivre la direction Villefagnan (D740).
GPS : l 46.04316 - L 0.45304.

Archingeay - Charente-Maritime (17)

N°17G5114

Les Hortensias
Marie-Thérèse Jacques
16, rue des Sablières
17380 Archingeay
Tél. 05 46 97 85 70
Port. 06 50 02 05 15
jpmt.jacques@wanadoo.fr
www.chambres-hotes-hortensias.com

TH

1 Pers. 59 € - 2 Pers. 62/69 € - 3 Pers. 89 €
P. sup. 20 € - Repas 24 €

2 ch. (dont 1 acces. à 1 pers. hand.) et 1 suite, toutes avec sanitaires privés. Ouv. toute l'année. Petit déj. : yaourts, gâteau de pays, confitures. Salle de réception indépendante avec espace pique-nique. Parking dans cour fermée, jardin, parc (potager), verger. Table d'hôtes sur réservation.

Demeure charentaise restaurée dans le respect de l'architecture locale, sur une ancienne exploitation viticole. Les chambres ont été joliment décorées et possèdent de beaux meubles charentais. Vaste jardin fleuri, verger et petit parc. En fonction de vos goûts, votre hôte saura vous conseiller utilement dans la découverte de sa région.

Attraits touristiques : musée dans le village. Monuments, églises romanes. Saintes. Corderie royale et musées à Rochefort. Abbaye de St.Jean-d'Angély. Mer 35 km : Ile d'Oléron, Royan. Pêche, tennis, piscine 3 km.

Accès : sur la D739, entre Rochefort et St.Jean-d'Angély, à Tonnay-Boutonne, D114 vers Archingeay. Dans le bourg, dir. Les Nouillers et suivre fléchage.
GPS : l 45.9312300 - L 0.7041600.

Coulonges - Charente-Maritime (17)

N°17G9333

Catherine Renaud
Le Brandard, 32, rue des Petits Prés
17800 Coulonges
Tél. 05 46 49 79 95
Port. 06 37 53 09 47
cat.jch.renaud@gmail.com
http://pagesperso-orange.fr/petits-pres/

TH

1 Pers. 65 € - 2 Pers. 70 € - 3 Pers. 90 €
P. sup. 20 € - Repas 20 €

2 chambres avec sanitaires privés. Ouvert toute l'année. Petit déjeuner : fruits, confitures, pain d'épices, brioche, toasts... Table d'hôtes sur réservation : mardi, jeudi et vendredi (cuisine régionale). Ping-pong, vélos. Cour, jardin, parc de 7000 m². Restaurant "La Gourmandière" à 5 km à Pérignac. Cognac et Pons 17 km.

Cette ancienne ferme charentaise du XIX siècle, superbement rénovée vous propose deux chambres d'hôtes très raffinées avec lits à baldaquin. Le mobilier de grande qualité (charentais et ancien) confère à ce lieu un charme d'antan. Authenticité et élégance constituent un heureux mariage dans cet endroit de villégiature.

Attraits touristiques : chais et distilleries à Cognac 15 km (visite et dégustation). Jonzac, ville thermale à 20 km (château, centre aquatique...). Pêche 3 km. Piscine et tennis 15 km. Golf et équitation 20 km. Plage 50 km.

Accès : à Pons dir. Archiac par la D700. A Echebrune, à gauche dir. Coulonges. Après le panneau d'entrée du village, tourner à droite dir. "Le Brandard".
GPS : l 45.598009 - L 0.412532.

La Gripperie St-Symphorien - Charente-Maritime (17)

N°17G6505

La Contadine
Heidi et Daniel Zelus
Le Grand Breneau
17620 La Gripperie Saint-Symphorien
Tél. 05 46 82 03 34
Port. 06 17 70 76 64
contact@lacontadine.com
www.lacontadine.com

1 Pers. 66/70 € - 2 Pers. 74/78 € - 3 Pers. 96 €
P. sup. 20 € -

4 chambres avec sanitaires privés. Ouv. toute l'année. Petit déjeuner : jus de fruits, viennoiseries ou pâtisseries maison, yaourts ou fromage blanc, confitures... Salon/biblio. (cheminée). Jeux de société. Spa, jardin, cour, garage sur dem., jeux de plein air, vélos, salons de jardin. Forfait bien-être à la carte par esthéticienne.

Heidi et Daniel vous accueillent dans leur superbe demeure du XVIIIe siècle. Quatre chambres indépendantes et de grand confort sont aménagées dans l'ancienne grange. Chacune est personnalisée en référence au patrimoine local ou à l'histoire de la région. Loin de l'agitation, entre terre et mer, vous y apprécierez le calme et l'authenticité du lieu.

Attraits touristiques : La Côte Sauvage, La Palmyre, Les Iles de Ré, d'Oléron, d'Aix. Circuits d'Art Roman Saintongeais, les fortifications maritimes... Etang de pêche 4 km. Piscine 7 km. Aéroclub 15 km. Plages, golf, voile 20 km.

Accès : de Paris ou Bordeaux A10, sortie n°35 à Saintes. Suivre dir. Ile d'Oléron (D728). Au carrefour de Cadeuil, à droite dir. Rochefort/La Gripperie, puis suivre indications "La Contadine".
GPS : l 45.7813200 - L 0.9430400.

Marennes - Charente-Maritime (17)

N°17G6530

La Cayenne
Monique et Jean-Marie Papazoglou
25, rue des Martyrs
17320 Marennes
Tél. 05 46 85 45 52
demeureduport@orange.fr
www.demeureduport.fr

1 Pers. 70 € - 2 Pers. 80 €

1 chambre (lit 160 à commande) et 1 chambre (2 lits 1 pers.) avec coin-salon, chacune avec mini-bar, coffre-fort, wifi et sanitaires privés (de plain-pied avec entrée indépendante). Chauffage central. Petit déjeuner : viennoiseries, pain frais, confitures et compotes maison, fruits de saison... Parking privé. Restaurant 50 m.

Jolies chambres d'hôtes spacieuses et raffinées chacune avec entrée indépendante, aménagées dans un ancien logis des douanes du port ostréicole de la Cayenne. Les chambres avec terrasses meublées privées, donnent sur un jardin tropical, clos, fleuri avec "coin outre-mer", bassin, jet d'eau. Un gîte de charme pour quatre personnes jouxte cet ensemble.

Attraits touristiques : Site ostréicole remarquable. Pêche et promenade en mer 100 m. Musée de l'huître 400 m. Plage. Tennis 4 km. Equitation, piscine 6 km. Golf 20 km. Ile d'Oléron 8 km. Château de la Gataudière 5 km. Fort Louvois 8 km. l'Hermione 20 km.

Accès : dans Marennes, prendre dir. "Musée de l'Huître" - les ports. la Demeure du Port donne sur le port ostréicole.
GPS : l 45.7912500 - L 1.1242100.

Marsilly - Charente-Maritime (17)

N°17G2629

Chèque Cadeau

Un Banc au Soleil
Corinne Lassegue
26, rue de l'Ancienne Poste
17137 Marsilly
Tél. 05 16 19 28 90
Port. 06 24 96 82 70
contact@unbancausoleil.com
http://www.unbancausoleil.com

Wi Fi

1 Pers. 85/90 € - 2 Pers. 108/118 €
P. sup. 28 € -

5 chambres (lits 180 x 200 ou 90 x 200) avec sanitaires privés (douche à l'italienne), wifi, internet, TV. Ouvert toute l'année. Petit déjeuner : jus de fruits, pâtisseries, fruits, confitures (jambon et fromage de la région sur demande). Sauna ou jacuzzi (20 euros/séance ou 30 euros/séance pour les 2). Piscine chauffée. Vélo. Cour, jardin 500 m².

Dans cette superbe ferme récemment rénovée où le contemporain côtoie l'ancien avec goût et raffinement, vous trouverez le calme dans ce petit village pittoresque à deux pas de La Rochelle et de l'Île de Ré. Pour votre détente, une piscine chauffée, un spa et un sauna sont à votre disposition. Corinne vous préparera des petits déjeuners équilibrés servis en terrasse quand le temps le permet, et en profitera pour vous conseiller sur tous les attraits et bonnes adresses de la région.

Attraits touristiques : L'Île de Ré 8 km. La Rochelle 9 km. Grand pavois, festival du film, croisière inter îles. Hermione et corderie royale à Rochefort. Mer, golf, pêche 1 km. Restaurant 1 km.

Accès : à 8 km au nord de la Rochelle.
GPS : l W1°08'25" - L N46°15'53".

Nieulle-sur-Seudre - Charente-Maritime (17)

N°17G6531

Le Logis de Port Paradis
Nadine et Jean-François Bauve
12, route de Port Paradis
17600 Nieulle-sur-Seudre
Tél. 05 46 85 37 38 - 06 09 71 64 84
Port. 06 26 03 16 98
contact@portparadis.com
www.portparadis.com

TH Wi Fi

1 Pers. 70 € - 2 Pers. 75/92 € - 3 Pers. 112 €
P. sup. 20 € - Repas 34 €

3 chambres et 2 suites, toutes avec sanitaires privés. Ouvert toute l'année. TV et Wifi dans les chambres. Petit déjeuner : confiture maison (10 choix), viennoiseries, gâteaux maison, fruits frais... Table d'hôtes sur rés. : fruits de mer, huîtres Marennes Oléron, sole grillée, soufflé au chocolat... Piscine aux normes DDASS, ping-pong. Animal sur dem.

Découvrez cette maison d'hôtes de charme avec piscine, jardin ombragé et terrasses privatives. Vous y trouverez calme et sérénité, très proche des sites touristiques et des plages de la côte sauvage. Accueil chaleureux par des propriétaires charentais, ayant une très grande connaissance du milieu maritime.

Attraits touristiques : Abbaye de Sablonceaux, Francofolies, châteaux (la Roche Courbon), Saintes (Arènes, Abbaye), zoo la Palmyre (15 km)... Aquarium 50 km. Equitation, centre aquatique 15 km. La Corderie Royale 15 km. Loisirs nautiques 10 km.

Accès : Sortie autoroute Saintes direction Oléron et 2 kms à gauche après les feux tricolores de Cadeuil.
GPS : l 45.7482000 - L 0.99446000.

Rochefort-sur-Mer - Charente-Maritime (17)

NOUVEAUTÉ

Dans l'hypercentre de Rochefort, la Villa des Demoiselles est un hôtel particulier de 1850 qui a conservé de magnifiques éléments d'époque : façade travaillée dans l'esprit "Grand Siècle", escalier majestueux, cheminée... Par petites touches, la décoration rend hommage au célèbre réalisateur Jacques Demy et à l'époque des Demoiselles de Rochefort : imprimés pois, vichy, lamé... habillent mobilier contemporain ou de style. . De beaux objets, chinés au gré des routes buissonnières, donnent à la maison son incomparable ambiance "maison de famille" : vases, chandeliers, consoles, miroirs.

Attraits touristiques : Corderie Royale, Chantier de l'Hermione, Musée de la Marine, Musée des Commerces d'Autrefois, Musée des Arts et de l'Histoire, Musée de la Médecine de Marine.

Accès : 100 m de la place Colbert et de l'Hôtel de Ville.
GPS : l 45.93872000 - L -0.96173000.

N°17G4517

Chèque Cadeau

La Villa des Demoiselles
Robin-Fargier Patricia
112 rue Pierre Loti
17300 Rochefort-sur-Mer
Tél. 05 46 99 71 01 - 06 22 11 93 47
robin.fargier@wanadoo.fr
www.villadesdemoiselles.com

Wi Fi

1 Pers. 80/100 € - 2 Pers. 85/120 € - 3 Pers. 120/140 €
P. sup. 20 € -

2 chambres et 1 suite/appartement (dressing, salon, balcon). Toutes avec lit 160 (ou 2 lits jumelables 80), sanitaires, TV, wifi. Ouvert toute l'année. Petit déjeuner : thé, café, chocolat, viennoiseries, gâteau, jus de fruit, salade de fruits. Bibliothèque. Jardin. Restaurants à 150m.

St-Denis-du-Pin - Charente-Maritime (17)

Tombés sous le charme de cette demeure, ancien prieuré de moines bénédictins, Marie-José et Didier se sont lancés avec passion, il y a quelques années, dans son aménagement, choisissant avec soin chaque meuble, objet, vaisselle et autres linges de maison, pour lui donner une véritable âme; la même énergie a été déployée pour maîtriser un parc ouvert à la flânerie et à la rêverie.

Attraits touristiques : abbaye royale de St-Jean-d'Angély. Grand Prix de France de Motocross, musée des Cordeliers, product. Pineau-Cognac. Equit. 4 km. Tennis, karting, pédalos, canoë 5 km. Centre aquatique Atlantys 6 km. Motocross 8 km. Restaurants à proximité.

Accès : A10, sortie 34, dir. St-Jean-d'Angély puis Niort (D150). Au 1er village St-Denis-du-Pin, tourner à gauche aux feux tricolores vers La Fayolle.
GPS : l 45.9864900 - L 0.5363200.

N°17G5121

Le Prieuré de la Fayolle
Marie-José et Didier Chevalier
6, rue du Château d'Eau
17400 St-Denis-du-Pin
Tél. 05 46 26 73 18
Port. 06 80 59 51 99
marie.jose.chevalier@orange.fr
www.prieure-la-fayolle.com

TH Wi Fi

1 Pers. 70 € - 2 Pers. 79 € - 3 Pers. 92/122 €
P. sup. 16 € - Repas 22 €

2 chambres et 1 suite avec sanitaires privés. Ouv. d'avril à mi-novembre. Petit déjeuner : jus de fruits, viennoiseries, confitures et compote maison... T. d'hôtes (sauf mardi) : produits régionaux cuisinés avec raffinement, en particulier les desserts au cognac et pineau que Marie-Jo maitrise à ravir. Bibliothèque. Piscine, p-pong. Parc 1,3 ha.

St-Sornin - Charente-Maritime (17)

N°17G6519

La Caussolière
Dominique Achard
10, rue du Petit Moulin
17600 Saint-Sornin
Tél. 05 46 85 44 62
reservations@caussoliere.com
www.caussoliere.com

1 Pers. 74/79 € - 2 Pers. 72/87 € - 3 Pers. 92/111 €
P. sup. 22 € -

4 chambres avec sanitaires privés et accès indépendant. A disposition : salon avec biblio., jeux société. Ouvert toute l'année (sauf du 01.11 à fin mars). Vaste jardin paysager avec piscine privée, parking privé. Restaurants dans les environs.

Belle maison de caractère du XIXe superbement restaurée où sont aménagées 4 chambres de grand confort chaleureusement personnalisées : "Shangri-La", "Rose Trémière", "Tournesol" et "Broue". Vaste jardin avec piscine. Pour votre détente, salon avec bibliothèque, jeux de société.

Attraits touristiques : St-Sornin est un village typique et calme, proche de l'Ile d'Oléron, Royan, Rochefort, Saintes et Marennes. Etape idéale pour découvrir La Rochelle et l'Ile de Ré. Tennis municipal à 200 m.

Accès : au carrefour de Cadeuil, prendre dir. Ile d'Oléron (D728). Traverser St-Nadeau. 1 km après environ, tourner à droite dir. St-Sornin. La rue est face à la porte de l'église.
GPS : l 45.768898 - L 0.980871.

St-Hilaire-la-Palud - Deux-Sèvres (79)

N°5470

Les Lavandières
Catherine et Jean-Claude Desbas
79210 St-Hilaire-la-Palud
Tél. 05 49 35 31 20
les.lavandieres@wanadoo.fr
www.marais-poitevin.com/heberg-ch/les-lavandieres/

1 Pers. 63 € - 2 Pers. 68 € - 3 Pers. 88 €

3 chambres "Iris, Datura et Nymphia", avec sanitaires privés. Ouvert toute l'année. Petit déjeuner : gâteaux et confitures maison, yaourts, fromage, fruits frais et salade de fruits, œufs, céréales... Séjour, salon en fer forgé, jeux de société. Jardin 1200 m², salons de jardin, vaste terrasse couverte, bancs. Piscine.

Au cœur du Marais Poitevin, dans un village, très belle maison en pierres, ferme du XIXe siècle avec cour intérieure fleurie. Les chambres à la décoration soignée, reflètent toutes une ambiance douce et reposante. De généreux petits déjeuners valorisant les produits frais et maison sont joliment servis dans la grande salle à manger.

Attraits touristiques : Le Marais Sauvage, 1708 ha de marais mouillés à découvrir en vélo ou en barque. Parc ornithologique 2 km. Randonnées pédestres et canoë sur place. Cinéma 100 m. Tennis 1 km. Equitation 2 km. Loc. vélos 4 km.

Accès : A10, sortie 33 Din-la-Rochelle, sortie Mauzé-sur-le-Mignon puis dir. St-Hilaire-la-Palud. En arrivant au stop, à gauche et suivre les indications "Les Lavandières" (passer derrière l'église et continuer).

Vallans - Deux-Sèvres (79)

N°2901

Le Logis d'Antan
Annie Ragouilliaux et Bruno Di Battista
140, rue Saint-Louis
79270 Vallans
Tél. 05 49 04 86 75
info@logisdantan.com
www.logisdantan.com

TH

1 Pers. 73 € - 2 Pers. 73 €
P. sup. 20 € - Repas 28 €

3 chambres et 2 suites avec sanitaires privés. Ouvert toute l'année sur réservation. Table d'hôtes, tous les soirs sur réservation. TV, téléphone, accès wifi gratuit. Salon, mini-labo cuisine, bibliothèque, coffre. Parc de 1 ha. clos et fleuri. Piscine.

Dans le parc du Marais Poitevin, vaste maison de maître en pierres taillées datant de 1850. Elle est entourée d'un agréable parc fleuri arboré et entièrement clos. Les chambres sont spacieuses et très bien équipées. Nombreux salons de jardin, piscine. Etape incontournable pour découvrir cette superbe région.

Attraits touristiques : Marais Poitevin. Embarcadères à 10 km. La Rochelle 35 mn, Ile de Ré 40 mn, Futuroscope et Puy-du-Fou à 1 h. Tennis, pêche, sentiers pédestres et cyclistes sur place. Forêt à 15 km.

Accès : par autoroute sortie n°33 dir. La Rochelle. A 5 km à gauche Vallans. Par Niort, suivre La Rochelle sortie Epannes puis suivre Vallans.

Vouille - Deux-Sèvres (79)

N°6980

Le Bois de Ré
Marie-Claude et Paul Guillaume
25 rue des Grange-Vaumoreau
79230 Vouille
Tél. 05 49 75 85 03
Port. 06 80 70 98 80
contact@leboisdere.com
www.leboisdere.fr

1 Pers. 62 € - 2 Pers. 67 € - 3 Pers. 87 €

3 chambres avec sanitaires privés et accès internet par wifi. Ouvert toute l'année. Petit déjeuner : jus de fruits, gâteaux maison ou crêpes ou pain perdu, confitures maison, salade de fruits frais... Cour, jardin, parc de 4700 m². Restaurant à 3,5 km.

A 11 km de Niort et aux portes du Marais Poitevin, très belle maison bourgesoise du XIXe siècle, sur un grand parc arboré et fleuri. Vous serez reçus dans trois charmantes chambres : "Ecureuil", "Tourterelle" et "Mésange", spacieuses et confortables, aux couleurs douces et naturelles. De copieux petits déjeuners sont servis en terrasse aux beaux jours. Un charme très actuel aux accents raffinés.

Attraits touristiques : Niort 11 km (musée, donjon...). Art roman : abbaye de Celles-sur-Belle 10 km, églises romanes de Melle 15 km. Marais Poitevin 20 km (promenades en barque, randonnées...).

Accès : A10, sortie n°32 à 3 km.
GPS : l 46.32385278 - L -0°32499167.

Xaintray - Deux-Sèvres (79)

N°6770

Le Logis de la Mélissière

Brigitte et Lionel Mauge
8 chemin du Roussillon
79220 Xaintray
Tél. 05 49 26 05 33
Port. 06 21 60 18 70
lamelissiere@hotmail.fr
www.logisdelamelissiere.fr

TH

1 Pers. 49 € - 2 Pers. 59/69 € - 3 Pers. 87 €
Repas 25 €

2 chambres et 1 suite avec sanitaires privés. Ouvert toute l'année sauf vac. Noël. Petit déjeuner : brioche vendéenne, gâteaux et crêpes maison, confitures... T. d'hôtes : cannette à l'orange, farci poitevin, tartes maison, crème glacée aux fraises... Cour, jardin, parc 1 ha avec piscine sécurisée. 4 pers. 105 euros.

A 25 km du Marais Poitevin, Brigitte et Lionel vous accueillent dans cette demeure restaurée du XVIIIe siècle, à l'orée du petit village typique de Xaintray. Un patrimoine préservé, un environnement calme, reposant et serein... ici le temps s'est arrêté. Brigitte prépare avec passion de succulents dîners, accompagnés des vins de la cave de Lionel.

Attraits touristiques : nombreuses églises romanes, festival des Nuits Romanes en été. Le Marais Poitevin et les abbayes du sud Vendée 25 km. Puy-du-fou et Futuroscope 1 h. Randonnée sur place. Pêche 1 km. Tennis 5 km. Equitation 12 km.

Accès : de l'A10, prendre dir. de l'A83 et sortir à Niort nord/Parthenay sortie n°10 puis D743 dir. Champdeniers puis Coulonges/l'Autize-La Véquière. A la Véquière, 2e route à droite Xaintray puis suivre fléchage.

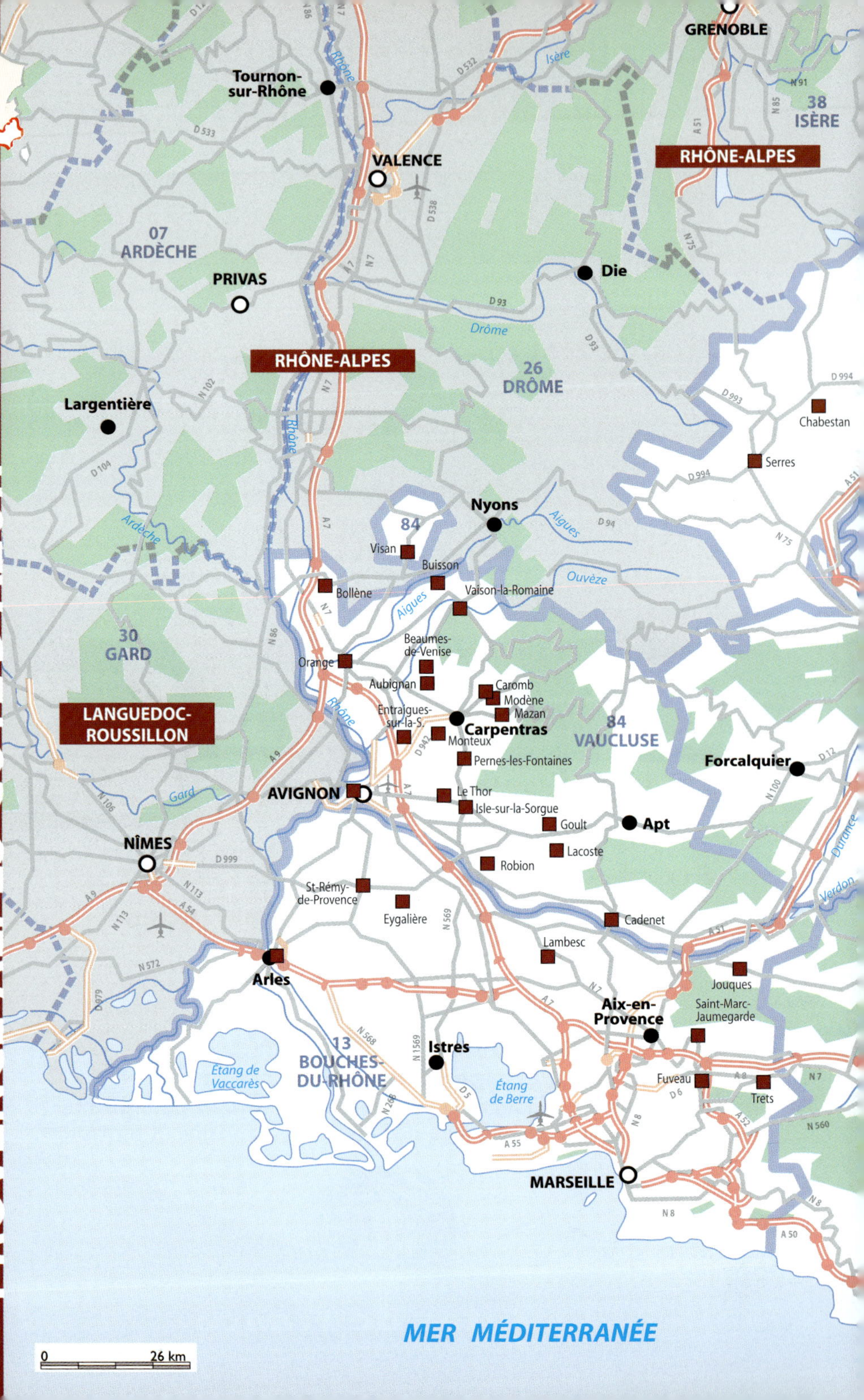
GRENOBLE
Tournon-sur-Rhône
VALENCE
38 ISÈRE
RHÔNE-ALPES
07 ARDÈCHE
PRIVAS
Die
RHÔNE-ALPES
26 DRÔME
Largentière
Chabestan
Serres
Nyons
84
Visan
Buisson
Vaison-la-Romaine
Bollène
30 GARD
Beaumes-de-Venise
Orange
Aubignan
Caromb
Modène
Mazan
LANGUEDOC-ROUSSILLON
Entraigues-sur-la-S.
Carpentras
84 VAUCLUSE
Monteux
Pernes-les-Fontaines
Forcalquier
AVIGNON
Le Thor
Isle-sur-la-Sorgue
Goult
Apt
NÎMES
Lacoste
Robion
St-Rémy-de-Provence
Eygalière
Cadenet
Lambesc
Arles
Jouques
Aix-en-Provence
Saint-Marc-Jaumegarde
Istres
13 BOUCHES-DU-RHÔNE
Étang de Vaccarès
Étang de Berre
Fuveau
Trets
MARSEILLE
Rhône
Isère
Drôme
Ardèche
Aigues
Ouvèze
Gard
Durance
Verdon
MER MÉDITERRANÉE
0
26 km

Tunnel de Fréjus
N 91
Villar-d'Arêne
Romanche
N 91
Briançon
Durance
Arvieux
N 94
05
HAUTES-ALPES
Drac
N 85
St-Clément-sur-Durance
GAP
N 94
Lac de Serre-Ponçon
D 900
Durance
Ubaye
Barcelonnette
D 900
ITALIE
Bléone
Var
Tinée
DIGNE-LES-BAINS
04
ALPES-DE-HAUTE-PROVENCE
Verdon
N 202
06
ALPES-MARITIMES
N 204
N 202
N 85
Châteauneuf-Villevieille
Var
Castellane
Aspremont
A 8
Andon-Thorenc
Gattières
Nice (Crémat)
N 85
Lac de Ste Croix
Tourrettes-sur-Loup
Èze
Trigance
NICE
Cagnes-sur-Mer
Grasse
Claviers
Fayence
83
VAR
D 562
N 7
Vallauris-Golfe-Juan
Golfe-Juan-Vallauris
A 8
Draguignan
Pontevès
Îles de Lérins
N 7
La Motte
Le Muy
Argens
A 8
St-Raphaël
N 7
Brignoles
N 7
D 554
N 98
La Roquebrussanne
Ste-Maxime
A 57
Puget-Ville
N 97
A 57
MER MÉDITERRANÉE
N 98
TOULON
Îles d'Hyères

Arvieux - Hautes-Alpes (05)

N°8330

Les Escoyères 1967
Pascale Burgat
05350 Arvieux
Tél. 06 08 30 06 23
lesescoyeres1967@yahoo.fr

TH

1 Pers. 70 € - 2 Pers. 90 € - 3 Pers. 130 €
Repas 25 €

Maison de caractère du XIXe siècle, entièrement restaurée avec des matériaux anciens et de qualité. Vous serez séduits par l'ameublement rustique et campagnard. Au cœur du Parc Naturel Régional du Queyras, vous trouverez la quiétude dans ce hameau à l'écart du monde, composé de quelques maisons, et habité uniquement à l'année par les propriétaires.

Attraits touristiques : au cœur du Parc Naturel Régional du Queyras, et d'une grande richesse patrimoniale, culturelle et naturelle. Artisanats traditionnels. Fort de Mont-Dauphin (fortification Vauban inscrit à l'UNESCO). VTT sur place. Ski 12 km. Baignade 18 km.

Accès : à Guillestre, prendre la dir. du Queyras et d'Arvieux dans les gorges du Guil. Environ 6 km après le panneau de la Maison du Roy, petite route sinueuse à gauche sur 3 km. (En hiver, il faut laisser la voiture en bas de cette route).
GPS : l 44.71883333 - L 6.74383333.

2 chambres 2 pers. à l'étage de la maison (possibilité lit suppl.) avec sanitaires privés (balnéo) et coin-salon. Ouvert toute l'année. Petit déjeuner fait maison avec les produits issus de l'exploitation agricole. Détente au r.d.c. : salon, cheminée, musique et bibliothèque. Parc de 20 ha, en pleine montagne, panorama exceptionnel.

Chabestan - Hautes-Alpes (05)

N°1853

Catalan Christophe
Laric
05400 Chabestan
Tél. 06 23 24 13 45 - 04 92 43 81 19
chrisroisey@live.fr
www.chateau-laric.com

TH

1 Pers. 85 € - 2 Pers. 85 € - 3 Pers. 105 €
P. sup. 20 € - Repas 29 €

Aux abords du village, aux allures provençales, face au massif du Dévoluy, charmant petit château du XIVe siècle où se conjuguent l'ancien et le contemporain. Certaines pièces ont gardé leurs aspect d'origine, un charme augmenté par la qualité des matériaux employés avec goût pour une rénovation de qualité. Christophe, artiste peintre, vous accueille dans sa maison et vous invite à découvrir son histoire.

Attraits touristiques : Serres, son village médiéval et la maison les Diguières, Veynes, son écomusée du cheminot veynois, nombreux festivals de musique l'été, aérodrome de Serres.

Accès : D994 entre Veynes et Serres. A pont de Chabestan, prendre vers Chabestan. C'est la 1ère route à gauche (D448) ensuite à droite (D48) et enfin 1ère à droite.
GPS : l 44,474722 - L 5,82555.

2 suites (lit 160 x 200) avec coin-salon et sanitaires privatifs. Ouvert toute l'année. Petit déjeuner bio et continental. Salon (TV, bibliothèque). Parc de 5700 m² en terrasse devant le château. Jardin. Restaurants à 7 km.

St-Clément-sur-Durance - Hautes-Alpes (05)

N°7920

La Bourrasée
Annie et Jean-François Ligier
Les Clots
05600 St-Clément-sur-Durance
Tél. 04 92 23 49 25
Port. 06 78 17 47 20
labourrassee@orange.fr
www.labourrassee.com

2 Pers. 69 €

3 chambres avec sanitaires privés, internet et accès direct sur l'extérieur. Ouvert du 1er avril au 31 octobre (l'hiver sur réservation). Petit déjeuner : confitures et gâteaux maison. Parking devant la maison. Salle commune pour le petit dejeuner. Coin-détente autour du poêle et espace bibliothèque. Jardin.

Dans ce petit hameau typique de montagne, dominant la Vallée de la Durance que vous serez chaleureusement accueillis à la Bourrassée par Annie et Jean-François. Trois chambres de grand confort, décorées avec goût vous permettront de redécouvrir par petites touches la vie d'autrefois. Sur l'arrière de la maison, vous profiterez des calades fleuries, de la quiétude du jardin et de la magnifique vue.

Attraits touristiques : station de ski de Vars-Risoul, lac de Serre-Ponçon, Embrun et sa vieille ville, place forte de Mont-Dauphin (fortification Vauban, inscrit au patrimoine de l'UNESCO en 2008). Parcs du Queyras et des Ecrins.

Accès : un plan d'accès vous sera communiqué lors de la réservation.
GPS : l 44.65416667 - L 6.56919444.

Serres - Hautes-Alpes (05)

N°1501

Le Soustet des Auches
Saoudi Bornia
58, rue Henri Peuzin
05700 Serres
Tél. 04 92 51 31 63
Port. 06 14 86 18 66
saoudibornia@yahoo.fr
www.le-soustet-des-auches.com

TH

1 Pers. 65 € - 2 Pers. 89 €
P. sup. 30 € - Repas 25 €

3 chambres avec sanitaires privés et TV. Ouvert toute l'année. Le petit déjeuner sera servi soit dans la pièce de vie voutée, soit dans le jardinet. Coin-bibliothèque avec salon de musique, piano. Terrasse. Possibilité de garage sur demande. Restaurant 200 m. Accueil bébé.

Au cœur du village médiéval de Serres, sous le rocher de la Pignolette, Bornia vous ouvre les portes de sa maison d'hôtes (XVe siècle) entièrement réhabilitée dans les respects des traditions, et dans une démarche ecogîte. Vous serez séduit par la beauté et la sobriété des lieux, aucune fausse note dans cette maison d'hôtes, à l'ambiance apaisante.

Attraits touristiques : Serres et son village médiéval, Veynes et son écomusée du cheminot veynois, aérodrome de Serres. Citadelle de Sisteron, nombreux plans d'eau.

Accès : dans le vieux village de Serres.
GPS : l 44,42916667 - L 5.71619444.

Villar-d'Arene - Hautes-Alpes (05)

N°11137

Aux Grandes Cours
Anne-Marie et Pascal Vallin
Les Cours
05480 Villar-d'Arene
Tél. 06 83 36 57 13 - 04 76 79 51 50
info@auxgrandescours.com
www.auxgrandescours.com

TH

1 Pers. 70 € - 2 Pers. 90 €
Repas 23 €

3 chambres avec sanitaires privés. Accès internet. Ouvert toute l'année. Petit déjeuner composé de pain et patisseries maison, confitures, jus de fruit, laitage et boissons à volonté. Table d'hôtes : cuisine au feu de bois avec produits du terroir et spécialités de montagne.

Face au parc des Ecrins, découvrez cette ancienne ferme de montagne à l'architecture typique dans un hameau d'alpage. Cachet montagnard raffiné et cosy pour cet hébergement de charme. La plupart des meubles anciens de la maison ont été conservés (mangeoires, four à pain...). Petit déjeuner et table gourmande dressés dans une ancienne écurie.

Attraits touristiques : Fêtes du pain bouilli (tradition remontant au 15ème siècle). Accès à la Meije majestueuse (téléphérique). Village traditionnel de la Grave. Festival Messiaen tous les étés. Jardin Alpin du Lautaret. Equitation 25 km. Ski piste 7 km.

Accès : par RN91 de Briançon à Grenoble, à 35 km de Briançon. Hameau "Les Cours", 1ère route à droite en descendant le col du Lautaret, avant d'arriver à Villar-d'Arène, structure sur le haut du hameau.

Andon-Thorenc - Alpes-Maritimes (06)

N°1587

Domaine de la Bécassière
Maurice Brune
06750 Andon-Thorenc
Tél. 04 93 60 00 92
brunemaurice@hotmail.com
www.becassiere-thorenc.fr

TH

1 Pers. 80 € - 2 Pers. 90 €
P. sup. 30 € - Repas 25 € - 1/2 pens. 140 € - Pension 180 €

2 chambres et 1 suite avec sanitaires privés et hifi. Ouv. toute l'année. Petit déjeuner : croissants, 10 à 12 confitures maison, yaourts... T. d'hôtes : soupe aux épices, saumon "Gravelax", tiramisu aux lychees... Sur réservation : bain chaud nordique extérieur : 25 euros/pers. (peignoir compris). Possibilité massage relaxant.

Ancien hôtel-restaurant de la fin du XIXe, construit par une princesse russe, entièrement restauré. Maison de caractère à la décoration raffinée ou l'on trouvera calme, repos et activités culturelles (dessin, peinture), sportives (golf, parapente, VTT, randonnée...) et gastronomiques. A 1 h des turbulences de la Riviera Française..

Attraits touristiques : A 1/2 h de Grasse, Saint-Paul, Vence et gorges du Verdon. Golf 18 trous et ski 12 km. Parapente, randonnées, VTT sur place.

Accès : A8, sortie Cannes et dir. Grasse. Prendre N85 vers St-Vallier puis à droite (D5) sur 24 km. Dépasser l'embranchement vers Thorenc, et à droite suivre indication "Chambres d'Hôtes Domaine de la Bécassière".

Aspremont - Alpes-Maritimes (06)

N°6590

Terra Avita

Michel et Michèle Teisseire
1692, route de Nice
06790 Aspremont
Tél. 04 93 08 02 66 - 06 46 45 20 71
michele.teisseire@cegetel.net
www.lamarjolaineaspremont.fr

2 Pers. 100 €

2 chambres dont 1 suite/2 ch. (190 euros/4 pers.), avec TV et sanitaires privés. Ouv. Toute l'année. Petit déjeuner : viennoiseries, laitages, confitures maison, jus de fruits... Bibliothèque. Jardin 3000 m², piscine. Commerces 1,6 km. (enf. - 5 ans 10 euros). Parkings privés sécurisés. Terrain pour pique-nique. Maison climatisée.

Michèle et Michel vous accueilleront chaleureusement dans leur belle propriété arborée. Chambres lumineuses, très joliment décorées, avec meubles anciens et boutis provençaux. Agréable terrasse ombragée par la tonnelle de glycine et les roses anciennes. Une adresse au calme, sur les collines niçoises, proche de la Baie des Anges.

Attraits touristiques : Village d'Aspremont. Nice à 13 km. Tennis 1 km. Pêche 8 km. Mer 13 km. Equitation 20 km. Ski 60 km.

Accès : A8 sortie Nice-nord dir. Gairaut puis D14 vers Aspremont. A 1,6 km avt. le village, chemin à gauche sous le panneau Terra Avita. Chambres d'hôtes dans le 2e virage, à gauche.

Cagnes-sur-Mer - Alpes-Maritimes (06)

N°7700

Premium Chèque Cadeau

La Loncandiera

Daniela Rizzardo
SCI Le Maroc, 9 av. Capitaine Frégate Vial
06800 Cagnes-sur-Mer
Tél. 04 97 22 25 86
Port. 06 27 88 17 40
daniela@lalocandieracagnes.com
www.lalocandieracagnes.com

2 Pers. 130/190 €
P. sup. 30 € -

5 chambres avec sanitaires privés. Ouvert toute l'année. Petit déjeuner : fromage, jus de fruits, croissants, café, thé... Salon de lecture, TV, piano, coin-feu, jacuzzi, climatisation. Terrasse, jardin 1000 m² avec vue sur le port. Restaurant 300 m.

Charmante maison en pierre des années 20, en bordure de village, et face au petit port des pêcheurs, à 20 m de la plage. Vous serez accueillis chaleureusement dans ce havre de charme où le repos est certain. Vous pourrez alors profiter de sa situation idéale : activités balnéaires l'été, et toute l'année, les loisirs, sorties, promenades et découvertes de la Côte d'Azur.

Attraits touristiques : hippodrome, châteaux, musée Renoir.

Accès : A8, sortie St-Laurent-du-Var puis dir. Cagnes-sur-Mer - Le port de Cros de Cagnes. La maison se trouve devant le port, sur un espace pietonnier.

Chateauneuf Villevieille - Alpes-Maritimes (06)

N°6580

La Parare
Karin et Sydney Van Volen
67 Calade du Pastre
06390 Chateauneuf Villevieille
Tél. 04 93 79 22 62
karin@laparare.com
http://www.laparare.com/

TH

1 Pers. 140/170 € - 2 Pers. 140/170 €
P. sup. 30 € - Repas 35/50 €

Vous cherchez un endroit où vous détendre et vous reposer, où passer un week-end romantique ? Alors notre maison d'hôtes La Parare vous comblera ! Situé dans un décor magnifique, très calme avec vue sur les montagnes et l'oliveraie de 3 hectares. Belle piscine avec nage à contre-courant, balnéo. Séjour bien-être : Sauna, salon de relaxation et possibilités de massage comme dans un spa.

Attraits touristiques : Magnifiques villages et nature de l'arrière pays niçois, carnaval de Nice, Formule 1 Monaco, Grand Prix tennis Monaco, Nice jazz festival. Musées : Chagall, Matisse... Situation idéale pour découvrir cette belle région.

Accès : de Nice et aéroport : A8 dir. Nice/Monaco, sortie n°55 "La Trinité-Le Port". 1er feu, tout droit, suivre Sospel, Trinité et Contes. 2e à gauche dir. Trinité et Contes. Juste avant Contes, traverser petit pont à gauche dir. Chateauneuf-V.

Très belle bergerie du XVIIe en pierres avec voûtes, tour pigeonnier, terrasses et piscine en pierre. Ici, calme absolu et vue splendide sur l'oliveraie et les montagnes. Toutes les chambres sont vastes, certaines avec cheminée et disposent toutes d'une entrée privative et de spacieuses salles de bains design. Décor entre "Zen et Provence".

Eze - Alpes-Maritimes (06)

N°6584

Bastide aux Camélias
Frédéric Mathieu
23C, route de l'Adret
06360 Eze
Tél. 04 93 41 13 68
Port. 06 22 33 15 45
bastidecamelias@gmail.com
www.bastideauxcamelias.com

1 Pers. 140/160 € - 2 Pers. 140/160 €

A mi-chemin entre Nice et Monaco, au cœur du parc de la grande corniche à Eze, célèbre village médiéval perché au dessus de la Méditerranée, quatre chambres indépendantes dans une grande bastide provençale vous sont proposées. Vous pourrez, si le cœur vous en dit, profiter de la piscine, de l'espace jacuzzi, du sauna et du hammam.

Attraits touristiques : au cœur de la Côte d'Azur et de tous ses sites et musées. Grand prix de Monaco, festival de Cannes... Equitation 3 km. Tennis 500 m. Club nautique 8 km. Golf 6 km. Pub, casino 10 km.

Accès : de Nice autoroute en direction de l'Italie, sortie n°57 "La Turbie". Tourner à droite dir. Nice-Col d'Eze - avenue des Diables Bleus sur 5 km - Col d'Eze, 200 m après, à droite dir. Parc Forestier.

4 chambres avec sanitaires privés, TV satellite, magnétoscope, coffre, wifi. Ouvert toute l'année. Petit déjeuner : jus de fruits, céréales, croissants... Salon, bibliothèque. Piscine, sauna, hammam, gym (salle), orangerie, jacuzzi, pétanque. Poss. "Séjour Bien-Etre", soins huiles essentielles. En basse-saison : 120/140 euros/2 pers.

Eze Village - Alpes-Maritimes (06)

N°6571

Domaine Pins Paul
Philippe Ponnelle
4530 avenue Diables Bleus, Grande Corniche
06360 Eze Village
Tél. 04 93 41 22 66
Port. 06 11 53 32 25
contact@domainepinspaul.fr
www.domainepinspaul.fr

2 Pers. 145/175 €
P. sup. 45 € -

Le Domaine Pins paul domine le célèbre et typique village d'Eze, à 450 m d'altitude, dans un cadre exceptionnel. Une pinède de près d'un hectare où les oliviers, les pins, les arbres fruitiers règnent en maîtres. L'un des plus beaux panoramas de la Côte d'Azur, entre Nice et Monte-Carlo.

Attraits touristiques : parc de la revère, montagne, Monaco, Nice…

Accès : A8 vers l'Italie, sortie 57 (La Turbie-Eze), puis dir. Nice (D2564, Grande Corniche). Petit chemin à gauche, en venant de La Turbie.

GPS : l 43.73470556 - L 7.36507778.

4 chambres et 1 suite avec salon + cheminée (245/275 euros 2 pers.), avec sanitaires privés, TV, accès internet. Ouvert tute l'année. A disposition : salon, salle à manger, wifi, parking. 2 piscines, pinède de 1 ha. Restaurant 1,8 km.

Gattières - Alpes-Maritimes (06)

N°7532

Les Sources
Paule Heyberger
EURL "Les Sources", 105, impasse du Barry
06510 Gattières
Tél. 04 93 72 53 09
Port. 06 18 73 09 71
paule@aux-sources.com
www.aux-sources.com

2 Pers. 100/110 €
P. sup. 30 € -

Paule Colonna-Heyberger vous accueille dans son domaine "Les Sources", une villa de style provençal qui s'intègre parfaitement dans un parc composé d'arbres imposants (oliviers, cèdres, pins) et d'une piscine. Vous disposerez de quatre chambres spacieuses et confortables.

Attraits touristiques : Nice, Monaco : 15 à 25 mn (nombreux musées). Circuits à thème : route du Baroque, de l'art religieux, de l'artisanat. Via Ferrata, escalade 1 h. Canyoning 30 mn. Mer, golf et équitation 10 km.

Accès : A8, sortie 52 St-Isidore en venant d'Italie. A8, sortie 51.1 Gattières en venant de France, dir. Gattières, suivre la route jusqu'au pont de la Manda. Rd-point, dir. Le Broc, 400 m à gauche, puis 30 m à gauche. Dernière maison au bout de l'impasse.

4 chambres (non fumeur) avec sanitaires privés. Ouvert toute l'année. Petit déjeuner gourmand : gâteaux, confitures maison… Bibliothèque. Parc arboré. Piscine (11 x 5 m). A Gattières, restaurants typiques de cuisine niçoise.

Golfe-Juan Vallauris - Alpes-Maritimes (06)

N°7582

Le Mas Samarcande
Mireille Diot
138, Bd. de Super Cannes
06220 Golfe-Juan Vallauris
Tél. 04 93 63 97 73
Port. 06 50 62 95 49
mireille.diot@wanadoo.fr
www.mas-samarcande.com

2 Pers. 120/135 €
P. sup. 30 € -

A 3 km de Golfe Juan et dominant Vallauris, cité des potiers et ville d'art, maison provençale idéalement située avec vue sur la baie des Anges. Chambres au décor raffiné, toutes dotées de jolies salle de bains et bénéficiant d'un grand confort. Le séjour ouvre sur une vaste terrasse panoramique. Une adresse de charme à ne pas manquer.

Attraits touristiques : Nombreuses manifestations et festivals. Musée 1 km. Plages 2 km. Equitation, piste VTT et randonnée 6 km.

Accès : A8 sortie Antibes puis D435 vers Vallauris. A la sortie de Vallauris dir. Golfe-Juan, au rd-point à droite bd. de l'Horizon et à droite "Le Mas Samarcande" (n°138 du grand bd. de Super Cannes).

5 chambres sanitaires complets et privés, air conditionné et TV. Ouvert de février à octobre inclus. Petit déjeuner : jus de fruits frais, charcuteries, salade de fruits, fromages, viennoiseries, confitures maison... Terrasse panoramique. Jardin. Restaurants à proximité. Enfant en plus : 20 euros.

Nice - Alpes-Maritimes (06)

N°6566

Villa Kilauea
Nathalie Graffagnino
6 chemin du Candeu
06200 Nice
Tél. 06 25 37 21 44 - 04 93 37 84 90
contact@villakilauea.com
www.villakilauea.com

1 Pers. 130/170 €
P. sup. 35 € -

NOUVEAUTÉ

Située à dix minutes en voiture de l'agitation de la ville, la Villa Kilauea est conçue dans un esprit zen contemporain, sur les hauteurs de Nice, avec une vue panoramique sur la chapelle du Château de Bellet et les cîmes du Mercantour. Les trois chambres climatisées disposent d'une terrasse privée. Sur place : piscine et jacuzzi.

Attraits touristiques : Vieux Nice 13 km. Promenade des Anglais 10 km. Tennis 3 km. Equitation 5 km; Plage 10 km. Montagne 20 km.

Accès : A8, sortie Nice Saint-Isidore. De la place du village, prendre le chemin de Saint-Roman. Au village, prendre sur la gauche de l'église : chemin du Candeu, n°6 sur la droite. GPS : l 43.74631944 - L 7.21171111.

3 chambres climatisées avec sanitaires privés, coffre et terrasse. Ouvert toute l'année. Petit déjeuner : viennoiseries, charcuterie, œuf, jus d'orange, gâteaux. Parc de 6 600 m^2. Restaurants à 3 km.

Nice - Crémat - Alpes-Maritimes (06)

N°6588

Michèle Gollé
69, Vieux Chemin de Crémat, Raccourci n°3
06200 Nice
Tél. 04 93 37 94 31
Port. 06 70 06 53 31
michele.golle@gmail.com
www.michele-golle.com

TH

1 Pers. 87 € - 2 Pers. 110/150 €
P. sup. 30 € - Repas 32 €

4 ch. avec sanitaires privés, 1 familiale/3 ch. (280 euros) avec s.d.b. et wc communs, air conditionné/TV chacune. Ouv. toute l'année. Petit déj. : brioches, confitures, céréales... T. d'hôtes : cuisine régionale et exotique. Billard, b-foot. Parc, piscine. Sur demande lit et chaise enfant, repas enfant 9 euros.

Quiétude assurée dans cette belle demeure méditerranéenne. Les chambres raffinées sont meublées avec goût et la décoration est inventive et chaleureuse. Michèle Gollé, votre hôtesse, par sa disponibilité et ses attentions discrètes rendra votre séjour inoubliable. Une adresse à ne pas manquer.

Attraits touristiques : Château de Crémat. Route des vins de Bellet. Manifestations, festivals, musées à Nice (7 km). Tennis 150 m. Equitation 5 km. Rivière, pêche 6 km. Mer 10 km. Montagne 20 km. Ski 63 km.

Accès : autoroute A8 sortie St.Isidore, château Crémat. Sur la place du quartier dir. "chemin de Crémat" (rte des vins de Bellet). Chambres d'hôtes à 2 km. Au niveau des tennis, à droite.

Tourrettes-sur-Loup - Alpes-Maritimes (06)

N°7515

La Rochelière
Marie-Noëlle et Gérard Picot
260, rte Chapelle Madeleine
06140 Tourrettes-sur-Loup
Tél. 04 93 58 81 38
Port. 06 23 67 02 37
contact@la-rocheliere-tourrettes.com
www.la-rocheliere-tourrettes.com

1 Pers. 120/130 € - 2 Pers. 130/140 €

4 chambres climatisées avec sanitaires privés, TV satellite, wifi et coffre-fort. Ouvert du 01.04 au 30.09. Petit déjeuner : croissant, brioche, pain aux céréales, confitures maison, jus d'orange pressé, salade de fruits frais, yaourts. Bibliothèque (jeux de société, livres). Terrain de boules. Grand jardin fleuri. Parking ombragé. Piscine chauffée

La Rochelière est une maison d'hôtes de charme, située entre Vence et Tourrettes-sur-Loup, à proximité de Saint-Paul. Dans un écrin de verdure, notre demeure, vous propose 4 belles chambres climatisées de grand confort, toutes avec terrasse privative et vue panoramique sur la mer Méditerranée. Pour agrémenter votre séjour, une piscine chauffée et sa large plage, une bibliothèque, un terrain de boules et un parking ombragé dans la propriété de 6000 m² aux essences de Provence, sont à votre disposition.

Attraits touristiques : Nuits du Sud à Vence, Saint-Paul de Vence, Grasse, Cannes, Nice, Monaco, fête de la violette à Tourrettes-sur-Loup. Chemin de randonnée au départ de la maison. Restaurants dans le village piéton de Tourrettes-sur-Loup à 1,2km.

Accès : A8, sortie Cagnes-sur-Mer, dir. Vence. De Vence, dir. Grasse, Tourrettes-sur-Loup (D2210). A 1 km avant le village, tournez à droite. La maison est à 200 m à gauche.

Vallauris-Golfe Juan - Alpes-Maritimes (06)

N°7499

Villa "Le Port d'Attache"
Gillian et Daniel Lecadre
1909 voie Julia, Quartier de Riquebonne
06220 Vallauris-Golfe Juan
Tél. 04 93 64 90 64
Port. 06 77 08 87 75
contact@portdattache.com
www.portdattache.com

2 Pers. 95/130 €
P. sup. 20 € -

4 chambres avec sanitaires privés. Fermé de novembre à mars. Petit déjeuner : viennoiseries, fruits, céréales, boissons chaudes... Piscine, vaste jardin. TV, wifi, climatisation, frigo-bar. Parking.

Véritable nid d'aigle, le "Port d'attache" est une charmante maison d'hôtes dominant Vallauris, cité des potiers, avec une belle vue sur les montagnes enneigées et la baie des Anges. Idéalement située en plein cœur de la Côte d'Azur entre Cannes (10 minutes) et Antibes, elle vous accueille chaleureusement dans un cadre verdoyant et calme au milieu de ses vignes, arbres fruitiers et oliviers. Vos hôtes, Daniel et Gillian, sont un couple de marins. Après un changement de cap, ils ont le grand plaisir de vous inviter à jeter l'ancre au "Port d'Attache".

Attraits touristiques : Festivals Cannes et Jazz de Juan-les-Pins, musée Picasso, plages, îles des Lerins... Plages, sports nautique, discothèque 5 km. Equitation, golf 10 km.

Accès : A8, sortie 44, suivre dir. Vallauris, traverser Vallauris, prendre dir. Cannes par Col St-Antoine, prendre la route à droite après Intermarché, suivre panneau Voie Julia et "Port d'attache".

Arles - Bouches-du-Rhône (13)

NOUVEAUTÉ

N°G130828

Mas d'Eymard
Sylvie Derot
122 chemin de Servannes, Pont de Crau
13200 Arles
Tél. 04 90 96 15 34
Port. 06 22 00 15 67
sylviederot@yahoo.fr
www.mas-eymard.com

TH

2 Pers. 90/110 €
P. sup. 15 € - Repas 28 €

5 chambres climatisées avec sanitaires privés, TV, wifi. Petit déjeuner : confitures, gâteaux, fruits du mas et différentes surprises selon la saison. Table d'hôtes sur réservation. Piscine, institut de beauté, chevaux en paturage. Salle commune. Parc de 8 ha, terrasses, espaces verts. Restaurant à 200 m.

Dans une authentique ferme classée de 1786 située au cœur de la Crau, aux pieds des Alpilles et aux portes de la Camargue, transmise de père en fils depuis 4 générations où se récolte le foin de Crau label AOC, vous partagerez l'ambiance d'une famille provençale. Au calme, dans la campagne, à 3 km d' Arles vous passerez d'agréables moments de détente au bord de la piscine bercée par le champ des cigales et la compagnie des chevaux du mas.

Attraits touristiques : La Camargue. Les Alpilles. Les sites romains (Arles, St-Rémy). La Fondation Van Gogh. Les férias. Les rencontres internationales de la photo. Le Festival des Suds et d'Avignon...

Accès : plan d'accès remis sur demande.

Eygalières - Bouches-du-Rhône (13)

N°G270937

Le Mas du Bout'

Pierre et Pascale Marlot-Bouteiller
Le Mas du Bout', Chemin de Tourredon
13810 Eygalières
Tél. 04 90 95 92 30
Port. 06 82 76 49 86
info@masdubout.fr
www.masdubout.fr

TH

1 Pers. 108 € - 2 Pers. 118 €
P. sup. 26 € - Repas 40/82 €

Un vieux mas en pierres, entre garrigue et Alpilles, restauré à l'ancienne, vous propose ses deux chambres en duplex et sa suite familiale. Une petite structure en pleine nature. Calme et repos au programme. Au retour de vos escapades culturelles ou sportives dans notre magnifique région, nous vous attendrons autour d'un apéritif convivial et d'un repas mitonné avec amour et originalité.

Attraits touristiques : Saint-Rémy-de-Provence, Alpilles, Luberon, Ventou, Côte Bleue, Camargue, Marseille, Aix, Arles, Nîmes, Avignon... Kayak 15 km. Vélo, rando, GR6 sur place. Cheval 2 km. Kayak 25 km. Plage, nautisme 50 km.

Accès : lorsque vous êtes sur le Chemin du Haut Contras, au niveau du Chemin de Ménerbes, allez tout droit. Restez sur le Chemin du Haut Contras jusqu'au chemin de Tourredon.
GPS : l 43°46'42.71"N - L 04°58'01.59"E.

2 chambres en duplex avec accès indépendant, grand lit, terrasse et sanitaires privés. 1 suite familiale dans bâtiment principal grand lit et 2 lits simples, coin bureau, sanitaires privés. Ouvert toute l'année. Wifi. Massage. Petit déjeuner : jus de fruit, pain, confitures et pâtisseries maison. Table d'hôtes. Piscine 10x5. Vélos. Piano. Borne VE.

Fuveau - Bouches-du-Rhône (13)

N°G130827

La Villa Rampale

David et Alexandra Alvarez-Fredon
19 chemin de Fina
13710 Fuveau
Tél. 04 42 38 05 87
contact@villa-rampale.com
www.villa-rampale.fr

TH

2 Pers. 110/200 €
P. sup. 60 € - Repas 45 €

NOUVEAUTÉ

Au cœur de la Provence, idéalement située dans le triangle Aix-en-Provence, Marseille, et Aubagne, perdue dans un immense parc de 16 ha, se dresse la Villa Rampale. Avec son architecture moderne et son design raffiné, ses espaces baignés de lumière... tout a été pensé pour inciter à la détente et à la sérénité. La Villa rampale s'est vue décerner le Prix «Coup de Cœur» national Gîtes de France de «La plus belle chambre d'hôtes» 2014.

Attraits touristiques : Festival d'Aix-en-Provence. Muccem. Festival des Ecrivains de Fuveau. Equitation 900m. Tennis 2 km. Mer 35 km.

Accès : plan d'accès remis sur demande.
GPS : l 43.448916 - L 5.525032.

3 chambres et 2 suites avec sanitaires privés, TV, wifi, station d'accueil Iphone 5.Ouvert toute l'année. Petit déjeuner : produits frais et locaux, salés ou sucrés. Table d'hôtes sur réservation : carpaccio, daurade aux agrumes, agneau confit. Salon (coin TV, console, bibliothèque). Piscine, parcours de santé. Restaurants à 2 km.

Jouques - Bouches-du-Rhône (13)

N°G290612

Le Vieux Moulin

Jacques et Rita Doller
Le Vieux Moulin, Chemin de l'ancienne forge
13490 Jouques
Tél. 04 42 92 67 83
Port. 06 24 32 60 63
jacques.doller@free.fr
www.notrevieuxmoulin.com

TH

1 Pers. 70 € - 2 Pers. 85 €
Repas 33 €

En contrebas du village au bord de la rivière le Réal, ancien moulin à huile restauré, sur un vaste terrain de pelouse ombragée, clôturé, proposant des chambres d'hôtes de qualité: Camargue, Luberon, Sainte Victoire et Alpilles. L'été, c'est dans le jardin que vous pourrez flâner, prendre le soleil ou même dîner et ainsi profiter d'un écrin de fraîcheur proche de la rivière.

Attraits touristiques : Proximité Aix en Provence, Ste Victoire, Lubéron, Gorges du Verdon... Mer 70 km. Piscine 12 km. Plan d'eau 5 km. Equitation 3 km. Tennis et randonnée 0,1 km.

Accès : Depuis Aix en Provence, prendre A51, sortie 14 direction Meyrargues et Peyrolles. A l'entrée du village de Jouques à droite et à côté de la rivière.
GPS : l 43.38110000 - L 5.38300000.

4 ch. dont 1 familiale avec sanitaires privés. Ouvert toute l'année. Wifi. 155 euros/4 pers. Petit déjeuner: salade de fruits, mini viennoiseries, pain aux céréales...T. d'hôtes sur résa. (lundi, mercredi, vendredi) : terrine d'aubergines et coulis de tomates, pêches roties au romarin... Biblio., cheminée, TV/DVD, climatisation réversible. Parking.

Jouques - Bouches-du-Rhône (13)

N°G990515

Le Catalan

Philippe et Magalie Mary
1550 chemin de Blanchon
13490 Jouques
Tél. 04 42 67 69 43
Port. 06 14 13 20 05
contact@le-catalan.com
www.le-catalan.com

TH

1 Pers. 75 € - 2 Pers. 85 € - 3 Pers. 120 €
P. sup. 30/35 € - Repas 35 €

Entre le Luberon et la Sainte-Victoire, Magalie et Philippe vous accueillent dans leur mas du XVIIe siècle situé sur un domaine de 38 ha dont 20 ha de bois. Ils proposent de belles et vastes chambres, dont une dans un mazot indépendant, joliment décorées aux couleurs de la Provence. Calme garanti et farniente à l'ombre des arbres centenaires.

Attraits touristiques : au cœur de la Provence, à 1/2 h d'Aix-en-Provence et 1 h en voiture des sites réputés : le Luberon, les gorges du Verdon, les calanques de Cassis, la Camargue, les Alpilles... Tennis 3 km. Plan d'eau 6 km.

Accès : à 1/2 h au nord-est d'Aix. Avant le village de Jouques, tourner à droite à la station Elan et suivre la direction le Catalan sur 2 km.
GPS : l 43,62125110 - L 5,61697483.

4 ch. et 1 ch. familiale (115 euros/4 pers.), toutes avec bains et wc privés + internet. Ouv. Toute l'année. Petit déj. : pains frais variés, viennoiserie, confitures originales... Cuisine commune, salon (cheminée) pour les hôtes. Salle de jeux. TV, DVD. Piscine 11 x 5,5 m, pétanque. Cultures de plantes aromatiques. Restaurant 2 km. Lit et chaise bébé.

Lambesc - Bouches-du-Rhône (13)

N°G230629

Les Amories
Christine Benoist
4, ancienne route d'Avignon
13410 Lambesc
Tél. 06 09 77 38 15
ulysse.benoist@wanadoo.fr
www.amories.fr

1 Pers. 90/100 € - 2 Pers. 100/115 € - 3 Pers. 170/180 €
P. sup. 30 € -

2 chambres familiales avec sanitaires privés, à chaque étage de la maison. 4 pers. 185/200 euros. Ouvert toute l'année. Petit déjeuner gourmand. Grand salon (bibliothèque, cheminée). Lit bébé sur demande. Wifi. Jardin 1200 m^2 clôturé/ombragé, garage sur la propriété, belles terrasses. Piscine sécurisée (5x10) + pool-house. (Chambres non fumeur).

Les Amories, un superbe mas verdoyant et fleuri, une adresse de charme en Provence où l'on se sent bien, où vous aurez envie de vous attarder. C'est une maison décorée avec beaucoup de soin, des chambres qui invitent au repos calme et serein. C'est dans cette demeure de caractère que Christine et Ulysse vous accueilleront très chaleureusement. Au temps des cigales, sur nos terrasses ombragées, au bord de la piscine ou au temps des frimas, auprès de la cheminée, vous dégusterez dès votre réveil de délicieuses gourmandises.

Attraits touristiques : Au cœur des festivals d'Aix-en-Provence et d'Avignon, celui de piano à la Roque d'Antheron. Mer 45 km. Tennis 1 km.

Accès : A7, sortie Senas. Sur la N7 direction Aix-Lambesc. A Lambesc, prendre l'ancienne route en direction du centre ville, la maison est sur la gauche (avant le garage Peugeot).
GPS : l 43,6556000 - L 5,2560782.

St-Marc-Jaumegarde - Bouches-du-Rhône (13)

N°G290360

La Ferme
Jean-Christophe Fournier
impasse de l'Ermitage, route de Vauvenargues
13100 St-Marc-Jaumegarde
Tél. 04 42 24 96 40
Port. 06 85 71 36 40
laferme-chambreshotes@wanadoo.fr
www.laferme-chambreshotes.com

1 Pers. 80 € - 2 Pers. 95/110 € - 3 Pers. 120 €
P. sup. 20 € -

3 chambres dont 1 design (sanitaires Starck) et 1 suite familiale en duplex, chacune avec sanitaires privés et entrée indép. Chambres non fumeur. (150 euros/4 pers.). Ouvert toute l'année. Petit déjeuner : jus d'orange frais, viennoiseries, œufs, confitures, miel... Cour, jardin engazonné et boisé , parc de 0,4 ha. Terrasses. Parking. Salon de jardin.

Belle ferme en pierres sèches, bâtie autour d'une ancienne bergerie restaurée avec goût. Quatre chambres de caractère et d'ambiance originale, entourées d'un vaste parc aux essences provençales vous sont proposées. Si le temps le permet, une salle à manger d'été au bord du bassin et de la fontaine vous attend. Bienvenue en Provence !

Attraits touristiques : festivals à Aix 5 km. Randonnée dans le Montagne Ste-Victoire sur place. Tennis 3 km. Piscine et équitation 4 km. Golf 10 km. Mer 45 km.

Accès : un plan d'accès vous sera communiqué lors de la réservation.
GPS : l 43,54510300 - L 5,50488500.

St-Marc-Jaumegarde - Bouches-du-Rhône (13)

NOUVEAUTÉ

N°G130413

Les Mimosas
Christophe et Cristel Lasserre
875 Route Départementale 10
13100 St-Marc-Jaumegarde
Tél. 06 16 67 67 70
875alamaison@orange.fr
www.lesmimosas13.com

TH

1 Pers. 90/170 € - 2 Pers. 90/170 €
P. sup. 20/30 € - Repas 20/35 €

Dans une belle bastide du XIXème à seulement 4 kilomètres d'Aix en Provence, 3 chambres et suites (non fumeur) mettent en scène des ambiances uniques (scandinave, 70's...) mariant couleurs, fantaisie, mobilier chiné et esprit contemporain. Christophe et Cristel vous accueillent en famille, et vous feront partager le plaisir qu'ils ont eu à imaginer la décoration de leurs chambres comme de la maison.

Attraits touristiques : à Aix-en-Provence : commerces, cinémas, festivals... Montagne Sainte-Victoire à 2 km. Restaurants à 2 km. Marseille à 40 km.

Accès : Aéroport Marseille Provence 30 km. Gare TGV Aix-en-Provence 15 km

3 chambres et suites à thèmes avec sanitaires privés et TV. Salle de projection "comme au cinéma", espace ordinateur business corner avec imprimante, wifi dans toute la maison. Parking et abri voiture. Espace privatif extérieur avec salon de jardin. Cuisine d'été. Ping-pong, jeux extérieurs. Petits déjeuners à base de produits locaux.

St-Rémy-de-Provence - Bouches-du-Rhône (13)

N°G250618

Le Mas des Figues
Philippe Michelot
Vieux Chemin d'Arles
13210 St-Rémy-de-Provence
Tél. 04 75 41 55 96 - 04 32 60 00 98
Port. 06 08 42 77 76
info@masdesfigues.com
www.masdesfigues.com

TH

1 Pers. 110 € - 2 Pers. 110/280 €
Repas 2829 €

Planté en plein cœur du Parc Naturel Régional des Alpilles, aux portes de St-Rémy-de-Provence et des Baux, le mas invite à une expérience paresseuse et ressourçante. Sur 10 ha : jardin botanique, roseraies remarquables de 3000 pieds, verger, potager et oliviers ravissent les sens par les couleurs et les senteurs. Les produits du terroir viennent reveiller à chaque repas les doux souvenirs d'une enfance gourmande. Beau compromis entre le passé et le contemporain.

Attraits touristiques : St-Rémy de Provence (3,5 km), les Baux de Provence, Parc Naturel des Alpilles, Avignon (festival en juillet), Arles, La Camargue. Randonnée 1 km. Tennis et équitation 4 km. Golf 10 km.

Accès : à 3,5 km à l'ouest de St-Rémy-de-Provence par D99 puis 1,5 km sur D27 dir. Les Baux de Provence, puis 500 m dir. Vieux Chemin d'Arles.
GPS : l 43.78328700 - L 4.78745300.

4 ch. et 1 suite familiale climatisées (non fumeur) avec sanitaires privés, TV, mini-bar, coffre, internet. (250/350 euros/4 pers.). Ouv. d'avril à octobre. Petit déj. : brioches, confitures maison, charcuterie... Table d'hôtes : lasagnes blettes/tomates, agneau... Bureau (wifi). Cour, jardin, parc 10 ha. Piscine chauffée (10 x 6 m). Parking.

Trets - Bouches-du-Rhône (13)

NOUVEAUTÉ

Sur les hauteurs du village médiéval de Trets, non loin de la majuestueuse montagne de la La Sainte-Victoire, joli mas provençal avec jardin paysager et terrasses ombragées où vous pourrez prendre des petits déjeuners gourmands. La décoration fait la part belle aux aquarelles et aux pastelles peints par Delphine. Elle vous fera également découvrir ses recettes dont vous retrouverez les secrets dans un livre écrit et décoré par ses soins.

Attraits touristiques : Cassis, Marseille, Bandol, Sanary, le Parc du Luberon. Randonnée 1 km. Equitation 3 km. Parapente 15 km. Plage 37 km.

Accès : plan d'accès remis sur demande.

N°G140522

le Mas du Biaou
Delphine Bidault
543 chemin du Bout de Nice
13530 Trets
Tél. 04 42 29 20 99
info@mas-du-biaou.fr
www.mas-du-biaou.fr

TH

2 Pers. 75/95 €
P. sup. 20/25 € - Repas 30 €

2 chambres avec sanitaires, terrasse, salon de jardin privés et accès indépendant. Petit déjeuner : viennoiseries, brioche et confitures maison, jus d'orange, yaourt. Table d'hôtes sur demande : poulet aux olives, roulés de dinde, tapenade, crumble aux figues... Jardin paysagé de 4000 m². Parking. Restaurant 2 km.

Claviers - Var (83)

NOUVEAUTÉ

Au cœur du village médiéval perché de Claviers, La Clé des Songes est une maison rénovée avec beaucoup de goût. La décoration intérieure est romantique et raffinée. Le jardin ombragé avec vue panoramique, la terrasse avec salons de jardin et le salon de thé en été, invitent au repos. Dépose bagages devant la maison. Prochainement : espace spa et hammam.

Attraits touristiques : Gorges du Verdon 30 km. Gorges du Pennafort 10 km. bord de mer (Ste Maxime, St Raphaël, Fréjus...) 45 km. Callas et son festival de musique ancienne en juillet 5 km. Golfs St Endréol et Terre Blanche 20 km.

Accès : Sortie A8 Le Muy, suivre la 555 dir. Draguignan sur 3 km puis à droite la D54 direction Grasse. Tourner à gauche dir. Callas D25, traverser village et continuer direction Claviers par D425.

N°2563

La Clé des Songes
Gisèle et Alain Tavan
12 rue Jean Cabasson, 07 89 55 45 63
83830 Claviers
Tél. 04 94 85 15 91
Port. 07 89 55 45 63
lacledessonges@orange.fr
www.la-cledessonges.fr

TH

1 Pers. 110/120 € - 2 Pers. 110/120 € - 3 Pers. 140 €
P. sup. 30 € - Repas 25 €

3 chambres, 2 salles de bains baignoire et douche, 1 salle d'eau. TV écran plat et wifi dans les chambres. Petit déjeuner : viennoiseries, gâteaux et confitures maison, maison, œufs au bacon, jus pressés maison, cocktails frais, céréales. T. d'hôtes : cuisse de canard confite aux noix et figues avec tranche de foie gras, grillades (gambas, saumon)

Draguignan - Var (83)

N°2051

Bastide des Micocouliers
Marie-Dolorès Hebert
SARL Salveq, 1653, avenue de Grasse
83300 Draguignan
Tél. 04 94 85 39 09 - SR : 04 94 50 93 93
mariehebert2@wanadoo.fr
www.gites-de-france-var.fr

TH

2 Pers. 92/115 € - 3 Pers. 125 €
Repas 25 €

4 chambres et 1 suite avec sanitaires privés et TV. (135 euros/4 pers.). Ouvert toute l'année. Petit déjeuner : cake maison, viennoiseries, confitures, yaourts... T.d'hôtes sur résa. : daube provençale, filet mignon, desserts maison... Salon avec internet. Cheminée. Jardin. Piscine (8 x 4 x 1.50), abri couvert de protection.

Sur les hauteurs de Draguignan, vous serez accueillis chaleureusement dans cette belle bastide où vous apprécierez le confort et la décoration recherchée des 5 chambres qui vous sont réservées. Pour votre détente, la piscine avec abri couvert vous attend. Situation idéale pour découvrir la ville de Draguignan entre mer et montagne..

Attraits touristiques : Gorges du Verdon 35 km. Abbaye Thoronet 16 km. Plage et plan d'eau 30 km. Equitation et tennis 3 km. Golf 15 km.

Accès : A8, sortie Le Muy puis prendre N555 dir. Trans/Draguignan. Puis dir. Grasse par la D562 au panneau fin Draguignan prendre à gauche.

Fayence - Var (83)

N°2008

l'Albatros
Nathalie et Jacques Virolle
1434, Ancienne route de Draguignan
83440 Fayence
Tél. 04 94 47 65 58
Port. 06 81 54 69 54
jv.lalbatros@wanadoo.fr
www.lalbatros83.com

TH

2 Pers. 55/80 € - 3 Pers. 92 €
P. sup. 15 € - Repas 28 €

3 ch. avec sanitaires privés et climatisation. Ouv. Toute l'année. Petit déjeuner : pains ou brioche maison, confitures maison... T. d'hôtes : daube provençale, cailles en croûte... TV, DVD. Terrain clos 3300 m². Piscine sécurisée (nage à contre courant), jacuzzi. P-pong, pétanque. Golf (orga. Séjour selon catégorie). 95 euros 4 pers. Animal 5 euros/j.

Au pied du village de Fayence, Nathalie et Jacques vous accueillent dans leur maison contemporaine de style canadien réalisée en bois de cèdre rouge, au calme sur une terrain clos de 3300 m², sans vis-à-vis. Vous disposerez d'un salon où sont installés un billard américain et français, un jeu de fléchettes et divers jeux de société. La piscine possède un jacuzzi, la nage à contre-courant et un pool-house.

Attraits touristiques : Seillans 5 km. Lac de St-Cassien 10 km (vol à voile). Tennis 3 km. Golf 4 km. Equitation, escalade 10 km. Plage 30 km.

Accès : A8, sortie n°39 Les Adrets-de-l'Esterel dir. Fayence. Longer lac de St-Cassien jusqu'à D562, dir. Draguignan. Après carrefour Fayence/St-Paul/Grasse/Draguignan, dir Draguignan sur 2 km, puis à droite Jaumillot, c'est en face portail en bois..

La Motte - Var (83)

N°1821

Le Mas du Péré
Gérard et Catherine Hut
280, chemin du Péré
83920 La Motte
Tél. 04 94 84 33 52
Port. 06 13 22 09 45
le.mas.du.pere@club-internet.fr
www.lemasdupere.com

2 Pers. 86/113 €

3 chambres climatisées avec TV et sanitaires privés. Ouv. toute l'année. Petit déjeuner : boissons chaudes, jus d'orange, yaourts, confitures maison, pâtisseries, miel... Séjour avec cheminée. Parc avec piscine (alarme) et spa. Restaurants à proximité. Tarifs dégressifs selon saison.

Face au rocher de Roquebrune, dans un environnement de verdure, Catherine et Gérard vous accueillent dans leur mas en pierre, non loin d'un petit village typiquement provençal. Ils vous proposent trois chambres de charme agréablement aménagées et très confortables. Intérieur chaleureux et ambiance conviviale. Vaste jardin, piscine et spa.

Attraits touristiques : Gorges Pennafort 4 km. Les Arcs 6 km. St-Raphaël 17 km. Tennis 700 m. Equitation 5 km. Golf 3 km. Plage 17 km. Plan d'eau 20 km.

Accès : A8, sortie Le Muy et suivre direction Draguignan. Au 3e rond-point à droite, suivre La Motte. Dans le centre-ville, suivre les indications.

Le Muy - Var (83)

N°2023

Les Palmiers
Yvette Merdjoyan
1890 route de la Motte
83490 Le Muy
Tél. 04 94 45 34 67
Port. 06 11 41 90 50
palmiers.yvm@orange.fr
www.les-palmiers.fr

1 Pers. 70/82 € - 2 Pers. 80/93 €

3 chambres avec sanitaires privés et réfrigérateur. Ouvert toute l'année. Petit déjeuner : céréales, confitures, miel, yaourts nature, toasts raisin, viennoiseries... Terrasse couverte avec salon de jardin. Piscine eau salée avec alarme (10 x 5 x 2 m). Jardin. Restaurants entre 1 et 2 km. Tarifs préférentiels hors.sais.

A l'orée du village, maison contemporaine avec un terrain clos de 3500 m² arboré de palmiers, oliviers et magnolias. Chaque chambre a une décoration moderne et le nom de peintre différent : Matisse, Dégas et Cezanne. Vous apprécierez l'environnement, propice à la découverte du Var.

Attraits touristiques : gorges Pennafort 7 km. St-Raphaël 18 km. Ste-Maxime 23 km. Golf 3 km. Tennis, escalade et plan d'eau 4 km. Equitation 6 km. Plage 16 km.

Accès : A8, sortie Le Muy, prendre dir. Le Muy. Au 1er rond-point, prendre à gauche. Au 2e feu, prendre à gauche dir. La Motte. Faire 1,9 km, la maison est sur la droite.

Pontevès - Var (83)

N°1198

Domaine de Saint-Ferréol
Guillaume et Armelle de Jerphanion
83670 Pontevès
Tél. 04 94 77 10 42
Port. 06 73 72 40 52
saint-ferreol@wanadoo.fr
www.domaine-de-saint-ferreol.fr

2 Pers. 78/92 €
P. sup. 20 € -

2 grandes chambres et 1 suite avec douche et wc privés. (110 euros/4 pers.). Ouvert du 1.03 au 15.11. Grande salle commune avec coin-cuisine à la disposition des hôtes. Piscine sur place clôturée (12 x 5). Equipement pour bébé. Restaurants à 1,6 km et 3 km.

Armelle et Guillaume vous accueillent au sein d'un domaine (vignes et céréales) d'une centaine d'hectares, adossé à la colline. Les chambres sont situées dans une aile restaurée du corps de ferme (XVIIIe siècle) et disposent de mobilier ancien ainsi que de jolis tissus provençaux. Belle vue sur le château de Pontevès.

Attraits touristiques : Villages provençaux, abbaye du Thoronet. Verdon et lac de Sainte-Croix à 40 km. Barjols 3 km. Randonnées pédestres, VTT. Tennis 3 km. Pêche et varappe à 15 mn. Equitation, escalade 12 km. Golf 30 km.

Accès : de Barjols, D560 vers Draguignan-Ponteves. Ne pas tourner vers le village signalé à droite, aller tout droit. Le chemin qui mène au domaine est à gauche (D560), 2,5 km après Barjols.

Puget Ville - Var (83)

N°1640

Le Mas des Oliviers
Guy Leroy
12 chemin Les Ferrières
83390 Puget Ville
Tél. 04 94 48 30 89
Port. 06 16 82 60 32
guy.leroy18@orange.fr
www.chambre-d-hote-le-mas-des-oliviers.com

TH

1 Pers. 69/85 € - 2 Pers. 79/95 €
P. sup. 20 € - Repas 29 €

3 chambres avec sanitaires privés. Ouvert toute l'année. Petit déjeuner : jus d'orange, viennoiseries, confitures maison, yaourts (plateau fromages sur demande). T. d'hôtes : soupe au pistou, tajines provençales, desserts maison (tartes, sorbets, crèmes...). Piscine. Equitation sur place. VTT à disposition. Pétanque. Ping-pong.

Vous serez accueillis au Mas des Oliviers dans un cadre typiquement provençal où les ocres se marient à la terre cuite, au milieu des vignes et des oliviers sur 3,5 ha de calme. Idéalement situé, à 1 h de St-Tropez et des calanques de Cassis, à 2 h des Gorges du Verdon, ce mas vous enchantera par sa tranquillité et sa douceur de vivre. Profitez de la salle de musculation et du sauna.

Attraits touristiques : Hyères et ses îles 30 km. Collobrières 24 km. Abbaye Thoronet 30 km. Tennis 2 km. Golf 25 km. Plage et plan d'eau 30 km. Escalade 80 km.

Accès : RN97 en venant de Cuers, 2 km avant Puget, 300 m à gauche après le pont et suivre le fléchage "Chambres d'Hôtes".

La Roquebrussanne - Var (83)

N°2014

La Font d'Orange
Nicole et Daniel Manera
409 chemin de Sabatery
83136 La Roquebrussanne
Tél. 04 94 86 83 20
Port. 06 15 36 02 20
contact@la-font-dorange.fr
www.la-font-d-orange.com

TH

2 Pers. 80 € - 3 Pers. 100 €
P. sup. 20 € - Repas 23 €

1 suite avec séjour et petite cuisine. Entrée indépendante par terrasse privative, sanitaires privés, TV sat. Nord Europe et convertible. Ouv. toute l'année. Petit déjeuner : jus d'orange, viennoiseries, confitures. T.d'hôtes sur résa. : daube, ragoût, poissons... Salon, bibliothèque. Coffre-fort. Parking privé. Terrain en restanque. Parc 2 ha.

Sur une colline dominant le village, "La Font d'Orange", grande maison provençale, vous accueille et vous propose une suite de 40 m² où vous pourrez profiter pleinement du confort et du cadre très agréable. Les trois mots-clé de cet endroit sont : détente, découverte, randonnée. Accueil chaleureux et très convivial.

Attraits touristiques : Brignoles-la-Celle 10 km. St-Maximin 20 km. Hyères 30 km. Tennis 800 m. Equitation 15 km. Golf 20 km. Escalade 30 km. Plage 35 km.

Accès : A8, sortie St-Maximin. N7 dir. Brignoles. A Tourves D 205 puis D5 dir. Toulon. A la Roquebrussanne continuer sur la déviation. 1er chemin à droite après terre plein (ch. de Sabatery). 600 m au bout du chemin tourner 2e maison (volets verts clairs).

Provence Alpes Côte d'Azur

Ste-Maxime - Var (83)

N°1791

Bastidon-St-Michel
Bernard Nouvel
Le Beaucas CD44
83120 Ste-Maxime
Tél. 04 94 43 72 95
Port. 06 89 63 76 96
bastidon-saintmichel@orange.fr
www.bastidon-saintmichel.com

2 Pers. 80 €

2 chambres avec sanitaires privés, terrasse pour chaque chambre. Ouvert toute l'année. Petit déjeuner : jus d'orange, viennoiseries, yaourts, confitures maison... Parking privatif ombragé. Parc de 6 ha. Piscine avec jacuzzi. Restaurants 2,5 km et 5 km.

Au cœur du Massif des Maures, à 10 mn de Ste-Maxime et des plages du Golfe St-Tropez, "Le Bastidon St-Michel" vous propose un véritable havre de paix et de ressourcement. Dans le cadre privilégié d'un domaine de 4 ha, un calme absolu perpétue la tradition d'une bastide provençale du XVIIe s., entourée d'oliviers, de chênes et de lavande.

Attraits touristiques : St-Tropez 23 km. Grimaud 10 km. Roquebrune/Argens 26 km. Tennis 4 km. Equitation 6 km. Plage 11 km. Plan d'eau 15 km.

Accès : A8, sortie n°36 dir. Ste-Maxime/St-Tropez par la D25. A 14 km, prendre sur la gauche "Plan de la Tour" (itinéraire touristique) par la D44. Passer le pont, faire 3 km et 1er chemin goudronné à droite.

St-Raphaël - Var (83)

N°2358

Côté Jardin
Alain Chevalier
154, avenue des Arènes
83700 St-Raphaël
Tél. 04 89 99 40 80
Port. 06 64 78 20 50
martine.smith@cegetel.net

2 Pers. 95/125 €
P. sup. 25 € -

Dans un cadre privilégié, au cœur de la ville, maison de maître "classée" entièrement restaurée avec beaucoup de goût : sobriété et raffinement garantis ! Vous pourrez vous détendre grâce aux aménagements prévus à cet effet : terrasse, verrière/coin-détente... Sa situation en centre ville, au calme, permet d'accéder à toutes les commodités.

Attraits touristiques : Fréjus-Agay/sentier du littoral 7 km. St-Tropez, Cannes, Grasse 30 km. Nice 60 km. Plage 400 m. Tennis 500 m. Golf 2 km. Equitation 3 km. Escalade 5 km. Plan d'eau (lac) 15 km.

Accès : sortie A8 St-Raphaël-est n°38, suivre Fréjus. Au rd-point de l'Europe, à gauche dir. Hôp. Bonnet. Au 3e rd point, à droite "av. Dr Donnadieu" pour rejoindre "av. de Lattre de Tassigny"'. Suivre dir. St-Raphaël, passer le pont faire 330 m, à droite.

3 chambres avec sanitaires privés, TV et climatisation. Ouvert du 15.03 au 15.10. Petit déjeuner : viennoiseries, confitures maison, fruits frais, gâteaux maison... Equipement bébé. Terrasse partiellement ombragée, salons de jardin, verrière aménagée en coin-détente. Parking intérieur. Cour, jardin. Tarif 2 pers. de sept. à juin 85/110 euros.

Trigance - Var (83)

N°1932

Le Priolat des Anges
Frank et Nadine Duparant
83840 Trigance
Tél. 04 94 85 67 07
Port. 06 07 68 08 06
lepriolatdesanges@wanadoo.fr

TH

2 Pers. 74 € - 3 Pers. 100 €
P. sup. 26 € - Repas 26 €

Aux portes des Gorges du Verdon et dans le Parc Naturel Régional, jolie bastide en pierre avec jardin paysager et vue exceptionnelle sur le village perché de Trigance et ses environs. Vous pourrez déguster les saveurs de la région à la table d'hôtes. Endroit idéal pour de nombreuses randonnées où votre hôtesse, Nadine, se fera un plaisir de vous renseigner.

Attraits touristiques : Gorges du Verdon 5 km. Castellane 20 km. Tennis et équitation 2 km. Golf et plan d'eau 25 km. Escalade 7 km. Plage 65 km.

Accès : A8, sortie Le Muy, dir. Draguignan (N555). Au rond point de Ste-Roseline, dir. Comps/Artuby (D54) puis D955 dir. Trigance. 3 km avant le village (dans grande ligne droite), grande bastide en pierre sur la droite.

2 chambres dont 1 familiale 4 personnes avec douche et wc privés. (126 euros/4 pers.). Ouvert de mai à septembre. Petit déjeuner : confitures maison, fruits de saison, croissants, œufs, pain bio... T. d'hôtes : légumes farcis, daube, civet, sauté d'agneau, chèvre chaud, gratins, aïoli...

Aubignan - Vaucluse (84)

N°1341

Le Mas d'Aubignan
Le Mas d'Aubignan
avenue Anselme Mathieu
84810 Aubignan
Tél. 04 90 62 77 25
Port. 06 85 99 01 03
mas.daubignan@free.fr

TH

1 Pers. 70/115 € - 2 Pers. 100/115 €
Repas 25 €

3 chambres dont 1 familiale, avec sanitaires privés, TV, DVD, mini-bar et coffre. Ouv. Toute l'année. Petit déj. : jus d'orange, confitures maison, céréales, fruits... T. d'hôtes : cuisine provençale avec les produits du terroir. Vélos à dispo., p-pong. Cour, jardin. Spa-solarium. Restaurants à proximité. 1 location saisonnière sur place.

Dans une jolie maison de village du XIXe siècle, entièrement restaurée, retrouvez l'art de vivre en Provence entre Dentelles et Ventoux. Les chambres qui vous sont réservées sont spacieuses et personnalisées dans le respect de la tradition. Les saveurs méditerranéennes raviront vos papilles : cailles rôties au miel et aux épices...

Attraits touristiques : A 20 mn de Vaison-la-Romaine, de l'Isle-sur-la-Sorgue, d'Orange, d'Avignon et du Mt-Ventoux, de ses marchés, festivals d'été. Tennis, équitation et pêche 1 km. Piscine 2 km. Golf 18 km.

Accès : à la sortie du village en venant de Sarrians, prendre la petite route de Beaumes-de-Venise à droite, la maison est à 30 m.

Avignon - Vaucluse (84)

N°1469

La Bastide des Anges
Béatrice et Florent Bourgeois
Ile de la Barthelasse, 1634 chemin des Vignes
84000 Avignon
Tél. 04 90 82 56 04
Port. 06 86 54 49 79
bastidedesanges@orange.fr
www.la-bastide-des-anges.com

1 Pers. 95/125 € - 2 Pers. 98/130 € - 3 Pers. 123/150 €
P. sup. 25 € -

5 chambres climatisées dont 1 suite familiale 4 pers. et 1 chambre 3 pers., avec sanitaires privés. Ouv. toute l'année. Petit déjeuner : salade de fruits de saison, yaourts maison, viennoiseries, confitures et pâtisseries maison... Salle à manger 70 m². TV, internet. Piscine. P-pong, pétanque. Jardin, parc 2 ha. Vélos à disposition. Restaurant 2 km.

Au cœur de l'Ile de la Barthelasse, à 5 mn de la Cité des Papes, La Bastide des Anges est située dans un parc de 2 ha avec piscine, havre de verdure et de calme. Les chambres sont spacieuses et décorées avec raffinement. Elles bénéficient d'une vaste terrasse privative, d'un grand salon et d'une cuisine équipée.

Attraits touristiques : cité des Papes, festival de Théâtre, Pont du Gard, Les Alpilles et les Baux de Provence, Isle-sur-la-Sorgue, Gordes, Le Luberon, route des vins (Tavel, Châteauneuf-du-Pape). Tennis 500 m. Equitation et pêche 1 km.

Accès : à Avignon prendre Pont Daladier dir. Ile-de-la-Barthelasse, puis à droite D228 dir. Ile des Papes. Longer le Rhône sur 2 km jusqu'au rond point, suivre ensuite dir. de l'école à droite. La bastide est à 300 m après l'école. GPS : l E4°50'2" - L N43°58'4".

Beaumes-de-Venise - Vaucluse (84)

N°G1512

La Maison des Remparts
Ludivine Rivallin
74 cours Louis Pasteur
84190 Beaumes-de-Venise
Tél. 04 90 62 75 49
Port. 07 87 13 85 35
contact@lamaisondesremparts.com
www.lamaisondesremparts.com

2 Pers. 160/280 €
P. sup. 40 € -

3 chambres et 2 suites avec sanitaires privés, TV, wifi et climatisation. Ouvert toute l'année. Petit déjeuner : panier du boulanger, pâtisseries et yaourts maison, oranges pressées, céréales, fromage, fruits frais... Cuisine équipée, salon avec cheminée. Piscine, solarium. Jardin. Restaurant à 200 m.

Au cœur du village de Beaumes-de-Venise, bâtie sur les anciens remparts fortifiés, "Les Remparts" est une maison d'hôtes de caractère au charme délicieux. Côté remparts, depuis le chemin de ronde qui sert de balcon, vous profiterez d'une vue exceptionnelle sur le Mt-Ventoux et les Dentelles de Montmirail. Côté cour, c'est toute l'atmosphère du village qui s'offre à vous. La cour intérieure, dans un écrin de verdure, vous invite au repos et à la baignade.

Attraits touristiques : Avignon, Orange, l'Isle-sur-la-Sorgue, Mont-Ventoux, Dentelles de Montmirail, route des vins des Côtes du Rhône, Gigondas, Séguret.

Accès : par A7, sortie n°22 Carpentras, suivre ensuite Sarrians. Arriver à Sarrians suivre à gauche Beaumes-de-Venise (7 km).
GPS : l N44°07'21 - L E005°01'50.

Beaumes-de-Venise - Vaucluse (84)

N°1449

Le Clos Saint-Saourde
Géraldine et Jérôme Thuillier
1769 route de St-Veran
84190 Beaumes-de-Venise
Tél. 04 90 37 35 20
Port. 06 99 41 44 19
contact@leclossaintsaourde.com
www.leclossaintsaourde.com

2 Pers. 180/470 €
P. sup. 40 € -

2 chambres, 2 suites (cheminée) et 1 cabane avec spa privé, avec sanitaires privés, internet - TV écran plat. Ouv. Toute l'année. Petit déjeuner : fougasse, confitures maison, miel, croissant, jus d'orange frais... Terrasse. Piscine, solarium + 200 m² face aux vignes à perte de vue. Cuisine d'été à disposition. Restaurants à proximité.

Au pied du Mt-Ventoux, face aux Dentelles de Montmirail, au milieu des vignes du fameux muscat de Beaumes-de-Venise, se dresse le Clos de St-Saourde, un lieu unique en pleine nature. Construite sur un rocher, la bâtisse du XVIIIe vous offre 2 chambres semi-troglodytiques, 2 suites spacieuses et 1 cabane de luxe dans les arbres, à la décoration résolument affirmée.

Attraits touristiques : Côtes du Rhône et truffes. Festivals d'Avignon, de Vaison-la-Romaine et d'Orange. Dentelles de Montmirail, Mt-Ventoux, gorges de la Nesque, marché Isle-sur-la-Sorgue... Tennis 2 km. Equitation 4 km. Golf 15 km.

Accès : depuis le nord, A7, sortie 22 dir. Sarrians/Carpentras jusqu'à Sarrians puis Beaumes-de-Venise. Depuis le sud, A7, sortie 23 dir. Carpentras, sortie Sarrians/Monteux nord jusqu'à Sarrians puis Beaumes-de-Venise.
GPS : l 44.0654 - L 5.0316.

Bollène - Vaucluse (84)

NOUVEAUTÉ

Joli bâtiment du XVIIIème siècle rénové en 2012, avec de belles façades en pierres et entouré de vignes. Espace piscine très agréable. Cuisine d'été disponible pour les hôtes. Cours de peinture (artistique et décoration) délivrés sur place.

Attraits touristiques : Orange, Vaison-la-Romaine, Grignan, Mont-Ventoux, Gorges de l'Ardèche. Randonnée sur palce, pêche 2 km, tennis 3,5 km, équitation 16 km, golf 20 km.

Accès : plan d'accès fourni sur demande.

GPS : l 44.290926 - L 4.7797739.

N°1525

Mas de Costebelle
Jean-Jacques Goffin
route de l'Embisque
84500 Bollène
Tél. 04 90 51 97 09
masdecostebelle@hotmail.fr
www.masdecostebelle.fr

Wi Fi

1 Pers. 75 € - 2 Pers. 75 € - 3 Pers. 110 €
P. sup. 20 € -

3 chambres (2 en mezzanine) avec sanitaires privés, TV, wifi. Ouvert toute l'année. Petit déjeuner : pain, viennoiserie, café, thé, jus de fruit, gâteaux et confitures maison. Jardin de 3000 m². Climatisation réversible. Séjour/salle à manger (bibliothèque). Prix spécial enfant de 3 à 12 ans. Restaurant à 3 km.

Buisson - Vaucluse (84)

Tout près de Vaison-la-Romaine et de Nyons, un vieux mas provençal avec son gros platane au milieu de la cour, son bassin et sa volière. Voilà, le décor est planté ! Pas tout à fait : il y a encore un jardin avec vue sur la vallée, une petite cuisine d'été... sans oublier des chambres spacieuses et lumineuses... A coup sûr, une parenthèse de bonheur simple en Provence.

Attraits touristiques : ruines romaines de Vaison et Orange, circuit touristique des Côtes du Rhône (visite et dégustation), soirées animées au village de Villedieu, le Mont Ventoux, l'Isle-sur-la-Sorgue. Nombreux festivals, marchés de Provence.

Accès : A7, sortie Bollene puis D994 et D94 dir. Nyons. 4 km après Tulette, prendre à droite D20 dir. Vaison/Buisson, puis à gauche D51 et D75 dir. Villedieu.

GPS : l 44.286111 - L 5.02111.

N°1223

l'Ecole Buissonnière
Monique et John Alex-Parsons
Les Prés - D75
84110 Buisson (Vaison-la-Romaine)
Tél. 04 90 28 95 19
ecole.buissonniere@wanadoo.fr
www.buissonniere-provence.com

1 Pers. 52/56 € - 2 Pers. 68/78 € - 3 Pers. 82/88 €
P. sup. 15/22 € -

3 chambres avec sanitaires privés. 95/105 euros/4 pers. Ouv. De Pâques à la Toussaint. Petit déjeuner : croissants, confitures maison, miel, céréales, fromage, œufs... Salon. Biblio. Cuisine d'été. Cour, jardin, transats. Vélos, terrain de boules. Parking couvert fermé. Restaurants Villedieu 1 km et Vaison-la-Romaine 7 km.

Cadenet - Vaucluse (84)

N°1266

La Tuilière
Didier et Clotilde Borgarino
84160 Cadenet
Tél. 04 90 68 24 45
clo@latuiliere.com
www.latuiliere.com

TH

1 Pers. 78/94 € - 2 Pers. 82/98 € - 3 Pers. 118 €
P. sup. 20 € - Repas 25 €

4 ch. avec douche et wc privés et 1 suite (salon) avec bains et wc privés. Ouv. toute l'année. Petit déjeuner : fougasse, confitures et pâtisseries maison. T. d'hôtes sur rés. : brouillade de truffes, soupe pistou, produits du potager. Salon, cheminée, cuisine d'été. Jardin, parc, verger. Piscine, p-pong, pétanque. De nov. à mars : 3e nuit offerte.

Belle bastide du XVIIIe avec jardin, piscine, parc et verger, dominant le village de Cadenet. Dans ce cadre exceptionnel, vous apprécierez le calme et la douceur de vivre à l'ombre des chênes centenaires, la terrasse avec vue et la piscine abritée de vieux murs. Chambres spacieuses, la plupart avec terrasse ou petit jardin avec salon. Orangerie avec cuisine et cheminée à la disposition des hôtes. Domaine viticole et oleïcole.

Attraits touristiques : Villages, châteaux et sites du Luberon. Parc naturel. Festivals. Aix, Avignon, Apt, les Baux, Marseille, Cassis...Tennis 1 km. Pêche, équitation 2 km. Golf 20 km.

Accès : de l'église de Cadenet, prendre à gauche la ruelle indiquant "La Tuilière" et faire 700 m.

Caromb - Vaucluse (84)

N°1421

La Maison de Françoise
Françoise Bonneton
24, rue des Petites Aires
84330 Caromb
Tél. 04 90 12 78 38
Port. 06 75 55 00 22
vazquezfrancoise@orange.fr
www.lamaisondefrancoise.net

1 Pers. 75 € - 2 Pers. 85 €

2 chambres et 1 suite avec sanitaires privés. Ouvert du 01.05 au 31.07. Petit déjeuner : confitures maison, jus de fruits frais, pâtisseries maison, yaourts, céréales, fruits... Piano Pleyel 1/2 queue. Piscine/bassin (2,5 x 5). Cour, jardin. Restaurant à 50 m.

Au cœur du village de Caromb, ancienne conserverie de fruits entièrement transformée et remodelée. Très belle bâtisse de caractère avec cour et jardin clos, agrémentée d'un bassin. Les chambres sont confortables et lumineuses (lits 180), les meubles sont des XVIIIe et XIXe siècles. En annexe, une maisonnette pour 2 personnes avec kitchenette bien équipée.

Attraits touristiques : festival de Carpentras à 6 km. Palais des Papes et festival à Avignon. Vaison-la-Romaine, Orange... Tennis 1 km. Pêche 2 km. Equitation 7 km. Golf 22 km.

Accès : à Caromb, au carrefour de l'église, prendre la direction d'Aubignan. A 50 m la rue des Petites Aires est sur la gauche.

Entraigues-sur-la-Sorgue - Vaucluse (84)

N°1468

Le Mas des Arômes
Isabelle et Michel Lansiaux
68 avenue des Herbages
84320 Entraigues-sur-la-Sorgue
Tél. 04 88 61 20 78
Port. 06 28 20 06 10
contact@le-mas-des-aromes.fr
www.le-mas-des-aromes.com

TH

2 Pers. 75/155 € - 3 Pers. 99/155 €
P. sup. 20 € - Repas 25 €

5 chambres avec sanitaires privés et entrée indépendante. Suite familiale 155 euros/4 ou 5 pers. Ouvert toute l'année. Petit déjeuner continental accompagné de confitures maison. Salon-bibliothèque à disposition. T. d'hôtes sur résa. : cuisine provençale de saison. A partir de 4 personnes sur réservation. Piscine, parc. Possibilité d'accueil cheval.

Aux portes d'Avignon, de l'Isle-sur-la-Sorgue et des vignobles de Châteauneuf-du-Pape, vous découvrirez dans un écrin de verdure, un mas provençal du XIXe préservé et raffiné, disposant de cinq chambres à l'étage qui sauront vous charmer. Dans une ambiance sud emplie de quiétude et d'évasion, vous aurez également plaisir à vous rafraîchir dans la piscine à l'issue de vos chaudes journées provençales. La table d'hôtes, un pur instant de convivialité et de bonne humeur !

Attraits touristiques : Avignon et son fetsival, l'Isle-sur-la-Sorgue et ses antiquaires, Fontaine-de-Vaucluse, Luberon, Mont-Ventoux, Pont du Gard. Pétanque. Golf à 8 km.

Accès : A7, sortie Avignon nord puis dir. Carpentras. Sortie Entraigues/Althen-les-Paluds. Prendre la route des Valayans par la D16 sur environ 3 km et prendre dir. Trevouse, sur votre droite.

Goult - Vaucluse (84)

N°1309

La Borie
Dominique Pauwels-Renwart
Chemin de la Verrière
84220 Goult
Tél. 04 90 72 35 84
Port. 06 83 39 06 65
alfred.pauwels@wanadoo.fr
www.la-borie.com

1 Pers. 90 € - 2 Pers. 90/115 €
P. sup. 25 € -

5 chambres dont 2 pour 4 pers. avec mezzanine et 1 suite (2 ch. communicantes) avec TV, réfrigérateur et sanitaires privés. Ouv. de mars à novembre. Petit déjeuner : viennoiseries, confitures maison, jus de fruits, fromage. Cour, jardin, piscine chauffée, court de tennis. Cuisine d'été.

Entre le Ventoux et le massif du Luberon, cette belle bastide du XVIIe vous accueille sous le regard protecteur du village de Goult. Le cadre, les chambres et l'accueil chaleureux invitent à la détente. Ici tout respire la douceur de vivre et les parfums de lavande et vous apprécierez le mélange harmonieux du charme et de la simplicité.

Attraits touristiques : Villages du Luberon, sites... Festival théâtral d'Avignon. Musée de la Lavande à 10 km. Randonnée sur place. Golf, pêche 20 km. Restaurants à proximité.

Accès : autoroute sortie Cavaillon direction Apt (D900). Quitter la D900 à Notre-Dame-de-Lumière vers Goult.

Isle-sur-la-Sorgue - Vaucluse (84)

N°1188

Domaine de la Fontaine
Dominique et Irmy Sundheimer
920, chemin du Bosquet
84800 Isle-sur-la-Sorgue
Tél. 04 90 38 01 44
contact@domainedelafontaine.com
www.domainedelafontaine.com

TH

2 Pers. 125/135 € - 3 Pers. 195 €
P. sup. 45 € - Repas 29 €

En bordure de l'Isle-sur-la-Sorgue, Irmy et Dominique vous accueilleront chaleureusement dans un vieux mas provençal. Vous apprécierez le charme des chambres spacieuses et confortables aux couleurs chatoyantes, la piscine et la tranquillité de ce lieu enchanteur entouré de 4 ha. de verdure provençale.

Attraits touristiques : VTT. Golf à 3 km. Equitation. Tennis. Sentiers pédestres. Pêche. Festivals de musique et théâtre.

Accès : autoroute sortie Avignon-sud, direction Isle-sur-la-Sorgue, puis du centre direction Apt et 1ère à droite après "Citroën", puis 1ère à gauche, c'est le 1er mas sur la droite.

5 chambres dont 2 chambres familiales avec tél., salle d'eau et wc privés. Ouvert de mars à fin octobre. Savoureux petit déjeuner. Table d'hôtes (2 fois/semaine) : lotte à la provençale, parfait maison... TV. Cour, jardin, terrasse à l'ombre des platanes centenaires, parc, piscine privée.

Lacoste - Vaucluse (84)

N°1053

Bonne-Terre
Roland Lamy
84480 Lacoste
Tél. 04 90 75 85 53
roland.lamy@luberon-lacoste.com
www.luberon-lacoste.com

1 Pers. 95/115 € - 2 Pers. 110/120 € - 3 Pers. 130/150 €
P. sup. 30 € -

Jolie maison ancienne située sur un terrain en terrasses de 2 ha, avec vue panoramique sur le mont Ventoux, à proximité du village. Les chambres sont contemporaines, climatisées et vous pourrez vous détendre agréablement au bord d'une très belle piscine à débordement.

Attraits touristiques : Hauts lieux du Luberon. Provence romaine, festivals : musique, théatre. Parc Naturel Régional. Tennis, équitation, golf, randonnées pédestres.

Accès : entrée principale avant la vieille église de Lacoste et sinon à pied derrière la même église.

4 chambres avec douche et wc privés et 1 chambre avec bains et wc privés, toutes climatisées. Ouvert de mars à novembre. Copieux petit déjeuner. Accès wifi et kitchenette à dispo. Parc. Piscine. Parking fermé. Enfant - 2 ans : 10 euro. Chiens admis (suppl. 6 euros). 3 restaurants au village. Il est souhaité de bien vouloir préciser son heure d'arrivée.

Mazan - Vaucluse (84)

N°G1508

Les Secrets de Cezanne

Bernard Cezanne
77 La Venue, de Saint-Pierre-de-Vassols
84380 Mazan
Tél. 04 90 69 63 96
Port. 06 38 88 26 93
agnes@secrets-cezanne.com
www.secrets-cezanne.com

Chèque Cadeau

TH Wi Fi

1 Pers. 110 € - 2 Pers. 115 €
P. sup. 40 € - Repas 35 €

2 chambres avec sanitaires privés et accès internet. Ouvert toute l'année. Petit déjeuner : jus de fruits, yaourts, viennoiseries, confitures, œufs... T. d''hôtes, spécialités provençales : soupe au pistou, aïoli, agneau confit... Billard. Piscine. Cour, jardin de 200 m². Restaurant à 100 m.

Au cœur du village de Mazan, au pied du Mont-Ventoux, idéalement située pour les randonnées, le cyclotourisme, la découverte gastronomique ou œnologique, notre maison d'hôtes saura par ses aménagements vous satisfaire. Une piscine à débordement, le charme d'un village provençal fera de votre séjour un moment de quiétude. Notre table vous séduira par ses mets traditionnels.

Attraits touristiques : vignobles sur place. Vaison-la-Romaine 20 km. Avignon, villages perchés et festival 25 km. Randonnées sur place. Pêche 500 m. Tennis et équitation 1 km. Golf 20 km. Ski de piste 30 km.

Accès : en venant de Lyon, sortie Orange puis direction Carpentras. Traversre Carpentras et prendre direction Mazan. GPS : l 44°3'29''N - L 5°7'47''E.

Modène - Vaucluse (84)

N°1383

La Villa Noria

Philippe Monti
4 route de Mazan
84330 Modène
Tél. 04 90 62 50 66
post@villa-noria.com
www.villa-noria.com

Wi Fi

1 Pers. 75/170 € - 2 Pers. 75/170 € - 3 Pers. 150 €
Repas 40 €

4 chambres et 1 chambre familiale toutes climatisées, avec sanitaires privés. Salon bibliothèque avec ordinateur à disposition. Petit déjeuner sous le platane avec pain, gâteau, yaourt, confitures maison. Ouvert toute l'année. Piscine à l'eau salée. Abri vélo. Parking fermé.

A proximité du Mont-Ventoux, cette maison bourgeoise du XVIIIe siècle, restaurée et décorée dans l'esprit provençal, saura vous séduire par le confort de ses chambres et le calme de son parc. Côté table d'hôtes, Philippe, chef de cuisine gastronomique vous régalera avec sa cuisine originale et raffinée, faite de produits et de vins du terroir.

Attraits touristiques : Mont Ventoux, Luberon, Avignon, Orange. Dégustation de vins. Tennis, équitation 3 km. Baignade 10 km. Golf 30 km.

Accès : à Carpentras, prendre dir. Bedoin-Le Mont Ventoux par D974 puis prendre dir. Modène, intersection sur votre gauche. Grande maison jaune au volets gris, faisant dos au lavoir.

Monteux - Vaucluse (84)

N°1375

La Capello
Jo et Roger Nallet
1860, chemin des Deux Saules
84170 Monteux
Tél. 04 90 61 02 38
Port. 06 24 45 06 07
lacapello.monteux@orange.fr
www.lacapello.com

TH

1 Pers. 70/80 € - 2 Pers. 90/100 €
Repas 30 €

Jo et Roger vous accueillent chaleureusement dans 3 chambres spacieuses aménagées dans leur maison familiale; bastide en pierres du XVIIIe siècle restaurée dans la tradition provençale. En campagne, au milieu d'un parc arboré et fleuri, les terrasses ombragées invitent à la détente après la piscine. La table d'hôtes, en principe, mardi et vendredi.

Attraits touristiques : A prox. de vignobles réputés (Châteauneuf, Gigondas, Tavel...) et des grands sites de Provence (Mt-Ventoux, Avignon, Gordes, Isle-sur-la-Sorgue...). Tennis 3 km. Pêche et équitation 5 km.

Accès : d'Avignon, prendre D942 sortie Monteux nord. Dir. Sarrians à droite, puis Avignon à gauche. A 10 m, prendre à droite "chemin des Champs Courts", à 500 m à droite "chemin des 2 Saules". "La Capello" est à 1860 m.

3 chambres avec sanitaires privés (lit 180 x 200). Ouv. Du 15.03 au 15.10. Petit déjeuner : viennoiseries, confitures maison, yaourts, fruits de saison. T. d"hôtes : caviar de légumes, agneau de Provence, court bouillon de poisson. Salle de jeux/bibliothèque, salon. Vélos, pétanque. Piscine chauffage solaire. Jardin, parc 0,45 ha.

Orange - Vaucluse (84)

N°1384

Mas Julien
Valère Carlin
704, chemin St-Jean
84100 Orange
Tél. 04 90 34 99 49
Port. 06 62 47 99 43
info@mas-julien.com
www.mas-julien.com

Wi Fi

1 Pers. 75/105 € - 2 Pers. 90/135 €
P. sup. 35 € -

Véritable havre de paix au cœur du vignoble de Chateauneuf-du-Pape, le Mas Julien vous invite à découvrir l'art de vivre en Provence dans un mas provençal du XVIIe siècle, disposant d'un beau parc boisé, gorgé de fruits et de soleil. Pour votre détente, vous pourrez profiter de la piscine (couverte en demi-saison).

Attraits touristiques : festival d'Avignon (20 km), choregies d'Orange (opéra), vignobles de Chateauneuf-du-Pape. Equitation 1 km. Tennis, golf, pêche et randonnées 5 km.

Accès : sortir d'Orange par la D68 dir. Chateauneuf-du-Pape sur 5 km. Au rond-point, à droite dir. Caderousse sur 200 m (D72) et prendre ensuite 1ère à droite sur 1 km jusqu'au n°704 du chemin St-Jean.
GPS : l 44.0607N - L 04.4858E.

5 chambres avec sanitaires privés, lit 160 et climatisation. Ouv. Toute l'année. Petit déjeuner : viennoiseries, confitures, céréales, charcuterie, fromage... Disponible gratuitement : kitchenette (m-ondes, réfrigérateur, vaisselle). TV et cheminée dans salle commune. Salle de musculation. Piscine, badminton, pétanque. Balnéo et massage en suppl.

Pernes-les-Fontaines - Vaucluse (84)

N°1278

Domaine de la Nesquière
Isabelle de Maintenant
5419 route d'Althen
84210 Pernes les Fontaines
Tél. 04 90 62 00 16
Port. 06 79 72 43 47
lanesquiere@wanadoo.fr
www.lanesquiere.com

1 Pers. 109/139 € - 2 Pers. 119/149 €
P. sup. 20 € -

3 chambres double avec lit king size ou lits jumeaux, sanitaires privés, TV écran plat, coin salon et kitchenette. Ouv. du 15.01 au 15.12. Salon (piano). Climatisation. Sur place : piscine, salle de jeux, barbecue, équitation.

A 20 km d'Avignon, ce beau mas du XVIIIe est un endroit privilégié, en pleine nature, offrant calme et repos dans une ambiance chaleureuse et détendue. Les chambres reflètent le charme de cette maison de famille où seul le bruit de l'eau trouble le silence du lieu. Un gîte de séjour est aménagé dans le même esprit pour accueillir des groupes.

Attraits touristiques : Festivals d'Avignon et d'Orange. Villages du Luberon et Mont-Ventoux. Antiquaires à Isle-sur-la-Sorgue.

Accès : A7, sortie Avignon-nord vers Carpentras (D942) pendant 5 km et dir. Althen (D16) sur 1,5 km. A gauche vers Pernes-les-Fontaines (D38) sur 4,5 km. La Nesquière est à droite.

Pernes-les-Fontaines - Vaucluse (84)

N°1243

Le Mas Pichony
Laetitia et Laurent Desbordes
1454, rte de St-Didier - RD 28
84210 Pernes-les-Fontaines
Tél. 04 90 61 56 11 - 06 99 16 98 58
mas-pichony@wanadoo.fr
www.maspichony.com

TH

2 Pers. 110/122 €
P. sup. 40 € - Repas 32 €

5 chambres avec sanitaires privés. Ouvert du 27/03 au 15/10. Table d'hôtes sur réservation : spécialités du terroir, produits du marché. Bibliothèque, jeux de société. Piscine avec solarium. Cuisine d'été à disposition. Table de ping-pong. Baby-foot. Chevaux.

Dans un authentique mas provençal du XVIIe siècle, au milieu des vignes, le mas Pichony est un lieu idéal pour un séjour de détente, calme et ensoleillé. Les chambres décorées et personnalisées avec goût aux couleurs de la Provence ouvrent sur la terrasse, à l'ombre d'un platane tricentenaire.

Attraits touristiques : Venasque 2 km. Isle-sur-la-Sorgue 9 km. Gordes, Avignon 20 km. Roussillon, les Baux 30 km. Equitation 2 km. Tennis 3 km. Pêche 6 km. Golf 15 km.

Accès : sortie autoroute Avignon nord, prendre Carpentras. A Carpentras dir. St-Didier, dans le village prendre la 2e à droite dir. Pernes. A la sortie de St-Didier, 500 m sur la gauche (panneau en bordure de route).

Pernes-les-Fontaines - Vaucluse (84)

N°1089

Saint-Barthélémy
Jacqueline Mangeard
Chemin de la Roque 1623
84210 Pernes-les-Fontaines
Tél. 04 90 66 47 79
Port. 06 85 98 73 48
mangeard.jacqueline@wanadoo.fr
www.domaine-st-barthelemy.fr

1 Pers. 70 € - 2 Pers. 80 € - 3 Pers. 105 €
P. sup. 25 € -

Superbe mas du XVIIIe, avec beaucoup de charme et d'authenticité, entouré d'un parc ombragé. Les chambres ont une décoration personnelle et chacune d'entre elles évoquent la vraie Provence de nos grands-mères. A votre disposition, tennis, badminton, vélos, jolie cascade ainsi que de nombreuses autres commodités pour des vacances réussies.

Attraits touristiques : Festivals de musique et théâtre. Marchés provençaux. Foires à la brocante. Golf à 10 km. Randonnées pédestres.

Accès : à partir de l'Office du Tourisme : 2 km sur la route de Mazan, à droite chemin de la Roque, à 100 m St.Barthélémy.

5 chambres avec sanitaires privés. Petit déjeuner : jus de fruits, fruits, confitures et pâtisseries maison, viennoiseries. Buanderie, réfrigérateur à disposition. Parking clôturé, parc ombragé. Ping-pong, tennis (gratuits), badminton. Piscine privée. Restaurants à proximité. Cascade dans la propriété.

Pernes-les-Fontaines - Vaucluse (84)

NOUVEAUTÉ

N°1397

Chèque Cadeau

Lou Mas Canaillou
Sylvie Roche-Loron
542 chemin de la Mirayette, Les Valayans
84210 Pernes-les-Fontaines
Tél. 04 90 67 93 76 - 06 62 84 19 94
chambresdhotes@loumascanaillou
www.loumascanaillou.fr

2 Pers. 169/229 €

Ancien mas entièrement rénové, Lou Mas Canaillou se situe en pleine campagne dans un calme absolu avec pour seule compagnie le chant des cigales. Les quatre chambres d'hôtes sont exposées plein sud et donnent sur la piscine. A dispostion : jacuzzi, boulodrome, ping-pong.

Attraits touristiques : Avignon, Mont-Ventoux, Luberon, Alpilles, l'Isle-sur-la-Sorgue, la Drôme provençale. Pêche 4 km. Golf 10 km.

Accès : Sortie Avignon nord, direction Carpentras. Sortie D16 les Valayans.
GPS : l N 43°58'34 - L E 4°58'50.

4 chambres avec lit king size, sanitaires privés, TV, wifi et plateau d'accueil. Ouvert toute l'année. Petit déjeuner : brunch salé et sucré, charcuterie, fromage, œufs, gâteaux, yaourts maison, fruits frais, jus fruit pressé, fruits secs. Jardin de 12000 m². Cuisine d'été à disposition, barbecue.

Robion - Vaucluse (84)

N°1168

Domaine de Canfier
Michel et Catherine Charvet
260 r. de l'Isle-sur-la-Sorgue
84440 Robion
Tél. 04 90 76 51 54
info@domainedecanfier.fr
www.domainedecanfier.fr

1 Pers. 77/98 € - 2 Pers. 84/105 € - 3 Pers. 126/136 €

2 chambres avec douche (2e ét.) et 2 chambres avec bains ou douche, wc privés (1er ét.). Ouv. tte l'année. Petit déjeuner : pâtisseries/confitures maison, salade de fruits, compote de prunes... Cour, parc, jardin, piscine, cuisine d'été.

Au milieu d'un domaine de 13 hectares d'oliviers, Catherine et Michel Charvet vous accueilleront chaleureusement dans leur vieux mas qu'ils ont restauré avec passion. Les chambres sont personnalisées et décorées avec goût. Beaux meubles provençaux d'époque XVIIe, XVIIIe et XIXe. Pour vous détendre, une agréable piscine.

Attraits touristiques : Région du Luberon. Isle-sur-Sorgue. Cavaillon. Fontaine-de-Vaucluse. Gordes.

Accès : à Cavaillon dir. Robion. 50 m après les 1ers feux tricolores, prendre à gauche le CD31 dir. Petit Palais/Isle-sur-Sorgue. Faire 1,2 km. Au bout de la ligne droite, prendre chemin à dr. et faire 200 m.

Robion - Vaucluse (84)

N°1385

Mas la Pomarède
Nadine Pomarede
525 chemin de la Fourmilière
84440 Robion
Tél. 04 90 20 21 81
contact@maslapomarede.com
www.maslapomarede.com

1 Pers. 105/140 € - 2 Pers. 105/140 € - 3 Pers. 165/175 €
P. sup. 35 € -

3 chambres et 1 chambre familiale avec sanitaires privés. Ouvert toute l'année. Petit déjeuner : jus de fruits bio, viennoiseries, fruits, confitures maison, miel... Cour, jardin parc de 3 ha. Piscine. Restaurants à proximité. Lit bébé 15 euros. Animaux admis avec supplément 11 euros.

Vieux mas provençal devenu maison d'hôtes de charme et de caractère, situé dans un écrin de verdure, en pleine campagne au pied du Luberon, à deux pas de l'Isle-sur-la-Sorgue et des plus beaux villages de Provence. Elégance et confort, calme et convivialité, pierres et vieilles poutres, meubles et objets insolites font de ce lieu une charmante étape.

Attraits touristiques : Isle-sur-la-Sorgue et ses antiquaires. Palais des Papes et festival à Avignon. Gordes. Abbaye de Sénanque. Roussillon et ses ocres. Fontaine de Vaucluse. Tennis, équit., rand. 3 km. Golf, pêche 5 km.

Accès : d'Avignon, prendre Avignon sud (aéroport) puis prendre dir. Cavaillon-Apt. Au carrefour de la Courtoise, allez toujours tout droit (sous le pont) en dir. D'Apt (D900).

Le Thor - Vaucluse (84)

N°1414

La Garance en Provence
Chantal et Régis Sanglier
4010, rte de St-Saturnin, d'Avignon
84250 Le Thor
Tél. 04 90 33 72 78
Port. 06 07 56 06 23
contact@garance-provence.com
www.garance-provence.com

2 Pers. 120/130 € - 3 Pers. 160 €

4 chambres et 1 suite avec sanitaires privés. Ouv. du 01/04 au 30/11. Petit déjeuner : confitures maison, fruits de saison... Musique, bibliothèque, internet-wifi. Parc 1,3 ha. Piscine à débordement. Vélos. Relaxation, massage, yoga sur réservation. Séjours à thème.

Charmant relais de poste du 17eme siècle. Les grandes chambres et la suite sont orientées plein sud à l'ombre de platanes centenaires, les salles de bains sont décorées de carreaux anciens. La grande salle à manger, la bibliothèque, plusieurs cheminées, divers salons ainsi que la piscine à débordement vous permettront de vous détendre sereinement.

Attraits touristiques : Le palais des Papes, festival de théâtre en Avignon. Village des antiquaires à Isle-sur-la-Sorgue. Marché paysan à Velleron. Golfs 5 et 12 km. Equitation et tennis 4 km.

Accès : sortie autoroute n°23 Avignon nord, dir. Védène puis St-Saturnin. Tourner à gauche "rte de Pernes", et à la 2e intersection, à droite dir. Le Thor (D98) sur 800 m, c'est la 1ère ferme à gauche.
GPS : l 43.9562479 - L 4.9706268.

Vaison-la-Romaine - Vaucluse (84)

N°1124

L'Evêché
Aude Verdier
14 rue de l'Evêché, Cité Médiévale
84110 Vaison-la-Romaine
Tél. 04 90 36 13 46
Port. 06 03 03 21 42
eveche@aol.com
http://eveche.free.fr

1 Pers. 80/120 € - 2 Pers. 85/145 € - 3 Pers. 120/160 €

1 chambre avec bains et wc, 2 chambres classées 3 épis avec douche et wc. et 2 suites avec salons privés (115/140 euros/2 pers.) dont 1 avec terrasse/solarium privé. Accès internet. Ouvert toute l'année. Salon-bibliothèque. Ping-pong. Mise à disposition de VTT sur place. Plusieurs restaurants à proximité.

De l'ancien Evêché, Aude a réussi à créer un havre de calme au coeur même de la cité médiévale. Les tableaux, les livres, les meubles anciens, les vieilles pierres contribuent, ici, à développer une ambiance empreinte de paix et de romantisme. La terrasse fleurie offrant une vue sur la ville est idéale pour la détente et le petit déjeuner.

Attraits touristiques : Equitation, tennis. Fouilles et théatre romain. Nombreuses galeries, festival, choralies, piscine.

Accès : ville médiévale de Vaison-la-Romaine et rue de l'Evêché, en face de la Galeria des 3 Voûtes..

NOUVEAUTÉ

Magnifique et tranquille, Le Mas du Haut Roussillac est une vieille ferme de pays datant de 1836. Elle a été restaurée pendant trois ans avec des matériaux d'origine. Ellle est située dans les terres de Visan au cœur des vignobles AOC Côtes du Rhône, dans le calme de notre Drôme Provençale. Charme et confort assurés. Possibilité stages Qi Gong, pastels et aquarelles.

Attraits touristiques : Tennis 4 km. Randonnée 6 km. Equitation 7 km. Golf 9 km. Pêche 12 km.

Accès : à mi chemin entre Valréas et Visan sur la D976.
GPS : l 44°21'06 N - L 04°57'59 E.

N°1490

Le Mas du Haut Roussillac
Michèle Duhamel
4600 route de Valréas
84820 Visan
Tél. 04 90 12 83 46 - 06 09 61 75 93
michele.hz@wanadoo.fr
www.mashautroussillac.com

Wi Fi Spa

1 Pers. 90/100 € - 2 Pers. 105/120 € - 3 Pers. 130/150 €
P. sup. 20 € -

2 chambres et 2 suites, toutes avec sanitaires privés et wifi. Ouvert toute l'année. Petit déjeuner : pain du jour, pâtisseries, confitures maison, œufs, bacon, fromages, yaourts. Piano, bibliothèque. Parc de 3 ha. Piscine et jacuzzi. Restaurant à 3 km.

Provence Alpes Côte d'Azur

RHÔNE-ALPES

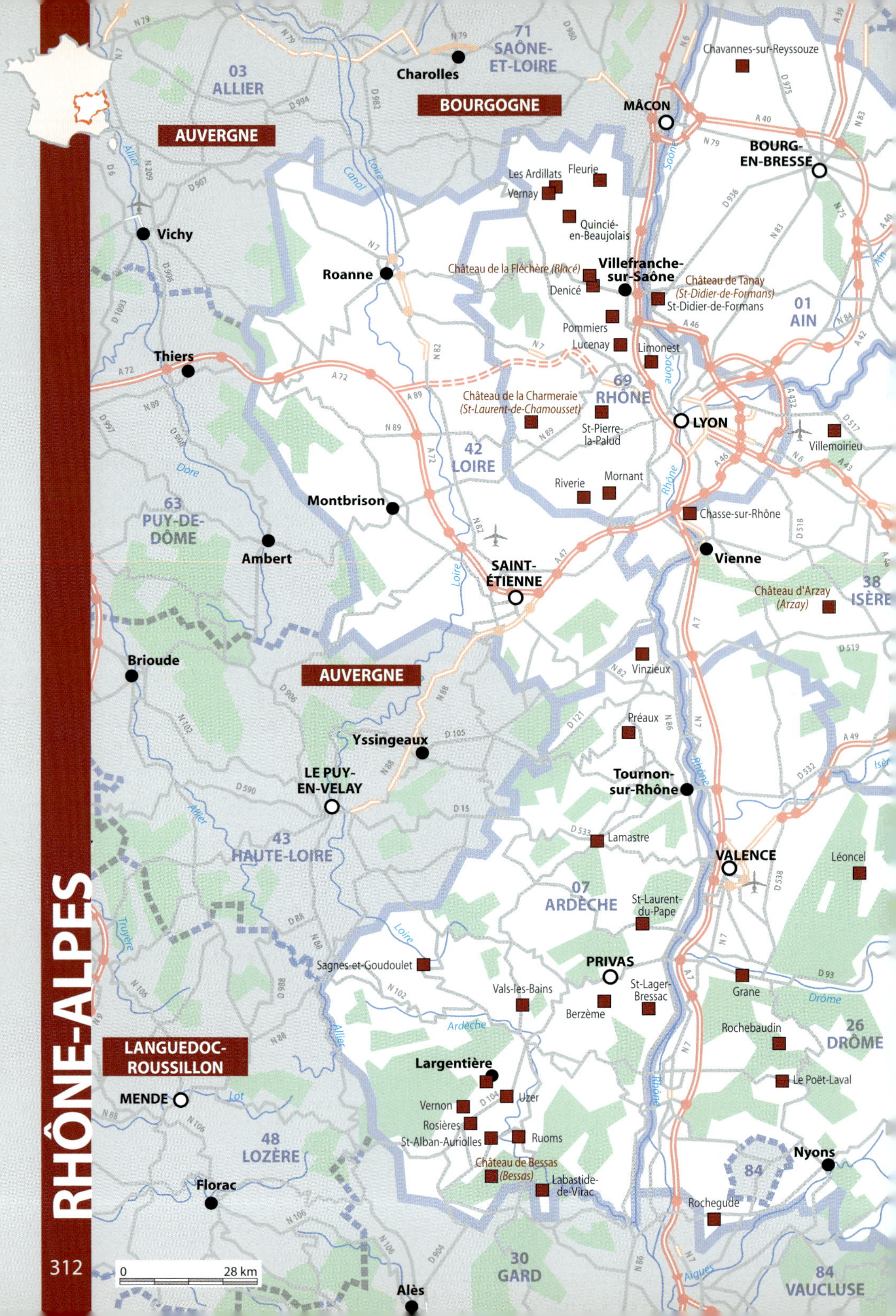

71 SAÔNE-ET-LOIRE
03 ALLIER
BOURGOGNE
AUVERGNE
Charolles
MÂCON
Chavannes-sur-Reyssouze
BOURG-EN-BRESSE
Vichy
Les Ardillats
Fleurie
Vernay
Quincié-en-Beaujolais
Roanne
Château de la Fléchère (Blacé)
Denicé
Villefranche-sur-Saône
Château de Tanay (St-Didier-de-Formans)
St-Didier-de-Formans
01 AIN
Pommiers
Lucenay
Limonest
Thiers
69 RHÔNE
Château de la Charmeraie (St-Laurent-de-Chamousset)
St-Pierre-la-Palud
LYON
Villemoirieu
42 LOIRE
Riverie
Mornant
Montbrison
Chasse-sur-Rhône
63 PUY-DE-DÔME
Ambert
Vienne
SAINT-ÉTIENNE
Château d'Arzay (Arzay)
38 ISÈRE
Brioude
AUVERGNE
Vinzieux
Préaux
Yssingeaux
Tournon-sur-Rhône
LE PUY-EN-VELAY
Lamastre
43 HAUTE-LOIRE
VALENCE
Léoncel
07 ARDÈCHE
St-Laurent-du-Pape
Sagnes-et-Goudoulet
PRIVAS
Grane
Vals-les-Bains
Berzème
St-Lager-Bressac
Rochebaudin
26 DRÔME
LANGUEDOC-ROUSSILLON
Largentière
Le Poët-Laval
MENDE
Uzer
Vernon
Rosières
St-Alban-Auriolles
Ruoms
48 LOZÈRE
Château de Bessas (Bessas)
Labastide-de-Virac
Nyons
84
Florac
Rochegude
30 GARD
84 VAUCLUSE
Alès
0 28 km

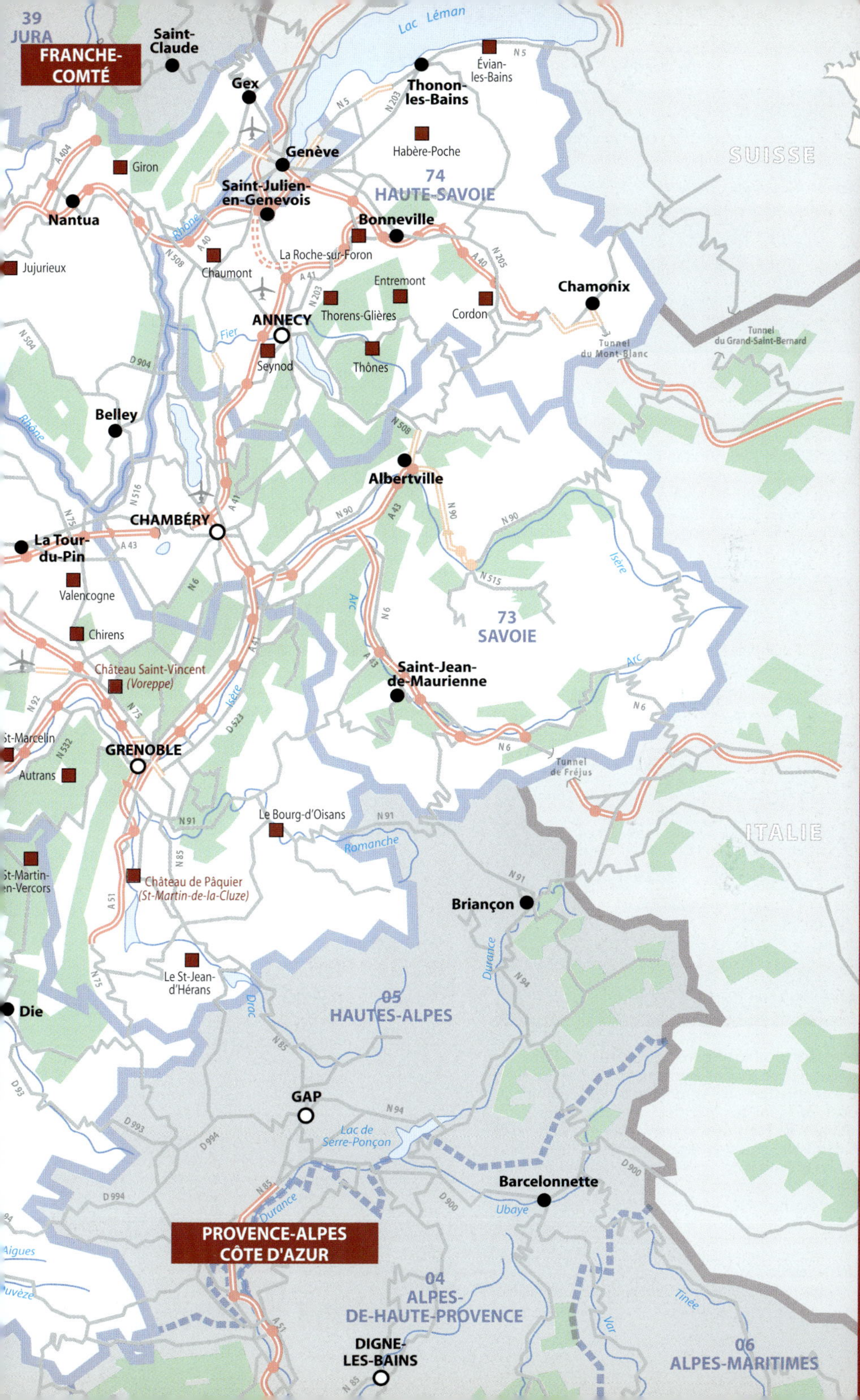
39 JURA
FRANCHE-COMTÉ
Saint-Claude
Gex
Lac Léman
Thonon-les-Bains
Évian-les-Bains
Genève
Habère-Poche
Giron
Nantua
Saint-Julien-en-Genevois
74 HAUTE-SAVOIE
Bonneville
SUISSE
Jujurieux
Chaumont
La Roche-sur-Foron
Entremont
Thorens-Glières
Cordon
Chamonix
ANNECY
Seynod
Thônes
Tunnel du Mont-Blanc
Tunnel du Grand-Saint-Bernard
Belley
Albertville
CHAMBÉRY
La Tour-du-Pin
Valencogne
73 SAVOIE
Chirens
Château Saint-Vincent (Voreppe)
Saint-Jean-de-Maurienne
St-Marcelin
GRENOBLE
Autrans
Tunnel de Fréjus
Le Bourg-d'Oisans
ITALIE
St-Martin-en-Vercors
Château de Pâquier (St-Martin-de-la-Cluze)
Briançon
Le St-Jean-d'Hérans
Die
05 HAUTES-ALPES
GAP
Lac de Serre-Ponçon
Barcelonnette
PROVENCE-ALPES CÔTE D'AZUR
04 ALPES-DE-HAUTE-PROVENCE
DIGNE-LES-BAINS
06 ALPES-MARITIMES
RHÔNE-ALPES

Chavannes-sur-Reyssouze - Ain (01)

N°G94501

Les Darbonnets
Charles Caclin
01190 Chavannes-sur-Reyssouze
Tél. 03 85 36 48 75
dominique@darbonnets.fr
www.darbonnets.fr

Wi Fi

1 Pers. 72 € - 2 Pers. 79 € - 3 Pers. 99 €
P. sup. 20 € -

Aux portes de la Bourgogne, entre Tournus et Mâcon, cette ancienne maison de maître de 1830 bâtie dans un grand parc arboré et occupée par une famille d'artistes pendant plus d'un siècle, vous séduira par son calme et sa sérénité. Dominique et Charles vous accueillent dans cette maison de famille où l'on se sent "comme chez soi" pour une nuit ou pour un séjour.

Attraits touristiques : églises romanes et châteaux de la Bourgogne du sud, fermes bressannes à cheminées sarrazines 5 km. Musée Chintreuil à Pont-de-Vaux. Circuits pédestres et cyclistes sur place. Baignade et croisière sur la Saône 6 km. Vignobles de Bourgogne.

Accès : de Pont-de-Vaux prendre direction Saint-Trivier-de-Courtes. A 5 km panneau "Darbonnets" sur la droite.
GPS : l 46.43757833 - L 5.01112692.

3 chambres avec sanitaires privés et accès internet. Ouvert toute l'année. Petit déjeuner : pâtisseries maison, yaourts, céréales bio, miel de notre production... Bibliothèque (ouvrages régionaux). Vélos à disposition. Jeux enfants. 2 ânes. Pièce d'eau, grand parc arboré de 1,5 ha. Tarif dégressif à partir de 2 nuits.

Giron - Ain (01)

N°G174501

Chèque Cadeau

Le Bellevue
Denis Marull
146, rue de Giron Devant
01130 Giron
Tél. 04 50 59 89 42
Port. 06 81 09 03 66
bellevue.giron@wanadoo.fr
http://www.lebellevuegiron.com

TH Wi Fi Spa

1 Pers. 77 € - 2 Pers. 85 € - 3 Pers. 125 €
P. sup. 26 € - Repas 25 €1/2 pens. 135/157 €

Dans le massif du Haut Jura, au cœur du Parc Naturel Régional, se situent les cinq chambres d'Isabelle et Denis. Ces chambres de caractère, stylées "ambiance bois " vous séduiront par leur décoration raffinée. Un doux sentiment de bien-être et plénitude. Vous pourrez, avant de déguster la cuisine régionale d'Isabelle, profiter du sauna, vous évader par la lecture ou tout simplement prendre le temps de rêver...

Attraits touristiques : Eté : randonnée, VTT - Hiver : ski de fond (90 km de pistes), chien de traineau, raquettes. Dinoplagne (traces dinosaures). Baignade (lacs Genin et Nantua). Accrocbranche, tennis, tir à l'arc. Grottes de Cerdon, Grande Traversée du Jura.

Accès : un plan d'accès vous sera communiqué lors de la réservation.
GPS : l 46.22461001 - L 5.77415126.

5 chambres dont 1 familiale, chacune avec sanitaires privés, wifi et balnéo. Ouvert toute l'année. Petit déjeuner : gâteaux, fromage, charcuterie... T. d'hôtes : raclette, fondue savoyarde, quenelles Nantua, fromages régionaux, michons... Sauna. Bibliothèque. Jardin privatif, terrasse bois, pétanque. Parc de 6 ares. Restaurant 200 m.

Jujurieux - Ain (01)

N°G199520

l'Orangerie
Laurence Seguin
1 Côte Levet
01640 Jujurieux
Tél. 06 89 14 10 41
laurenceseguin@domainedelorangerie.fr
www.domainedelorangerie.fr

2 Pers. 65/86 €
P. sup. 15 € -

4 chambres avec sanitaires privés, accès internet et wifi. Ouvert du 15/04 au 15/11. Petit déjeuner : pains divers, viennoiseries, confitures maison, miel, jus de fruits, yaourts, fruits. Bibliothèque avec de nombreux ouvrages régionaux. Grand parc arboré de 1200 m². Cour, jardin. Restaurant 200 m.

Au pied des montagnes du Bugey, au centre du village, Laurence vous ouvre les portes de ses chambres lovées dans cette belle demeure du XVIIIe siècle, entourée d'un grand jardin fleuri et clos de murs. Vous serez séduits par ses quatre chambres spacieuses, lumineuses, à la décoration personnalisée et au charme d'antan. Le petit déjeuner, copieux et varié, peut être servi sur la terrasse ou dans le séjour, où convivialité rime avec sérénité. Belle étape pour découvrir les soieries J. Bonnet, patrimoine exceptionnel.

Attraits touristiques : hiver : balades en raquettes, ski de fond, skating à 25 mn. Toutes saisons : randonnée avec passage du GR et du chemin de Compostelle. Eté : canoë sur la rivière d'Ain (6 km). Septembre : festival d'Ambronay.

Accès : à 8 km de la sortie n°8 de Pont d'Ain sur l'A42. A l'entrée de Jujurieux, suivre la direction de la Soierie J. Bonnet puis les panneaux "Chambres d'hôtes l'Orangerie".
GPS : l 46.04009820 - L 5.40894200.

St-Didier-de-Formans - Ain (01)

N°G347501

Chèque Cadeau

Château de Tanay
Benoit Haym
Chemin de Tanay
01600 St-Didier-de-Formans
Tél. 06 63 94 70 27 - 09 53 36 87 42
info@chateau-tanay.com
www.chateau-tanay.com

1 Pers. 85/95 € - 2 Pers. 105/135 €
P. sup. 25 € -

5 chambres avec sanitaires privés, TV, plateau de courtoisie et wifi. Ouvert du 15/04 au 15/10. Petit déjeuner : mini-vienoiseries, fruits frais, charcuterie, confitures maison, yaourt, fromages, gâteaux secs... Table de ping-pong. Piscine chauffée. Cour, jardin, parc de 5 ha. Restaurant à 100 m.

Le Château de Tanay, riche de 10 siècles d'histoire, vous accueille dans un cadre d'exception pour un séjour inoubliable. Construite du XIe au XXe siècle, cette ancienne place forte vous ravira par son parc de 5 ha, son bief le traversant et son jardin à la française. Véritable lieu de charme, ce château vous ouvre les portes de son annexe où les chambres d'hôtes mêlent harmonieusement tradition et modernité.

Attraits touristiques : Ars-sur-Formans 8 km. Beaujolais 10 km. Parc des Oiseaux 25 km. Lyon 35 km. Pêche sur place. Tennis 500 m. Golf 9 km. Equitation 13 km.

Accès : de Villefranche/Saône, dir. Jassans-Riottier puis Trévoux, au rd point suivre St-Didier-de-Formans puis à droite "Château de Tanay". De Trévoux, dir. Villefranche/Saône-Jassans Riottier, au rd point suivre St-Didier puis à droite "Château de Tanay".
GPS : l 45.956954 - L 4.7726327.

Berzème - Ardèche (07)

NOUVEAUTÉ

Calme, charme, sérénité et bonne chère sont les maîtres mots qui caractérisent La Maison Jaffran, grande demeure Napoléon III, entourée d'un parc clos aux arbres plusieurs fois centenaires. Cette maison de maître second empire est idéalement située au centre d'un triangle Aubenas Montélimar Privas, proche de Berzème, dans un vallon du plateau du Coiron. Nos vastes chambres conjuguent respect de l'environnement avec confort et style. Leurs fenêtres ouvrent sur la nature de ce coin d'Ardèche qui a su rester authentique.

Attraits touristiques : Balmes de Montbrun, Musée d'Alba la Romaine gorges de l'Ardèche, de l'Ibie, villages pittoresques, châteaux, route des vins, espace de restitution de la grotte ornée du Pont d'Arc dite Grotte Chauvet.

Accès :
GPS : l 44.660434 - L 4.555545.

N°426

Maison Jaffran
François Carette
La Borie de Chancolant
07580 Berzème
Tél. 04 75 39 22 21 - 06 22 03 25 87
contact@maison-jaffran.com
www.maison-jaffran.com

TH

1 Pers. 80/90 € - 2 Pers. 80/90 € - 3 Pers. 100/110 €
Repas 28 €

4 chambres avec sanitaires privés, wifi. Ouvert toute l'année. Petit déjeuner : confitures et pâtisseries maison, toasts grillés, céréales, jus de fruit. Table d'hôtes élaborée à partir de produits locaux de saison. Bibliothèque et discothèque à disposition. Parc de 5000m². Demeure propice à la détente, à la lecture, l'écriture, la musique…

Bessas - Ardèche (07)

Ce château médiéval provençal, est situé au sud de l'Ardèche, dans le pittoresque village de Bessas. Flanqué de 4 tours rondes, il est élevé sur le haut du village au XIIIe siècle par la famille des Comtes du Roure. Après la Révolution, il est démantelé et vers 1810, l'Etat revend le château à 2 propriétaires de Bessas. Le grand-père de l'actuel propriétaire en rachète une partie en 1912. Il y finit sa vie et le cède à son fils Sully Thoulouze. Claude et Brigitte, les actuels propriétaires y sont installés depuis 1980.

Attraits touristiques : équitation 2 km. Canoë 6 km. Parc d'Aventure 4 km. Nombreux festivals.

Accès : A7, sortie Bollène, puis dir. Pont-Saint-Esprit, Barjac et Bessas.

N°08

Château de Bessas
Claude et Brigitte Bonnefin-Thoulouze
07150 Bessas
Tél. 04 75 38 64 34
contact@chateau-de-bessas.com
www.chateau-de-bessas.com

TH

1 Pers. 70/90 € - 2 Pers. 75/95 €
P. sup. 20 € - Repas 26 €

4 chambres (Eglantine, Lavande, Hellebore, Santoline) avec air conditionné et sanitaires privés. TV et point wifi à disposition. Petit déjeuner : fruits, céréales, fromage blanc, viennoiseries, confitures maison. Salon, bibliothèque, jeux… 2 terrasse avec fauteuils, piscine, cour, VTT, ping-pong.

Labastide-de-Virac - Ardèche (07)

N°176

Le Mas Rêvé

Guido et Marie-Rose Goossens
07150 Labastide-de-Virac
Tél. 04 75 38 69 13
info@lemasreve.com
www.lemasreve.com

Wi Fi

1 Pers. 110/160 € - 2 Pers. 110/160 €
P. sup. 30 € -

4 chambres avec sanitaires privés, coin salon, terrasse et salon de jardin. Ouv. du 01.05 au 01.10. Petit déj. : viennoiseries, charcuterie, œufs... Salon, biblio., jeux société. Pétanque, patio, cour, jardin. Piscine (bain à remous), pool-house.

Marie-Rose et Guido vous invitent à découvrir la douceur de vivre dans un mas provençal du XVIIe autrefois propriété viticole. Vous ferez une étape de charme, unique en Ardèche, de par sa situation dans la réserve naturelle des gorges de l'Ardèche. Chambres décorées avec goût, cheminées et placards d'époque, mobilier provençal et colonial.

Attraits touristiques : Gorges de l'Ardèche, Aven d'Orgnac, grotte Chauvet, Nîmes, Orange et Avignon. VTT et randonnées. Escalade et baignade à 2 km. Canoë-kayak et équitation à 10 km.

Accès : A7 sortie Bollène vers Pont-St Esprit, Orgnac-L'Aven et labastide-de-Virac. 500 m avant le village, à droite hameau "les crottes".

Lamastre - Ardèche (07)

NOUVEAUTÉ

N°379

Chèque Cadeau

Maison Herold

Joselyne et Patrick Moreau
Lapras
07270 Lamastre
Tél. 04 75 06 46 09
contact@maisonherold.com
www.maisonherold.com

Wi Fi

1 Pers. 90 € - 2 Pers. 90 € - 3 Pers. 110 €

2 chambres et 1 suite, toutes avec sanitaires privatifs et wifi. Ouvert du 01/04 au 30/09. Petit déjeuner copieux, à la française. Bibliothèque, livres et DVD, TV TNT, lecteur DVD dans salon privatif pour les hôtes. Grand parc arboré, promenade sur chemins forestiers entretenus sur 5 ha.

Dormir à la Maison Hérold, c'est partager un peu de l'atmosphère vibrante des années 1900 où de nouvelles formes de pensées agitaient le monde culturel. Ravel, Mallarmé, Debussy, Valéry Gide séjournèrent à la Maison Hérold (dont le fils André-Ferdinand fut l'un des derniers représentants de l'école symboliste), construite sur les ruines d'un château fort. Les nouveaux propriétaires perpétuent l'esprit des lieux : belles moulurations, lampes à l'ancienne, bois doré.

Attraits touristiques : Petit train du Vivarais et son vélorail. Mont Gerbier de Jonc et Mont Mézenc. Châteaux et villages médiévaux. Randonnées, plans d'eau et rivières pour baignades, parcours de pêche «No Kill».

Accès : À 4 km de Lamastre. Départementale 578 direction Le Cheylard. Hameau de Lapras : au panneau Lapras, 1ère à gauche puis 1ère à droite.
GPS : l 44,960579 - L 4,542087.

Largentière - Ardèche (07)

N°235

Mas de la Madeleine
Geneviève et Gérard Guillemin
07110 Largentière
Tél. 04 75 39 23 18
masdelamadeleine@wanadoo.fr
www.masdelamadeleine.com

TH

2 Pers. 95/130 €
Repas 30 €

3 chambres et 1 suite, chacune avec sanitaires et terrasse privés. Ouvert de mars à fin novembre. Petit déjeuner : confitures et pâtisseries maison, fruits frais, fromage blanc... T. d'hôtes : terrine aubergines au fromage de chèvre, gigot en croûte d'herbes... Salons de lecture été/hiver, biblio. Boulodrome. Piscine.

Au calme, en pleine verdure, 4 belles chambres aménagées dans une maison de maître restaurée avec goût, et dominant le village médiéval de Largentière vous accueillent. Vous pourrez vous détendre sur la belle terrasse couverte et dans les jardins en terrasses. Une table gourmande mettant à l'honneur les produits frais et locaux vous est proposée sur place. Service en terrasse ou devant la cheminée. Table d'hôtes labellisée «Qualité Tourisme» et «Goûtez l'Ardèche». Venez passer un instant savoureux !

Attraits touristiques : Labeaume en musique, fêtes médiévales, divers eco-musées, grottes... Randonnée et VTT sur place. Equitation et baignade en rivière 8 km. Canoë 20 km.

Accès : à Largentière, en direction de Tauriers, contournez l'Eglise et prenez le chemin de la Madeleine qui se trouve en dessous du château. 600 m plus haut, vous y êtes...
GPS : l 44.3230 - L 4.1720.

Préaux - Ardèche (07)

N°325

Chèque Cadeau

La Pradella
Edwige Roméro
Le Village
07290 Préaux
Tél. 04 75 32 08 52
Port. 06 63 62 15 66
contact@lapradella.fr

TH

1 Pers. 65/75 € - 2 Pers. 75/85 € - 3 Pers. 90 €
P. sup. 15 € - Repas 25 €

3 chambres et 1 suite avec sanitaires privés (TV sur demande). Ouvert du 15.04 au 30.11. Petit déjeuner : madeleines, pain grillé maison, fruits, yaourts. T. d'hôtes : salade caillettes, filet mignon en croûte, sauté de porc chataîgnes, sorbets maison... Jeux enfants. Piscine, jeux plein air, balançoires. Jardin, parc. Repas enfant 15 euros.

La Pradella est une bâtisse en pierre des années 50. Le village de Preaux est situé sur une butte qui domine la Vallée du Rhône, et vous offre une vue extraordinaire sur le Vercors et les Alpes au loin. Un lieu de nature verdoyant et très calme où il fait bon vivre et se reposer. La piscine chauffée et le grand jardin en font un endroit très prisé des familles. Vos hôtes, photographes à la Clusaz, auront plaisir à vous accueillir et à vous faire partager leur passion ainsi que leur amour pour cette région.

Attraits touristiques : musée Canson à 20 mn. Safari Peaugres, vélo-rail, musée Alambic à 25 mn. Palais facteur Cheval à 1h15. Rivière 3 km. Montgolfière 7 km. Equitation 10 km. Tennis 15 km. Golf 20 km. Mini-golf 40 km.

Accès :
GPS : l 45°8'34"N - L 4°39'55".

Rosières - Ardèche (07)

N°180

l'Oustalou
Philippe Alcalde
Augnac
07260 Rosières
Tél. 04 75 39 57 05
Port. 06 07 61 28 92
loustalou@wanadoo.fr
www.loustalou-ardeche.com

TH

1 Pers. 65/75 € - 2 Pers. 65/75 € - 3 Pers. 85/95 €
P. sup. 20 € - Repas 26 €

5 chambres dont 1 suite avec salon attenant, toutes avec sanitaires privés. Ouvert du 15.03 au 11.11. Petit déjeuner : confitures et pâtisseries maison, fruits de saison, céréales, miel... T. d'hôtes : barigoule de lègumes, cappucino aux cèpes, parmentier de cabillaud, tajine d'agneau... Salon lecture (cheminée). Cour, jardin, parc 2 ha. Piscine.

A l'Oustalou, charme, calme et détente sont nos promesses tenues depuis près de 15 ans. Cinq chambres vous accueillent sur une propriété de 2 ha avec sa grande piscine blottie dans la verdure. Pour prolonger les moments de partage, nous avons développé, avec passion, la table d'hôtes où les produits du jardin et du terroir, majoritairement bio, vous régaleront.

Attraits touristiques : Festival "Labeaume en Musique", musée de la châtaigneraie, de la lavande. Gorges de l'Ardèche, villages de caractère (Labeaume, Naves, Thines...). Rivière, équitation 6 km. Randonnée sur pl. Canoë 15 km.

Accès : d'Aubenas par D104, à l'entrée de Rosières, à droite dir. Laurac (D212). Faire 2 km, 2e rte à gauche dir. Augnac (l'Oustalou), faire 1,5 km. 2e rte à gauche (chemin goudronné), c'est tout au bout de ce chemin.

Rosières - Ardèche (07)

N°403

Clos d'Augnac
Yves Delubac
Augnac
07260 Rosières
Tél. 04 75 36 27 14
Port. 06 23 86 01 33
closdaugnac@gmail.com
www.closdaugnac.com

TH

2 Pers. 90/95 €
P. sup. 30 € - Repas 27 €

2 chambres avec sanitaires privés, internet, sèche-cheveux (lit bébé sur demande). Ouvert de fin mars à fin octobre. Petit déjeuner "bio" : jus d'orange, confitures, pâtisseries, fruits, flan, lait entier... T. d'hôtes, création culinaire en fonction de la saison et du marché. Jacuzzi, salle de musique (vinyle, CD), bibliothèque. Jardin, parc 3 ha.

Ghislaine et Yves vous accueillent dans leur magnanerie du XVIIIe siècle édifiée sur une propriété de 3 ha en haut d'une colline. Vous êtes au cœur de l'Ardèche méridionale, dans un site calme à la végétation et au climat provençal. Les 2 chambres que nous proposons sont chacune isolée et de grand confort. Vous pourrez profiter du verger et du parc, des piscines, du jacuzzi et du grand salon (nombreuses documentations).

Attraits touristiques : marché 2 km. Musée de la Châtaigneraie 3 km. Grottes Chauvet (peintures néolithiques) 15 km. Promenades sur place. Randonnée, rivière, baignade 2 km. Tennis et équitation 3 km. Cannyioning 15 km.

Accès : vous pouvez trouver le plan d'accès via google map et tapant "Le Clos d'Augnac, Rosières".
GPS : l N44°29'43' - L E4°15'58'.

Ruoms - Ardèche (07)

N°277

Villa Hugon
Isabelle et Rudiger Marbé
73 rue des Brasseries
07120 Ruoms
Tél. 04 75 36 75 72
Port. 06 29 48 48 96
contact@villahugon.com
www.villahugon.com

TH

1 Pers. 80/115 € - 2 Pers. 90/125 € - 3 Pers. 170 €
P. sup. 45 € - Repas 30 €

2 chambres et 2 suites avec sanitaires privés. Ouvert du 01/04 au 31/10. Petit déjeuner : jus de fruits, viennoiseries, confitures, miel, céréales, compote maison... Jeux de société, livres. Piscine, bain à bulle, VTT. Cour, jardin. Parking fermé.

Découvrez la villa Hugon et plongez dans le charme de la belle époque. Construite en 1895 par le maître Hugon, la villa saura vous faire vivre des instants magiques. Prenez le temps de flâner dans le jardin et de savourer la diversité des odeurs qui s'offrent à vous. Le confort des lieux et la qualité de la table satisferont les plus exigeants.

Attraits touristiques : Festival de Labeaume (musique classique) mi-juillet, village de Balazuc, Vallon-Pont-d'Arc, museé du vin de Ruoms, grottes de l'Aven. Plage de l'Ardèche 200 m. Baignade 4 km.

Accès : en arrivant à Ruoms, prendre dir. Labeaume. C'est au 73 rue des Brasseries.

Sagnes-et-Goudoulet - Ardèche (07)

N°301

Suchasson
Claire Thomas
07450 Sagnes-et-Goudoulet
Tél. 04 75 38 85 56
Port. 06 07 81 14 86
cthomas.suchasson@orange.fr
www.suchasson.fr

TH

1 Pers. 52 € - 2 Pers. 56 € - 3 Pers. 75 €
P. sup. 20 € - Repas 21 €

5 chambres avec sanitaires privés. Ouvert toute l'année. Petit déjeuner : confitures et gâteau maison, jus de fruits local bio, fruits frais ou secs... T. d'hôtes, cuisine à base de plantes sauvages et produits de notre ferme biologique et du jardin. Cour, jardin, parc. Restaurant 1 km.

Sur la route des Sucs et dans le Parc Naturel des Monts d'Ardèche, Claire et Pierre vous accueillent en toute simplicité dans leur magnifique ferme du XVIIe siècle, une bâtissse traditionnelle de la montagne ardéchoise aux murs de pierres jointées et au toit de lauze. Venez donc vous ressourcer dans l'une des cinq confortables chambres, qui bénéficient d'un calme exceptionnel.

Attraits touristiques : Gerbier-de-Jonc, cascade Ray Pic. Randonnée GR et pêche sur place. Alpinisme 9 km. Lac et baignade 15 km.

Accès : un plan d'accès est visible sur le site internet.
GPS : l 44°48'00,6N - L 004°13'38,9"E.

St-Alban-Auriolles - Ardèche (07)

N°191

Villa Saint-Patrice
Guillemette et Michael Tourre
07120 Saint-Alban-Auriolles
Tél. 04 75 39 37 78
Port. 06 73 50 50 92
contact@villastpatrice.com
www.villastpatrice.com

1 Pers. 115/158 € - 2 Pers. 125/168 €
P. sup. 21 € -

3 chambres et 1 suite, toutes avec sanitaires privés (lits 160 cm). Ouv. toute l'année. Petit déj. : confitures et pâtisseries maison, pain frais, fruits frais... Parc ombragé de 2000 m². Chapelle, salon. Piscine. Restaurant à 500 m.

Au cœur d'un village provençal, cette demeure d'inspiration florentine de la fin du XVIIIe siècle vous charmera par son calme et la lumière de son parc de 2000 m². Les chambres sont très spacieuse (18 à 31 m²) et sont toutes de style différent : provençal, méditerranéen... Une étape de charme qui vous séduira.

Attraits touristiques : Festival de Musique de Labeaume, musées Alphonse Daudet et de la Vigne et du Vin, Le Pont d'Arc, musée de la grotte Chauvet. Rand. sur pl. Escalade 5 km. Equitation 500 m. Baignade 1,5 km. Tennis, canoë 4 km.

Accès : de l'autoroute, sortie Montélimar nord direction Aubenas puis Ruoms/St-Alban-Auriolles.

St-Lager-Bressac - Ardèche (07)

N°121

Château de Fontblachère
Bernard Liaudois
Château de Fontblachère
07210 St-Lager-Bressac
Tél. 04 75 65 15 02
Port. 06 07 62 74 23
chateau@fontblachere.com
chateau-fontblachere.com

TH

1 Pers. 150 € - 2 Pers. 150 €
P. sup. 20 € - Repas 25/35 €

2 chambres et 2 suites dont 1 peut-être divisée en 2 ch. indép. (100 euros). Ouvert du 1.04 au 31.10 et w.e hors saison. Petit-déjeuner : oranges pressées, cornflakes, pain, viennoiseries, fruits, fromage, yaourts, faisselles, œuf durs. T. d'hôtes : cuisine régionale, provençale, exotique. Cour, parc 2 ha. Piscine chauffée (cuisine d'été), tennis, spa.

Fontblachère est un château typique du XVIIème provençal, à proximité du Rhône. Maison d'hôtes de charme située en pleine nature, isolée et dominant une grande vallée, avec pour horizons le plateau du Coiron et les monts d'Ardèche, elle s'ouvre aussi pour des séminaires, des réceptions et des mariages. La cour carrée vous accueille. Elle vous permet, au gré des saisons, de flâner, de lire et de vous retrouver au petit déjeuner ou au dîner, sous le calabert ou dans l'Orangerie. Le parc, vous offre l'espace qui vous est nécessaire.

Attraits touristiques : Avignon, Crest, Grignan, marchés paysans, expositions dans les châteaux de la Drôme, Abbatiale de Cruas. Centre équeste 5 km. Aéroclub, base nautique, ULM, 20 km. Golf 30 km.

Accès : A7 sortie Loriol, D22 dir. Privas puis D322. A gauche à la hauteur de St Lager dir. Fontblachère. Puis fléchage.
GPS : l 44°41'45.57N - L 4°42'44.81E.

St-Laurent-du-Pape - Ardèche (07)

N°310

Le Hameau de la Mûre
Patricia et Olivier Dony
Le Hameau de la Mûre
07800 St-Laurent-du-Pape
Tél. 04 75 41 77 77
bienvenue@lamure.com
http://www.lamure.com

TH

1 Pers. 85/140 € - 2 Pers. 90/150 € - 3 Pers. 120/170 €
Repas 38 €

4 chambres, 1 suite toutes avec sanitaires privés. TV/DVD, réfrigérateur. Ouv. Fin mars à mi-nov. P. déjeuner : boissons, cake maison, pain perdu, fromage. T. d'hôtes : velouté de cèpes, foie gras poêlé, parmentier de confit de canard. Jeux de société, bibliothèque. Piscine à débordement. Sauna et spa (accès libre et gratuit). Animaux sur dem.

Hameau complet en pierres de pays, à 700 m d'altitude. Ce hameau est au cœur d'un domaine de 85 ha de chênes, de châtaigniers... L'ensemble se compose de 4 maisons dont l'origine remonte au XVIème s. Soigneusement restauré, il offre calme, confort, intimité et chaleur de l'accueil. Dans ce site exceptionnel, face à une vue époustouflante sur la Vallée du Rhône et le Vercors, vous goûterez au confort douillet d'une chambre de plain-pied.

Attraits touristiques : Château de Grignan, village médiéval de Chalencon, ferme aux crocodiles, Mont Gerbier-de-Jonc, tour de Crest, grottes préhistorique de Soyons. Equitation 10 km. Canoë 12 km. Eyrieux Sports, QuadAdvent 07, Aquarock à 15 km.

Accès : A7 sortie Loriol (n°16), dir. La Voulte sur Rhône puis sortie Saint Laurent du Pape. D 21 dir. Vernoux en Vivarais sur 8 km. Le Hameau est sur la gauche, sous le col de la Mûre.

Uzer - Ardèche (07)

N°192

Chèque Cadeau

Château d'Uzer
Véronique Meunier
Le Village
07110 Uzer
Tél. 04 75 36 89 21
Port. 06 71 71 31 52
chateau-uzer@wanadoo.fr
www.chateau-uzer.com

TH

2 Pers. 135/150 €
P. sup. 30 € - Repas 35 €

2 chambres et 3 suites, chacune avec sanitaires privés. Ouvert toute l'année. P.déj : salade de fruits frais, faisselle, jus de fruits frais ou jus de pomme du terroir, viennoiseries, pain perdu ou crêpes, confitures maison.T. d'hôtes : cuisine du marché, produit du terroir. Cuisine pour les hôtes à disp. Yoga et massage sur dem. Salon, véranda.

Maison d'Hôtes, Maison de Famille, Maison d'Amis. Ce magnifique petit château de village du 12ème, 15ème et 19ème siècles, au cœur de l'Ardèche méridionale, dispose de cinq chambres (dont trois suites familiales) de caractère, toutes de proportions généreuses, très confortables, meublées avec esprit, charme et harmonie. Douceur de vivre dans un parc de 5000 m² à la végétation luxuriante et détente au bord de la piscine aux allures de bassin. Cuisine raffinée aux produits du terroir et aux parfums de provence. Parking clos.

Attraits touristiques : Villages de caractère, gorges de l'Ardèche, festival de musique de Labeaume, de Payzac. Musées régionaux. Canoë 5 km. Grottes 25 km.

Accès : Autouroute du Soleil, sortir à Loriol dir. Privas puis Aubenas et D 104 dir. Alès jusqu'à Uzer. Dans le village en contre bas près de la rivière.

Vals-les-Bains - Ardèche (07)

N°322

Villa Aimée
Leila Joy Garzon-Rigby
8, montée des Aulagniers
07600 Vals-les-Bains
Tél. 04 75 88 52 75
Port. 06 81 44 96 66
villa.aimee@hotmail.com
www.villaaimee.com

TH

2 Pers. 89/155 €
P. sup. 29 € - Repas 35 €

2 chambres et 2 suites, sanitaires privés. Ouvert toute l'année. Petit déjeuner : viennoiseries, muffin maison, céréales, confitures pays + maison, jambon... T. d'hôtes : cuisine variée, influences diverses. Billard, babyfoot. Ping-pong, VTT, jeux d'enfants. Piscine. Cour, jardin, parc 3500 m². Animaux admis sous conditions.

Nichée sur les hauteurs de Vals-les-Bains , à quelques pas du centre-ville, des thermes et du casino, la Villa Aimée vous accueille dans un cadre paisible et de charme. Au hasard des chambres, des suites, des salons et jusque dans les grands escaliers en pierre, vous pourrez admirer des œuvres originales d'artistes contemporains.

Attraits touristiques : Vals-les-Bains (station thermale à forte vocation touristique), Ardèche Méridionale. Pêche 300 m. Accrobranches 700 m. Tennis 800 m. Thalasso 1 km. Restaurant 300 m.

Accès : sorties autoroute Loriol ou Montélimar, dir. Aubenas puis Vals-les-Bains. Tourner à droite après le glacier Beatrix. GPS : l 44°39'38" - L 004°22'09".

Vernon - Ardèche (07)

N°158

Mas de la Cigale
Catherine Gohier
EURL Les Cigales, La Croix
07260 Vernon
Tél. 04 75 39 68 69
Port. 06 80 05 89 75
la.cigalle@wanadoo.fr
www.lemasdelacigale.com

TH

2 Pers. 98/150 €
P. sup. 22 € - Repas 32 €

4 chambres et 1 suite de 2 ch. (150 euros), toutes avec prise TV, douche et wc privés. Ouv. Toute l'année sur réservation. Petit déjeuner : fruits de saison, yaourts, pâtisseries et confitures maison... T. d'hôtes : spécialités ardéchoises et méridionales. Vaste terrasse, jardin, piscine. Restaurants 8 km. (2 gîtes ruraux sur place).

Avec sa vue imprenable, le Mas de la Cigale est perché à mi-coteaux au milieu des faysses plantées de vignes et d'oliviers. Vous apprécierez le confort des chambres spacieuses qui allient harmonieusement décoration et modernité ainsi que la très vaste terrasse qui offre une superbe vue sur les contreforts des Cévennes.

Attraits touristiques : Pont d'Arc. Grotte Chauvet. Vallées Beaume et Drobie. Festival de musique de Labeaume. Rivière 4 km. Equitation 6 km. Bowling, escalade 15 km. Canoë 20 km.

Accès : sortir à Montélimar nord ou sud et prendre dir. Aubenas. A Aubenas dir. Alès par CD104 et traverser Rosières. A la sortie du village, juste avant le pont, prendre dir. Vernon (CD303).

Vinzieux - Ardèche (07)

N°383

La Fenière
Elisabeth et Robert Grange
Le Village
07340 Vinzieux
Tél. 04 26 30 85 12 - 06 86 89 55 30
Port. 06 63 16 43 85
robert.grange@sfr.fr

Chèque Cadeau

Wi Fi

1 Pers. 80/100 € - 2 Pers. 95/120 € - 3 Pers. 130 €

3 chambres de 25 à 34 m² (dont 1 familiale) avec sanitaires privés et accès internet. Ouvert de Pâques à la Toussaint. Petit déjeuner : yaourts, céréales, viennoiseries, pains frais et grillé... Salon de lecture et cheminée pour l'hiver. Piscine, four à pain/cuisine d'été. Jardin de 600 m². Restaurants entre 5 et 20 km.

Située en Ardèche Verte, cette batisse datant pour partie du XVe siècle, typique du pays et entièrement construite en pierres, a été restaurée dans une optique éco-gîtes avec des éléments de confort contemporain qui mettent en valeur l'empreinte de son histoire. Les hôtes pourront profiter pleinement du grand salon avec loggia, empreint d'une décoration contemporaine et chaleureuse, ainsi que du joli jardin sur deux niveaux avec la piscine en contrebas.

Attraits touristiques : Parc animalier (safari de Peaugres 7 km), vélorail 30 km, Petit Train de l'Ardèche 40 km, vol en montgolfière 10km, accrobranches 7 km, espaces aquatiques (8 à 15 km). Pila en trottinettes (7 km). Découvertes gourmandes à proximité.

Accès : la maison est située à 15 mn (13 km) de l'autoroute A7 (sortie Chanas).
GPS : l N 45°19.672' - L E 4°42.129'.

Grâne - Drôme (26)

N°G144722

Le Moulin de Beaunette
Rachel Bayle
310 chemin du Stade
26400 Grâne
Tél. 09 60 07 55 91
Port. 06 88 49 99 99
contact@moulindebeaunette.com
www.moulindebeaunette.com

Chèque Cadeau

Wi Fi

1 Pers. 87/102 € - 2 Pers. 95/110 €
P. sup. 20 € -

3 chambres à thème avec sanitaires privés, TV écran plat, kit articles de toilette et accès internet. Ouvert toute l'année. Petit déjeuner : gâteaux et verrines maison, produits locaux selon la saison. Cuisine à la disposition des hôtes. Parking clos. Piscine. Mobilier de jardin. Terrain de pétanque. Canal du moulin. Parc de 5 ha. Cour.

Au cœur de la Vallée de la Drôme, dans un parc arboré verdoyant de 5 hectares, avec piscine, venez profiter du calme dans cet authentique moulin à eau restauré avec charme et offrant des prestations de qualité.

Attraits touristiques : moulin situé entre le Vercors et la Provence. Circuits VTT et pédestres sur place. Rivière Drôme à 500 m, canoë. Tennis 1 km. Escalade 9 km.

Accès : A7, sortie Loriol, puis prendre la D104 direction Crest. Continuer sur environ 10 km. Au rond-point de Grâne, prendre direction Crest. Après 150 m, prendre 1ère route à gauche : chemin du Stade.
GPS : l 44.73788889 - L 4.92591111.

Léoncel - Drôme (26)

N°163720

La Vercorelle
Catherine Mackowiak et Isabelle Frigière
Le Village
26190 Léoncel
Tél. 04 75 44 42 85
la-vercorelle@orange.fr
www.la-vercorelle.com

TH

1 Pers. 65 € - 2 Pers. 80 € - 3 Pers. 96 €
Repas 26 €

5 chambres avec sanitaires privés et wifi. Ouvert toute l'année. Petit déjeuner : croissants, confitures maison, fruits...T. d'hôtes : saumon à la clairette, pintadeau en croûte de noix, soupe d'ortie au lard... Salle de lecture et de jeux, atelier de peinture. Jardin, salon de jardin, chaises longues. Piscine. Spa hydromassant.

Nichée au creux d'une superbe vallée du Vercors, cette belle maison familiale vous accueille au cœur du Parc Régional. Décorées sur le thème des métiers d'autrefois (tonnelier, lavandière...), vous apprécierez le confort des chambres. Aux beaux jours, vous profiterez du jardin de curé fleuri pour lézarder. La table et ses saveurs raffinées contribuent à la convivialité de cette adresse.

Attraits touristiques : abbaye cistercienne de Léoncel 30 m. Plateau d'Ambel 12 km. Gorges d'Omblèze 15 km. Routes historiques du Vercors et Mémorial de la Résistance de Vassieux. Randonnée, raquettes, marche nordique, VTT sur place. Ski de fond et escalade 4 km.

Accès : Valence - Chabeuil - Col des Limouches - La Vacherie - Léoncel ou Grenoble - St-Jean-en-Royans - Léoncel.
GPS : l 44.911300659 - L 5.192319870.

Le Poet-Laval - Drôme (26)

N°243720

Le Mas des Alibeaux
Jean-François Ehret
550 route de Mollans
26160 Le Poet-Laval
Tél. 04 75 46 35 59
contact@masdesalibeaux.com
www.masdesalibeaux.com

TH

1 Pers. 75/95 € - 2 Pers. 85/110 € - 3 Pers. 113/148 €
P. sup. 28/38 € - Repas 28 €

5 chambres dont 1 familiale avec sanitaires privés, prise TV, tél. et internet. Ouvert toute l'année. Petit déjeuner : confitures maison, jus de fruits, viennoiseries... T. d'hôtes sur réservation : pissaladière, terrine maison, pintade provençale, cuisine d'été sur plancha... Cour, jardin, bassin de nage (12x4). Pétanque. Repas - 13 ans : 12 euros.

En Drôme Provençale, étape de charme dans un ancien relais poste du XVIe siècle classé bâti de caractère, blotti à la lisière d'une forêt, au pied du Mont Rachas et d'une rivière. Le mas est composé de petites maisons imbriquées autour d'une cour intérieure. Virginie et Jean-François organisent anniversaires, réunion de famille et séjours à thème.

Attraits touristiques : village du vieux Poet-Laval, Dieulefit, marchés nocturnes, potiers et céramistes, galeries et expositions de peintures. Randonnée sur place. Tennis et équitation 1 km. Escalade 12 km.

Accès : sortie n°7 "Montélimar Nord" puis dir. Dieulefit. A Poet-Laval, prendre à droite quartier "Gougne" puis suivre les panneaux de signalisation "Le Mas des Alibeaux".

Rochebaudin - Drôme (26)

NOUVEAUTÉ

N°G268720

Domaine de l'Hermarie
Marie-José Briffaud
Quartier le Mouret
26160 Rochebaudin
Tél. 04 75 51 15 07
Port. 06 10 66 57 44
herve.briffaud@orange.fr
www.domaine-hermarie.fr

TH

1 Pers. 65/155 € - 2 Pers. 75/165 €
P. sup. 20 € - Repas 34 €

Dans cette magnagnerie du XVIIème, entièrement restaurée, le Domaine d'Hermarie est un lieu paisible où il fait bon se retrouver pour quelques moments de détente. Découvrez une bâtisse de charme, aux 7000 m² de calme et de verdure, avec piscine chauffée et terrasse arborée. Le mobilier, de grande qualité, est sobre et harmonieux.

Attraits touristiques : Randonnée, vélo sur place. Tennis 4 km. Equitation 5 km. Parapente 8 km.

Accès : autoroute A6, sortie Montelimard nord ou sud, puis direction Dieulefit.

Ouvert du 20/04 au 20/10. 5 suites avec sanitaires privés. Coffre-fort, TV, sèche-cheveux. Petit-déjeuner : viennoiseries, cake, brioche, pain, beurre, confitures maison, salade de fruits, jus de fruit. Table d'hôtes : truffe, volaille de la Drôme, nougat glacé. Jardin, terrain de boules et ping-pong. Restaurant à 3 km.

Rochegude - Drôme (26)

N°G275722

La Pause
Dominique Bares
1879 route du Moulin
26790 Rochegude
Tél. 04 75 98 35 04
Port. 06 85 99 95 44
domibares@gmail.com

TH

1 Pers. 65 € - 2 Pers. 72 € - 3 Pers. 90 €
Repas 24 €

Vaste ancienne ferme entourée de vigne, avec une vue magnifique sur les montagnes de la Drôme et le Mont Ventoux. Jardin arboré et fleuri, très calme. La maison est décorée de meubles anciens et de souvenirs familiaux de plusieurs générations. La maison de notre famille le temps d'un séjour.

Attraits touristiques : Orange 17 km. Vaison-la-Romaine 23 km. Grignan 30 km. Buis-les-Baronnies 38 km. Le Mont Ventoux 40 km. Avignon 45 km.

Accès : A7, sortie Bollene. Prendre la D8. Une fois dans Rochegude, au 2e rond-point, c'est à gauche. Sur la route du Moulin, faire environ 1 km, puis à droite, continuer sur la route du Moulin sur 900 m. A gauche "La Pause".
GPS : l 44.1511,46N - L 4.518,72E.

2 chambres et 1 suite avec sanitaires privés, TV et accès internet. Ouvert toute l'année. Petit déjeuner : gâteaux et confitures maison, viennoiseries, fromage blanc, jus de fruits… T. d'hôtes : plats régionaux, fruits et légumes de saison. Bibliothèque. Piscine. Ping-pong, baby-foot, trampoline. Cour, jardin, parc 2000 m². Restaurant 3 km.

St-Martin-en-Vercors - Drôme (26)

N°315720

La Ferme du Château

Christiane Pitaval
26420 St-Martin-en-Vercors
Tél. 04 75 48 50 47
Port. 06 23 33 17 58
pitaval.christiane@wanadoo.fr
www.alafermeduchateau.com

TH

1 Pers. 60 € - 2 Pers. 80 € - 3 Pers. 100 €
Repas 27 €

5 chambres avec sanitaires privés et wifi. Fermé après le pont du 11.11 jusqu'aux vacances de Noël. Petit déjeuner : pain frais, confitures bio, fromage blanc fermier, jus de fruits pressé... T. d'hôtes : truite du Vercors aux ravioles, croûte du Vercors aux champignons des bois, escalope de veau fourrée au bleu du Vercors... Jardin. Restaurants 3 km.

Dans une ferme authentique du XVIIIe siècle, restaurée avec chaleur et tradition, et située au cœur du Parc Naturel Régional du Vercors, Christiane a aménagé un havre de douceur pour une parenthèse de bien-être. Les chambres douillettes privilégient l'intimité dans une ambiance montagnarde très cosy. Endroit idéal pour une rencontre avec le calme et la nature.

Attraits touristiques : musée de la Résistance, musée des Santons, musée de la Préhistoire. Grottes de Choranche. Tennis 500 m. Ski de fond et parapente 7 km. Piscine 9 km. Golf 10 km.

Accès : A45 en venant de Grenoble ou Lyon, sortie St-Marcellin puis Parc du Vercors.
GPS : l 44.9546148 - L 5.6140397.

Arzay - Isère (38)

N°16050

Château d'Arzay

Régine RICHARD
156 route de Vienne
38440 Arzay
Tél. 04 74 57 06 02
Port. 06 84 03 89 14
contact@chateaudarzay.fr
www.chateaudarzay.fr

2 Pers. 130 €
P. sup. 35 € -

3 vastes suites dont 1 parentale avec jacuzzi, douche à l'italienne, wc séparés, baldaquin ou ciel de lit, coin-salon. Ouv. Toute l'année sauf du 24 au 31.12. Savoureux petit déjeuner du pays : yaourts, viennoiseries, fruits. Plateau gourmand sur réservation. Terrasse, pergola, parc, jardin, jeux. Piscine chauffée de mai à sept.

Le château d'Arzay, a été édifié vers 1870 au cœur de la forêt et des étangs de Bonnevaux. La famille Richard est tombée amoureuse de l'endroit et l'a entièrement restauré, soucieuse de l'écologie et de maintenir son authenticité. Elle s'ouvre maintenant avec un confort moderne dans un cadre ancien préservé, et situé dans un écrin de verdure et de sérénité absolue. Chapelle privée à découvrir.

Attraits touristiques : golf, tennis, équitation 6 km; Festival Berlioz la côte Saint André, festival jazz Vienne, musées Berlioz, du chocolat, circuit automobile du Laquais 8 km.

Accès : autoroute du sud A7 sortie Vienne, dir. Grenoble jusqu'à St jean de Bournay puis Lieudieu (c'est fléché).
GPS : l (N) 45°26'51,30" - L (E) 05°10'05,00".

Autrans - Isère (38)

N°21055

Belle Combe
Arnaud BRUN
Les Gaillards
38880 Autrans
Tél. 04 76 43 80 11
Port. 06 75 30 66 50
autransbellecombe@ymail.com
www.belle-combe.net

TH

1 Pers. 55 € - 2 Pers. 69 € - 3 Pers. 90 €
P. sup. 20 € - Repas 24 €

Ancienne ferme de caractère située au cœur du Parc Naturel du Vercors. Dans l'ancienne étable ont été aménagés la salle à manger et le salon avec cheminée, ambiance bois chaleurese et conviviale. Pour un moment de détente vous disposez d'une piscine intérieure chauffée (accès gratuit) ainsi que d'un sauna et jacuzzi (payant).

Attraits touristiques : Festival du film de la montagne (décembre), foulée blanche et congrès Internet (janvier), coupe de France de ski nordique... Ski alpin 1 km. Ski de fond 500 m. Randonnée sur place. Patinoire. Piscine 2 km.

Accès : de Grenoble, prendre la D531 dir. Villard-de-Lans puis la D106. A l'entrée d'Autrans, au rond point, tourner à gauche dir. Méaudre. Maison à droite avant la fromagerie.

5 charmantes chambres 2/3 personnes (salle d'eau et wc privatifs). La table d'hôtes favorise la découverte de saveurs de la cuisine traditionnelle et régioanle, les produits du terroir et bio y sont privilégiés. Salle à manger, salon. Cour, jardin. Piscine intérieure chauffée.

Le Bourg d'Oisans - Isère (38)

N°52051

La Clé des Bois
Marie et Peter de Groote
Les Sables, 16 chemin des Effonds
38520 Le Bourg d'Oisans
Tél. 04 76 11 08 00
Port. 06 08 71 61 02
info@lacledesbois.com
www.lacledesbois.com

TH

1 Pers. 65 € - 2 Pers. 79 € - 3 Pers. 99 €
P. sup. 20 € - Repas 25 €

Vous serez accueillis par vos hôtes Peter et Marie dans une charmante ancienne ferme, entièrement rénovée et située au calme, à 4 km du village. Vous profiterez du salon privé et de la pièce voûtée où vous prendrez tous vos repas en tête à tête ou en famille. Détendez-vous avec les soins que propose Marie, votre hôte, dans une salle prévue à cet effet. Une étape idéale et pleine de "zénitude" pour découvrir l'Oisans.

Attraits touristiques : randonnées pédestres/cyclistes au départ des chambres. Montée de l'Alpe d'Huez, la Croix de Fer, Le Glandon, Le Lautaret, Le Galibier... VTT : navettes gratuites et remontées mécaniques pour arriver à 3300 m.

Accès : de Grenoble, prendre la A480 direction stations de l'Oisans puis RD1085. Avant le hameau des Sables, chemin à droite "Les Effonds", chemin n°16. Maison sur la droite au bout du chemin.
GPS : l 45.10466 - L 6.0056.

3 chambres et 2 suites avec sanitaires privés et internet-wifi. Ouv. toute l'année. Petit déjeuner : viennoiseries, confitures maison, charcuterie ou fromage ou œufs... T. d'hôtes : cuisine régionales et plats typiquement montagnards. Esthétisme et relaxation sur place par la maîtresse de maison (diplômée). Jacuzzi, sauna. Parking motos. Local vélos.

Chasse-sur-Rhône - Isère (38)

N°87050

Domaine de Gorneton
Jacqueline et Jean Fleitou
712, chemin de Violans
38670 Chasse-sur-Rhône
Tél. 04 72 24 19 15
gorneton@wanadoo.fr
www.gorneton.com

TH

1 Pers. 120 € - 2 Pers. 140/180 €
Repas 40 €

2 ch. 2 pers., 1 ch./duplex 4 pers. et 1 suite 2 pers., avec sanitaires privés. Ouvert toute l'année sur réservation. Petit déjeuner : viennoiseries, confitures maison, céréales... T. d'hôtes : gaspaccio, rôti de porc au miel, truite aux amandes... Piscine, ping-pong, tennis, pétanque. Jardin, parc de 5 ha. Parking privé.

Gorbeton, maison forte du XVIIe vous accueillera avec ses cheminées, ses jardins, son étang, ses fontaines et sa cour intérieure. Sur place, piscine, tennis, ping-pong et pétanque s'ajouteront au confort de votre chabre pour vous offrir un agréable séjour ou une étape idéale. Vous vous régalerez de la cuisine gourmande de Jean.

Attraits touristiques : Lyon 15 mn. Vienne 5 mn (ville gallo-romaine) au pied du PNR du Pilat et du vignoble des Côtes Rôties. Festival de jazz à Vienne. Pêche 2 km. Equitation 4 km. Baignade 10 km.

Accès : avant d'arriver à Lyon, prendre l'A46 en dir. de Marseille, sortie "Chasse-sur-Rhône". Suivre centre commercial tout droit. Passer entre le centre social et le stade dir. Trembas (petite route).
GPS : l lN45.57777780 - L LE4.81444444.

Chirens - Isère (38)

N°105052

La Maison de Joanny
Béatrice et Claude Micoud-Terreaud
1490 route de la Guilletière
38850 Chirens
Tél. 04 76 91 04 67
Port. 06 70 06 23 34
contacts@maison-de-joanny.com
www.maison-de-joanny.com

TH

1 Pers. 59 € - 2 Pers. 76 € - 3 Pers. 93 €
P. sup. 17 € - Repas 25 €

4 chambres 2 et 3 pers., avec sanitaires privés et internet. Ouvert toute l'année. Petit déjeuner : viennoiseries, confitures maison... T. d'hôtes sur réservation : vélouté de cèpes, volailles de ferme rôties, salade de pissenlis à l'huile de noix, pâtisseries maison... Grand salon avec billard. Jardin, étang. Parking clos. Sauna.

Ancienne grange restaurée avec goût, mitoyenne à la maison des propriétaires. Vous disposerez de 4 chambres chaleureuses et spacieuses, avec vue panoramique sur le massif de Chartreuse. Les repas (non servis le dimanche soir du 15.06 au 15.09) raffinés et les petits déjeuners gourmands, vous seront servis en terrasse ou au coin du poêle-cheminée, selon la météo.

Attraits touristiques : lac de Paladru/Chavarines. Prieuré du XIe. Caves de Chartreuse, randonnées. Pêche, baignade et voile 4 km. Grenoble et Chambéry 30 mn. Lyon 45 mn.

Accès : de Grenoble, prendre A48 dir. Lyon, sortie n°10 Champfeuillet puis dir. Bourg-en-Bresse par D1075. A la sortie de Chirens, à gauche dir. La Guilletière/Clermont sur 300 m, à droite. Faire 1,5 km jusqu'au n°1490 de la rue.
GPS : l 45.42584170 - L 5.55832778.

St-Jean-d'Hérans - Isère (38)

N°403051

Les Agnelles
Fabienne Perret
Villard de Touage
38710 St-Jean-d'Hérans
Tél. 04 76 34 87 28
contact@lesagnelles.com
www.lesagnelles.com

TH

1 Pers. 74 € - 2 Pers. 84 € - 3 Pers. 110/118 €
P. sup. 26 € - Repas 28 €

5 chambres dont 1 familiale en duplex, chacune avec sanitaires privés. Ouvert du 1.04 au 20.11. Petit déjeuner : yaourt et confitures variées maison, brioche, fromage, céréales... T. d'hôtes : agneau de Trièves, poulet au vinaigre (repas bio dans la mesure du possible). Cour, jardin. Restaurant 4 km.

Fabienne vous accueille avec convivialité dans l'asmosphère tranquille d'un hameau de montagne, au cœur du Trièves, dans une vaste maison de 1823, dont l'architecture rurale a été entièrement rénovée et décorée avec soin. On y respire l'air des champs et le bien-être ! Fabienne vous fera découvrir sa belle région et les produits du terroir à sa table d'hôtes. Découvrez ici le Parc National du Vercors et toutes ses richesses.

Attraits touristiques : lac de Monteynard, village de Mens, Mont-Aiguille, jardins biologiques, Terre Vivante, Vercors, Dévoluy...

Accès : de Greoble, dir. Sisteron puis A51 puis Mens (RD34) et Villard de Touage. St-Jean-d'Hérans par RD34b. Les Agnelles sont dans le hameau de Villard de Touage sur la droite. Parking dans la rue suivante à droite au bout de la rue en pente.
GPS : l N44,84800000 - L LE5.73477778.

St-Marcellin - Isère (38)

N°416050

Domaine de la Chastellière
Laurence Herbert-Cavat
rue le Savouret, Le Plan
38160 St-Marcellin
Tél. 04 76 38 03 93
Port. 06 01 17 18 31
contact@domaine-la-chastelliere.fr
www.domaine-la-chastelliere.fr

TH

1 Pers. 65/110 € - 2 Pers. 70/120 € - 3 Pers. 90/130 €
P. sup. 20/65 € - Repas 22 €

1 chambre et 2 suites avec sanitaires privés, TV, lecteur DVD, internet gratuit et lecteur iphone. Ouvert toute l'année. Petit déjeuner : jus de fruits, céréales, viennoiseries, gâteaux... T. d'hôtes, menus du terroir dauphinois : caillettes, ravioles, fromages... Piscine chauffée (de mai à sept.). Trampoline, jeux enfants, p-pong, vélos, badminton.

Laurence et ses enfants vous ouvrent les portes du Domaine de la Chastellière, belle demeure Dauphinoise du XVIIIe siècle, située entre Grenoble et Valence. Cadre campagnard propice au repos, face au Parc Naturel du Vercors. La table d'hôtes est servie sur la terrasse ombragée ou au coin du feu. Une adresse idéale pour se reposer en couple ou en famille ou simplement pour un déplacement professionnel.

Attraits touristiques : St-Antoine-l'Abbaye, Pont-en-Royans, PNR du vercors, Romans, Hauterives, la Côte St-André. Randonnée 500 m. Equitation 4 km. Baignade 11 km. Golf, montagne, aviation 20 km.

Accès : A49 venant de Grenoble, sortie n°9, St-Marcellin. Au rd-point, dir. Centre ville - au rd-point suivant, dir. centre ville au feu puis aéroport, Roybon - avant le rd-point, à gauche "rue le Savouret". La maison est à gauche.
GPS : l N45° 9' 59.591" - L E5°18' 54.26.

St-Martin-de-la-Cluze - Isère (38)

N°115050

Château de Pâquier
Jacques et Hélène Rossi
38650 St-Martin-de-la-Cluze
Tél. 04 76 72 77 33
chateau.de.paquier@free.fr
http://château.de.paquier.free.fr

TH

1 Pers. 72 € - 2 Pers. 82/88 €
P. sup. 20 € - Repas 27 €

5 chambres avec bains et wc privés. Ouvert toute l'année sur réservation. Petit déjeuner : pains, brioche ou crêpes maison, salade de fruits, œufs frais, confiture et miel maison... T.hôtes : pintade farcie et longe de porc à la broche, charlottes... apéritif maison. Cuisine dans la tour, espace repas et coin-salon. Parc (balades). Jeux enfants.

Deux fenêtres, hautes et étroites, peuvent être datées de la fin du XIIe siècle. Dès 1262, la famille Alleman habite le Château. L'édifice tel qu'on le voit aujourd'hui a été bâti par la même famille. Au XVIIe siècle, Alexandre Alleman, gouverneur sous Henri IV, l'embellit. A la Révolution, la propriété est vendue comme bien national. Hèlène et Jacques passionnés de jardinage et de cuisine ont restauré avec passion cette demeure, laissée à l'abandon depuis plusieurs années. Vous découvrirez, ici, tout le charme du passé.

Attraits touristiques : centre écologique, parc du Vercors, Vizille, lac, tennis, piscine, ski.

Accès : de Grenoble A480 puis A51 sortie 12, et N75 dir. Sisteron. 7 km après Vif, pass. à niveau, à gche D110 dir. St-Martin-de-la-Cluze. Après le village, dir. La Salle et fléchage.

GPS : l IN44.99349167 - L LE5.67117500.

Villemoirieu - Isère (38)

N°554050

La Bicyclette Fleurie
Nathalie et Richard Kozik
Moirieu, 2 sentier de traverse
38460 Villemoirieu
Tél. 04 74 90 06 55
contact@la-bicyclette-fleurie.fr
www.la-bicyclette-fleurie.fr

TH

1 Pers. 88/125 € - 2 Pers. 98/140 € - 3 Pers. 128/150 €
P. sup. 30 € - Repas 42 €

5 chambres avec sanitaires privés. Ouvert toute l'année. Petit déjeuner : produits bio, pain maison cuit au feu de bois, crêpes. T. d'hôtes : pressé de chèvre frais tomate séchée et féra fumée, pintade confite à la fondue de courgette, ultra moelleux chocolat noir noisette... Piscine couverte et chauffée, balnéothérapie (sauna, massages bien-être).

NOUVEAUTÉ

A deux pas de Crémieu, charmante cité médiévale, Nathalie et Richard vous accueillent dans le plus grand confort de leur EcoGîte. L'établissement est également conforme aux exigences de l'écolabel européen. Culture, savoir-vivre et environnement cohabitent dans le respect du développement touristique durable et équitable. En toutes saisons, venez partager notre art de vivre. La décoration intérieure et le thème des chambres sont influencés par les voyages à bicyclette des propriétaires.

Attraits touristiques : La cité médiévale de Crémieu, plus beau détours de France 3 km. Les grottes de la Balme 17 km. Morestel cité des peintres 22 km. Pérouges, plus beau villages de France, 25 km. Lyon 39 km.

Accès : De Grenoble A 43 dir. Lyon, sortie Crémieu. Avant Crémieu à gauche dir. Moras puis à droite dir. Villemoirieu-Moirieu, maison sur la droite de la route dans la descente.

Voreppe - Isère (38)

N°565050

Château Saint-Vincent
Sylvia et Bruno Laffond
chemin Saint-Vincent
38340 Voreppe
Tél. 04 76 50 67 87
chateau.stvincent@wanadoo.fr

1 Pers. 100/125 € - 2 Pers. 120/160 €
P. sup. 40 € -

5 chambres (dont 3 avec lit à baldaquin) au 1er étage avec sanitaires privés. Toutes ont vue sur le parc. Ouvert du 2.01 au 31.7 et du 1.09 au 21.12. Connexion internet hd par CPL. Petit déjeuner : jus d'orange, fruits, viennoiseries, pain frais, yaourts, œufs, fromage, charcuterie... Parc, parking. Piscine, randonnée. Restaurants à 3 et 6 km.

Ce magnifique château du XVe siècle aurait appartenu à la même famille jusqu'à la Révolution. La propriété fut alors vendue comme bien national, en de nombreuses parcelles. La propriété initiale parvint à être reconstituée au début du XIXe. Nancy Berlioz, la sœur du compositeur en fut propriétaire de 1830 à 1879. Hector Berlioz se rendait souvent au château et jouait sur un clavecin qui est resté longtemps dans le Château. Sylvia et Bruno ont entrepris la restauration depuis 1998. Les chambres avec leurs meubles de famille, ont conservé un doux parfum d'antan.

Attraits touristiques : parc de la Chartreuse, musées, golfs, lac. Escalade 3 km, pêche 4 km,

Accès : A48 (Lyon-Grenoble)sortie Voreppe puis N75 dir. Grenoble. Après la sortie du Chevalon de Voreppe, 1ère petite route à gauche.
GPS : l IN45.26868056 - L LE5.65719444.

Les Ardillats - Rhône (69)

N°2162

Chèque Cadeau

Maison d'Hôtes de la Verrière
Christine et Grégoire Gesse-Lamy
La Verrière
69430 Les Ardillats
Tél. 04 74 04 71 46
christine.gesse@wanadoo.fr
www.alaverriere.com

TH

1 Pers. 65 € - 2 Pers. 80/90 € - 3 Pers. 95/105 €
P. sup. 15 € - Repas 29 €1/2 pens. 58/94 €

5 chambres avec sanitaires privés. Ouv. toute l'année. Petit déjeuner : gâteau, confitures et pain maison, jus de fruits... T. d'hôtes : saumon fumé maison, terrines beaujolaises, pâtisseries... Salon (jeux de société, lecteur DVD, biblio.). Jardin. Piscine, tennis de table. Parking privé. Bébé 6 euros. Restaurants entre 5 et 15 km. 4 pers. : 115/125 euros.

Entre vignes et forêts, nous vous accueillons dans notre maison de famille du XIXe, où nous avons décoré cinq chambres gaies, confortables et paisibles dans lesquelles les lits peuvent être simples ou doubles. Vous serez impressionné par la vue à 180° qui embrasse le Beaujolais rouge et vert. Vous pourrez profiter de la piscine chauffée avant de déguster la cuisine inventive du maître de maison.

Attraits touristiques : randonnée (GR7 tout proche), route des vins Maconnais Beaujolais et ses dégustations, Cluny, Lyon, patrimoine mondial de l'Unesco, les églises romanes et châteaux de Bourgogne du sud, la Roche de Solutré.

Accès : A6, sortie Belleville/Saône. dir. Beaujeu (D37), puis dir. des Echarmeaux jusqu'à Chenelette. A l'entrée du village, à droite dir. Monsols-Col de Crie (D23) sur 6 km. "La Verrière" à droite. A gauche, petite route. Derrière maison aux volets verts.
GPS : l 46°11'56"59N - L 4°31'38"48E.

Blacé - Rhône (69)

N°2265

Château de la Fléchère

Marie-Noëlle Lacroix
route de Pravins
69460 Blacé
Tél. 04 74 60 50 37
Port. 06 15 02 76 83
contact@chateaudelaflechere.com
www.chateaudelaflechere.com

TH

1 Pers. 100 € - 2 Pers. 115/135 € - 3 Pers. 160/190 €
P. sup. 30 € - Repas 35 €

3 chambres de 25 à 35 m² et 1 suite familiale de 60 m², avec sanitaires privés. Ouvert du 01.03 au 30.11. Petit déjeuner : jus de fruits, fruits frais, brioche, pain bio, confitures maison, œufs coque... T. d'hôtes sur réservation : cuisine locale (saucisson beaujolais...). Tennis, piscine, étang. Cour, parc de 1,2 ha. Restaurant 1 km.

Vous serez charmés à coup sûr par cette superbe demeure beaujolaise des XVIIIe et XIXe, et par l'accueil de Marie-Noëlle qui a aménagé trois magnifiques chambres dans une dépendance ainsi qu'une suite familiale à l'étage du château. L'élégance et le raffinement se retrouvent partout : salle à manger, salons avec cheminée, jardin d'hiver, parc aux multiples essences. Vous pourrez visiter les installations viticoles du domaine (cuvier, cave voûtée, salle de pressoir) et pour les sportifs, une piscine, un tennis sont à leur disposition.

Attraits touristiques : prieuré de Salles-Arbuissonnas 3 km, château de Montmelas et chapelle de Brouilly 7 km, hameau du vin 18 km. Touroparc-Zoo 20 km, parc des Oiseaux 30 km. Festival en Beaujolais.

Accès : du nord par A6 : sortie 30 puis St-Georges-de-Reneins, Blaceret et Blacé. du sud par A6 : sortie 31 puis Arnas et Blacé.

Denice - Rhône (69)

N°2147

Le Calme

Jean-Jacques Dulac
188, rue des Bruyères
69640 Denice
Tél. 04 74 67 34 00
Port. 06 80 43 07 11
jj.dulac@wanadoo.fr
www.gites-dulac.com

TH

2 Pers. 76/109 €
Repas 30 €

5 chambres avec sanitaires privés, TV, inernet/wifi (certaines sont classées 3 épis). Ouvert toute l'année. Petit déjeuner : pâtisseries maison, fruits du jardin, yaourts maison, viennoiseries, différentes sortes de pain... T. d'hôtes : saucisson au vin, salade beaujolaise... Coin-détente (jacuzzi, spa). Parc de 1 ha. Piscine. Vélos. Restaurant 1 km.

Au cœur du Beaujolais, Mireille et Jean-Jacques vous reçoivent dans une belle demeure comprenant un parc de 1 ha arboré et clos. Jean-Jacques vous fera découvrir ses vins, qu'il élabore avec passion. Les cinq chambres, très accueillantes, vous assurent calme et sérénité. Une halte au milieu des vignes, farniente au bord de la piscine, détente dans le jaccuzi... tout ici est fait pour se resssourcer !

Attraits touristiques : à 4 km de Villefranche. Lyon à proximité. Musées, visites de villages en pierres dorées, vieilles cours intérieures, visite du Beaujolais. Equitation 1 km.

Accès :
GPS : l 45°59'45"N - L 04°39'18"E.

Limonest - Rhône (69)

NOUVEAUTÉ

Karen Chocolat partagera avec vous sa passion du chocolat et vous accueillera dans un site exceptionnel en plein cœur des Monts d'Or et à 10 km de Lyon seulement. Ici tout invite au repos et à la gourmandise : maison contemporaine en ossature bois au cœur d'une pinède et le long d'un sentier de randonnée à l'écart des bruits de la ville, piscine, hammam, cabane dans les arbres...

Attraits touristiques : Randonnées pédestres, VTT et à cheval. Villages des Pierres Dorées. Domaines viticoles. Lyon, capitale des Gaules, de la gastronomie et haut lieu du shopping. Nombreux Musées. Parcs accrobranches.

Accès : plan d'accès remis lors de la réservation. GPS : l 45.818956 - L 4.773971.

N°2317

Chèque Cadeau

La maison de Karen Chocolat
Karen Bonnet
95 sentier du Puy d'Or
69760 Limonest
Tél. 04 78 33 42 74
info@lamaisondekarenchocolat.com
www.lamaisondekarenchocolat.com

TH Wi Fi

1 Pers. 85/115 € - 2 Pers. 89/125 €
P. sup. 30 € - Repas 26 €

5 chambres doubles avec s. de bains privative. Ouvert toute l'année. TV, wifi. Petit déjeuner : pains variés, jus pressé, laitages, confitures et pâte à tartiner maison, jambon et œuf sur dem. T. d'hôtes sur réservation. Hammam 5 euros, massages au chocolat sur résa, atelier chocolat sur résa.

Lucenay - Rhône (69)

C'est un véritable havre de paix qui vous attend !. Le jardin intérieur est un écrin de verdure hors du temps, où vous serez bercés par le clapotis de la fontaine. Cette ancienne demeure a gardé son âme, ses tilleuls centenaires sont là pour en témoigner. Michèle vous fera partager son amour pour ce pays et ses traditions.

Attraits touristiques : nombreuses manifestations culturelles, concerts au château de Rochebonne à Theizé, Nuits de Fourvière à Lyon, jazz à Vienne, théâtre à Machy (5 mn)... Randonnées sur place. Caveau vin 500 m. Golf 1 km. Pêche 5 km. Plan d'eau 6 km.

Accès : A7, sortie Villefranche-sur-Saône, sortie sud, suivre Anse-Lucenay (Cd30). dans Lucenay, à la boulangerie, prendre à droite jusqu'à l'église. "Les Tilleuls" se trouvent en face, en haut de l'escalier en face à l'église.

N°2158

Les Tilleuls
Michèle Vermare
31, route de Lachassagne
69480 Lucenay
Tél. 04 74 60 28 58
Port. 06 07 63 41 89
lestilleuls.vermare@gmail.com
www.lestilleuls.org

TH Wi Fi

2 Pers. 98/125 €
P. sup. 25 € - Repas 32 €

2 chambres et 1 suite avec sanitaires privés et TV + climatisation. Ouvert toute l'année. Petit déjeuner : confitures et gâteau maison, œufs de ferme, yaourts, jus d'orange frais... T. d'hôtes : cuisine à base de produits du terroir. Salon de lecture, jeux de société. Cour, jardin, terrasse. Restaurants à proximité..

Mornant - Rhône (69)

N°2160

La Ferme de Chablenas

Véronique Zimmermann
69440 Mornant
Tél. 04 78 48 78 03
Port. 06 07 63 55 71
lafermechablenas@wanadoo.fr

1 Pers. 60/105 € - 2 Pers. 70/115 €
P. sup. 10 € -

5 chambres avec sanitaires privés. Ouvert toute l'année. Petit déjeuner : pain maison, viennoiseries, laitages, fruits, confitures, jus de fruits locaux, confitures maison... Salon-bibliothèque, vaste pièce de jour, cheminée. Terrasse. Jeux de boules. Parking fermé. Parc de 2 ha, Jardin d'hiver. Salons extérieurs. Restaurants à Mornant.

Superbe maison de caractère, en pierres, à deux kilomètres de Mornant, dans les coteaux du Lyonnais. Cinq chambres d'hôtes de grand confort, un vaste patio avec cheminée, un salon-bibliothèque vous permettront de passer un agréable séjour.

Attraits touristiques : Coteaux du Lyonnais, aqueduc du Giers, Lyon 24 km. Cité médiévale : Tour de Vingtain (Xve), église, maison de pays (expositions). Randonnées, Le Signal (point culminant). Produits locaux.

Accès : A7, A450 puis d342 dir. Mornant-Le Rosséon-Chablenas.

Pommiers - Rhône (69)

N°2185

Clos de Pomeir

Véronique Thivent
130, chemin de la Fontaine
69480 Pommiers
Tél. 04 74 03 94 03
thivent.pierre@wanadoo.fr
www.pomeir.fr

TH

1 Pers. 89/99 € - 2 Pers. 99/109 € - 3 Pers. 129 €
P. sup. 20 € - Repas 15/30 €

3 chambres avec sanitaires privés (2 de plain-pied, 1 à l'étage). Ouvert toute l'année. Petit déjeuner avec produits frais : pain artisanal, confitures maison. Assiette gourmande sur demande 15 euros, table d'hôtes occasionnelle 30 euros. Parking fermé. Cour, jardin, parc de 0,6 ha. Piscine avec vue imprenable. 2 restaurants à Pommiers.

Notre maison se situe à la sortie du beau village fleuri de Pommiers, avec une vue exceptionnelle sur le Beaujolais et le Lyonnais. Les chambres vous séduiront par leur charme subtil, les salles de bains comtemporaines s'intégrant avec talent dans une ambiance cosy. Goûtez au bonheur d'un petit déjeuner convivial servi dans l'ancien cuvage.

Attraits touristiques : Musée Paul Dini, visite patrimoine historique de Villefranche, village médiéval d'Oingt, cité médiévale d'Anse, musée des Pierres Folles à St-Jean-des-Vignes. Randonnées sur place. Golf, pêche, équitation et plan d'eau 3 km.

Accès : sur l'A6, au nord de Lyon, prendre sortie 31.2 Villefranche sud. Suivre Lyon par la N6 sur 4 km. Prendre à droite au rond point d70E (angle Jardiland) sur 1 km. Au panneau "Pommiers", maison en pierres sur la gauche à 50 m.

Quincié-en-Beaujolais - Rhône (69)

N°2164

Le Trésor d'Alice
Marie-Pascale et Bertrand De Cuyper
87 chemin du Thiélas, Hameau de Cherves
69430 Quincié-en-Beaujolais
Tél. 04 74 69 04 40
Port. 06 89 70 22 37
tresordalice@orange.fr
www.le-tresor-d-alice.com

1 Pers. 90 € - 2 Pers. 90 € - 3 Pers. 115 €
P. sup. 25 € -

Niché dans un joli vallon, entre vignes et bois, apparaît "Le Trésor d'Alice", ancienne fermette du XVIIIe siècle où l'on vous souhaite la bienvenue. En rez-de-jardin de la demeure, 2 chambres spacieuses et raffinées s'ouvrent sur un cadre bucolique traversé par un charmant cours d'eau. Petit déjeuner savoureux et copieux.

Attraits touristiques : le sud Beaujolais, ses fameuses Pierres Dorées, son très beau village médiéval d'Oingt. Le nord Beaujolais, ses circuits des crus et des crêtes, ses pôles œnologiques, ses caveaux de dégustation. Rand., caveau, VTT sur place. Tennis 1 km.

Accès : A6 sortie 30 Belleville-sur-Saône, puis d37d et d337 dir. Beaujeu sur 10 km. A St-Vincent, à gauche d9 dir. Quincié. Traverser le bourg et avant sa sortie, à gauche dir. Trésor d'Alice sur 2 km. A droite puis de suite à gauche, petit pont.
GPS : l 46.66 - L 4.3620.

2 suites en rez-de-jardin avec sanitaires privés, petit salon, internet et bibliothèque. Ouv. du 15/01 au 15/12. Petit déjeuner : pâtisseries et confitures maison, miel, divers pains, céréales, fruits frais et secs, yaourts, fromage, jus de fruits... Plateau gourmand le soir 20 euros. Parking clos. Cour, jardin. Piscine. Séjours à thèmes sur réservation.

Riverie - Rhône (69)

NOUVEAUTÉ

N°2316

Château de Riverie
Valérie et Guy Palluy
Le Château
69440 Riverie
Tél. 04 78 48 28 38
Port. 06 70 02 33 43
contact@chateau-de-riverie.fr
www.chateau-de-riverie.fr

TH

1 Pers. 75 € - 2 Pers. 90 € - 3 Pers. 110 €
P. sup. 20 € - Repas 22 €

Construit au XIème siècle dans les Monts du Lyonnais, le château de Riverie domine l'agglomération lyonnaise et offre un panorama sur le Pilat, la Vallée du Rhône et la chaîne des Alpes. Situé au cœur du village médiéval très calme où de nombreuses ruelles convergent vers le chemin de ronde, Valérie et Guy vous accueillent dans leurs 5 chambres dont les noms vous raconteront une partie de l'histoire locale.

Attraits touristiques : Sentiers balisés au départ de la maison. Site du Signal à Saint André la Côte 8 km. Musée du chapeau à Chazelles sur Lyon 20 km

Accès : plan d'accès remis lors de la réservation.
GPS : l 45.599274 - L 4.588442.

5 chambres avec sanitaires privés. Ouvert toute l'année. Petit déjeuner : pain, viennoiseries, yaourts et gateaux maison, miel, fruits frais... Table d''hôtes : spécialités lyonnaises maison (quenelles, saucisson brioché, tarte à la praline). Jardin de 1000m². Restaurant à 200m.

St-Laurent-de-Chamousset - Rhône (69)

N°2190

Château de la Charmeraie

Brigitte et René Tregouet
Domaine de la Bâtie
69930 St-Laurent-de-Chamousset
Tél. 04 74 70 50 70
Port. 06 61 67 84 45
contact@chateaudelacharmeraie.com
www.chateaudelacharmeraie.com

Chèque Cadeau

TH

1 Pers. 80/132 € - 2 Pers. 80/132 €
Repas 35 €

3 chambres et 2 suites avec TV et sanitaires privés (dont 3 avec lecteur DVD et 1 avec jacuzzi). Ascenseur. Grand salon-terrasse, salle à manger avec parquet de 3 essences différentes. T.hôtes : poissons, légumes, fruits... Jardin à la Française, plan d'eau. Piscine, parc, pêche dans l'étang privé (carpes et brochets). 4 pers. : 163/194 euros.

L'origine de cette demeure remonte au XVIe siècle. Ce n'était alors qu'une petite bastide maintenant intégrée, avec son magnifique plafond à la française, dans le bâtiment actuel. Elle fut agrandie en 1850. Les mœurs ayant changé depuis la Révolution et la révolte des Canuts, on évita toute apparence tapageuse à l'extérieur. En revanche, l'intérieur a été réalisé avec des matériaux nobles et des bois de grande qualité, en atteste le parquet de la salle à manger, composé de trois essences différentes, et les serrures des portes, en argent.

Attraits touristiques : Le Beaujolais 30 km. Tennis 200 m. Centre nautique, bowling 1 km. Golf 28 km.

Accès : St-Laurent-de-Chamousset est à 40 km de Lyon, 45 km de St-Etienne et 60 km de Roanne.

GPS : l 45.73351944 - L 4.47360277. Orientation : NE

St-Pierre-la-Palud - Rhône (69)

N°2269

La Source Dorée

Gaillet Nathalie et Philippe
53 chemin du Chalet
69210 St-Pierre-la-Palud
Tél. 04 72 84 94 01
villa@la-source-doree.fr
www.la-source-doree.fr

Chèque Cadeau

TH

1 Pers. 89 € - 2 Pers. 89 €
P. sup. 22 € - Repas 25 €

3 chambres avec sanitaires privés et internet. Petit déjeuner : confitures maison, faisselle, cake, fruits... T. d'hôtes, à base des produits du potager bio. Sauna, spa, salle de massage. Bibliothèque, salle de projection. Sur place, gîte de charme 4 pers., jardin intérieur zen, exploitation permacole sur 6 ha. 78 euros/nuit à partir de 3 nuits.

"La Source Dorée", à 30 mn de Lyon, vous propose un lieu de ressourcement et d'harmonie où il fait bon s'arrêter une nuit, un week-end ou une semaine, en famille, seul ou en couple. Une maison de caractère du début du XXe siècle qui vous fera rêver, un lieu unique. Trois superbes chambres aménagées au 1er étage, chacune personnalisée sur le thème des saisons. Vaste pièce de jour, salon, salle de réunions.

Attraits touristiques : parc de Courzieu, couvent de la Tourette (Le Corbusier). Beaujolais Vert. Les Pierres Dorées. Parc aquatique 6 km. Tennis 1 km. Equitation 3 km. Lac 15 km. Golf 10 km. Lyon 22 km.

Accès : un plan d'accès vous sera communiqué lors de la réservation.

GPS : l 45°47'53"30'"N - L 04°36'04"15'"E.

Vernay - Rhône (69)

N°2179

Sylvie Perret
Hameau d'Amignié
69430 Vernay
Tél. 06 62 52 30 50
hameaudamignie@gmail.com
www.hameaudamagnie.com

TH

1 Pers. 85/110 € - 2 Pers. 90/115 €
P. sup. 20 € - Repas 30 €

3 chambres et 1 suite avec sanitaires privés. Connexion internet dans une pièce commune. Ouvert toute l'année. Petit déjeuner : jus de fruits frais, charcuterie, fromage, viennoiseries, pain et confitures maison... Table d'hôtes : cuisine régionale fine. Jacuzzi et piscine.

Sylvie a eu le coup de foudre !... Vous l'aurez sûrement en franchissant le portail de cet ancien domaine du XVIIIe siècle. La décoration est très personnalisée, dans un esprit montagnard. Sylvie aura le plaisir de vous recevoir chaleureusement dans ce charmant havre de paix où vous pourrez prendre un bénéfique bol d'air.

Attraits touristiques : de nombreuses manifestations sur l'année à découvrir. Musée à Beaujeu. Points de vue magnifiques autour de la maison.

Accès : A6, sortie Belleville/Saône. dir. Beaujeu (d37) ensuite dir. Chenelette-Col des Echarmeaux. Sur cette route traverser St-didier/Beaujeu, continuer tout droit, passer devant le restaurant et au prochain croisement, à gauche dir. Vernay sur 4,5 km.

Chaumont - Haute-Savoie (74)

N°65601

La Barotte
Angela Cornu
81 route de Loblaz, Chaumontet
74270 Chaumont
Tél. 04 50 32 20 11 - 09 63 2 650 90
Port. 06 86 88 71 60
reservation@labarotte.fr
www.labarotte.fr

Wi Fi

1 Pers. 75/105 € - 2 Pers. 90/105 € - 3 Pers. 115/120 €
P. sup. 30 € -

2 chambres et 1 suite avec salon privé. Toutes avec sanitaires privés, TV, wifi, station thé/café. Ouvert toute l'année sauf entre Noël et Jour de l'An et à Pâques. Jeux de société, lecture. Parking privé. Jardin de 2000 m².

NOUVEAUTÉ

Adossée au Mont Vuache et située dans un paysage magnifique face au Jura et aux Alpes, La Barotte respire la tranquilité et le calme. Ancienne ferme à l'abandon, La Barotte a été rénovée avec amour au cours des années. On se croirait dans un musée, disent certains de nos hôtes. D'autres s'extasient devant la si belle cuisine. La Barotte est idéalement située comme point de départ pour des randonnées à pied ou à velo, ou pour visiter, Annecy, Genève ou le Jura. C'est aussi l'étape idéale sur un voyage nord-sud.

Attraits touristiques : Annecy, Fête du Lac. Genève et ses musées, f'êtes de Genève, le lac. Fort l'Ecluse et sa via ferrata. Paradiz'en jardin japonais de Vouvray près de Bellegarde. Le château de Chaumont. Le Mont Vuache randonnées, flore et faune.

Accès : près de la sortie d'autoroute d'Eloise sur l'A40.
GPS : l 46.040278 - L 5.948333.

Cordon - Haute-Savoie (74)

Bienvenue à Lou Stalet, au pays du Mont-Blanc. Magnifique chalet savoyard cossu offrant une vue panoramique des Aravis au Mont-Blanc. Séjourner ici vous permettra de découvrir le rythme paisible de ce véritable havre de paix, la beauté du site et l'atmosphère conviviale. Le tout a été conçu pour vous accueillir en vous assurant intimité et confort.

Attraits touristiques : à proximité des prestigieuses stations des Alpes, Chamonix, Megève, Combloux, St-Gervais... Eglise baroque, festival du Baroque. Randonnée sur place. Ski alpin 1 km. Equitation 2 km. Piscine, cinéma 4 km. Lac Biotop 5 km.

Accès : autoroute A40 dir. Chamonix, sortie Sallanches puis prendre dir. Cordon sur 4 km. A la sortie du village, route de Barlioz puis à gauche chemin de Jovet.
GPS : l N45 91509 - L E6 609 50.

N°89605

Chèque Cadeau

Lou Stalet au pays du Mt-Blanc
Michèle Dechosal-Fontaine
1, chemin de Jovet
74700 Cordon
Tél. 04 50 90 12 08
Port. 06 08 31 54 23
lou-stalet@wanadoo.fr
www.lou-stalet.fr

Wi Fi

1 Pers. 90/100 € - 2 Pers. 98/120 € - 3 Pers. 110/140 €
P. sup. 25 € -

4 chambres (non fumeur) avec sanitaires privés et TV. Ouvert toute l'année. Petit déjeuner : croissants, confitures maison, jus de fruits, yaourts, pain frais (feu de bois), fromages locaux... Kitchenette commune. Séjour panoramique (vue sur le Mt-Blanc). Cheminée. Terrasse. Cour, jardin. Parking privé gratuit. Restaurant 200 m. Local ski chauffé.

Entremont - Haute-Savoie (74)

NOUVEAUTÉ

Bienvenue au chalet "Le Marfanon". A deux pas des stations des Aravis et du Plateau des Glières, le chalet d'Hélène et de Sylvain est fait pour vous ! Un décor très soigné, chaleureux et douillet, vous est proposé. Pour conserver les plaisirs de son ancien métier, Hélène vous recevra à sa table pour déguster des petits plats raffinés. Séjour-cheminée avec vue panoramique. Nombreux conseils sur les sites et les activités. Découverte des champignons et séminaires de cuisine "bourgeoise" en semaine.

Attraits touristiques : Chaine des Aravis 11 km. La Clusaz 9 km. Festival des Mômes Grand Bornand 5 km. Plateau des Glières. Annecy lac 28 km. Yvoire 35 km.

Accès : De Bonneville à gauche, d'Annecy à droite au rond point à Entremont et suivre les pancartes Gite de France Marfanon.
GPS : l 45.96171100 - L 6.38880700.

N°110651

Chèque Cadeau

Chalet Marfanon
Hélène Fessy
Le Chambaudian
74130 Entremont
Tél. 04 50 25 03 05
Port. 06 07 63 77 15
helene@marfanon.fr
www.chambres-hotes-aravis.com

TH

Wi Fi

1 Pers. 90 € - 2 Pers. 98 €
Repas 32 €

2 chambres avec sanitaires, TV, lecteur DVD, wifi, service thé-tisane-bouilloire. Ouvert toute l'année. Peti déj. : pains et brioche, confitures, jus de fruit, yaourt. Table d'hôtes : cuisine bourgeoise raffinée ou savoyarde à la demande. Jardin de 4 000 m² propice au repos. Bois avec petite rivière. Garage pour les vélos et motos.

Evian-les-Bains - Haute-Savoie (74)

N°119601

Chèque Cadeau

Sur la Corniche
Micheline et Guy Abgrall-Lietaer
26 route de la Corniche
74500 Evian-les-Bains
Tél. 04 50 74 08 29
Port. 06 70 38 90 25
infos@surlacorniche.com
www.surlacorniche.com

1 Pers. 65 € - 2 Pers. 80 € - 3 Pers. 95 €

Sur les hauteurs d'Evian-les-Bains, de la maison et du jardin, profitez d'une vue exceptionnelle sur le Lac Léman, le Jura et les Alpes. Vous serez reçus dans une villa traditionnelle qui a été rénovée pour allier le confort contemporain au charme d'antan. Jardin fleuri et boisé et grandes terrasses pour savourer le petit déjeuner.

Attraits touristiques : festivals à Montreux, expositions à Evian, Lausanne et Martigny. Vélo sur place. Baignade, thermes et golf 1,5 km. Randonnée 5 km. Ski 10 km.

Accès : du centre d'Evian, prendre dir. Vallée d'Abondance sur 4 km. La maison est située à droite 1 km après Milly.
GPS : l 46°23'276 - L 6°35'259.

2 chambres avec sanitaires privés, TV et wifi. Ouvert toute l'année. Petit déjeuner : différents pains, croissants, brioche, confitures variées, céréales, fromage, jus de fruit, yaourts... Cuisine d'été et barbecue à disposition. Cour, jardin de 2000 m². Terrasses, chaises longues. Tennis de table. Restaurants 1,5 km.

Habère-Poche - Haute-Savoie (74)

N°140651

La Fontaine d'Argence
Gilles et Françoise FOURNIER
Argence
74420 Habère-Poche
Tél. 06 89 29 17 30 - 04 50 39 57 11
lafontainedargence@gmail.com
www.lafontainedargence.net

TH

1 Pers. 60/90 € - 2 Pers. 70/100 € - 3 Pers. 110/130 €
Repas 20 €

Ferme chablaisienne (fin XVIIIe/début XIXe). Cadre enchanteur, vue exceptionnelle et éco-construction qualifient cette belle ferme de caractère restaurée par Françoise, herboriste mycologue et Gilles apiculteur. Cette belle demeure aux décors raffinés vous propose 4 chambres dont une accessible aux personnes handicapées et 1 chambre pouvant se décliner en suite. Mobilier de famille en noyer ou merisier.

Attraits touristiques : festivals : Rock'n Poche, musiques traditionnelles, Jazz à Montreux. Fête de vieux métiers. Musées, sites touristiques et naturels. Ski, vol à voile, rand. raquettes 1 km. Ski alpin 3 km. Parcours aventure 10 km.

Accès : A40, sortie Findrol dir. Boëge et Vallée Verte. A Boëge, en face de l'église tourner à droite et passer "Villard", "Habère-Lullin" et arriver à "Habère-Poche". Prendre la 1ère départementale sur la gauche.
GPS : l 46.260168 - L 6.460959.

4 chambres dont 1 familiale et 1 suite, avec sanitaires privés. Petit-déjeuner : confitures, pain d'épice, pâtisseries, le tout maison, miel de nos abeilles, fromage, jus de fruits... T. d'hôtes : saucisses au choux à la polenta, potages et gratins aux légumes du jardin bio... Salle jeux enfants, bibliothèques, salons. Cour, jardin, parc 3000 m².

La Roche-sur-Foron - Haute-Savoie (74)

N°224653

La Dame de Haute-Savoie
Laurent et Lorena Gruaz
Le Château de Chant, 605, rue des Chavannes
74800 La Roche-sur-Foron
Tél. 04 50 25 99 44
Port. 06 17 50 12 23
la-dame-de-haute-savoie@hotmail.fr
http://www.ladamedehautesavoie.fr

1 Pers. 90 € - 2 Pers. 100 € - 3 Pers. 125 €
P. sup. 25 € -

Etape de charme entre Genève et Annecy, lieu unique pour un séjour d'exception et de bien-être, dans un cadre "d'autrefois". Au bord de la rivière, dans l'ancien bûcher, la suite Heidi est agencée d'un esprit montagnard, bardée de bois sentant bon le pin (la chambre surplombe le salon et sa cheminée). Le petit déjeuner est servi dans un décor authentique.

Attraits touristiques : Cité médiévale très animée de la Roche-sur-Foron 3 km. Annecy 30 km. Genève (lac) 25 km. Village médiéval d'Yvoire 40 mn. Chamonix 45 mn. Piscine 2,5 km. Equit. 6 km. Ski 25 km. Golf 12 km. Thermes 40 km.

Accès : A410, sortie La Roche la traverser puis dir. Thorens (D2). A gauche après 1er passage à niveau. Pont de chemin de fer puis à gauche. Au rd point, laisser la route de St-Sixt et à droite.
GPS : l 46°3'7"N - L 6°18'50"E.

1 suite avec sanitaires, mini-bar, cheminée, salon, TV, DVD, accès internet par câble, réfrigérateur et micro-ondes. Ouvert toute l'année. Petit déjeuner aux couleurs et aux goûts des saisons : viennoiseries, gâteaux maison, fruits, fromages, jus de fruit. Jeux pour enfants. Cour, jardin. Restaurants 3 km.

Rhône-Alpes

Seynod - Haute-Savoie (74)

N°268601

La Ferme de Vergloz
Nicole et Philippe Martel
46 route de Vergloz
74600 Seynod
Tél. 04 50 46 71 98
fermedevergloz@free.fr
http://fermedevergloz.free.fr

1 Pers. 50/57 € - 2 Pers. 68/76 € - 3 Pers. 82/92 €
P. sup. 15 € -

NOUVEAUTÉ

A cinq minutes d'Annecy, c'est dans un cadre campagnard que nous vous accueillons en plein coeur de la ferme. Vous logerez dans une aile réservée de notre maison, vous offrant une vue panoramique sur le massif du Semnoz et sur les Alpes. Vous aurez le loisir de découvrir la vie à la ferme. Notre domaine est aussi le point de départ vers de nombreuses excursions à la découverte de notre région.

Attraits touristiques : Annecy et son lac : carnaval d'Annecy, Festival international d'animation (juin), Les Noctibules (juillet), Fête du lac (1er w-e août), retour des Alpages (1er w-e oct.), musées. Ski 20 km.

Accès :
GPS : l 45.8698909 - L 6.093211.

5 chambres (certaines familiales avec mezzanine) avec sanitaires privatifs. Petit déjeuner local servi dans salle à manger typiquement savoyarde : confiture, pâtisserie et jus de pomme maison. Salon réservé aux hôtes avec vue panoramique (TV, bibliothèque, jeux, cheminée). Salon de jardin, barbecue, cuisine d'été à partager entre les hôtes.

Thônes - Haute-Savoie (74)

N°280652

Le Clos Zénon

Michel Colle
4, route de Bellossier
74230 Thônes
Tél. 04 50 02 10 86
Port. 06 88 96 66 77
hotel@thones-chalet-hotel.com
www.thones-chalet-gite.com

TH

1 Pers. 58/65 € - 2 Pers. 74/105 € - 3 Pers. 125/135 €
Repas 32/35 €

5 ch. avec sanitaires privés, TV et wifi. Ouv. du 01/05 au 01/12. Petit déjeuner : jus de fruits, confitures maison, viennoiseries, fromages... T. d'hôtes : tartiflette, poissons du lac, légumes du jardin... Bibliothèque. Espace forme sur résa. (spa, hammam, sauna). Piscine. Billard. Cour, jardin clos. Poss. Garage fermé. Restaurants 1,5 km.

Entre le lac d'Annecy et les stations des Aravis, entouré de montagnes, le Clos Zénon est un grand chalet de bois et de pierres. Dans un site calme, vous pourrez profiter de la piscine couverte d'un abri amovible clos et des chambres avec balcon, au décor montagnard et raffiné. Autour de la table d'hôtes, Michel et Joëlle, anciens restaurateurs, vous feront déguster une cuisine régionale.

Attraits touristiques : Lac d'Annecy 18 km. La Clusaz, le Grand Bornand 10 km. Via Ferrata et Parc Aventure 1 km. Musée de la Résistance 2 km. Escalade, équitation 1 km. Pêche 200 m. Parapente, ski 10 km.

Accès : depuis Annecy, suivre Thônes/Station des Aravis. Au centre de Thônes, prendre à droite devant l'office de tourisme la route de Bellossier et faire environ 1 km.
GPS : l 45.88671500 - L 6.30836500.

Thorens-Glières - Haute-Savoie (74)

N°282601

Château de Thorens

Isabelle Roussy de Sales
326 chemin du Château
74570 Thorens-Glières
Tél. 04 50 22 42 02
Port. 06 37 45 51 28
contact@chateauthorens.fr
www.chateauthorens.fr

1 Pers. 140 € - 2 Pers. 140 €

1 chambre avec sanitaires privés et accès internet. Ouvert toute l'année. Petit déjeuner gourmand. Cour et parc. Restaurant à 1,5 km.

C'est dans le cadre exceptionnel du Château de Glières, que la famille Roussy de Sales vous accueille, château que la famille occupe depuis 1602. Une charmante chambre d'hôtes est aménagée au cœur de l'un des appartements privés de cette demeure historique. Mais venez, avancez... Prenez la peine de traverser le pont-levis et de vous engouffrer sous le porche fortifié. Le château de Thorens s'offre alors à vous dans toute sa discrète élégance et sa majesté.

Attraits touristiques : vous êtes à deux pas d'Annecy, de Genève et du plateau des Glières : entre lacs et randonnées en montagne, dans un environnement naturel remarquable.

Accès : Thorens-Glières se situe entre Annecy (19 km) et La Roche-sur-Foron (14 km) sur la RD2. Le château de Thorens se situe à quelques 750 m du centre du village, en direction du plateau des Glières.
GPS : l 45.993611 - L 6.255556.

TOURISME & HANDICAP

Le label «Tourisme & Handicap»

Pour identifier

les adaptations aux principaux types de handicaps (moteur, mental, visuel, auditif).

moteur mental visuel auditif

Pour développer

un tourisme accessible, innovant et réellement ouvert à tous, face à un monde du tourisme en constante évolution.

Pour répondre

à la prise en compte des attentes et des besoins des personnes handicapées.

Gîtes de France

Et vos vacances prennent un autre sens

INDEX COMMUNES DES CHAMBRES D'HÔTES LABELLISÉES TOURISME & HANDICAP

Index des chambres d'hôtes de charme

Nom de la commune - Nom de la maison .... descriptif page

ALSACE-LORRAINE - Pages 18 à 26

55 - Meuse

57 - Moselle

67 - Bas-Rhin

68 - Haut-Rhin

AQUITAINE - Pages 28 à 40

33 - Gironde

40 - Landes

ILE DE FRANCE - Pages 142 à 148

LANGUEDOC-ROUSSILLON - Pages 150 à 163

LIMOUSIN - Pages 164 à 172

MIDI-PYRÉNÉES - Pages 174 à 193

Nom de la commune - Nom de la maison .... descriptif page

NORD PAS DE CALAIS - Pages 194 à 206

NORMANDIE - Pages 208 à 230

PAYS DE LOIRE - Pages 232 à 248

44 - Loire-Atlantique

49 - Maine-et-Loire

72 - Sarthe

85 - Vendée

PICARDIE - Pages 250 à 262

02 - Aisne

60 - Oise

80 - Somme

POITOU-CHARENTES - Pages 264 à 276

16 - Charente

PROVENCE ALPES CÔTE D'AZUR - Pages 278 à 311

RHÔNE-ALPES - Pages 312 à 342

01 - Ain

07 - Ardèche

47 000 propriétaires nous ont fait confiance
Vous avez un
projet de création
de chambre d'hôtes ou gîtes?
VILLE
CAMPAGNE
MONTAGNE
MER
GÎTES DE FRANCE
Gîtes de France®
vous accompagne dans votre démarche
1• LA 4E MARQUE FRANÇAISE DE SÉJOURS-VACANCES DEVIENT VOTRE ENSEIGNE*
2• VOUS BÉNÉFICIEZ DE LA PUISSANCE MARKETING DU 1ER RÉSEAU MONDIAL DE TOURISME CHEZ L'HABITANT
3• VOUS AVEZ TOUTE VOTRE PLACE DANS LA MARQUE LEADER ET LE LABEL "RÉFÉRENCE" DU TOURISME CHEZ L'HABITANT
4• GÎTES DE FRANCE® VOUS ACCOMPAGNE DANS VOTRE RÉUSSITE
5• VOUS COMMERCIALISEZ VOTRE LOCATION EN TOUTE LIBERTÉ
6• VOUS BÉNÉFICIEZ DE CONCEPTS DE VACANCES DONT LA RENTABILITÉ EST MESURABLE
Contactez-nous pour une prise de RDV
0826 96 58 00
0.15€ TTC/min

A chacun sa formule d'hébergement

LE GITE
Aménagé dans le respect du style local, ce logement indépendant est situé à la campagne, à la mer, à la montagne, en ville.

LE GITE DE GROUPE
Prévu pour accueillir des familles ou des groupes (de 15 à 100 pers.) à toute occasion : réception, classe découverte, séminaire, stage sportif.

LE GITE D'ENFANTS
Vos enfants (entre 4 et 13 ans) sont accueillis dans une famille à la campagne. Ils découvriront les joies de la nature et participeront à des activités manuelles et sportives.

LES CAMPINGS & CHALETS
Campings nature ou tradition, chalets et mobil-homes pour se mettre au vert.

LA CHAMBRE D'HOTES
Vous êtes reçu chez des particuliers qui vous ouvrent leur maison, nuitée et petit déjeuner compris.

NOS THEMATIQUES

SEJOURS PECHE
Pour se détendre au fil de l'eau.

SEJOURS NEIGE
A 15 km maximum des pistes de ski.

SEJOURS ECOGESTES
Hébergements placés sous le signe de le préservation de l'environnement.

SEJOURS ECOGITES
Hébergements de Qualité Environnementale et écoci-toyenneté appliquée.

SEJOURS INSOLITES
La surprise d'un hébergement très original.

SEJOURS CHARME
Nos adresses coup de cœur en gîtes et chambres d'hôtes de charme.

GITES DE FRANCE

Gîtes de France

Et vos vacances prennent un autre sens

Les centres départementaux d'information réservation

01 • AIN
3 rue Robert Schuman
01000 BOURG-EN-BRESSE
Tél. 33(0)4 74 23 82 66
Fax 33(0)4 74 22 65 86
accueil@gites-de-france-ain.com

02 • AISNE
Parc Foch - (ville basse)
Avenue Maréchal Foch
02007 LAON cedex
Tél. 33(0)3 23 27 76 76
Résa Tél. 33(0)3 23 27 76 80
Fax 33(0)3 23 27 76 89
contact@aisne-tourisme.com

03 • ALLIER
Location Vacances Allier
Gîtes de France
16 rue de l'Horloge
03000 MOULINS
Tél. 33(0)4 70 46 81 56
contact@gites-de-france-allier.com

04 • ALPES-DE-HAUTE-PROVENCE
Maison du Tourisme
Rond-point du 11 Novembre - BP 201
04000 DIGNE-LES-BAINS
Tél. 33(0)4 92 31 30 40
Fax 33(0)4 92 32 32 63
infos@gites-de-france-04.fr

05 • HAUTES-ALPES
1 place du Champsaur
05000 GAP
Tél. 33(0)4 92 52 52 92
Résa Tél. 33(0)4 92 52 52 94
Fax 33(0)4 92 52 52 90
info@gites-de-france-hautes-alpes.com

06 • ALPES-MARITIMES
455 Promenade des Anglais – Im. Horizon
CS 83253
06205 NICE Cedex 3
Tél. 33(0)4 92 15 21 30
Fax 33(0)4 93 37 48 00
info@gites-de-france-alpes-maritimes.com

07 • ARDECHE
4 cours du Palais - BP 402
07004 PRIVAS cedex
Tél. 33(0)4 75 64 70 70
Fax 33(0)4 75 64 75 40
contact@gites-de-france-ardeche.com

08 • ARDENNES
21 rue Hachette
08000 CHARLEVILLE-MEZIERES
Tél. 33(0)3 24 56 89 65
Fax 33(0)3 24 56 89 66
contact@gitardennes.com

09 • ARIEGE-PYRENEES
2 boulevard du Sud - BP 30143
09004 FOIX cedex
Tél. 33(0)5 61 02 30 89
Fax 33(0)5 61 65 17 34
gites-de-france@ariegepyrenees.com

10 • AUBE
Chambre d'Agriculture
2 bis rue Jeanne d'Arc - CS 44080
10014 TROYES cedex
Tél. 33(0)3 25 81 83 05
Fax 33(0)3 25 73 94 85
aube@champagne-ardenne-reservation.com

11 • AUDE
78 ter rue Barbacane
11000 CARCASSONNE
Tél. 33(0)4 68 11 40 70
Fax 33(0)4 68 11 40 72
contact@gites11.com

12 • AVEYRON
Les Terrasses de Bourran
Bât. C - 2, rue de Dublin
12000 RODEZ
Tél. 33(0)5 65 75 55 60
Résa Tél. 33(0)5 65 75 55 66
Fax 33(0)5 65 75 55 61
apatar@gites-de-france-aveyron.com

13 • BOUCHES-DU-RHONE
Domaine de Garachon
13410 Lambesc
Tél. 33(0)4 88 29 58 33
Résa Tél. 33(0)4 90 85 45 00
contact@gitesdefrance13.com

14 • CALVADOS
Olympus d'Effiscience, 9 rue
Léopold Sedar Senghor - CS70450
14461 COLOMBELLES cedex
Tél. 33(0)2 31 82 71 65
Fax 33(0)2 31 83 57 64
reservation@gites-de-france-calvados.fr

15 • CANTAL
34 av. des Pupilles de la Nation - BP 631
15006 AURILLAC cedex
Tél. 33(0)4 71 48 64 20
Fax 33(0)4 71 48 64 21
info@gites-de-france-cantal.fr

16 • CHARENTE
21 rue d'Iéna
16000 ANGOULEME
Tél. 33(0)5 45 69 48 62
Fax 33(0)5 45 69 73 32
relais@gitescharente.com

17 • CHARENTE-MARITIME
18 rue E. Picard - Rés. l'Amirauté
Les Minimes - CS 60032
17002 LA ROCHELLE cedex 01
Tél. 33(0)5 46 50 63 63
Fax 33(0)5 46 50 54 46
asso.gites17@orange.fr

18 • CHER
Carré des Créateurs
11 rue Maurice Roy - CS 40314
18023 BOURGES cedex
Tél. 33(0)2 48 48 00 13
Fax 33(0)2 48 48 00 20
info@ad2t.fr

19 • CORREZE
Maison du Tourisme
45 quai Aristide Briand
19000 TULLE
Tél. 33(0)5 55 27 38 38
Fax 33(0)5 55 29 17 44
infos@gites-de-france-correze.fr

20 • CORSE
77 cours Napoléon - BP 10
20181 AJACCIO cedex 01
Tél. 33(0)4 95 10 54 30
Fax 33(0)4 95 10 54 38
accueil@gites-corsica.com

21 • COTE-D'OR
5 rue René Char - BP 17011
21070 DIJON cedex
Tél. 33(0)3 80 45 97 15
Fax 33(0)3 80 45 97 16
reservation@gites-de-france-bourgogne.com

22 • COTES D'ARMOR
5 rue Alexander Fleming
CS 60420
22194 PLERIN
Tél. 33(0)2 96 62 21 73
Fax 33(0)2 96 61 20 16
contact@gitesdarmor.com

23 • CREUSE
Maison de l'Economie - Gîtes de
France Creuse
8 avenue d'Auvergne - BP 89
23011 GUERET cedex
Tél. 33(0)5 55 61 50 15
Fax 33(0)5 55 41 02 73
infos@gites-de-france-creuse.fr

24 • DORDOGNE
25 rue Wilson - BP 40032
24002 PERIGUEUX cedex
Tél. 33(0)5 53 35 50 07
Fax 33(0)5 53 35 06 08
gf24@tourismeperigord.com

25 • DOUBS
5 rue Mairet
25000 BESANÇON
Réservation : 03 39 25 01 29 -
resa@gites-de-france-doubs.fr
Association : 03 39 25 01 33 -
contact@gites-de-france-doubs.fr

26 • DROME
Plateau de Lautagne - Bât. C
42 avenue des Langories - BP 169
26906 VALENCE cedex 09
Tél. 33(0)4 75 83 16 42
Résa Tél. 33(0)4 75 83 09 23
Fax 33(0)4 75 82 90 57
contact@gites-de-france-drome.com

27 • EURE
Booking Eure Normandie
9 rue de la Petite Cité - CS 80882
27008 EVREUX cedex
Tél. 33(0)2 32 39 53 38
Fax 33(0)2 32 33 78 13
info@gites-de-france-eure.com

28 • EURE-ET-LOIR
C.D.T
10 rue du Dr Maunoury - CS 40067
28002 CHARTRES cedex
Tél. 33(0)2 37 84 01 00
Fax 33(0)2 37 21 47 99
accueil@eure-et-loir.chambagri.fr

29 • FINISTERE
48 rue Jacques Anquetil
29000 QUIMPER
Tél. 33(0)2 98 64 20 20
Fax 33(0)2 98 64 20 29
informations@gites-finistere.com

30 • GARD
Maison du Tourisme
3 rue Cité Foulc - BP 60059
30007 NÎMES cedex 4
Tél. 33(0)4 66 27 94 94
Fax 33(0)4 66 27 94 95
contacts@gites-de-france-gard.fr

31 • HAUTE-GARONNE
14 rue Bayard - CS 71509
31015 TOULOUSE cedex 06
Tél. 33(0)5 61 99 70 60
Fax 33(0)5 61 99 44 07
info@gites-de-france-31.com

32 • GERS
Maison de l'Agriculture - BP 70161
Route de Tarbes
32003 AUCH cedex
Tél. 33(0)5 62 61 77 67
Fax 33(0)5 62 61 79 09
gitesdefrance@asso32.org

33 • GIRONDE
91 quai Bacalan - CS50082
33070 BORDEAUX cedex
Tél. 33(0)5 56 81 54 23
Fax 33(0)5 56 51 67 13
resa@gites33.fr

34 • HERAULT
Maison du Tourisme
34184 MONTPELLIER cedex 4
Tél. 33(0)4 67 67 71 63/ 04 67 67 71 64
Fax 33(0)4 67 67 71 69
contact@gites-de-france-herault.fr

35 • ILLE-ET-VILAINE
101A av. Henri Fréville - BP 70336
35203 RENNES cedex 2
Tél. 33(0)2 99 22 68 68
Fax 33(0)2 99 22 68 69
contact@gitesdefrance35.com

36 • INDRE EN BERRY
29 avenue de l'Occitanie
Cap Sud
36250 SAINT-MAUR
Relais : Tél. 33(0)2 54 22 91 20
Résa : Tél. 33(0)2 54 27 58 61
Fax 33(0)2 54 27 60 00
gites36@orange.fr

37 • TOURAINE
75 av. de la République - CS 60443
37174 CHAMBRAY-LES-TOURS cedex
Tél. 33(0)2 47 27 56 10
Fax 33(0)2 47 48 13 39
reservation@gites-touraine.com

38 • ISERE
Maison des Agriculteurs
40 av. M. Berthelot - CS 62641
38036 GRENOBLE cedex 02
Tél. 33(0)4 76 40 79 40
Fax 33(0)4 76 40 79 99
location@gites-de-france-isere.com

39 • JURA
8 rue Louis Rousseau
CS 80458
39006 LONS-LE-SAUNIER cedex
Tél. 33(0)3 84 87 08 79
Fax 33(0)3 84 24 88 70
contact@gites-de-france-jura.com

40 • LANDES
Espace du Tourisme Vert
BP 279
40005 MONT-DE-MARSAN cedex
Tél. 33(0)5 58 85 44 44
Fax 33(0)5 58 85 44 45
accueil@gites-de-france-landes.com

41 • LOIR-ET-CHER
Association Vacances Vertes
34 av. Maunoury - BP 30249
41000 BLOIS
Tél. 33(0)2 54 58 81 63
Fax 33(0)2 54 56 04 13
GITES41@orange.fr

42 • LOIRE
Cité de l'Agriculture
43 av. Albert Raimond - BP 20048
42272 SAINT-PRIEST-EN-JAREZ cedex
Tél. 33(0)4 77 79 18 49
Fax 33(0)4 77 93 93 66
contact@gites42.com

43 • HAUTE-LOIRE
24 boulevard Maréchal Fayolle
43000 LE PUY-EN-VELAY
Tél. 33(0)4 71 02 33 04
Tél. résa : 33(0)4 71 49 43 43
contact@gites-de-france-haute-loire.com

44 • LOIRE-ATLANTIQUE
9 rue Alessandro Volta
Bât. F6 – CS 60759
44481 CARQUEFOU cedex
Tél. 33(0)2 51 72 95 62
Fax 33(0)2 40 35 17 05
relais@gites-de-france-44.fr

45 • LOIRET
8 rue d'Escures - 45000 ORLEANS
Tél. 33(0)2 38 78 04 00
Résa Tél. 33(0)2 38 62 04 88
Fax 33(0)2 38 62 98 37
gitesdefrance@loiret.chambagri.fr

46 • LOT
182 quai Cavaignac
46000 CAHORS
Tél. 33(0)5 65 53 20 75
Fax 33(0)5 65 53 20 79
accueil@gites-de-france-lot.fr

47 • LOT-ET-GARONNE
4 place Notre Dame du Bourg
47000 AGEN
Tél. 33(0)5 53 47 80 87
Fax 33(0)5 53 66 88 29
contact@gites-de-france-47.com

48 • LOZERE
14 bd Henri Bourillon
48001 MENDE cedex
Tél. 33(0)4 66 65 60 25
Fax 33(0)4 66 49 27 96
Résa : Tél. 33(0)4 66 48 48 48
Fax 33(0)4 66 65 03 55
gitesdefrance@lozere-tourisme.com

49 • MAINE-ET-LOIRE
23 rue d'Anjou - BP 52425
49024 ANGERS cedex 2
Tél. 33(0)2 41 88 00 00
Fax 33(0)2 41 88 38 41
contact@gites-de-france-anjou.com

50 • MANCHE
Maison du Département
98 route de Candol - CS73108
50008 SAINT-LO cedex
Tél. 33(0)2 33 05 99 01
Fax 33(0)2 33 56 07 03
gites-de-france50@manche.fr

51 • MARNE
Chambre d'Agriculture
Route de Suippes - CS 90525
51009 CHALONS-EN-CHAMPAGNE cedex
Tél. 33(0)3 26 64 95 05
Fax 33(0)3 26 64 95 06
gites-de-france-marne@orange.fr

52 • HAUTE-MARNE
Cours Marcel Baron - CS 52048
52902 CHAUMONT cedex 9
Tél. 33(0)3 25 30 29 99
Fax 33(0)3 25 30 39 09
gites-de-france@tourisme-hautemarne.com

53 • MAYENNE
84 av. Robert Buron - BP 0325
53003 LAVAL cedex
Tél. 33(0)2 43 53 58 77
Fax 33(0)2 43 53 58 79
contact@gites-de-france-mayenne.com

54 • MEURTHE-ET-MOSELLE
34 rue Saint-Nicolas
54000 NANCY
Tél. 33(0)3 83 23 49 50
Fax 33(0)3 83 23 12 12
developpement@gites54.com

55 • MEUSE
Hôtel du Département
55012 BAR-LE-DUC cedex
Tél. 33(0)3 29 45 79 76
Fax 33(0)3 29 45 78 45
contact@gites-de-meuse.fr

56 • MORBIHAN
42 avenue Wilson - BP 30318
56403 AURAY cedex
Tél. 33(0)2 97 56 48 12
gites-de-france.morbihan@wanadoo.fr

57 • MOSELLE
6 rue de l'Abattoir
57630 VIC-SUR-SEILLE
Tél. 33(0)3 87 01 18 50
contact@gites57.com

58 • NIEVRE
25 bd Léon Blum - BP 80
58028 NEVERS cedex
Tél. 33(0)3 86 36 42 39
gites-de-france-nievre@wanadoo.fr

59 • NORD
359 bd du Président Hoover - BP 1210
59013 LILLE cedex
Tél. 33(0)3 20 14 90 00
Fax 33(0)3 20 14 90 01
info@gites-de-france-nord.com

60 • OISE
GITOISE - BP 80822
60008 BEAUVAIS cedex
Tél. 33(0)3 64 60 60 10
Fax 33(0)3 64 60 60 35
contact@oisetourisme.com

61 • ORNE
86 rue Saint-Blaise - BP 50
61002 ALENÇON cedex
Résa : Tél. 33(0)2 33 28 07 00
Fax 33(0)2 33 29 01 01
Tél. 33(0)2 33 28 88 71
Fax 33(0)2 33 29 81 60
info@gites-de-france-orne.com

62 • PAS-DE-CALAIS
Route de la Trésorerie
62126 WIMILLE
Tél. 33(0)3 21 10 34 80
Résa 33(0)3 21 10 34 40
Fax 33(0)3 21 30 95 14
contact@gites-de-france-pas-de-calais.fr

63 • PUY-DE-DOME
9 place Michel de l'Hospital
63000 CLERMONT-FERRAND
Tél. 33(0)4 73 92 05 02
info@gites-de-france-puydedome.com

64 • PYRENEES ATLANTIQUES
20 rue Gassion - BP 537
64010 PAU cedex
Tél. 33(0)5 59 11 20 64 /05 59 46 37 00
Fax 33(0)5 59 11 20 60
resa@gites64.com

65 • HAUTES-PYRENEES
22 place du Foirail - 65000 TARBES
Tél. 33(0)5 62 34 31 50
Résa 33(0)5 62 44 02 37
Fax 33(0)5 62 34 37 95
contact@gites-france-65.com

66 • PYRENEES-ORIENTALES
3 boulevard de Clairfont
Naturopôle - Bât. D
66350 TOULOUGES
Tél. 33(0)4 68 68 42 88
Fax 33(0)4 68 68 42 87
contact@gites-de-france-66.com

67 • BAS-RHIN
4 rue Bartisch
67100 STRASBOURG
Tél. 33(0)3 88 75 56 50
Fax 33(0)3 88 23 00 97
alsace@gites67.com

68 • HAUT-RHIN
1 rue C. Schlumberger - CS 40055
68025 COLMAR cedex
Tél. 33(0)3 89 30 35 35
Fax 33(0)3 89 41 66 71
gitesdefrance68@tourisme68.com

69 • RHONE
1 rue Général Plessier
69002 LYON
Tél. 33(0)4 72 77 17 50
Fax 33(0)4 72 41 66 30
accueil.reservation@gites-de-france-rhone.com

70 • HAUTE-SAONE
7 rue Gevrey
70000 VESOUL
Tél. 33(0)3 84 76 69 63
Fax 33(0)3 84 75 10 25
info@gites-de-france70.com

71 • SAONE-ET-LOIRE
Chambre d'Agriculture
Esplanade du Breuil - BP 522
71010 MACON cedex
Tél. 33(0)3 85 29 55 60
Fax 33(0)3 85 38 61 98
info@gites71.com

72 • SARTHE
78 rue du Général Leclerc
72000 LE MANS
Tél. 33(0)2 43 23 84 61
Fax 33(0)2 43 23 84 63
hebergement@gitesdefrance72.9services.com

73 • SAVOIE
24 bd de la Colonne - CS 32408
73024 CHAMBERY cedex
Tél. 33(0)4 79 33 22 56
Fax 33(0)4 79 85 71 32
contact@gites-de-france-savoie.com

74 • HAUTE-SAVOIE
16 rue Guillaume Fichet - CS 90015
74001 ANNECY cedex
Tél. 33(0)4 50 10 10 10
Résa 33(0)4 50 10 10 11
Fax 33(0)4 50 10 10 12
accueil@gites-de-france-haute-savoie.com

76 • SEINE-MARITIME
Immeuble Chambre d'Agriculture
Chemin de la Bretèque - BP 59
76232 BOIS-GUILLAUME cedex
Tél. 33(0)2 35 60 73 34
Fax 33(0)2 35 61 69 20
info@gitesdefrance76.com

77 • SEINE-ET-MARNE
11 rue Royale
77300 FONTAINEBLEAU
Tél. 33(0)1 60 39 60 53 ou 54
Fax 33(0)1 60 39 60 40
gites@tourisme77.fr

78 • YVELINES
3 rue de Fontenay
78000 VERSAILLES
Tél. 33(0)1 30 21 36 73
Fax 33(0)1 39 07 88 56
gites@yvelines.fr

79 • DEUX-SEVRES
21 rue de la Boule d'Or - BP 8524
79025 NIORT cedex 09
Tél. 33(0)5 49 05 62 16
Fax 33(0)5 49 77 15 93
gites-de-france-deux-sevres@wanadoo.fr

80 • SOMME
21 place Notre-Dame
80000 AMIENS
Tél. 33(0)3 22 71 22 71
Fax 33(0)3 22 71 22 69
contact@gites-de-france-somme.com

81 • TARN
Maison des Agriculteurs
BP 80332
81027 ALBI cedex 9
Tél. 33(0)5 63 48 84 38
Résa 33(0)5 63 48 83 01
Fax 33(0)5 63 48 83 12
accueil@gites-tarn.com

82 • TARN-ET-GARONNE
Hôtel du Département
100 boulevard Hubert Gouze
82000 MONTAUBAN
Tél. 33(0)5 63 03 84 06
Fax 33(0)5 63 03 41 95
gitesdefrance82@orange.fr

83 • VAR
Rond-Point du 4/12/74 - BP 215
83306 DRAGUIGNAN cedex
Tél. 33(0)4 94 50 15 31
Fax 33(0)4 94 50 93 90
administration@gites-de-france-var.fr

84 • VAUCLUSE
Place Campana - La Balance
BP 40164
84008 AVIGNON cedex 01
Tél. 33(0)4 90 85 45 00
Fax 33(0)4 90 85 88 49
gites.vaucluse@wanadoo.fr

85 • VENDEE
124 bd Aristide Briand - CS 10735
85018 LA ROCHE-SUR-YON cedex
Tél. 33(0)2 51 37 87 87
Fax 33(0)2 51 62 15 19
contact@gites-de-france-vendee.com

86 • VIENNE
33 place Charles de Gaulle - BP 287
86007 POITIERS cedex
Tél. 33(0)5 49 37 48 53
Résa 33(0)5 49 37 19 77
Fax 33(0)5 49 37 48 49
Résa 33(0)5 49 37 19 79
info@gitesdefrance-vienne.com

87 • HAUTE-VIENNE
Maison Régionale du Tourisme
30 cours Gay Lussac
87003 LIMOGES cedex 1
Tél. 33(0)5 55 77 09 57
Fax 33(0)5 55 10 88 61
infos@gites-de-france-hautevienne.fr

88 • VOSGES
31 rue François de Neufchâteau - BP 236
88006 EPINAL cedex
Tél. 33(0)3 29 35 50 34
Fax 33(0)3 29 35 68 11
resa@vosges-gites.com

89 • YONNE
Chambre d'Agriculture
14 bis rue Guynemer - CS 50289
89005 AUXERRE cedex
Tél. 33(0)3 86 46 01 39
Résa 33(0)3 80 45 97 15
Fax 33(0)3 86 94 22 23
Fax Résa 33(0)3 80 45 97 16
gitesdefrance@yonne.chambagri.fr

90 • TERRITOIRE DE BELFORT
16 rue Bernardot - 90140 BOUROGNE
Tél. 33(0)3 84 27 74 52 ou
33(0)6 80 96 61 38

91 • ESSONNE
19 rue des Mazières - 91000 EVRY
Tél. 33(0)1 64 97 23 81
Fax 33(0)1 64 97 23 70
info@gites-de-france-essonne.com

95 • VAL D'OISE
11 rue Pierre Brossolette
95270 ASNIÈRES-SUR-OISE
Tél. 33(0)1 34 09 81 73
Fax 33(0)1 34 09 80 99
gites@gites-val-doise.com

971 • GUADELOUPE
BP 759 - Place de la Victoire
97172 POINTE-A-PITRE cedex
Tél. 33(0) 590 91 64 33
Fax 33(0) 590 91 45 40
gitesdefrance.gpe@wanadoo.fr

972 • MARTINIQUE
30 rue Ernest Deproge - CS 91122
97248 FORT-DE-FRANCE cedex
Tél. 33(0) 596 73 74 74
Fax 33(0) 596 63 55 92
contact@gites972.com

973 • GUYANE
Gîtes de France Guyane
Comité du Tourisme de Guyane
12 ue Lallouette
97300 CAYENNE
Tél. 33(0) 5 94 29 65 00
Fax 33(0) 5 94 29 65 01
muriel.sebeloue@tourisme-guyane.com

974 • ILE DE LA REUNION
4 rue jules Thirel - Local 21
97460 SAINT PAUL
Tél. 33(0) 262 72 97 81
Fax 33(0) 262 41 84 29
resa@gitesdefrance.re

09-2014

Notes

Notes

Notes

Notes

Notes

Notes

Notes

Notes

Notes

Notes

Notes

Notes

Notes

Notes

Notes

Notes

Notes

Notes

Notes

Notes

Notes

Notes

Notes

Notes

Notes

Notes

Notes

Notes

Edité par SAS Gîtes de France
40 avenue de Flandre - 75019 Paris

Directeur Editions : Anne-Catherine Péchinot
Rédaction et suivi de fabrication : Blandine Boidot
Traitement des images, mise en page et assistance technique : FO-Design
Conception de la couverture : VINCENTI DESIGN
Publicité : Guillaume Wiltz

Crédits photos :
1ère de couverture : Gîtes de France Haute-Garonne (gîte n°31G300038 Les Pesques à Palaminy)
4ème de couverture (de haut en bas) : Gîtes de France Morbihan (Baden) -
Gîtes de France Eure-et-Loir (Dampierre-sur-Avre) - Gîtes de France Loir-et-Cher (Azé)
2ème de couverture et p. 1 : Gîtes de France Ain (Jujurieux)
p. 2 : (haut) Gîtes de France Ain (Chavannes-sur-Reyssouze) - (milieu) Gîtes de France Ardèche
(St-Alban-Auriolles) - (bas) Gîtes de France Loir-et-Cher (St-Georges-sur-Cher)
p. 3 : Gîtes de France Manche (Négreville) - p. 4 : (haut) Gîtes de France Haute-Marne (Culmont)
(bas) Gîtes de France Nord - © P.A. Pheulpin, photographe (Mons-en-Baroeul)
p. 6 : (haut) Gîtes de France Isère (Villemoirieu) - (bas) Gîtes de France Val d'Oise © R. Charuel (Viarmes)
p. 10 : (haut) Gîtes de France Pas-de-Calais - Madame Desbuquois (Westrehem) - (bas) Gîtes de France
Morbihan (Baden) - p. 12 : (haut) Gîtes de France Nord (Steenvoorde)
(bas) Gîtes de France Haute-Garonne (Les Pesques - Palaminy)

N°ISBN : 978-2-35320-078-8
Achevé d'imprimer en France par Pollina - L24569